Veteranenpolitik

# Beiträge zur Militärgeschichte

Begründet vom
Militärgeschichtlichen Forschungsamt

Herausgegeben vom
Zentrum für Militärgeschichte und
Sozialwissenschaften der Bundeswehr

Band 84

# Veteranenpolitik

Veteranen und ihre Verbände als Akteure
und Adressaten politischen Handelns

Im Auftrag des
Zentrums für Militärgeschichte und
Sozialwissenschaften der Bundeswehr
herausgegeben von

Nina Leonhard und Dennis Werberg

**DE GRUYTER**
OLDENBOURG

Redaktion: ZMSBw, Fachbereich Publikationen (0900-01)
  Projektkoordination, Lektorat, Bildrechte: Michael Thomae
  Lektorat der englischsprachigen Beiträge: Philip Saunders, Berlin
  Layout und Satz: Antje Lorenz
  Cover: Carola Klinke

ISBN 978-3-11-170480-7
ISBN (PDF) 978-3-11-221181-6
ISBN (EPUB) 978-3-11-221185-4
ISSN 2192-2322

Library of Congress Control Number: 2025934929

**Bibliografische Information der Deutschen Nationalbibliothek**
Die Deutsche Nationalbibliothek verzeichnet diese Publikation in der
Deutschen Nationalbibliografie; detaillierte bibliografische Daten sind
im Internet über http://dnb.dnb.de abrufbar.

© 2025 Walter de Gruyter GmbH, Berlin/Boston, Genthiner Straße 13, 10785 Berlin

Titelbild: Aufkleber für Soldatinnen und Soldaten, die an NATO-Einsätzen teilgenommen
haben. *picture alliance / Jörg Carstensen*

www.degruyter.com

Fragen zur allgemeinen Produktsicherheit:
productsafety@degruyterbrill.com

# Inhalt

## II. Veteranenpolitik nach dem Zweiten Weltkrieg

## III. Veteranenpolitik in der Gegenwart

# Vorwort

Mit den Auslandseinsätzen der Bundeswehr, namentlich in Afghanistan, ist die Frage, wie mit den heimgekehrten Soldatinnen und Soldaten umzugehen ist, in den Fokus der öffentlichen wie wissenschaftlichen Aufmerksamkeit gerückt. Beispielhaft hierfür mag die Renaissance des Veteranenbegriffs stehen. Dieser war jahrzehntelang ausschließlich mit ehemaligen Soldaten der beiden Weltkriege in Verbindung gebracht worden, bevor er 2018 nach längerer Debatte für Angehörige der Bundeswehr ministeriell institutionalisiert wurde. Aus sozialwissenschaftlicher Perspektive können Veteraninnen und Veteranen daher als eine soziale Gruppe gelten, deren Befindlichkeiten und Organisationsformen ein vergleichsweise neues Studienobjekt darstellen. In den Geschichtswissenschaften sind die Interessen und Bedürfnisse von Veteranen dagegen schon seit Langem ein international etabliertes Forschungsthema. Der vorliegende Band trägt beiden Umständen Rechnung: Mit der Fokussierung auf Veteranenpolitik und damit auf Veteranen und ihre Verbände als Adressaten wie Akteure politischen Handelns greift er eine zentrale Dimension der Beziehungen zwischen Veteranen und Zivilgesellschaft auf. Diese Dimension besitzt – wie der 2024 per Bundestagsbeschluss eingeführte neue nationale Veteranentag illustriert – aktuelle politische Relevanz. Durch die hier versammelten Fallstudien, die den Forschungsstand insbesondere für die Zwischenkriegszeit aufgreifen und ergänzen, wird Veteranenpolitik darüber hinaus im zeitlich diachronen sowie internationalen Vergleich beleuchtet. Wie in der Einleitung des Herausgeberduos vorgeschlagen, lassen sich historiografische und sozialwissenschaftliche Ansätze so zugunsten einer gemeinsamen Systematisierung zusammenführen. Der Band steht solcherart auch für ein Ansinnen, das das Zentrum für Militärgeschichte und Sozialwissenschaften der Bundeswehr in seiner sogenannten *Agenda 2028* formuliert hat: über disziplinäre Grenzen hinweg zukünftig vermehrt und enger zusammenzuarbeiten.

Ich danke den Autorinnen und Autoren für ihre Bereitschaft, an dem Sammelband mitzuwirken. Allein die unterschiedlichen Länder, aus denen die Beiträge eingetroffen sind – Australien, Italien, Niederlande, Schweiz, Spanien, Nigeria, Finnland und natürlich Deutschland – mögen für die hier versammelte thematische Vielfalt stehen. Dafür gebührt Nina Leonhard und Dennis Werberg großer Dank, die die Themen zusammengestellt und die Autorinnen und Autoren eingeworben haben. Gelingen konnte das unter anderem aufgrund der Herkunft des Herausgeberduos aus unterschiedlichen Disziplinen: der Soziologie und Politikwissenschaft auf der einen Seite, der Geschichtswissenschaft auf der anderen, sowie entsprechender Vernetzung in den Wissenschaftscommunities.

Dem Buch wünsche ich breite Aufmerksamkeit: bei den Veteranen und Veteraninnen sowie ihren verschiedenen Interessenvertretungen, der interessierten Öffentlichkeit und last, not least den Fachwissenschaften.

Prof. Dr. Dr. Alaric Searle
Stellvertretender Kommandeur und Leitender Wissenschaftler
des Zentrums für Militärgeschichte und
Sozialwissenschaften der Bundeswehr

Nina Leonhard und Dennis Werberg

# Veteranen und ihre Verbände als Akteure und Adressaten politischen Handelns. Zur Einführung

Seit es Kriege gibt, gibt es auch Veteranen – sofern man darunter nach alltäglichem Sprachgebrauch[1] ehemalige oder lang gediente Streitkräfteangehörige versteht, die nicht (mehr) aktiv in militärische Handlungen eingebunden sind. Nach einem Kriegs- bzw. Militäreinsatz stehen Veteranen – und heute auch Veteraninnen – vor der Aufgabe, im zivilen Alltag (wieder) Fuß zu fassen, beruflich wie privat. Bereits für die Antike sind Vorkehrungen seitens der Herrschenden bekannt, um ehemaligen Soldaten die zivilgesellschaftliche (Re-)Integration zu erleichtern oder überhaupt erst zu ermöglichen: In materieller Hinsicht wurden Versorgungsleistungen und Eingliederungshilfen gewährt, in symbolischer Hinsicht Formen der Würdigung des erbrachten Dienstes etabliert. Wie der Blick in die Geschichte gleichfalls zeigt, ergibt sich der »Dank des Vaterlandes«[2] für den soldatischen Dienst keinesfalls von selbst. Nicht selten mussten (und müssen) Veteranen (und Veteraninnen) ihre Ansprüche auf Versorgung und Anerkennung erst auf Umwegen und gegen Widerstände durchsetzen. Sie können hierbei auf das »Kapital«[3] rekurrieren, das sie sich durch ihren Dienst beim Militär erworben haben: auf die sozialen Kontakte zu vormaligen Kameraden (und Kameradinnen), die Unterstützung und Hilfe bieten; auf die erbrachten Leistungen und Opfer, mit denen die politische wie moralische Verpflichtung auf Anerkennung und Versorgung seitens der Heimatgesellschaft einhergeht und die bei Bedarf auch öffentlichkeitswirksam eingeklagt werden kann;[4] oder auf den heroischen Nimbus, der mit Erfahrungen im Kampf verbunden ist und über den Kreis der unmittelbar Betroffenen hinaus sinnstiftende Bedeutung entfalten kann.

---

[1] Es gibt keine allgemeingültige Definition, wer ein Veteran oder eine Veteranin ist. Für eine Diskussion unterschiedlicher Veteranendefinitionen im angloamerikanischen Kontext und die damit verbundene staatliche Fürsorge siehe etwa Christopher Dandeker, Simon Wessely, Amy Iversen and John Ross, What's in a Name? Defining and Caring for »Veterans« In: Armed Forces & Society, 32 (2006), 2, S. 161–177.

[2] James M. Diehl, The Thanks of the Fatherland. German Veterans After the Second World War, Chapel Hill, NC 1993.

[3] Zum Kapitalbegriff siehe Pierre Bourdieu, Ökonomisches Kapital, kulturelles Kapital, soziales Kapital. In: Soziale Ungleichheiten. Hrsg. von Reinhard Kreckel, Göttingen 1983 (= Soziale Welt, Sonderbd 2), S. 183–198

[4] Vgl. hierzu allgemein Herfried Münkler und Karsten Fischer, »Nothing to kill or die for ...« Überlegungen zu einer politischen Theorie des Opfers. In: Leviathan, 28 (2000), 3, S. 343–362.

Die exemplarisch angesprochenen Facetten betreffen die politische und soziale Integration ehemaliger Streitkräfteangehöriger. Sie verweisen auf das spezifische Bindungsgeflecht, das diese auch nach dem Ausscheiden aus dem Militärdienst aufgrund ihres spezifischen Erfahrungsraums und Erwartungshorizontes als staatlich sanktionierte Gewaltakteure sowohl untereinander als auch in Bezug auf den Staat teilen. Besagte Facetten werden in diesem Band für unterschiedliche Länder zu unterschiedlichen Zeitpunkten unter dem Begriff der Veteranenpolitik in den Blick genommen. Den hier versammelten Fallstudien, die ein breites Spektrum veteranenbezogenen politischen Handelns der letzten 100 Jahre thematisieren, ist eine akteurszentrierte Perspektive gemeinsam. Ungeachtet der Besonderheiten der von den Autorinnen und Autoren untersuchten Fälle kristallisieren sich unter vergleichenden Gesichtspunkten einige Merkmale heraus, welche die hier als ›Veteranenpolitik‹ bezeichneten Phänomene typischerweise charakterisieren. Bevor die thematische Ausrichtung der einzelnen, vornehmlich historiografisch angelegten Beiträge vorgestellt wird, soll deswegen vorab veteranenbezogenes politisches Handeln in allgemeiner Weise konturiert werden.

## Veteranenpolitik – Begriff und Merkmale

Veteranenpolitik ist ein in den Sozial- wie Geschichtswissenschaften durchaus geläufiger, jedoch keinesfalls einheitlich gebrauchter Begriff. So thematisiert etwa Klaas Voß aus gesellschaftshistorischer Perspektive die Versorgung von Veteranen als umfassendes gesellschaftliches Reintegrationsprogramm, das »der Ausdifferenzierung von Staatlichkeit« und bedeutsamen gesellschaftlichen Innovationen Vorschub geleistet habe, und zwar auf so unterschiedlichen Gebieten wie Landverteilung und Siedlungspolitik, Wohlfahrts- und Sozialpolitik oder Arbeitsmarkt und Bildungswesen.[5] Während aus dieser Warte (fast) alle Aspekte staatlichen Handelns als Veteranenpolitik gefasst werden können, finden sich demgegenüber politikwissenschaftliche Ansätze, die Veteranenpolitik als ein spezifisches, von anderen Bereichen staatlichen Handelns abgegrenztes Politikfeld – *policy* – konzipieren. Im Mittelpunkt solcher Policy-Studien steht Regierungshandeln bezogen auf ein bestimmtes, als politisches ›Problem‹ identifiziertes Thema. Hier ist das der staatliche Umgang mit Veteranen und Veteraninnen. Die Analyse nimmt dementsprechend den Prozess der Problemdefinition, der Formulierung entsprechender Maßnahmen und deren Umsetzung in den Blick.[6] Ein solcher Zugang bietet den Vorteil, veteranenbezogenes politisches Handeln gegenüber anderen Feldern politischen Handelns klar abzugrenzen. Aufgrund des Staats- bzw. Regierungsbezugs werden das Handeln und die spezifischen Befindlichkeiten der Veteranen und Veteraninnen selbst gleichwohl eher ausgeblendet. Deswegen schlagen wir vor, Veteranenpolitik als Konzept nicht auf staatliche Institutionen und damit auf das politische System im engeren

---

[5]   Klaas Voß, Die Reintegration von Veteranen als Gesellschaftsgeschichte. Ein programmatisches Vorwort. In: Mittelweg 36, 2015, H. 5, S. 3–31.

[6]   Siehe hierzu etwa Christian Weber, Veteranenpolitik in Deutschland. Die neuen Bande der zivilmilitärischen Beziehungen, Baden-Baden 2017, insbes. S. 129–132.

Sinne zu beschränken, sondern die Gruppe der Veteranen und Veteraninnen einzubeziehen: als Träger und Trägerinnen derjenigen Erfahrungen, die sie zu ›Veteranen‹ und ›Veteraninnen‹ machen und einen wie auch immer gearteten politischen Umgang damit nahelegen oder erfordern.

Veteranenpolitik in diesem Sinne setzt bei den Akteuren an und fragt nach ihren Interessen, Zielen und Einflussmöglichkeiten. In Anlehnung an die von Niklas Luhmann[7] vorgeschlagenen Sinndimensionen sozialen Handelns lassen sich die verschiedenen Dimensionen veteranenbezogenen politischen Handelns in folgender Weise systematisieren (Tabelle 1):

Tabelle 1: *Merkmalsraum Veteranenpolitik*

| Dimension | Merkmal | Beschreibung |
|---|---|---|
| sozial: WER | Akteursperspektive | Veteranen als Objekte oder Subjekte politischen Handelns? |
| temporal: WIE | Zeithorizont | primär Vergangenheits- oder Zukunftsorientierung? |
| sachlich: WAS | politische Zielsetzung | sozial exklusive oder inklusive Programmatik? |

## Akteursperspektive

Die in diesem Band zusammengefassten Fallstudien thematisieren veteranenbezogenes politisches Handeln für zwei unterschiedliche, wenngleich aufeinander bezogene Akteursgruppen: Veteranenpolitik steht zum einen für politisches Handeln im Hinblick auf Veteranen, wie es vornehmlich seitens des Staates, etwa vom Verteidigungsministerium oder von hierzu beauftragten Stellen, organisiert wird – Veteranen und Veteraninnen geraten in diesem Fall als ›Objekt‹ politischer Entscheidungen und Maßnahmen in den Fokus der Betrachtung. Veteranenpolitik bezeichnet zum anderen diejenigen Aktionen und Entscheidungen, die von Veteranen und Veteraninnen zur Durchsetzung eigener Belange wie auch bestimmter Ziele, die mitunter über Interessen und Bedürfnisse des eigenen Personenkreises hinausgehen, realisiert werden; Veteranen und Veteraninnen erscheinen in diesem Fall als das ›Subjekt‹ von Politik, als eigenständige Akteure, die mit einer bestimmten Agenda in der politischen Öffentlichkeit in Erscheinung treten.

Veteranenpolitik setzt dabei – ob als politisches Handeln *von* Veteranen oder *in Bezug auf* Veteranen verstanden – die Identifikation einer bestimmen Personengruppe *als Veteranen* durch Selbst- oder Fremdzuschreibung voraus, bei der die Frage der Kriterien, wer dazugehört, zentral und deswegen in der Regel umstritten ist. Während Regierungen aus haushaltspolitischen Gründen zu einer engen Definition neigen, muss ihnen unter wohlfahrtsstaatlichen wie integrationspolitischen Gesichtspunkten daran gelegen sein, keine von Veteranen artikulierten

---

[7] Niklas Luhmann, Soziale Systeme. Grundriß einer allgemeinen Theorie, Frankfurt a.M. 1984, S. 111 ff.

Bedürfnisse vorschnell auszuschließen.[8] Umgekehrt haben Veteranen – zugunsten von Selektion und Elitenbildung – nicht selten ein Interesse daran, eindeutige und strenge Kriterien zu befürworten. Um effektiv Lobbyarbeit ausüben zu können, muss die Zahl möglicher Veteranen gleichzeitig groß genug sein, was einer allzu engen (Selbst-)Auslegung des Veteranenstatus wiederum entgegensteht.

Da Veteranenpolitik damit auf Identifikationsprozessen beruht, ist sie eng mit kollektiver Mobilisierung sowie der Ausbildung formalisierter Gruppen(zugehörigkeit) verknüpft. Veteranenvereinigungen bündeln die Bedürfnisse und Interessen ihrer Mitglieder und vertreten sie nach außen. Als Angehörige von Vereinigungen und Verbänden sind Veteranen und Veteraninnen zudem als Bedürftige bzw. Anspruchsberechtigte für staatliche Leistungen deutlich leichter erkennbar und adressierbar als Einzelpersonen. Aus diesem Grund spielen Veteranenorganisationen auf dem Feld der Veteranenpolitik – und auch in den Beiträgen dieses Bandes – eine zentrale Rolle.

## Zeithorizont

Veteranenpolitik ist darüber hinaus ein spezifischer Vergangenheitsbezug inhärent.[9] Als soziale Figur ist der Veteran durch ein Moment der Nachträglichkeit gekennzeichnet. Erst durch die kommunikative Bezugnahme auf *vergangene* Militär- bzw. Kriegserfahrungen werden Soldaten und Soldatinnen zu Veteranen. Veteranenpolitik gründet demnach von vornherein auf etwas, was sich in der Vergangenheit ereignet hat, aber bis in die Gegenwart von Relevanz ist (oder sein soll). Veteranenpolitik lässt sich in diesem temporalen Sinne als eine Art »Politikfolgenbewältigung«[10] oder auch als »Gedächtnispolitik«[11] verstehen: Unter selektivem Rückgriff auf das Vergangene – hier: auf den geleisteten Militär- bzw. Kriegsdienst und die dabei erbrachten Leistungen und ›Opfer‹, die in spezifischer Weise erinnert, also aktualisiert, gedeutet und bewertet werden – werden Ordnungs- und Orientierungsleistungen generiert, etabliert und legitimiert, die sich auf Veteranen beziehen und diesen zugutekommen (sollen). Veteranenpolitik als eine spezifische Form von Gedächtnispolitik und damit von politisch kodierter Zeitlichkeit, die auf der »Erinnerung an die Erfüllung eingegangener Verpflichtungen«[12] beruht, geht mit einer spezifischen Vergangenheits- und Zukunftsorientierung einher: Unter Rückgriff auf die in der Vergangenheit erbrachten Dienste und Leistungen oder die erlittenen

---

8    Vgl. Dandeker [u.a.], What's in a Name? (wie Anm. 1).
9    Nina Leonhard, Veteranen und Zivilgesellschaft. Forschungsbericht. In: Militärgeschichtliche Zeitschrift, 81 (2022), 1, S. 237–248.
10   Peter Steinbach, Vergangenheitsbewältigung in vergleichender Perspektive. Politische Säuberung, Wiedergutmachung, Integration. Öffentlicher Vortrag aus Anlaß der 34. Jahrestagung der Historischen Kommission zu Berlin am 12. Februar 1993, Berlin 1993, hier S. 10.
11   Nina Leonhard, Gedächtnis, Wissen und soziale Integration. In: Die Sozialität des Erinnerns. Beiträge zu einer Arbeit an einer Theorie des sozialen Gedächtnisses. Hrsg. von Oliver Dimbath und Michael Heinlein, Wiesbaden 2014 (= Soziales Gedächtnis, Erinnern und Vergessen – Memory Studies), S. 199–216.
12   Helmut König, Politik und Gedächtnis, Weilerswist 2008, S. 182.

Schäden (physischer oder psychischer Art) werden zum einen Versorgungs- und Entschädigungsmaßnahmen eingefordert oder implementiert, welche die durch den Militär- bzw. Kriegsdienst entstandenen Folgen anerkennen und honorieren sollen respektive auf deren Wiedergutmachung oder Milderung abzielen. Zum anderen suchen Veteranen(verbände) (oder andere Akteure in ihrem Namen) nach direkter politischer Einflussnahme, um eine Zukunft mitzugestalten, die die ›Lehren‹ aus der Vergangenheit berücksichtigt.

## Politische Zielsetzung

Schließlich lässt sich veteranenbezogenes politisches Handeln unter sachlichen Gesichtspunkten gemäß der gerade angedeuteten Ausrichtung der politischen Zielsetzung differenzieren: Im ›exklusiven‹ Fall stehen die Interessen und Bedürfnisse der als ›Veteranen‹ klassifizierten Personengruppen im Vordergrund. Die artikulierten Ansprüche ebenso wie die beschlossenen Maßnahmen – beispielsweise bestimmte Versorgungsleistungen – beziehen sich ausschließlich auf deren Wohlergehen und Belange. Im ›inklusiven‹ Fall dient der Rückgriff auf die von Veteranen geteilten Erfahrungen indes dazu, politische Forderungen zu formulieren respektive durchzusetzen, die über den Kreis der Veteranen und Veteraninnen hinausgehen und prinzipiell alle Bürgerinnen und Bürger des politischen Gemeinwesens einschließen – beispielsweise in Form politischer Mitbestimmungsrechte für Personengruppen, die hiervon bis dato ausgeschlossen waren.

Versucht man, diese verschiedenen Facetten von Veteranenpolitik zusammenzufassend zu charakterisieren, lassen sich vier Modi veteranenbezogenen politischen Handelns bestimmen (Tabelle 2). Diese finden sich auch in den Beiträgen des Bandes wieder, wobei die dort vornehmlich geschichtswissenschaftlichen Kriterien folgenden Analysen die hier *idealtypisch* konstruierten Modi naturgemäß weniger in Reinform, sondern zumeist in Ausschnitten und Überschneidungen thematisieren.

Tabelle 2: *Typologie ›Veteranenpolitik‹*

| | *Staat* | *Veteranen* | |
|---|---|---|---|
| *vergangenheitsorientiert* | **Entschädigung** | **Bewältigung** | exklusiv |
| *zukunftsorientiert* | **Er-/Entmächtigung** | **Mobilisierung** | inklusiv |

Bei den beiden vergangenheitsorientierten Modi von Veteranenpolitik steht die (Wieder-)Herstellung der sozialen Ordnung im Vordergrund, die durch die (Gewalt-)Erfahrungen im staatlichen Auftrag berührt, das heißt geändert oder beeinträchtigt wurde:[13]

---

[13] Zur Frage des Umgangs mit Gewalt als Störung sozialer Ordnung und den Möglichkeiten einer Wiederherstellung siehe ausführlicher Oliver Dimbath und Nina Leonhard, Gedächtnisse der Gewalt und die Gewalten des Gedächtnisses. Zur Einleitung. In: Gewaltgedächtnisse. Analysen zur Präsenz vergangener Gewalt. Hrsg. von Nina Leonhard und Oliver Dimbath, Wiesbaden 2021 (= Soziales Gedächtnis, Erinnern und Vergessen – Memory Studies), S. 1–16, hier S. 16.

Der Modus ›Entschädigung‹ verweist auf die diejenigen Maßnahmen, die von staatlicher Seite implementiert werden, um Veteranen und Veteraninnen in materieller Hinsicht zu versorgen und in ideeller Hinsicht Wertschätzung für deren geleisteten Dienste Ausdruck zu verleihen. Dass Beschluss und Zuerkennung derartiger Leistungen – zumal nach langen und verlustreichen Kriegen – an Bedingungen gekoppelt sind, die von Fall zu Fall stark variieren und deswegen mitunter ganz unterschiedliche ›Erfolge‹ zeitigen, wird vor allem in den Beiträgen von *Birgit Schneider* zu Japan und von *Matthias Uhl* zur Sowjetunion bzw. Russland, aber auch in *Christian Webers* Analyse zur jüngsten deutschen Veteranenpolitik deutlich.

Der Modus ›Bewältigung‹ hebt demgegenüber auf die Anstrengungen ab, die von Veteranen und Veteraninnen selbst unternommen werden, um die Folgen von Krieg und Militärdienst zu verarbeiten. Wie nicht nur die im Band behandelten Beispiele aus der Zeit nach dem Ersten Weltkrieg zeigen (siehe hierfür insbesondere den Beitrag von *Ugo Pavan Dalla Torre* zu Italien), geht die Formierung von Veteranenvereinigungen in den meisten Fällen auf die massenhafte Erfahrung von Verwundung und Tod zurück. Sie dient bis heute dazu, wie unter anderem *Yvon de Reuver* zu den Niederlanden veranschaulicht, Möglichkeiten des Austausches und des Zugangs zu Hilfestellung unter ehemaligen Soldatinnen und Soldaten zu etablieren. Die Studie von *Johannes-Paul Kögler* zu den Ritterkreuzträgern in der Bundesrepublik nach 1945 verdeutlicht zugleich, dass es hierbei mitunter um die Bewahrung und Fortführung eines in der Vergangenheit erworbenen Nimbus geht, der nach dem Krieg erst verblasste und später explizit als diskreditiert galt.

Die beiden zukunftsorientierten Modi von Veteranenpolitik nehmen demgegenüber politische Aktivitäten in den Blick, welche die Formulierung und Umsetzung bestimmter politischer Ziele unter Verweis auf die Kriegserfahrungen der Vergangenheit legitimieren. Der Modus ›Mobilisierung‹ steht für die Anstrengungen vonseiten der Veteranen und Veteraninnen und ihrer Verbände, sich mit ihren politischen Zukunftsvorstellungen in der Öffentlichkeit zu platzieren und so Einfluss auf Entscheidungsprozesse zu nehmen. In den Beiträgen von *Dennis Werberg, Sebastian Elsbach, Christian Saehrendt* und *Christian Senne*, die sich allesamt mit Veteranenverbänden in der Weimarer Republik auseinandersetzen, wird diese Art veteranenbezogenen Handelns unter unterschiedlichen (partei-)politischen Vorzeichen beleuchtet. Derselbe Modus findet sich auch in *Ángel Alcaldes* Analyse der Aktivitäten von Veteranenvereinigungen auf internationaler Ebene.

Demgegenüber hebt die Umgangsform ›Ermächtigung‹ auf die staatspolitische Inanspruchnahme der Erfahrungen von Veteranen und Veteraninnen zur Legitimation der eigenen Institutionenordnung und/oder der individuellen politische Karriere ab, wie dies etwa im Beitrag von *Lucky Ugbudian* über die Rolle ehemaliger Militärangehöriger in den höchsten nigerianischen Staatsämtern anklingt. Wenn Veteranen und Veteraninnen ihre militärischen Erfahrungen mobilisieren, um allgemeine Zustimmung bei Wahlen um politische Ämter zu generieren und so von der Rolle des politischen Befehlsempfängers in die des politischen Befehlsgebers wechseln, erfolgt eine Transformation militärischen Kapitals in politisches Kapital, was nicht zuletzt unter demokratietheoretischen Gesichtspunkten, bezogen auf das Primat der Politik im Kontext zivil-militärischer Beziehungen, spezifische Herausforderungen mit sich bringt.[14] Um den politischen Einfluss einstiger Militärangehöriger einzuhegen oder zu verhindern, kann staatlicherseits organisierte Veteranenpolitik deswegen anstelle von Ermächtigung auch die Form der ›Entmächtigung‹ annehmen, etwa indem bestimmte Veteranenvereinigungen verboten werden (wie dies im nationalsozialistischen Deutschland der Fall war) oder ehemaligen Militärangehörigen (beispielsweise für eine bestimmte Zeit nach ihrem Ausscheiden aus dem Militärdienst) die Übernahme eines politischen Amtes untersagt wird. Beispiele aus dem internationalen Kontext liefert ebenfalls der Beitrag von *Ángel Alcalde*.

Jenseits einer solchen idealtypischen Bestimmung von Veteranenpolitik sind insbesondere aus der Sicht der Geschichtswissenschaften die spezifischen historischen Bedingungen und Ausprägungen entsprechender politischer Aktivitäten in den jeweiligen nationalen Kontexten von Interesse, die in den Beiträgen des Bandes in den Blick genommen werden. Um diese zueinander in Beziehung zu setzen und zugleich eine synchrone Betrachtung zu erleichtern, sind diese Fallstudien in chronologisch sortierten Abschnitten zu den Nachkriegszeiten des Ersten und des Zweiten Weltkriegs angeordnet. Die Beiträge des dritten Abschnitts befassen sich mit zeitgenössischen Herausforderungen von Veteranenpolitik.

## Zu den Beiträgen dieses Bandes

In den Beiträgen zur Veteranenpolitik nach dem Ersten Weltkrieg treten Veteranen in erster Linie als eigenständige Akteure mit eigenen, teilweise weit über den Kreis der ehemaligen Kriegsteilnehmer hinausgehenden politischen Forderungen auf. *Dennis Werberg* und *Sebastian Elsbach* betrachten zunächst die Politik von zwei der größten Veteranenorganisationen der Weimarer Republik. Aus der soldatischen Pflichterfüllung im Krieg und dem persönlichen Einsatz leitete der von Dennis Werberg untersuchte *Stahlhelm – Bund der Frontsoldaten* wie andere Veteranenorganisationen auch die Berechtigung ab, politische Forderungen zu formulieren. Diese betrafen zunächst die Veteranen selbst, doch gingen sie bald schon über den Veteranenkreis hinaus. Gefordert wurde etwa, die parlamentarische Demokratie durch Stärkung des Amtes des Reichspräsidenten zu überwinden und den Versailler Vertrages rückgängig zu machen. Ermöglicht hatte dies die fortschreitende Politisierung und der wachsende Einfluss rechtsradikaler Kräfte auch innerhalb des Bundes. Darüber hinaus diente die höchst selektive Bezugnahme auf den letzten Krieg, auf eine Form des mythisch überhöhten ›Fronterlebnisses‹, als Grundlage für die Legitimation der verfolgten politischen Strategie, aber auch für die positive Abgrenzung von anderen politisierten Veteranen- und Kampfverbänden. Anders als etwa die Sturmabteilung (SA), von der die Masse der einfachen Mitglieder nicht am Weltkrieg teilgenommmen hatte, erwies sich der Stahlhelm aber letztlich als zu stark in der Vergangenheit verhaftet, um eine überzeugende Idee für die politische Gestaltung der Zukunft zu

---

[14] Zur Problematik der zivilen Kontrolle von Streitkräften in Demokratien und Autokratien siehe umfassend Aurel Croissant und David Kühn, Militär und zivile Politik, München 2011.

entwickeln. Das politische Lavieren zwischen den Positionen der gemäßigten und
der extremen Rechten trug zusätzlich zu diesem Missstand bei. Als selbst erklärte
Sammlungsbewegung scheiterte der Stahlhelm schließlich – vor allem, weil mit dem
Nationalsozialismus seit den späten 1920er Jahren eine neue politische Kraft vorhan-
den war, die ein radikal-progressives Programm vertrat und den Willen demonstrier-
te, dieses Programm auch kompromisslos durchzusetzen.

Wie der Stahlhelm bezog sich auch das von *Sebastian Elsbach* untersuchte
*Reichsbanner Schwarz-Rot-Gold* auf den Ersten Weltkrieg, insbesondere jedoch auf
die Kriegsniederlage, die dem Kaiserreich und deren Institutionen angelastet wur-
de. Hieraus leiteten die republikanischen Kriegsteilnehmer ihre pro-demokratische
Gesinnung und den Schutz der Weimarer Republik als zwingende Konsequenz ab
und beanspruchten darüber hinaus eine besondere Kompetenz und Verantwortung in
der zukünftigen Landesverteidigung. Auf dieser Grundlage stellte das Reichsbanner
Forderungen zur Reform der Wehrverfassung und zur Republikanisierung der
Reichswehr auf. Seine Veteranen arbeiteten sich insbesondere an Reichswehrminister
Otto Geßler und dem Chef der Heeresleitung Hans von Seeckt ab, die aus ihrer
Sicht der geforderten Annäherung der Reichswehr an die Republik im Wege standen.
Erstens sollte der Eintritt in das Militär jedem Staatsbürger, auch den republikanisch
gesinnten, möglich sein und die Streitkräfte so zu einer Organisation des gesamten
Volkes werden lassen. Zweitens sollte sich diese anstelle des Einsatzes im Inneren auf
die eigentliche Kernaufgabe von Streitkräften – die Landesverteidigung – konzent-
rieren, wobei sie in ein gesamteuropäisches Verteidigungskonzept eingebettet werden
sollte. Mit diesen Forderungen konnte sich das Reichsbanner jedoch nicht durchsetzen. Im ›Mehrfrontenkrieg‹ zwischen den politischen Parteien auf der einen und
der Reichswehrführung auf der anderen Seite vermochte es das Reichsbanner nicht,
seine zahlenmäßige Stärke in politischen Einfluss umzumünzen.

*Christian Saehrendt* untersucht die Planung und den Bau von Gefallenendenk-
mälern als wichtiges politisches Instrument der Veteranenverbände und politischen
Kampfverbände in der stark polarisierten Gesellschaft der Weimarer Republik. Die
Denkmäler markierten die Frontstellungen zwischen den rechtsgerichteten, republikanischen und kommunistischen Verbänden, wodurch der Krieg auf dem Feld der
Kriegserinnerung eine symbolische Fortsetzung fand. Die Besetzung von Straßen
und Plätzen durch uniformierte Formationen war flüchtig, dagegen versprachen
Denkmäler der eigenen Weltsicht und -deutung im öffentlichen Raum dauerhafte
Präsenz zu verleihen. Kriegerdenkmälern mit revanchistischer Botschaft der politisch
rechtsstehenden Verbände (wie etwa des Stahlhelms) standen Bauwerke kommunistischer Provenienz gegenüber, die das Gedenken an die Kriegstoten zum Ansporn
für die angestrebte Weltrevolution umformten. Dagegen verfolgte das Reichsbanner
Schwarz-Rot-Gold mit dem Gefallenengedenken eine staatstragende Absicht, appellierte an die Einheit der Nation und rief zum Schutz der Republik auf. Ein lagerüber-
greifendes, ausgleichendes Gefallenengedenken bildete sich aufgrund der tiefen ideologischen Gräben zwischen den verschiedenen politischen Lagern nicht aus. Indem
sie vorsätzlich von der politischen Gegenseite geschädigt oder verschmutzt wurden,

gerieten die Denkmäler vielmehr selbst zum Austragungsort der unterschiedlichen Weltanschauungen.

Einen sehr speziellen Fall aktiver Politik von Veteranen betrachtet *Christian Senne* in seinem Beitrag zum *Bund der Asienkämpfer* zwischen 1919 und 1938. Wie bei den anderen bereits genannten Verbänden dieser Zeit erschöpften sich auch die Aktivitäten dieses Vereins und seiner Mitglieder nicht in der gegenseitigen Unterstützung ehemaliger Soldaten und der Pflege einer sehr spezifischen Form der Erinnerung an den Weltkrieg. Vielmehr bot sich der Bund der Asienkämpfer den staatlichen Stellen als Vereinigung von Orientkennern und -experten an, auf deren Wissen für eine aktive deutsche Orientpolitik zurückgegriffen werden konnte. Gerade in den Entwicklungen der neuen Türkei unter Mustafa Kemal nach dem Zusammenbruch des Osmanischen Reiches sahen die Mitglieder des Bundes eine Projektionsfläche, die einen Weg zur Revision des Versailler Vertrages wies. Darüber hinaus stellte der Verein ein Forum zur Diskussion von geopolitischen Ansätzen und zum Aufbau personeller Netzwerke dar, über die er politischen Einfluss ausübte. Der Bund wurde von ehemaligen und aktiven Offizieren geführt, er stand jedoch auch »Asienkämpfern nicht militärischer Natur« wie Wissenschaftlern, Kaufleuten, evangelischen Geistlichen und Vertretern von Finanz- und Wirtschaftskreisen offen. Frauen, die als Familienangehörige oder als Diakonissen und Schwestern in Krankenhäusern und Schulen im Osmanischen Reich gelebt und gearbeitet hatten, gehörten gleichfalls dem Bund an, der seine Eigenständigkeit mit der Gleichschaltung 1938 durch Angliederung an den Reichskriegerbund verlor.

Anders als die zuvor betrachteten deutschen Veteranenorganisationen hatten sich die von *Ugo Pavan Dalla Torre* untersuchten italienischen Kriegsversehrten- und Veteranenverbände bereits während des Ersten Weltkrieges gebildet. Seit dem Frühjahr 1917 bestand zum einen das staatliche Nationalwerk zum Schutz und zur Fürsorge der Kriegsinvaliden (ONIG), zum anderen die Nationale Vereinigung der Kriegsbeschädigten und -invaliden (ANMIG). Durch die Gründung der ONIG wurden die versehrten Kriegsheimkehrer erstmals durch den italienischen Staat als soziale Gruppe mit rechtlichen Versorgungsansprüchen anerkannt. Die ANMIG setzte hier an und nahm für sich in Anspruch, die Interessen aller italienischen Kriegsversehrten zu vertreten. Nach der desaströsen Niederlage von Caporetto im Oktober 1917 unterstützte der Verband die italienischen Kriegsanstrengungen durch Propaganda, Lebensmittel- und Kleidersammlungen und sogar durch die Aufstellung von militärischen Verbänden aus kriegsversehrten Soldaten. Nach Kriegsende war der Verband bei der Wiedereingliederung italienischer Veteranen ins Zivilleben befasst und betätigte sich aktiv an der italienischen Erinnerungspolitik. Darüber hinaus identifizierte die ANMIG den internationalen Austausch mit anderen Verbänden und den gemeinsamen Einsatz für die Bewahrung des Friedens als wesentliches politisches Tätigkeitsfeld. Der Aufstieg des Faschismus in Italien bereitete letzteren Bestrebungen jedoch ein Ende.

Die nationale Perspektive verlassend, wendet sich *Ángel Alcalde* am Ende des ersten Abschnitts den internationalen Veteranenorganisationen nach dem Ersten sowie nach dem Zweiten Weltkrieg zu und arbeitet Gemeinsamkeiten in der von Veteranen betriebenen Politik heraus. Alcalde legt dar, wie ehemalige Kriegsteilnehmer nach 1918 wie nach 1945 in einem zentralen Spannungsfeld zwischen der Vertretung universeller Werte (z.B. die Förderung des Weltfriedens) und der Idee des Internationalismus einerseits und den real- sowie machtpolitischen Interessen ihrer jeweiligen Nationalstaaten andererseits standen. Internationale Veteranenorganisationen wurden vor diesem Hintergrund für geostrategische Interessen von Staaten oder supranationalen Organisationen instrumentalisiert. Gleichzeitig traten die Veteranen auf der internationalen Bühne als eigene soziale Gruppe in Erscheinung, die ihre Belange, etwa eine adäquate Anerkennung und Versorgung, verfolgte. Aufgrund der inneren Heterogenität der Veteranen-Gemeinschaft konnten die konkreten Ziele der Organisationen durchaus vielfältig und sogar gegensätzlich sein. Als ein Beispiel nennt der Verfasser die Gründung mehrerer internationaler Veteranenorganisationen nach dem Ersten Weltkrieg. Die konservative *Fédération Interalliée des Anciens Combattants* (FIDAC) war 1920 als Reaktion auf einen Vorstoß der französischen Linken zur internationalen Sammlung ehemaliger Kriegsteilnehmer gegründet worden und grenzte sich von der 1925 gebildeten *Conférence International des Associations de Mutilés et Anciens Combattants* (CIMIAC) ab, die als Anhängsel des Völkerbundes und Vertreterin des Internationalismus auftrat. Nach 1945 ordnete sich die internationale Veteranengemeinschaft neu. In Osteuropa organisierten sich Veteranen in der sowjetisch geprägten *International Federation of Former Political Prisoners* (FIAPP, später umbenannt in FIR), dem die *World's Veteran Federation* (WVF) gegenüberstand. Letztere trat zwar als Vertreterin des Internationalismus auf, wie er von den Vereinten Nationen propagiert wurde, diente in erster Linie jedoch US-amerikanischen Interessen.

Der zweite Abschnitt des Bandes wendet sich der Veteranenpolitik nach dem Zweiten Weltkrieg zu. *Birgit Schneider* untersucht am Beispiel Japans nach 1945, wie sich Kriegsgesellschaften zu Friedensgesellschaften wandeln. Hierbei macht sie auf die besonderen Schwierigkeiten aufmerksam, die sich aus der unterschiedlichen Zielsetzung der Besatzungsmacht USA (Entmilitarisierung und Demokratisierung) und der nur teilsouveränen Regierung Japans (Wiedereingliederung der Veteranen in die Zivilgesellschaft) ergaben. Die Besatzer erzwangen die Auflösung von Soldatenorganisationen, die unter anderem Veteranen materiell unterstützten, verboten die Bildung von Kriegsteilnehmerverbänden und veranlassten die japanische Regierung, die Zahlung von Militärpensionen und Unterstützungsleistungen für Militärs (mit wenigen Ausnahmen) einzustellen. Die Regierung reagierte mit der Einführung einer neuen Sozialgesetzgebung, darunter ein Berufsbildungsprogramm und eine Arbeitslosenversicherung, die auch, aber nicht ausschließlich Veteranen förderte und so die Einschränkungen durch die Besatzungsmacht unterlief. Die Bevorzugung von (ehemaligen) Militärangehörigen wurde beendet und so ein Beitrag zur Demokratisierung geleistet, wodurch sich die Versorgungslage vieler Veteranen jedoch verschlechterte. Gleichzeitig reihten sich insbesondere kriegsversehrte Veteranen in die Personengruppe der japanischen Kriegsopfer ein, was eine Distanzierung von Imperialismus und Militarismus begünstigte. Die schrittweise Einführung von Unterstützungsleistungen speziell für Kriegsversehrte wurde erst nach dem Ende der Besatzungszeit 1951 und im Zuge des wirtschaftlichen Aufschwungs Japans möglich. Der daraus resultierende Aufbau eines umfassenden Sozialsystems gepaart mit der tiefgreifenden Demilitarisierung des Landes stellte die Integration der ehemaligen Kriegsteilnehmer in das neue, demokratische Japan sicher.

*Matthias Uhl* analysiert die Versorgung sowjetischer Veteranen und Kriegsinvaliden und die Rolle, die Veteranenorganisationen in der Politik der UdSSR seit 1945 und in der Russländischen Föderation spielten und spielen. Innerhalb des Zentralkomitees der Kommunistischen Partei bestand wie schon zur Zeit des Zarenreiches zunächst kaum ein politisches Interesse an einer Versorgung der Kriegsinvaliden. Vielmehr wurden die Kriegsgeschädigten durch die äußerst geringe staatliche Unterstützung gezwungen, sich nach ihrer Entlassung aus dem Militärdienst um ein ziviles Arbeitsverhältnis zu bemühen. Nicht mehr arbeitsfähige Veteranen wurden in entlegenen, chronisch unterversorgten Pflegeeinrichtungen untergebracht und so aus dem öffentlichen Raum verbannt. Auch an einer Organisation der Kriegsveteranen hatte das Regime kein Interesse, witterte sie doch darin den Hort einer Opposition. Erst die Idee, einen solchen Verband im Ost-West-Konflikt für eigene Propagandazwecke einzusetzen, führte 1956 zur Gründung des *Sowjetischen Komitees der Kriegsveteranen*. Dabei gelang es den Veteranen, kurzzeitig ihren politischen Forderungen Ausdruck zu verleihen, auch wenn diese meist in der sowjetischen Bürokratie versandeten. Erst im Zuge der Perestrojka unter Michail Gorbačev erfuhr die Veteranenpolitik eine Aufwertung, die Möglichkeiten der Veteranenorganisationen zur politischen Einflussnahme wuchsen an – bis zur Auflösung der UdSSR im Dezember 1991. Danach spaltete sich die russländische Veteranenszene auf, was zur Gründung einer Vielzahl unterschiedlicher Interessenvertretungen führte. Diese beschränken sich entweder auf ehemalige Angehörige bestimmter Waffengattungen oder stehen als größere Verbände mit umfassendem Vertretungsanspruch in Konkurrenz zueinander. Einige hochrangige Vertreter nehmen bis heute Spitzenpositionen in der Politik der Föderation ein.

Die Situation deutscher Veteranen nach 1945 untersucht *Johannes-Paul Kögler* in seiner Fallstudie zu einer speziellen Veteranenvereinigung, der *Ordensgemeinschaft der Ritterkreuzträger* (ODR). Er leuchtet insbesondere die Strukturen und Handlungsfelder dieser Organisation und deren Kontakte zur Bundeswehr vor dem Hintergrund des gesellschaftlichen Wandels in der Bundesrepublik zwischen den 1950er und 1990er Jahren aus. Neben der Pflege von Kameradschaft und Tradition engagierten sich die Funktionäre und Mitglieder in der Lokal- und Landespolitik sowie im Netzwerk deutscher und europäischer Veteranenvereinigungen. Trotz ihres politischen Engagements konnte die ODR mit ihren politischen Forderungen, die vor allem auf die Bewahrung ihres Sonderstatus als Träger der höchsten militärischen Auszeichnung abzielten, nicht reüssieren. Die Kontakte zwischen der Ordensgemeinschaft und der Bundeswehr waren zumindest in der Aufbauphase der Bundeswehr eng, wobei vielfach die persönlichen Beziehungen der kriegsgedienten Soldaten ausschlaggebend waren. In der Bundeswehr selbst dienten zahlreiche Ritterkreuzträger der Wehrmacht, zum Teil im Generalsrang. Die

Kooperation wurde ferner durch die damalige militärische Vorschriftenlage begünstigt. Gleichzeitig übte die ODR Kritik an der Konzeption der Inneren Führung als
›Führungsphilosophie‹ der Bundeswehr und griff Generalleutnant Wolf Graf von
Baudissin, einen ihrer Schöpfer, sogar persönlich an. Zu einer Zielscheibe des ODR
wurde auch der Leitende Wissenschaftler des Militärgeschichtlichen Forschungsamtes
(MGFA), Manfred Messerschmidt, aufgrund der kritischen Aufarbeitung der
deutschen Militärgeschichte, die während seiner Amtszeit am MGFA (1970 bis
1988) betrieben wurde. Bis in die 1980er Jahre trat die ODR in der öffentlichen
Wahrnehmung dennoch kaum hervor – bis die Jahreshauptversammlung 1993
zahlreiche Proteste eines Aktionsbündnisses auf den Plan rief. Eine Folge war das
von Bundesverteidigungsminister Rudolf Scharping 1999 verhängte umfassende Kontaktverbot, das den offiziellen Austausch zwischen ODR und Bundeswehr
beendete. In den 2018 erlassenen Richtlinien zum Traditionsverständnis und zur
Traditionspflege der Bundeswehr ist die ODR die einzige namentlich genannte
Veteranenorganisation, zu der dienstliche Kontakte ausdrücklich verboten sind.

Im letzten Beitrag des Abschnitts zur Veteranenpolitik nach 1945 betrachtet
*Lucky Ugbudian* die Rolle ehemaliger nigerianischer Soldaten in der Innenpolitik
des bevölkerungsstärksten Staates auf dem afrikanischen Kontinent. Bereits unter
der fast einhundert Jahre währenden britischen Kolonialherrschaft bis 1960 waren
erste Veteranenorganisationen wie die *Nigeria Ex-Servicemen Welfare Association*
(NEWA) entstanden. Doch erst nach der Demobilisierung der Kolonialtruppen,
die sowohl im Ersten als auch im Zweiten Weltkrieg eingesetzt worden waren,
setzte die Selbstmobilisierung der Kriegsteilnehmer und die Gründung mehrerer
Veteranenorganisationen ein, die zunehmend auch politischen Einfluss ausübten, so
bei der Erringung der Unabhängigkeit Nigerias von Großbritannien 1960. Die erste
nigerianische Republik wurde durch einen Militärputsch beseitigt. Den Grundstein
für die Verankerung der Veteranen in der Innenpolitik Nigerias legten wechselnde Militärregierungen zwischen 1966 und 1979 sowie zwischen 1983 und 1999:
Durch ihr Wirken in den Militärregierungen bauten sich Zeit- und Berufssoldaten
weit gespannte personelle Netzwerke auf, die sie sowohl während als auch nach dem
Ende ihrer aktiven Dienstzeit für persönliche wie politische Ziele zu nutzen verstanden – bis in die heutige Zeit. Dies zeigt der Verfasser an mehreren ausgewählten
Biographien ehemaliger nigerianischer Offiziere und Politiker auf.

Die Beiträge des dritten und letzten Abschnitts wenden sich den Herausforderungen der Veteranenpolitik in der Gegenwart zu. *Christian Weber* vollzieht die
Herausbildung einer bundesrepublikanischen Veteranenpolitik zwischen 2010 und
2018 nach. Er beleuchtet die politischen Auseinandersetzungen um die Definition
des Veteranenbegriffs und um die praktischen Maßnahmen zur Erhöhung der gesellschaftlichen Wertschätzung von (ehemaligen) Bundeswehrsoldatinnen und -soldaten. Am Beispiel der Kontroverse um den Veteranenbegriff zeichnet Weber nach,
wie unterschiedliche Interessenverbände die 2018 verabschiedete offizielle Definition
beeinflusst haben. Trotz einiger Initiativen, die auf eine Verbesserung der Situation
versehrter Einsatzrückkehrer und -rückkehrerinnen abzielten, ist dem Verfasser zu-

folge die Frage, wie die Bundesrepublik Deutschland mit ›ihren‹ Veteraninnen und Veteranen umzugehen gedenkt, nach wie vor ungelöst.

Im letzten Beitrag des Bandes wird der Blick noch einmal von Deutschland weg und hin zur Situation in den Niederlanden gerichtet. *Yvon de Reuver* untersucht die Identitätsbildung niederländischer Veteranen, wobei sie den Schwerpunkt auf das Bild des Veteranen in der Öffentlichkeit legt. Anhand der von ihr durchgeführten Interviews mit Veteranen stellt sie fest, dass sich diese – auf der Grundlage einer angenommenen negativen Perzeption des Militärs und seiner Angehörigen in der niederländischen Gesellschaft – der Sprache des »Reverse Mirror-Imaging« (nach Gerd Baumann) bedienen, um sich als eigene soziale Gruppe abzugrenzen und zu beschreiben. Das niederländische Selbstbild als friedfertige Nation verstärke die negative Wahrnehmung des Militärs als staatlicher Gewaltakteur zusätzlich. Zur Konstruktion einer eigenen Veteranenidentität betonten die Interviewpartner diejenigen Eigenschaften, die aus ihrer Sicht im Gegensatz zu den Werten der niederländischen Zivilgesellschaft stehen. Eigenschaften, die als typisch für Zivilisten und Zivilistinnen betrachtet werden, würden demgegenüber abgelehnt oder ausgeblendet. Diese spezifische Veteranenidentität, die auf einem antizipierten negativen Fremdbild des Militärs in der Öffentlichkeit und einer darauf bezogenen bewussten Abgrenzung von der Zivilgesellschaft beruht, kann – so die Schlussfolgerung der Autorin – zu einer wachsenden gesellschaftlichen Entfremdung der Veteranen und Veteraninnen beitragen.

# I. Veteranenpolitik nach dem Ersten Weltkrieg

Dennis Werberg

# Eine politische Veteranenorganisation in der Weimarer Republik: Der Stahlhelm – Bund der Frontsoldaten

## Kriegserinnerung und Politik im »Stahlhelm«

»Hier wurde er geboren, stand auf und nahm seinen Weg von dort über alle Schlachtfelder der Erde, der Luft und des Wassers, ein neuer Mensch, ein Mensch, der das Gesicht der Zukunft aller Länder noch eines Tages bestimmen wird, weil er von dem Schicksal ausersehen ist dazu, die größten Fragen der Menschheit zu lösen.«[1]
So verklärte ein Beitrag der Bundeszeitung des »Stahlhelm – Bund der Frontsoldaten« die Extremerfahrung der Materialschlachten, die im Kriegsjahr 1916 Tausende von Soldaten an der Westfront des Ersten Weltkriegs durchleben mussten. Aus dem Erleben des hoch technisierten, industrialisierten Massenkrieges sei ein neuer Mensch hervorgegangen, der nun seinen Führungsanspruch erhob und seinen politischen Gestaltungswillen artikulierte. Einer der bedeutenden Wortführer dieser Weltsicht im Deutschland der Zwischenkriegszeit war der im November 1918 gegründete Stahlhelm – Bund der Frontsoldaten, der sich als legitimer Vertreter aller deutschen Weltkriegsveteranen präsentierte. In seiner Satzung war festgelegt, dass nur Männer als vollberechtigte Mitglieder aufgenommen werden konnten, die als Soldaten mindestens sechs Monate lang »an der Front vor dem Feinde«[2] bzw. »im Felde im Feuer«[3] gestanden hatten. Im Folgenden soll diese stark politisierte Organisation ehemaliger Kriegsteilnehmer näher betrachtet werden. In einem ersten Schritt wird auf das Kriegserlebnis und dessen Deutung und politische Instrumentalisierung eingegangen, die für das Selbstverständnis des Stahlhelms als Veteranenorganisation von zentraler Bedeutung war. So bezogen sich die Stahlhelmführer immer wieder auf diese Kriegserfahrung, um die Bundesmitglieder zu mobilisieren, das Erreichen ihrer politischen Ziele voranzutreiben und sich von anderen politisieren Veteranenorganisationen positiv abzugrenzen. In einem zweiten Schritt werden die politischen Ziele des Bundes als Sammlungsbewegung und die

---

[1]  Schicksal vor Verdun. In: Der Stahlhelm, Jg. 13, Nr. 8 (1.3.1931).
[2]  Satzung der Ortsgruppe Magdeburg 1919. In: Der Stahlhelm. Erinnerungen und Bilder, Bd 1. Im Auftrage des Gründers und 1. Bundesführers Franz Seldte hrsg. unter Mitwirkung des Bundes-Amtes und der Landesverbände, Berlin 1932, S. 31.
[3]  Stahlhelm-Handbuch. Im Auftrag des Bundesamtes hrsg. von Walter Kettner [u.a.], Berlin 1927, S. 71; Stahlhelm-Handbuch. Im Auftrag des Stahlhelm Bund der Frontsoldaten hrsg. von Heinrich Hildebrandt, 3. Aufl., Berlin 1929, S. 75.

Mittel zu deren Erreichung in den Blick genommen. In einem dritten und letzten Abschnitt schließlich wird ein Überblick über das Verhältnis des Stahlhelms zu anderen politischen Veteranenorganisationen und die Art und Weise gegeben, wie sich der Bund auf die Kriegserfahrung bezog.

Stahlhelm-Mitglieder bezeichneten sich in den offiziellen Verlautbarungen nur äußerst selten ausdrücklich als Veteranen. Wie bereits der vollständige Name der Organisation nahelegt, wollten sich ihre Führer als Vertreter von Weltkriegsteilnehmern verstanden wissen, die ihren soldatischen Pflichten auch nach Kriegsniederlage und Demobilisierung nachkamen, da sie aus dem Erleben des Krieges die (vermeintlich) richtigen Schlüsse gezogen hatten und nun als Frontsoldaten ihren Kampf zur Erreichung eines politischen Zieles fortsetzten. Ähnlich wie in der nationalsozialistischen Sturmabteilung (SA) und den Arditi der italienischen Faschisten sollte der kämpferische Aktivismus und das mobilisierende Moment des Krieges auf den Nachkrieg übertragen werden.[4] So wurde auf die gemeinsame Kriegsvergangenheit zurückgegriffen, um sie für eine politische Zielsetzung zu instrumentalisieren, die über die Vergangenheit hinaus in eine mögliche Zukunft wies. Mit dem Begriff des Veteranen wurde in diesen Organisationen tendenziell das Bild eines alten, unpolitischen ehemaligen Kriegsteilnehmers verbunden, der sich in die bierselige Gemütlichkeit seines örtlichen Kriegervereins zurückgezogen hatte und keine Anstrengungen unternahm, an den bestehenden politischen Verhältnissen etwas zu ändern.

In seiner Schrift »Stahlhelmgeist und Staatsgeist« unterstrich Eduard Stadtler, ein Mitglied des Bundesvorstands, den Unterschied zwischen dem Frontsoldaten des Ersten Weltkriegs und dem Veteranen früherer Tage, wobei er sich auf die staatliche Ordnung Deutschlands nach dem Deutsch-Französischen Krieg 1870/71 einerseits und nach dem Ersten Weltkrieg andererseits bezog. In den »Veteranen« von 1870/71 etwa lebte, so Stadtler, ein anderes Kriegserlebnis als in den »Frontkämpfern des Weltkrieges«.[5] Für erstere hätten »Kriegserlebnis« und »Staatserlebnis« eine Einheit gebildet, das heißt, der Staat, für den sie gekämpft hatten, und der des Deutschen Kaiserreiches, das noch im Krieg ausgerufen wurde, seien deckungsgleich gewesen. So sei ihr Frontsoldatengeist zum »Kriegervereinsgeist« geworden, »ein Staatsgeist ruhiger, einfacher, freudiger und positiver Bejahung gegebener Staatsherrlichkeit«, der sich in der Pflege soldatischer Erinnerung und militärischer Traditionen sowie in alljährlich wiederkehrenden Feierlichkeiten erschöpfte.[6] Bei den Frontsoldaten des Ersten Weltkriegs dagegen falle die Haltung gegenüber dem Staat höchst ambivalent aus. Mit dem Ende des Kaiserreiches sei der Staat »als Gegenstand bejahender Liebe« zwar weggefallen, doch zwinge den ehemaligen Soldaten das »nationale Gewissen zur Staatsbejahung«. Hierdurch würden diese »zwischen träumerischer, schmerzhafter Erinnerung, verzweifelter Gegenwartsstimmung und gläubiger Zukunftshoffnung hin und her« ge-

---

4    Vgl. Wolfgang Schivelbusch, Die Kultur der Niederlage. Der amerikanische Süden 1865, Frankreich 1871, Deutschland 1918, Frankfurt a.M. 2003, S. 449; Alexander Meschnig, Die Sendung der Nation. Vom Grabenkrieg zur NS-Bewegung. In: Attraktion der NS-Bewegung. Hrsg. von Gudrun Brockhaus, Essen 2014, S. 29–44, hier S. 39.
5    Vgl. Eduard Stadtler, Stahlhelmgeist und Staatsgeist, BArch, R 72/334, Bd 2, S. 7.
6    Ebd., S. 7 f. Hervorhebung im Original.

rissen und könnten in der Gegenwart nicht zur Ruhe kommen. Aus diesem gebrochenen Staatsgeist habe sich ein »Kampfwille«, »die *antibolschewistische Tat* aktiven Frontsoldatentums« entwickelt, der sich für einen neuen deutschen Staat einsetze.[7] Hierin spiegelt sich eine Geisteshaltung wider, wie sie auch in der Reichswehr verbreitet war und die zwischen einer abstrakten Idee des Staates einerseits und der aktuellen Staatsform, also der Republik, andererseits differenzierte.[8]

Das leibliche Kriegserlebnis war für die vollberechtigte Mitgliedschaft im Bund von zentraler Bedeutung. Die Etablierung eigener Jugendorganisationen in Form des Scharnhorst-Bundes und des Jungstahlhelm gelang erst 1923/24, gegen den Widerstand eines großen Teils der Mitgliederbasis. Die ehemaligen Frontsoldaten, so der Jungstahlhelm-Bundeswart Karl Görnemann noch 1934, hätten nach wie vor unter sich bleiben wollen, »weil sie glaubten, nur so ihre im Eisenhagel der Großkampfschlachten gehämmerte Gedankenwelt in ungetrübter Reinheit erhalten zu können«.[9] Nicht wenige verstanden den Bund als exklusiven (Männer-)Club, zu dem nur jene Zugang haben sollten, die im Krieg den Nachweis soldatischer Bewährung erbracht hatten. Der »Frontgeist« sollte schließlich das Fundament für den Staat der Zukunft bilden, den der Stahlhelm forderte.[10] Um ihren besonderen Status zu unterstreichen, wurden die kriegsgedienten Mitglieder ab 1927 im sogenannten Kernstahlhelm zusammengefasst, der Männern ohne Kriegserfahrung immer verschlossen bleiben sollte. Letztere wurden, gemeinsam mit Männern älterer Jahrgänge, die weder am Weltkrieg noch an einem anderen militärischen Konflikt beteiligt waren, dem »Ringstahlhelm« zugeordnet. Anhand des an Uniform und Zivilkleidung getragenen Bundesabzeichens blieben die Rangunterschiede zwischen den kriegsgedienten Mitgliedern (Abzeichen mit aufgeprägtem Eisernen Kreuz) und den nicht kriegsgedienten Mitgliedern (Abzeichen ohne Eisernes Kreuz auf schwarzem Grund) erkennbar. Die Geringschätzung, mit der gerade den Jungstahlhelmern oftmals begegnet wurde, gepaart mit den geringen Chancen, jemals die vollberechtigte Mitgliedschaft zu erhalten, sollte insbesondere nach dem Erstarken des Nationalsozialismus am Ende der 1920er Jahre zu zahlreichen Übertritten zur SA führen.[11]

Der Erste Weltkrieg und die Erinnerung an ihn nahm innerhalb des Verbandes eine zentrale Stellung ein. Der 1916 in das deutsche Heer eingeführte, aus Stahl gefertigte Schutzhelm wurde zum Symbol und Namensgeber des Bundes; er prang-

---

7  Ebd., S. 10–12. Hervorhebungen im Original.
8  Vgl. Winfried Heinemann, Unternehmen »Walküre«. Eine Militärgeschichte des 20. Juli 1944, Berlin 2019 (= Zeitalter der Weltkriege, 21), S. 36; Bernhard Kroener, Generaloberst Friedrich Fromm, »der starke Mann im Heimatkriegsgebiet«. Eine Biographie, Paderborn [u.a.] 2005, S. 114.
9  Karl Görnemann, Vom Werden des Jungstahlhelm. In: Der Stahlhelm. Erinnerungen und Bilder aus den Jahren 1918–1933, Bd 1. Im Auftrag des Gründers und Bundesführers Franz Seldte hrsg, neue Ausg, Berlin 1934, S. 136.
10 Siehe zum Beispiel Wilhelm Kleinau, Stahlhelm und Staat. Eine Erläuterung der Stahlhelm-Botschaften, Berlin 1929, BArch, R 72/335, Bd 3, Bl. 9–12.
11 Vgl. Irmtraut Götz von Olenhusen, Vom Jungstahlhelm zur SA. Die junge Nachkriegsgeneration in den paramilitärischen Verbänden der Weimarer Republik. In: Politische Jugend in der Weimarer Republik. Hrsg. von Wolfgang Krabbe, Bochum 1993 (= Dortmunder historische Studien, 7), S. 146–182, hier S. 167.

te auf Fahnen, Schirmmützen und Plakaten. In der Bundeszeitung finden sich neben zahlreichen Beiträgen zur Erinnerung an den Weltkrieg Rubriken und Beilagen mit Titeln wie »Im Drahtverhau« oder »Am Scherenfernrohr«. Bei Appellen und Aufmärschen trugen die Mitglieder feldgraue Uniformen und führten meist die Reichskriegsflagge. Sie redeten sich unabhängig von ihrem Dienstgrad während ihrer aktiven Dienstzeit mit »Kamerad« an und vertraten ostentativ eine besonders egalitäre Form der militärischen Kameradschaft, die in Leid und Not, in Grabenkrieg und Materialschlacht ihre höchste Vollendung gefunden habe. Voller Stolz zitierte der Stahlhelm in einem Erinnerungswerk aus einem Artikel im »Deutschen Offizierblatt« über eine Veranstaltung am 17./18. Januar 1925:

> »Die Uniform des Offiziers ist fast ganz verschwunden. Alle stecken in dem neuen schlichten Kleide, das nur die Führer an besonderen Abzeichen kenntlich macht. Das Geheimnis des Stahlhelmerfolges ist die Vereinigung der Männer, die draußen im Getümmel der Materialschlacht einander nahekamen, die dort verlernten, daß Offizier und Mann sich unterscheiden, die diese Waffenbrüderschaft auch nicht abstreifen konnten, als der Friede sie wieder auseinanderbrachte [...] So stehen Generale und Stabsoffiziere in den Reihen der einfachen Soldaten; sie empfangen Befehle von Leuten, die zu führen einst sie selber berufen waren. Welch ungeheure Entsagung und Selbstüberwindung liegt darin! Führer ist nur, wer sich das Vertrauen eines zu führenden Volksteils erneut erwirbt.«[12]

Der im Schützengraben erfahrene »Kriegssozialismus« sollte auf das zivile Nachleben übertragen werden. Dass es sich bei dem hier umschriebenen Anspruch keinesfalls um ein bloßes Lippenbekenntnis handelte, sondern in der Praxis durchaus eine Rolle spielen konnte, zeigt ein Vorfall in der Ortsgruppe Seelow. Am 21. Dezember 1926 begründete der Ortsgruppenführer den Ausschluss des Rittergutsbesitzers von der Marwitz mit der Interessenlosigkeit des adeligen Offiziers, vor allem aber damit, dass er die kameradschaftlichen Gefühle der Ortsgruppenangehörigen wiederholt verletzt habe. Beispielsweise habe er sie bei einem Appell vorbeidefilieren lassen, obwohl er selbst zu den jüngsten Mitgliedern der Gruppe zählte. Der Ortsgruppenführer schrieb an Marwitz:

> »Dieses Verhalten zeigt erschreckend deutlich, daß bei Ihnen das Verständnis für Stahlhelmkameradschaft völlig fehlt, und daß Sie noch nicht wissen, daß im Stahlhelm jeder Standesunterschied unangebracht ist [...] Die Stahlhelmkameraden folgern daraus, daß Sie sich für zu gut halten, in Reih und Glied mit ihnen zu stehen.«[13]

Bereits im Mai desselben Jahres war der Gutsbesitzer vom Stahlhelm-Kreisleiter von Alvensleben, der dem Offizierstand innerhalb des Stahlhelms gleichfalls Geltung verschaffen wolle, darauf hingewiesen worden, dass ein derartiges Verhalten »dem Geiste der Organisation«[14] widerspreche.

Für die Zugehörigkeit zum Bund war ferner nicht entscheidend, in welcher Truppengattung oder Verwendung der Einzelne seinen Dienst geleistet hatte. So wurde die vollberechtigte Mitgliedschaft nicht nur den Angehörigen der

---

[12]  Sigmund Graff, Gründung und Entwicklung des Bundes. In: Der Stahlhelm. Erinnerungen und Bilder, Bd 1 (wie Anm. 2), S. 109 f.

[13]  Feldhahn an Marwitz, Brandenburgisches Landeshauptarchiv, Best. 37 Friedrichsdorf-Groß Kreutz 479, Bl. 78.

[14]  Alvensleben an Marwitz, ebd., Bl. 9.

Kampftruppe, sondern auch den unterstützenden Truppengattungen eröffnet. In der Bundeszeitung finden sich neben glorifizierenden Darstellungen der kämpferischen Leistungen auch Beiträge, die die soldatischen Leistungen der Eisenbahntruppe oder der Pioniere hervorheben, welche denen der kämpfenden Truppe in nichts nachgestanden hätten.[15] In diesen und weiteren Beiträgen deuten sich eine Akzentuierung der Leistungen der einfachen Soldaten und der Offiziere in den regulären Frontverbänden und weiterhin ein qualitativer Unterschied in der Kriegserinnerung an, wie sie von der extremen Rechten und insbesondere von Nationalsozialisten vertreten wurde. Diese legten einen deutlicheren Akzent auf den Kampf und einen aggressiven Aktivismus. So spielten bei der Aneignung des Weltkriegs im Nationalsozialismus wie im italienischen Faschismus die besonderen offensiven Fähigkeiten der Stoßtrupps und Sturmformationen sowie die Freikorps der unmittelbaren Nachkriegszeit eine große Rolle.[16] Den Sturmformationen war die Aufgabe zugekommen, Schlüsselpositionen im feindlichen Stellungssystem überraschend anzugreifen, MG-Nester und Unterstände zu zerstören, Verwirrung zu stiften und als »eine Art Bahnbrecher oder Rammbock«[17] dem nachfolgenden Angriff der Infanterie den Weg zu ebnen.[18] Von den regulären Frontverbänden hatten sich diese Verbände durch ein dezidiertes Elitebewusstsein abgehoben, das durch besondere Privilegien bei Unterbringung, Verpflegung und der Gewährung von Fronturlaub noch gesteigert wurde.[19] Als im August 1933 eine Erklärung herausgegeben wurde, nach der als Frontsoldat nur gelten könne, wer als Teil der Kampftruppe an einer Schlacht, an einem Gefecht, im Stellungskrieg oder an einer Belagerung teilgenommen hatte, protestierte die Bundesführung des Stahlhelms und warnte vor einer Spaltung der »Frontgemeinschaft«.[20] Dieser Unterschied in der Kriegserinnerung wird am besten greifbar, wenn die Fixierung der Stahlhelm-Führung auf die Schlacht an der Somme 1916 in Betracht gezogen wird.

---

[15] »Hart und entbehrungsreich war der Dienst der Feldeisenbahner, oft von der Truppe verkannt und nicht nach Gebühr gewürdigt. Bis in die vorderste Kampflinie führte er in das Feuer der Fernartillerie, unter den Bombenhagel der Flieger, fragte nicht nach Witterung oder Tageszeit, nach Verpflegung, nach Schlaf, forderte ganze Männer«; Die Feldeisenbahner im Weltkrieg. In: Der Stahlhelm, Jg. 8, Nr. 10 (7.3.1926). Oder: »Aber jeder Frontkämpfer weiß, welch ehrenvollen Anteil sie [die Pioniere] als Wegbereiter und Helfer an den Kampfhandlungen genommen haben«; Minenwerfer im Abwehrkampf an der Aisne. In: Der Stahlhelm, Jg. 10, Nr. 29 (15.7.1928).

[16] Vgl. Matthias Sprenger, Landsknechte auf dem Weg ins Dritte Reich? Zu Genese und Wandel des Freikorpsmythos, Paderborn [u.a,] 2008, S. 55–57; Sabine Behrenbeck, Der Kult um die toten Helden. Nationalsozialistische Mythen, Riten und Symbole 1923 bis 1945, Vierow 1996 (= Kölner Beiträge zur Nationsforschung, 2), S. 91–93. Diese sollten Schlüsselpositionen im feindlichen Stellungssystem überraschend angreifen, MG-Nester und Unterstände zerstören, Verwirrung stiften und dem nachfolgenden Angriff der Infanterie den Weg ebnen; vgl. Hellmuth Gruss, Die deutschen Sturmbataillone im Weltkrieg. Aufbau und Verwendung, Berlin 1939, S. 16 f.

[17] Vgl. Wilhelm Dieckmann, Wesen und Wert von Elitetruppen, BArch, RH 61/279, Bl. 23.

[18] Vgl. Gruss, Die deutschen Sturmbataillone (wie Anm. 16), S. 16 f.

[19] Vgl. Stephen Bull, Stosstrupptaktik. German Assault Troops of the First World War. The First Stormtrooper, New York 2014, S. 84, 95; Bruce I. Gudmundsson, Stormtroop Tactics. Innovation in the German Army, 1914–1918, New York 1989, S. 81 f.

[20] Vgl. Matthew N. Bucholtz, Kamerad or Genosse? The Contested Frontkämpfer Identity in Weimar Revolutionary Politics. In: Political Violence and Democracy in Western Europe. Ed. by Chris Millington and Kevin Passmore, Palgrave 2015, S. 48–51.

An der Somme erlebten die deutschen Verteidiger ein sieben Tage andauern-
des Trommelfeuer, das am 1. Juli 1916, dem Tag des britischen Angriffs, seinen
Höhepunkt erreichte.[21] Das Leiden der Soldaten unter Artilleriebeschuss sowie
die ungekannten psychischen Belastungen bestimmten die Erinnerung an diese
Schlacht nachhaltig.[22] Mit der Betonung der Härte und langen Dauer der Kämpfe,
in denen die deutschen Truppen der modernen Kriegstechnik und der materiellen
Überlegenheit des Gegners gegenüber gestanden hatten, avancierte sie zum Inbegriff
der Materialschlacht.[23] Für Teile des Stahlhelms war die Somme-Schlacht auch
deshalb besonders erinnerungswürdig, da das Infanterieregiment Nr. 66 aus Magdeburg, eine Keimzelle der Organisation, an ihr teilgenommen hatte und der Gründer
und erste Bundesführer Franz Seldte (1882–1947) hier schwer verwundet worden
war und seinen linken Unterarm verloren hatte.[24] Seine Erlebnisse verarbeitete er
nicht nur in zwei Romanen, sondern auch in einem Einakter-Zyklus mit dem Titel
»Somme«, der nach der Weihe der ersten Stahlhelm-Fahne in Magdeburg 1921 ur-
aufgeführt wurde.[25] Daher sei der »Stahlhelmgedanke«, so der ehemalige Mitarbeiter
der 1919 aufgelösten kriegsgeschichtlichen Abteilung des Großen Generalstabes
Gustav Goes, nichts anderes als jene Geisteshaltung, die »vor allem im Trommelfeuer
der Sommeschlacht«[26] zum Leben erweckt worden war. An der Somme liege, so
ein anderer Beitrag, die »Geburtsstätte für das neue Deutschland«.[27] Auch nach der
Machtübernahme Hitlers und der Ernennung Seldtes zum Reichsarbeitsminister
erklärte der Bund, dass der Weg des Frontsoldaten ihn von der Somme durch das
Trommelfeuer der deutschen Politik »schnurgerade in das Dritte Reich« geführt habe.[28] Aus der Verteidigungsschlacht an der Somme entwickelte der Bund das Ideal
eines »Stillen Heldentums« als Heroismus des deutschen Frontsoldaten der – gebunden an seine Pflicht dem Staat gegenüber – die schwersten Belastungen, insbesondere die durch den Grabenkrieg aufgezwungene Untätigkeit und das Gefangensein,

[21]  Vgl. Grundzüge der militärischen Landkriegführung. In: Deutsche Militärgeschichte in sechs Bänden
      1648–1939. Begr. von Hans Meier-Welcker. Hrsg. vom Militärgeschichtlichen Forschungsamt,
      Bd 5, Abschnitt 9, München 1983, S. 511; John Keegan, Das Antlitz des Krieges. Die Schlachten
      von Azincourt 1415, Waterloo 1815 und an der Somme 1916, 2. Aufl., Frankfurt a.M. [u.a.]
      2007, S. 274–277; Alexander Watson, Kriegserlebnisse und Motivationen von deutschen und bri-
      tischen Soldaten 1916. In: Materialschlachten 1916. Ereignis, Bedeutung, Erinnerung. Im Auftrag
      des Zentrums für Militärgeschichte und Sozialwissenschaften der Bundeswehr hrsg. von Christian
      Stachelbeck, Paderborn [u.a.] 2016 (= Zeitalter der Weltkriege, 17), S. 341–359, hier S. 342 f.
[22]  Vgl. Gerd Krumeich, Zwischen soldatischem Nationalismus und NS-Ideologie. Werner
      Beumelburg und die Erzählung des Ersten Weltkriegs. In: Burgfrieden und Union sacrée.
      Literarische Deutungen und politische Ordnungsvorstellungen in Deutschland und Frankreich
      1914–1933. Hrsg. von Wolfram Pyta und Carsten Kretschmann, München 2011, S. 295–312,
      hier S. 302; Watson, Kriegserlebnisse (wie Anm. 21), S. 346.
[23]  Vgl. Herfried Münkler, Der Große Krieg. Die Welt 1914 bis 1918, 4. Aufl., Berlin 2014, S. 448 f.
[24]  Vgl. Wilhelm Kleinau, Franz Seldte. Ein Lebensbericht, Berlin 1933, S. 21 f.
[25]  Vgl. Der Werdegang des Stahlhelm (= Feldgraue Hefte, 1), Bl. 13, BArch, R 72/334, Bd 2.
[26]  Vgl. Gustav Goes, Das Magdeburger Inf.-Regt. 66. Die Wiege des Stahlhelm. In: Stahlhelm-
      Jahrbuch 1927. Im Auftrage der Bundesleitung des »Stahlhelm«, Bund der Frontsoldaten hrsg. von
      Franz Schauwecker, Magdeburg 1927, BArch, R 72/337, S. 47 f., hier S. 48.
[27]  Juli 1916 an der Somme. In: Der Stahlhelm, Jg. 8, Nr. 32 (8.8.1926).
[28]  Frontsoldaten marschieren … Von der Somme … ins Dritte Reich, BArch, R 72/341, Nr. 80,
      S. 33–37, Zitat S. 37.

über ungeahnt lange Zeiträume hinweg diszipliniert erträgt, ohne hierfür besondere Auszeichnungen und Ehren zu erwarten.[29] Ebenso sollten es auch die einfachen Mitglieder des Bundes halten und dem Bund trotz ausbleibender politischer Erfolge die Treue halten. Dem stand das aktivistisch-heroische Ideal des Sturmtruppführers gegenüber, nach dessen Vorbild die NS-Bewegung in den Staat eindringen, ihn aufrollen und zur Verwirklichung der Volksgemeinschaft revolutionär überwinden sollte.[30]

## Der Stahlhelm als Sammlungsbewegung und seine Ziele

Neben seiner Funktion als Interessenvertretung ehemaliger Weltkriegsteilnehmer verstand sich der Stahlhelm spätestens seit 1927/28 als Sammlungsbewegung des in zahlreiche Parteien, Vereine und Verbände zersplitterten nationalen Lagers. Dieser Sammlungsversuch durch die Bundesführung verfolgte das Ziel, die gesamte parlamentarische und außerparlamentarische Rechte zu vereinen, dem Bund innerhalb dieser Koalition eine zentrale Rolle zu sichern und seine Machtstellung auszubauen.[31] In den Verlautbarungen der Bundesführung wurde an das »Augusterlebnis« von 1914 angeknüpft, durch das bei Kriegsbeginn die Einheit der deutschen Nation hergestellt worden sei.[32] Diese Vorstellung hatte aus der Perspektive der ehemaligen Soldaten einen durchaus realen Hintergrund. Die hohen Verluste, die die preußischen, bayerischen, württembergischen und sächsischen Kontingente bereits in der Schlacht an der Marne Anfang September 1914 erlitten hatten, leiteten eine Auflösung des traditionellen Kontingentsystems und eine Durchmischung innerhalb des deutschen Heeres ein.[33] Das Fernziel, als innere Befreiung umschrieben, bestand darin, die soziale, parteipolitische, landsmannschaftliche und konfessionelle Spaltung zu überwinden und Staat und Gesellschaft zu homogenisieren. Zu erreichen war dies, indem man den »Frontgeist« verbreitete und das Prinzip der »Frontgemeinschaft« durchsetzte (als Fortführung der im August 1914 erfahrenen nationalen Einheit).[34]

---

[29]  Zu diesem Topos siehe jüngst Isabell Oberle, Von der Handlung zur Haltung. Heroischer Attentismus im westeuropäischen Drama der Kriegs- und Zwischenkriegszeit 1914–1934, Baden-Baden 2022.

[30]  Vgl. Dennis Werberg, Der Stahlhelm – Bund der Frontsoldaten. Eine Veteranenorganisation als politischer Akteur und ihr Verhältnis zum Nationalsozialismus, Berlin 2023 (= Zeitalter der Weltkriege, 25), S. 84–100.

[31]  Zusammenfassend siehe Alessandro Salvador, The Political Strategies of the Stahlhelm Veterans' League and the National Socialist German Workers' Party 1918–1933. In: Movements and Ideas of the Extreme Right in Europe. Positions and Continuities. Ed. by Nicola Kristin Karcher and Anders G. Kjøstvedt, Frankfurt a.M. 2012 (= Zivilisationen & Geschichte, 21), S. 57–78.

[32]  Grundlegend siehe Jeffrey Verhey, Der »Geist von 1914« und die Erfindung der Volksgemeinschaft, Hamburg 2000.

[33]  Vgl. Holger Herwig, Marne 1914. Eine Schlacht, die die Welt veränderte? Paderborn [u.a.] 2016 (= Zeitalter der Weltkriege, 13), zusammenfassend S. 305.

[34]  Sven Reichardt, »Märtyrer« der Nation. Überlegungen zum Nationalismus in der Weimarer Republik. In: Die Politik der Nation. Deutscher Nationalismus in Krieg und Krisen 1760–1960. Hrsg. von Jörg Echternkamp und Sven Oliver Müller, München 2002, S. 173–202, hier S. 177 f; Steffen Bruendel, Solidaritätsformel oder politisches Ordnungsmodell? Vom Burgfrieden zur

So wurde der Bezug auf die Kriegserfahrung zu einem Instrument für die politische Mobilisierung in der Gegenwart. Danach galt es, das zweite, übergeordnete Ziel zu erreichen: die äußere Befreiung in Form der militärischen Wiederaufrüstung und den Wiederaufstieg des Deutschen Reiches zu einer europäischen Großmacht.

Im Sinne der angesprochenen nationalen Sammlung griff die Bundesführung auf verschiedene Mittel zurück. Als erstes ist die Vereinnahmung kleinerer, rechtsgerichteter Verbände zu nennen. Als Beispiele seien die Eingliederung des Cherusker- und Westfalenbundes 1924, der Reichsflagge in Franken 1927 und des Wiking-Bundes im selben Jahr genannt.[35] Anders als in den offiziellen Verlautbarungen dargestellt, verliefen diese Vereinnahmungen selten reibungslos; sie wurden von internen Spannungen, Austrittswellen, Ausschlüssen und Abspaltungen begleitet.[36] So blieben bis zum Ende der 1920er Jahre im Wesentlichen nur noch der Stahlhelm und die SA als »*Kristallisationszentren*«[37] des rechtsgerichteten Paramilitarismus übrig. Ein weiteres Mittel zur Sammlung, von dem die Bundesführung reichlich Gebrauch machte, waren Volksbegehren und Volksentscheide als plebiszitäre Elemente der Reichsverfassung.[38] Dafür wurden auf allen Organisationsebenen Arbeitsausschüsse gebildet, in denen unterschiedliche Parteien, Bünde und Einzelpersonen zusammengebracht werden konnten[39] Im Jahr 1929 warb die Bundesführung für das »Stahlhelm-Volksbegehren«, das die Position des Reichspräsidenten auf Kosten des Parlamentes stärken und die Immunität der Reichstagsabgeordneten einschränken sollte. Nachdem der Bund weder bei der DNVP noch bei der NSDAP Unterstützung gefunden hatte und darüber hinaus der Inhalt des in Paris verhandelten Young-Planes zur Regelung der Reparationszahlungen Deutschlands an die ehemaligen Kriegsgegner bekannt geworden war, sah der Stahlhelm von seinem ursprünglichen Plan ab.[40] Stattdessen sollte die Ablehnung des Young-Planes für die Sammlung innerhalb des nationalen Lagers instrumentalisiert werden. Neben Seldte und dem zweiten Bundesführer Theodor Duesterberg (1875–1950), dem Vorsitzenden

---

Volksgemeinschaft in Deutschland 1914–1933. In: Burgfrieden und Union sacrée (wie Anm. 22), S. 33–50.

[35] Zur Eingliederung des Bundes Wiking vgl. James M. Diehl, Paramilitary Politics in Weimar Germany, Bloomington 1977, S. 221.

[36] Vgl. Bernhard Mahlke, Stahlhelm – Bund der Frontsoldaten (Stahlhelm) 1918–1935 (1934–1935 Nationalsozialistischer Deutscher Frontkämpferbund [Stahlhelm] [NSDFB]). In: Lexikon zur Parteiengeschichte. Die bürgerlichen und kleinbürgerlichen Verbände in Deutschland (1789–1945), 4 Bde, hier Bd 4, Leipzig 1986, S. 143–158, hier S. 150; Gerd Krüger, Von den Einwohnerwehren zum Stahlhelm. Der nationale Kampfverband »Westfalenbund e.V.« (1921–1924). In: Westfälische Zeitschrift, Bd 147 (1997) S. 405–432.

[37] Hans-Joachim Mauch, Nationalistische Wehrorganisationen in der Weimarer Republik. Zur Entwicklung und Ideologie des »Paramilitarismus«, Frankfurt a.M. [u.a.] 1982 (= Europäische Hochschulschriften, Reihe 31: Politikwissenschaft, 32), S. 70. Hervorhebung im Original.

[38] Für einen Überblick über die Volksbegehren und Volksentscheide zwischen 1919 und 1933 von links und rechts vgl. Reinhard Schiffers, Elemente direkter Demokratie im Weimarer Regierungssystem, Düsseldorf 1971 (= Beiträge zur Geschichte des Parlamentarismus und der politischen Parteien, 40), S. 211–235.

[39] Vgl. Heinrich-August Winkler, Weimar 1918–1933. Die Geschichte der ersten deutschen Demokratie, München 1993, S. 314.

[40] Vgl. Volker R. Berghahn, Der Stahlhelm – Bund der Frontsoldaten 1918–1935, Düsseldorf 1966 (= Beiträge zur Geschichte des Parlamentarismus und der politischen Parteien, 33), S. 128.

der DNVP Alfred Hugenberg und Adolf Hitler gehörten die Vorsitzenden des Reichslandbundes, des Alldeutschen Verbandes und andere, kleinere Organisationen dem Reichsausschuss an. Diese Koalition zerbrach bereits nach dem Scheitern des Volksbegehrens, unter anderem an der Haltung Hitlers und der NSDAP, im politischen Machtkampf keine gleichberechtigten Verbündeten neben sich zu dulden. Deren Mitwirkung war von Anfang an aus taktischen Gründen erfolgt und verfolgte das Ziel, sich als geschlossene und aktivste nationalistische Bewegung zu präsentieren und die Bündnispartner schließlich zu dominieren.[41]

Der Bund war bestrebt, eine umfassende Sammlung innerhalb des rechten Lagers herbeizuführen. Dabei erwies sich seine ausgeprägte Heterogenität als große Herausforderung. Ein großer Teil der Mitgliederbasis setzte sich aus ehemaligen Angehörigen der in den frühen 1920er Jahren aufgelösten Nachkriegstruppen zusammen. Sie stammten aus kleineren Wehrverbänden, Einwohnerwehren, Selbstschutzorganisationen und Freikorps, die hinsichtlich ihrer Zusammensetzung, Entstehung und Funktion sehr unterschiedlich sein konnten.[42] Ein Bericht des politischen Referenten Ludwig vor dem Bundesvorstand am 21. Mai 1926 vermittelt einen Eindruck von dieser Vielgestaltigkeit:

»Heute liegen die Dinge doch so, wir teilen uns immer noch in Bezirke, die landschaftsgemäß Selbstschutzorganisationen darstellen, solche, in denen der Stahlhelm gegen rot kämpft, andere, in denen der Stahlhelm in der Tat nichts anderes als ein Kriegerverein, ein Traditionsbund, politisch uninteressiert und ohne politischen Willen ist.«[43]

Einerseits konnte (und musste) der Stahlhelm ein breiteres Spektrum innerhalb der Weimarer Rechten ansprechen, was seinen Aufstieg zur Massenorganisation gefördert haben dürfte. Das bürgerlich-konservative Vereinswesen konnte sich hier ideell ebenso wiederfinden wie völkische Aktivisten und paramilitärische Grenzschutzverbände. Als Bundesführer vertrat Seldte die Position, dass sich die Organisation auf eine möglichst große Masse an Mitgliedern stützen müsse, die es zu disziplinieren, einzuteilen und lenkbar zu machen gelte. Die Masse des Heeres werde auch in der Nachkriegszeit wieder benötigt,[44] weswegen man weder den Aktivisten, noch den »Tischrundenmann« oder den Sympathisanten entbehren könne.[45] In der Folge mussten die Verlautbarungen der Bundesführung und deren politische Zielsetzung

---

41  Vgl. Klaus Lankheit, »Für uns Nationalsozialisten muß das eine warnende Lehre sein«. Hitler, Legalität und die österreichische Heimwehr 1928–1931. In: Zeitgeschichte, 26 (1999) S. 317–338, hier S. 325; Wolfgang Horn, Führerideologie und Parteiorganisation der NSDAP (1919–1933), Düsseldorf 1972 (= Geschichtliche Studien zu Politik und Gesellschaft, 3), S. 336 f.

42  Peter Keller unterscheidet näherungsweise zwischen elf verschiedenen Typen von Nachkriegstruppen: Peter Keller, »Die Wehrmacht der Deutschen Republik ist die Reichswehr.« Die deutsche Armee 1918–1921, Paderborn [u.a.] 2014 (= Krieg in der Geschichte, 82), S. 85–87.

43  Protokoll der Bundesvorstandssitzung am 21.5.1926, Bl. 14, BArch, R 72/5 Bl. 112. Dieses hohe Maß an Heterogenität wird von Seldte in derselben Sitzung auf die regionale Vielfalt Deutschlands zurückgeführt; Protokoll der Bundesvorstandssitzung am 21.5.1926, Bl. 13, BArch, R 72/5, Bl. 111.

44  Vgl. Bundesvorstandssitzung mit Stahlhelm-Abgeordneten, 27.11.1925, Bl. 3, 11, BArch, R 72/4, Bl. 4, 12.

45  Vgl. Protokoll der Versammlung der Führer der Landesverbände und selbstständigen Gaue, 2./3.10.1926, Bl. 13, BArch, R 72, Nr. 5.

recht offen gefasst sein, was deren Angehörigen wohl bewusst war.[46] Die allgemeine Unbestimmtheit der Programmatik stieß jedoch gerade unter den Radikalen innerhalb wie außerhalb des Bundes auf Kritik, die sich für die Erstellung eines zielgerichteteren, zugkräftigeren Programms aussprachen.[47] Die breite Masse, so Duesterberg im November 1925, werde »es niemals schaffen, sondern nur die entschlossenen Männer«. Weiter erklärte er, dass ihm 1000 Mann lieber seien als 10 000, »von denen dieser auf diesem oder jenem Standpunkt steht und der dritte wieder dieses für richtig hält«.[48] Innerhalb des Bundes lehnten sich rechtsextreme Ortsgruppen gegen eine aus ihrer Sicht zu gemäßigte Landesführung auf und versuchten, durch Bildung eigenständiger Gaue unabhängig zu werden. Andere Ortsgruppen wurden durch interne Streitigkeiten gespalten. Vereinzelt sagten sich ganze Landesverbände von der Bundesführung los.[49] Bis zu seinem Ende war der Stahlhelm nicht in der Lage, seine innere Zerrissenheit zu überwinden, auch wenn der Zusammenhalt der Gesamtorganisation im Großen und Ganzen gewahrt blieb.[50]

So versuchten seine Führer, die eigene programmatische Schwäche in eine Stärke umzumünzen – insbesondere als sich der Bund gegen Ende der 1920er Jahre einem immer stärker werdenden Konkurrenzdruck der aufstrebenden NS-Bewegung ausgesetzt sah. Als etwa die nationalsozialistische Presse über die nur vage gefassten Inhalte der Berliner Stahlhelm-Botschaft von 1927 spottete, hob die Bundeszeitung deren Charakter als Katalog von Minimalforderungen hervor, den

> »letzten Endes alle Kameraden unterschreiben können, ob sie Katholiken oder Protestanten, Ostpreußen oder Bayern, Bergarbeiter oder Grundbesitzer, Angestellte oder Unternehmer sind. Und das ist doch der Zweck der Übung! Der Stahlhelm betont das Einigende!«[51]

Dabei hatten Seldte und andere Stahlhelmführer immer wieder betont, auch den radikaleren Kräften innerhalb des nationalen Lagers die Hand zur Zusammenarbeit reichen zu wollen. Als Abbild und Nachfahre des deutschen Weltkriegsmilitärs müsse es dem Bund gelingen, »die verschiedenen Charaktere und Sonderbegabungen« zur Zusammenarbeit und zur Verfolgung einer übergeordneten, gemeinsamen Zielsetzung zu vereinen. Es gelte zu beweisen, dass es möglich sei, »die verschiedensten Charaktere, Eigenarten und Weltanschauungen zu einer gewaltigen, ein-

---

46 »Die Parolen, die der Bund ausgab, waren also notwendig[e] Kompromißprodukte, die deshalb niemanden befriedigen konnten […] Es war also ebensowohl Tugend als auch Zwang der Verhältnisse, daß der Stahlhelm die gewaltige Organisation des aus den besten Kräften des Frontsoldatentums gebildeten Wehrverbandes wurde und zugleich damit der politischen Eigenkraft verlustig ging«; Heinz Brauweiler, Der Anteil des Stahlhelm. In: Deutscher Aufstand. Die Revolution des Nachkriegs. Hrsg. von Curt Hotzel, Stuttgart 1934, S. 218–227, hier S. 224 f.

47 Vgl. Alois Klotzbücher, Der politische Weg des Stahlhelm – Bund der Frontsoldaten in der Weimarer Republik. Ein Beitrag zur Geschichte der »Nationalen Opposition« 1918–1933, Erlangen-Nürnberg 1965, S. 116.

48 Bundesvorstandssitzung mit Stahlhelm-Abgeordneten, 27.11.1925, Bl. 10, BArch, R 72/4, Bl. 11.

49 Vgl. Werberg, Der Stahlhelm (wie Anm. 30).

50 Nach der Neugründung des Stahlhelms im Februar 1951 wirkte sich die gleiche innere Zerrissenheit verheerend aus. So spalteten sich in den 1950er Jahren zwei große Gruppen vom Hauptverband ab, was den Abstieg zu einer rechtsextremen und schließlich unbedeutenden Splittergruppe weiter beschleunigte. Vgl. Werberg, Der Stahlhelm (wie Anm. 30), S. 303–339.

51 Unsere Hoffnung! Unser Schwung! In: Der Stahlhelm, Jg. 9, Nr. 19 (15.5.1927).

heitlich geschlossenen deutschen Marschkolonne zusammenzufassen und zusammenzuhalten«.[52] Wieder bezogen sich die Veteranen auf die gemeinsame Kriegserfahrung, leiteten davon die Legitimation für ihr Handeln ab und instrumentalisierten sie für politische Ziele in der Gegenwart. Ein weit bekanntes Zitat des berühmten Chefs des Preußischen Generalstabes Helmuth Graf von Moltke (des Älteren) aufgreifend, sollten die durch den Stahlhelm vereinigten politischen Kräfte auf getrennten Wegen vorwärts marschieren, aber nach einem gemeinsamen Plan vereint schlagen und siegen.[53]

Das Ziel der so geschaffenen Opposition sollte die Überwindung des parlamentarischen Systems und die Etablierung einer autoritären Staatsführung ohne Putsch und Staatsstreich, aber auch ohne unmittelbare Beteiligung an demokratischen Wahlen sein. Wie genau der zukünftige deutsche Nationalstaat aussehen sollte, wurde allerdings nie präzise festgelegt. Der Grund hierfür lag in der Vielzahl der Staatsvorstellungen innerhalb des Bundes: »von der Wiedereinführung der Monarchie bis zu den antiliberalen Staatsideen der Konservativen Revolution, dem Ständestaat, dem autoritären Staat, um nur die wichtigsten Varianten zu nennen.«[54] Einigkeit bestand allein in der Forderung nach einem starken Staat und darin, dass die ehemaligen Soldaten des Weltkrieges darin besondere Vorrechte genießen sollten. Meist bezogen sich die Publikationen des Bundes auf die Gründung des Deutschen Kaiserreiches 1871, durch die Deutschland als Staat erstmals militärisch und administrativ geeint worden war. Durch das von bürgerlichen Intellektuellen heraufbeschworene Augusterlebnis von 1914 hätten die Deutschen nicht nur die staatliche, sondern auch die nationale Einheit erfahren. Diese Einheit habe in den Schützengräben des Weltkrieges überdauert und sollte nun durch ihre Träger, die (national gesinnten) Frontsoldaten, auf die Gesamtgesellschaft übertragen werden. Da die Frontsoldaten den Bestand des Staates gewahrt hätten, komme ihnen nun die Aufgabe zu, die deutsche Nation zu schaffen und so die Entwicklung zum Nationalstaat abzuschließen.

Die Versuche, eine solche Front unter Einbeziehung der Nationalsozialisten herzustellen, scheiterten jedoch wiederholt, bis der Bund schließlich dem totalitären Führungsanspruch der NSDAP zum Opfer fiel.

---

52 Der Stahlhelm und die Parteien. In: Der Stahlhelm, Jg. 6, Nr. 38 (19.10.1924). Das Heer sei ein »wahres Volksheer« gewesen, dessen »heiliges Vermächtnis« der Stahlhelm weitertrage. So sei der Stahlhelm ein »Bindeglied für alle deutschen Stämme« geworden; vgl. Johannes Brückner, Der Stahlhelm, Was er ist und was er will. Sonderabdruck aus dem Stahlhelm-Handbuch, BArch, R 72/334, Bd 2, S. 5. Laut Duesterberg habe der Stahlhelm als »geistiger Erbe der alten kaiserlichen Wehrmacht« dessen Aufgabe als »die stärkste Klammer des Reiches« übernommen; Der Stahlhelm, 10. Reichsfrontsoldatentag München, 1./2.6.1929, S. 9, Bayerisches Hauptstaatsarchiv, Abt. IV, Sta 351. Der Stahlhelm wurde charakterisiert als die Armee der Nation; Herr mach' uns frei! In: Der Stahlhelm, Jg. 14, Nr. 5 (7.2.1932).
53 Vgl. Franz Seldte in Harzburg, Wir fordern die Führung! In: Der Stahlhelm, Jg. 13, Nr. 42 (18.10.1931).
54 Klotzbücher, Der politische Weg (wie Anm. 47), S. 121; vgl. auch Salvador, The Political Strategies (wie Anm. 31), S. 59.

Verhältnis zu anderen politischen Veteranenorganisationen

a) Reichsbanner und Roter Frontkämpferbund

Für den Stahlhelm stellten das Reichsbanner Schwarz-Rot-Gold als republikanischer Wehrverband und der Rote Frontkämpferbund als Kampforganisation der KPD die Hauptgegner dar. Am heftigsten gestalteten sich die Auseinandersetzungen mit Anhängern des Kommunismus, die von dem Bundesorgan auch als Stoßtrupp der gegnerischen Front bezeichnet wurden.[55] Doch insbesondere das Reichsbanner mit seinen republikanischen Massenveranstaltungen stellte ein Gegengewicht zu den Plänen der Stahlhelm-Führung und ein Hindernis in ihren Bestrebungen dar, die Republik antidemokratisch umzuformen. Mit etwa 1,5 Millionen Mitgliedern im Jahr 1927 stellte es den Stahlhelm mit weniger als 500 000 Angehörigen zudem deutlich in den Schatten.[56] Gerade in den Hochburgen des Bundes in Mittel- und Ostdeutschland kam es im Zusammenhang von Reichsbanner-Versammlungen auch zu physischen Auseinandersetzungen.[57] Bis zum Aufstieg der SA zu einer Massenorganisation waren Reichsbanner und Stahlhelm die eigentlichen Gegner auf der außerparlamentarischen Bühne.[58] Doch auch wenn sie ein tiefer ideologischer Graben trennte, hatten die beiden Verbände mehr gemeinsam, als insbesondere deren Führer einzugestehen bereit waren.[59] Erstens handelte es sich bei ihnen in zweifacher Hinsicht um Veteranenorganisationen. Zum einen verfügte ein Großteil der Mitglieder tatsächlich über Kriegserfahrung und die Verbandsführung knüpfte auf beiden Seiten an das gemeinsame Kriegserlebnis an. Zum anderen versuchten beide Verbände, den Status des Veteranen exklusiv für sich zu beanspruchen, von dem sie die Legitimation ableiteten, ein Urteil über den Krieg und dessen Bedeutung für

---

[55]  Vgl. Wo steht der Feind? Die gegnerische Front. In: Der Stahlhelm, Jg. 8, Nr. 11 (14.3.1926). Eine statistische Auswertung der politischen Tötungsfälle zwischen 1924 und 1928 ergab, dass von den 25 in diesem Zeitraum getöteten Stahlhelmern 14 in Auseinandersetzungen mit Mitgliedern der KPD und 10 weitere im Kampf mit »Arbeitern« ums Leben kamen. Gleichzeitig wurden vier Angehörige der KPD und vier Arbeiter durch Stahlhelm-Mitglieder getötet; vgl. Sebastian Elsbach, Das Reichsbanner Schwarz-Rot-Gold. Republikschutz und politische Gewalt in der Weimarer Republik, Stuttgart 2019 (= Weimarer Schriften zur Republik, 10), S. 278.

[56]  Vgl. Elsbach, Das Reichsbanner (wie Anm. 55), S. 117 f.

[57]  Von den 16 getöteten Reichsbanner-Mitgliedern zwischen 1924 und 1928 entfielen 7 auf Nationalsozialisten, 6 auf Stahlhelmer und 3 auf Kommunisten als Täter. Dem steht ein einziger Stahlhelmer gegenüber, der durch Reichsbanner-Mitglieder getötet wurde. Gleichzeitig kamen 11 Nationalsozialisten in Auseinandersetzungen mit dem Reichsbanner ums Leben. Die statistische Auswertung deutet darauf hin, dass der Stahlhelm aggressiver gegen das Reichsbanner vorging als umgekehrt, während das republikanische Wehrverband gegen Nationalsozialisten deutlich härter agierte als gegen den selbsternannten Bund der Frontsoldaten; vgl. Elsbach, Das Reichsbanner (wie Anm. 55), S. 273, 278.

[58]  Vgl. Dirk Schumann, Politische Gewalt in der Weimarer Republik 1918–1933. Kampf um die Straße und Furcht vor dem Bürgerkrieg, Essen 2001 (= Veröffentlichungen des Instituts für Soziale Bewegungen, 17), S. 243; Berghahn, Der Stahlhelm (wie Anm. 40), S. 64 f.

[59]  Vgl. Marcel Böhles, Im Gleichschritt für die Republik. Das Reichsbanner Schwarz-Rot-Gold in Baden und Württemberg 1924 bis 1933, Essen 2016, S. 234; die folgenden Ausführungen gehen zurück auf: Lothar Albertin, Stahlhelm und Reichsbanner. Bedrohung und Verteidigung der Weimarer Demokratie durch politische Kampfverbände. In: Neue politische Literatur. Berichte aus Geschichts- und Politikwissenschaft, 13 (1968), 4, S. 456–465.

Gegenwart und Zukunft fällen zu können.[60] Zweitens charakterisierten sich sowohl das Reichsbanner als auch der Stahlhelm als überparteiliche Organisationen. Während erstere als republikanischer Wehrverband auftrat, in dem sich Sozialdemokraten, bürgerliche Liberale und Zentrumsanhänger sammelten, verstand sich der Stahlhelm als Sammlungsbewegung des nationalen Lagers und vereinte Angehörige und Sympathisanten der DVP, der DNVP und der NSDAP in seinen Reihen.[61] Beide Verbände verlangten von ihren Mitgliedern militärische Disziplin und Ordnung. Der Stahlhelm avancierte zum wichtigsten Unterstützer der Reichswehr im Grenz- und Landesschutz, während das Reichsbanner vergleichsweise wenig Möglichkeit zur Partizipation hatte.[62] Im Zusammenhang mit dem Aufstieg der NS-Bewegung arbeitete der Stahlhelm jedoch, etwa in Pommern und Brandenburg, auch mit dem Reichsbanner zusammen, um die Übernahme des Grenz- und Landesschutzes durch eine immer stärker werdende SA zu verhindern.[63] Die ideologischen Differenzen traten hier hinter gemeinsamen Interessen zurück. In der Gesamtschau kann das Reichsbanner daher als republikanischer Gegenpart zum Stahlhelm respektive der Bund der Frontsoldaten als antirepublikanisches Gegenstück zum Reichsbanner an-gesehen werden.[64]

Umso wichtiger war es vor diesem Hintergrund, sich deutlich und positiv von dem großen Rivalen auf der politischen Bühne abzugrenzen. Daher bezogen sich die Veteranen auf beiden Seiten auf das Kriegserlebnis; sie nahmen für sich in An-spruch, die richtigen Lehren daraus gezogen zu haben. Das Reichsbanner bezeich-nete sich selbst als »Bund der republikanischen Kriegsteilnehmer«. Das Stahlhelm-Bundesorgan verhöhnte die Mitglieder des Reichsbanners als bloße Kriegsteilnehmer, um ihre eigenen Mitglieder zu den *wahren* Frontsoldaten zu stilisieren und sie so po-

---

[60] Nach dem Ausbau seiner Organisation in Form der Aufnahme von Männern und Jungen ohne Kriegserfahrung belief sich der Anteil ehemaliger Weltkriegssoldaten im Stahlhelm auf etwa 50 Prozent. Im Reichsbanner lag der Anteil der Kriegsteilnehmer deutlich höher. Benjamin Ziemann, Veteranen der Republik. Kriegserinnerung und demokratische Politik 1918–1933, Bonn 2014, S. 77, nennt mit Verweis auf die Zusammensetzung zweier Ortsgruppen einen Veteranenanteil von 66 Prozent bzw. 60 Prozent.

[61] Elsbach, Das Reichsbanner (wie Anm. 55), S. 520–526, stellt dar, wie sich der Einfluss der Sozialdemokraten in der Endphase der Republik erhöhte und der Verband in Konflikt mit der Parteispitze geriet, was schließlich dazu beitrug, dass das Reichsbanner als politischer Akteur ausgeschaltet wurde. Auch im Stahlhelm nahm der Einfluss der Deutschnationalen zu, nach-dem die Bundesführung 1927 offiziell mit der DVP gebrochen und sich die NSDAP seinen Vereinnahmungsversuchen entzogen und diesen sogar aggressiv bekämpft hatte. In dieser Lage war der Bund bemüht, seine Eigenständigkeit und seinen Anspruch auf Überparteilichkeit zu schützen bzw. wiederherzustellen, was auch zu Absetzungsbewegungen von der DNVP führte; vgl. Werberg, Der Stahlhelm (wie Anm. 30).

[62] Die Bemühungen des Reichswehrministeriums zwischen 1928 und 1930, neben den rechtsgerich-teten Wehrverbänden auch das sozialistische Lager in den Grenz- und Landesschutz einzubeziehen, hatten zu Spannungen mit diesen geführt. Mit der Einsetzung der Präsidialkabinette rückte auch das Reichswehrministerium wieder nach rechts; vgl. Jun Nakata, Der Grenz- und Landesschutz in der Weimarer Republik 1918 bis 1933. Die geheime Aufrüstung und die deutsche Gesellschaft, Freiburg i.Br. 2002, S. 281–285, 342–359.

[63] Vgl. ebd., S. 351 f.

[64] Vgl. Berghahn, Der Stahlhelm (wie Anm. 40), S. 64.

sitiv von den Reichsbannermitgliedern abzugrenzen.[65] Im Reichsbanner ließen sich, so die Bundeszeitung, nicht viele wirkliche Frontkämpfer finden. Stattdessen würden sich hier »sonstige Kriegsteilnehmer« sammeln, die vorwiegend in der Etappe, weit hinter der Front, ihren Dienst geleistet hätten.[66] Um die vorgebliche soldatisch minderwertigere Qualität der republikanischen Veteranen hervorzuheben, bezeichnete der Stahlhelm sie als Blech-, Holz- oder Papphelmer, was sowohl auf die strukturellen Ähnlichkeiten als auch auf die Überlegenheit verweist, die der Bund der Frontsoldaten für sich in Anspruch nahm.[67] Der Stahlhelm stellte dabei auch die soldatische Männlichkeit der Reichsbanner-Mitglieder grundsätzlich in Frage. So wurden sie als weich und nervenschwach dargestellt und mit Eigenschaften versehen, die nach traditionellen Vorstellungen Frauen zugeschrieben wurden.[68] Dem stellte der Frontsoldatenbund ein Ideal rauer, aber disziplinierter soldatischer Maskulinität gegenüber. In klarer Verdrehung der Tatsachen bezeichnete der Bund das Reichsbanner weiterhin als pazifistische Organisation,[69] die das Wohl des Einzelnen über das des Staates stellen würde. Diese Geisteshaltung sei geboren aus Nervenschwäche, die bei wahren Soldaten nicht zu finden sei:

> »Wir deutschen Frontsoldaten werden mit der Nervenhärte, zu der uns der Krieg erzog, die schwarz-weiß-rote Idee des unbedingten Willens zum deutschen Großmachtsstaate durchtragen bis zum Endsiege. Unser hoher und selbstloser Glaube an Deutschlands Zukunft gibt uns für die Zukunft die unzerstörbare Überlegenheit über unsere in flachem Materialismus plätschernden Gegner vom Reichsbannerblock.«[70]

Erst die Ernennung Hitlers zum Reichskanzler und die Folgen der nationalsozialistischen Machtübernahme führten zu einer stärkeren Annäherung der beiden Verbände. Es zeichnete sich ab, dass dem Stahlhelm nicht gestattet werden würde, als unabhängiger Verband neben den NS-Organisationen bestehen zu bleiben. In dieser Situation unternahmen die beiden Bundesführer Versuche, die Eigenständigkeit der Organisation zu bewahren. Duesterberg kritisierte die NSDAP in diesem Zusammenhang mehrmals öffentlich und wandte sich indirekt an die Mitglieder der republikanischen Veteranenverbände. Bereits Anfang Februar 1933 erklärte er

---

[65]  Vgl. Wilhelm Kleinau, Stahlhelm und Staat. Eine Erläuterung der Stahlhelm-Botschaften, Berlin 1929, BArch, R 72/335 Bd 3, S. 31.

[66]  Vgl. Der Holzhelm oder die große »Konkurrenz«. In: Der Stahlhelm, 6. Jg., Nr. 8/9 (30.3.1924).

[67]  Vgl. den Begleitband zur Sonderausstellung: Stahlhelme vom Ersten Weltkrieg bis zur Gegenwart. Friedrich Schwerd, dem Konstrukteur des Deutschen Stahlhelms, zum Gedächtnis. Bearb. von Jürgen Kraus, Ingolstadt 1984 (= Veröffentlichungen des Bayerischen Armeemuseums, 8), S. 85.

[68]  Grundlegend: Geschlechter(un)ordnung und Politik in der Weimarer Republik. Hrsg. von Gabriele Metzler und Dirk Schumann, Bonn 2016 (= Schriften der Stiftung Reichspräsident-Friedrich-Ebert-Gedenkstätte, 16).

[69]  Tatsächlich waren die Streitigkeiten zwischen radikalen Pazifisten und Reichsbanner durchaus dazu in der Lage, dessen paramilitärische und wehrsportliche Aktivitäten zu behindern. Dennoch unterstellten Rechtsverbände dem Reichsbanner, ein radikalpazifistischer Verband von Kriegsdienstverweigerern zu sein; vgl. Elsbach, Das Reichsbanner (wie Anm. 55), S. 199 f.; auch Ziemann, Veteranen (wie Anm. 60), S. 228–253.

[70]  Vgl. Schicksalsfragen deutscher Politik. Scheidung der Geister. In: Der Stahlhelm, 6. Jg., Nr. 45 (7.12.1924); Siehe auch Dennis Werberg, Die Nerven der Stahlhelmmänner. Weltkriegserinnerung und Selbstverständnis in der Organisation »Der Stahlhelm, Bund der Frontsoldaten«. In: Nerven und Krieg. Psychische Mobilisierungs- und Leidenserfahrungen in Deutschland 1900–1933, Frankfurt a.M. 2020, S. 293–325.

in einer Rede, dass sich auch unter Sozialisten und Katholiken hunderttausende alte Frontsoldaten befänden, über deren Vaterlandsliebe die nationalsozialistische Partei nicht zu urteilen habe.[71] Das Ziel Duesterbergs war offenbar, die Mitglieder der durch Verbot und Auflösung bedrohten Verbände unter Bezugnahme auf die gemeinsame Kriegserfahrung, die nun als einigendes Band zwischen Nationalkonservativen, Liberalen und Sozialdemokraten charakterisiert wurde, zum Eintritt in den Stahlhelm zu bewegen. So sollte dessen Machtstellung für weitere Verhandlungen mit den neuen Machthabern über den Fortbestand des Bundes gestärkt werden. In dieser Situation erhöhte das Regime den Druck auf Seldte, den renitenten zweiten Bundesführer zu entmachten. Als das Reichsbanner im Sommer 1933 aufgelöst wurde und sich seine Führer und Mitglieder der politischen Verfolgung ausgesetzt sahen, traten tatsächlich viele von ihnen, zusammen mit Mitgliedern der ebenfalls aufgelösten politischen Parteien und der nicht nationalsozialistischen Verbände, in den Stahlhelm ein.[72] Ganz im Sinne des abgesetzten zweiten Bundesführers schrieb der Führer des Stahlhelm-Gaues Unterfranken wenige Monate nach den Reichstagswahlen vom März 1933, in der die NSDAP zusammen mit ihren Koalitionspartnern des Wahlbündnisses »Kampffront Schwarz-Weiß-Rot« die absolute Mehrheit errungen hatte:

> »Die Lage des deutschen Volkes erheischt, daß wir einen möglichst großen Prozentsatz freiwilliger Kämpfer schaffen. Es ist daher grundfalsch, dem Stahlhelm aus der Aufnahme früherer Marxisten oder BVP-Leute [Angehörige der Bayerischen Volkspartei], einen Vorwurf zu machen, sofern es sich bei solchen Einzelmitgliedern um saubere, persönlich anständige und unbestrafte Leute handelt [...] Solange nach meiner Ansicht handgreifliche Unterlagen für eine Gefahr nicht vorhanden sind, besteht kein Recht, dem Stahlhelm die Aufnahme einzelner, oft im Krieg erprobter und ausgezeichneter, dann zeitweise politisch entgleister Leute zu verwehren. Wo sollten wir hinkommen, wenn wir nur die reinsten Nationalisten zur Mitarbeit am Staate heranziehen wollten und die am 5. März noch bestehende andere Hälfte ausschliessen wollten?«[73]

Diese Entwicklung führte mancherorts zu brutalen Übergriffen durch die SA. Der zweifellos bekannteste Vorfall ereignete sich am 27. März 1933 in Braunschweig. Die dortige Führung des Reichsbanners hatte sich im Laufe des Vorjahres im Grenzschutz, beim Reichsarbeitsdienst und der Jugendertüchtigung dem Stahlhelm teilweise angenähert, der ihr gegenüber den Nationalsozialisten als das kleinere Übel erschienen war. Nach der Auflösung nutzten die Reichsbanner-Angehörigen die letzten Handlungsspielräume dazu, sich an die Verbandsstrukturen des Stahlhelms anzulehnen.[74] So gingen bald Meldungen von Dienststellen der NSDAP, SA und SS aus dem gesamten Reichsgebiet über die Aufnahme von Sozialdemokraten und sogar von Kommunisten ein.[75] In Braunschweig griff Ministerpräsident Dietrich

---

71    Vgl. Berghahn, Der Stahlhelm (wie Anm. 40), S. 250.
72    Vgl. Susanne Meinl, Nationalsozialisten gegen Hitler. Die nationalrevolutionäre Opposition um Friedrich Wilhelm Heinz, Berlin 2000, S. 187 f.
73    Führer Gau Unterfranken an Malsen-Ponickau, 9.6.1933, Bayerisches Hauptstaatsarchiv, Abt. IV, Sta 108.
74    Vgl. Elsbach, Das Reichsbanner (wie Anm. 55), S. 564 f.; Martin Broszat, Der Staat Hitlers, München 1969 (= Weltgeschichte des 20. Jahrhunderts, 9), S. 113.
75    Zur Situation in Berlinchen (Brandenburg), Schlesien und Hannover vgl. Geheimes Staatsarchiv Preußischer Kulturbesitz, Rep. 77, Tit. 4043, Nr. 68b,1, Bd 6, Bl. 93, 112, 116; in Ostpreußen

Klagges (NSDAP) ein, ließ eine Versammlung vor der zentralen Geschäftsstelle des Stahlhelms in der Allgemeinen Ortskrankenkasse gewaltsam auflösen und 2000 Stahlhelmer sowie 1200 »Marxisten« verhaften. Im Anschluss löste er den Stahlhelm-Landesverband auf und verbreitete über die Presse, einen gegen den Staat gerichteten Putsch verhindert zu haben.[76] Als es im westpfälzischen Bezirk Lauterecken bis Ende Juni gelang, unter maßgeblicher Beteiligung von Sozialdemokraten mehrere neue Ortsgruppen aufzuziehen, kam es zu weiteren Übergriffen. Hier wurden der Stahlhelm-Bezirksführer Franz Eduard Klinger und einige seiner Mitarbeiter von SA-Männern nachts aus ihren Wohnungen gezerrt, schwer misshandelt und anschließend in Schutzhaft genommen. In den folgenden Tagen verschlechterte sich der Gesundheitszustand Klingers rapide, weswegen er in ein Krankenhaus nach Kaiserslautern verlegt werden musste, wo er am 4. Juli 1933 verstarb. Vorfälle wie diese, gepaart mit der offensichtlichen Unfähigkeit der Führung, die Bundesmitglieder zu schützen, führten schließlich zum Niedergang des gesamten Gaues Pfalz. Bezirksführer legten ihre Ämter nieder und auch der Gauführer trat zurück, um einem willfährigen Nachfolger Platz zu machen, der einen Teil der Stahlhelmer in die SA überführte. In der Folge bemühte sich die Landesführung, weitere Beitritte ehemaliger politischer Gegner zu verhindern bzw. diese wieder auszuschließen, um dem Regime und den Untergliederungen von Partei und SA keine weitere Angriffsfläche zu bieten.[77]

## b) Kyffhäuserbund und Sturmabteilung

Das Verhältnis zum Kyffhäuserbund als Dachverband der deutschen Kriegervereine gestaltete sich trotz inhaltlicher Schnittmengen bis 1933 wenig kooperativ. Bei den Volksbegehren gegen den Young-Plan 1929 und zur Auflösung des preußischen Landtages 1931 wirkte der Verband nicht mit. Dabei hatte der Stahlhelm den Kriegerbund ermahnt, sich zu den Forderungen der Volksbegehren zu bekennen, aus ihrer politischen Neutralität herauszutreten und sich nicht mit der Pflege militärischer Tradition zu begnügen. Der Vorsitzende des Kyffhäuserbundes, General Rudolf von Horn, bezog mit Verweis auf die heterogene Mitgliederbasis der Kriegervereine jedoch keine Position. Da die Frage nach der Regelung der Reparationszahlungen »im Brennpunkt des parteipolitischen Kampfes« stehe, könne er als Vorsitzender das Volksbegehren nicht ausdrücklich unterstützen. Dabei machte er eine kla-

seien zwischen 15 und 500 frühere Mitglieder von SPD, KPD und mit diesen assoziierten Organisationen in den Stahlhelm aufgenommen worden, vgl. Geheimes Staatsarchiv Preußischer Kulturbesitz, Rep. 77, Tit. 4043, Nr. 68b,1, Bd 6, Bl. 130, 147–151.

[76]  Vgl. Hermann Beck, The Fateful Alliance. German Conservatives and Nazis in 1933. The Machtergreifung in a New Light, New York [u.a.] 2010, S. 270 f. Innerhalb des Braunschweiger Stahlhelms standen sich, ähnlich wie Seldte und Duesterberg auf der Reichsebene, zwei Richtungen gegenüber. Eine Gruppe forderte eine enge Zusammenarbeit mit den Nationalsozialisten, die Gruppe um den Landesführer Schrader dagegen wollte den Stahlhelm möglichst eigenständig erhalten; vgl. Hans-Ulrich Ludewig und Dietrich Kuessner »Es sei also jeder gewarnt.« Das Sondergericht Braunschweig 1933–1945, Braunschweig 2000 (= Quellen und Forschungen zur braunschweigischen Landesgeschichte, 36), S. 63 f.

[77]  Vgl. Werberg, Der Stahlhelm (wie Anm. 30).

re Unterscheidung zwischen dem Stahlhelm als politischem Kampfbund und der von ihm geführten, vorgeblich unpolitischen Organisation. In der Folge geriet der Kyffhäuserbund unter Druck, einerseits durch die Mitgliederbasis, die eine klare Positionierung des Verbandsvorstandes forderte, andererseits durch rechtskonservative Parteien, sich stärker politisch zu betätigen. In dieser Situation registrierte der Vorstand Versuche des Stahlhelms, die Kriegervereine zu unterwandern und so in seinem Sinne zu beeinflussen. Eine Spaltung der Gesamtorganisation stand zu befürchten.[78] Augenscheinlich hatte der Frontsoldatenbund hiermit jedoch keinen Erfolg. Bei der Reichspräsidentenwahl, in der Stahlhelm und DNVP Duesterberg als gemeinsamen Kandidaten gegen den Amtsinhaber Paul von Hindenburg und gegen Hitler aufstellten, hielt der Vorstand des Kyffhäuserbundes an seiner Unterstützung des Generalfeldmarschalls und ehemaligen Kopfs der Obersten Heeresleitung im Weltkrieg fest. Wie bereits bei den Volksbegehren von 1929 und 1930 erfolgte dieser Schritt gegen den Widerstand eines Teils der Mitgliederbasis.[79] Nach der Auflösung des Stahlhelms im November 1935 traten schließlich viele ehemalige Mitglieder in den Kyffhäuser ein, ähnlich wie es bei den bereits skizzierten Übertritten ehemaliger Reichsbanner-Mitglieder beobachtet werden konnte.[80]

Noch wesentlich konfliktreicher gestaltete sich das Verhältnis zur SA.[81] Die Beziehungen zwischen dem Bund und den seit dem Ende der 1920er Jahre aufstrebenden Nationalsozialisten war in erster Linie durch eine erbitterte Konkurrenz um die Vorherrschaft innerhalb des nationalen Lagers geprägt. Die Bundesführung war zunächst bestrebt, die Nationalsozialisten in eine gemeinsame, durch sie koordinierte Front zu bringen, die im Idealfall bis zur DVP reichen sollte. Für NSDAP und SA dagegen war der Stahlhelm in erster Linie ein Konkurrent, der ihrem totalitären Führungsanspruch im Wege stand, und zugleich ein Personalreservoir, aus dem für den eigenen Aufstieg zur Massenbewegung geschöpft werden konnte. Auf der ideologischen Ebene konkurrierten sie um die richtige Implementierung des

---

[78]  Vgl. Benjamin Schulte, Veteranen des Ersten Weltkrieges. Der Kyffhäuserbund von 1918 bis 1933, Bielefeld 2020, S. 145–149.

[79]  Vgl. ebd., S. 156 f.

[80]  Vgl. Gestapo Hannover meldet … Polizei- und Regierungsberichte für das mittlere und südliche Niedersachsen zwischen 1933 und 1937. Bearb. von Klaus Mlynek, Hildesheim 1986, S. 460, 483, 493. »Je nachdem, wie das Verhältnis zwischen dem früheren Stahlhelm und der örtlichen NSDAP-Leitung war, sind Anträge auf Eintritt in die Partei erfolgt oder unterblieben. Sehr viele ehemalige Stahlhelmer haben sich dem Kyffhäuser-Bund angeschlossen. Ein größerer Teil hält sich aber völlig zurück«; ebd., S. 525. Siehe auch Joseph Goebbels über die bevorstehende Auflösung und Eingliederung der ehemaligen Stahlhelmmitglieder in die NSDAP und den Kyffhäuserbund: »Gute Mitglieder Partei. Schlechte Kyffhäuser. Das ist reinliche Scheidung«; Die Tagebücher von Joseph Goebbels, <https://www.degruyter.com/databasecontent?dbid=tjgo&dbsource=%2Fdb%2Ftjgo&sort=tjgo-date-sort> (letzter Zugriff 14.1.2019), Bd 3/I (19.8.1935).

[81]  Wenn die SA an dieser Stelle als Veteranenorganisation charakterisiert wird, so hebt dies auf die Versuche der Führung ab, das Kriegserlebnis im nationalsozialistischen Sinne für sich zu vereinnahmen und die SA zur Erbin deutschen Frontsoldatentums zu stilisieren. Tatsächlich konnte die Masse der SA-Mitglieder aufgrund ihrer späten Geburt nicht am Weltkrieg selbst teilgenommen haben. Doch wurde der aggressive Aktivismus der SA durch Rückgriff auf den Krieg genährt; vgl. Ian Kershaw, Vorwort. In: Nationalsozialismus und Erster Weltkrieg. Hrsg. von Gerd Krumeich, Essen 2019, S. 8; vgl. auch Behrenbeck, Der Kult um die toten Helden (wie Anm. 16), S. 184–193.

Ultranationalismus in Deutschland.[82] Hierbei lassen sich einige bemerkenswerte Parallelen zum Verhältnis zwischen Stahlhelm und Kyffhäuser ausmachen. Wie der Bund der Frontsoldaten dem Dachverband der Kriegervereine vorwarf, sich politisch nicht eindeutig genug zu positionieren und in der Folge politisch zu passiv zu sein, so kritisierten NSDAP und SA den Stahlhelm mit den gleichen Argumenten. Der Stahlhelm war sich der heterogenen Zusammensetzung seiner Mitgliederbasis sehr wohl bewusst und hielt daher an einem betont überparteilichen Standpunkt fest; der Kyffhäuser verteidigte seine Nichtbeteiligung an den Volksbegehren mit Blick auf seine eigene Basis. Wie der Stahlhelm den Versuch unternahm, die Untergliederungen der Kriegervereine zu unterwandern, diese in seinem Sinne zu beeinflussen und neue Mitglieder zu gewinnen, so ging auch die SA gegen den Stahlhelm vor.[83]

Die Gegnerschaft zwischen Stahlhelm und SA manifestierte sich konkret in symbolpolitischen Auseinandersetzungen innerhalb des öffentlichen Raums. Die Sphäre des Alltags diente hierbei als Arena, in der Kundgebungen, Appelle, Gedenkfeiern und ähnliche Veranstaltungen zahlreiche Zuschauer und potenzielle Neumitglieder bzw. Unterstützer anzogen. Stahlhelm-Symbol, feldgraue Uniformen und Reichskriegsflaggen standen nicht nur gegen die Republik, sondern zunehmend auch gegen Hakenkreuz und Braunhemd, das Stahlhelm-Bundeslied gegen das Horst-Wessel-Lied, der Bundesgruß »Frontheil« gegen das nationalsozialistische »Heil Hitler«. Diese Rivalität wurde nur aus taktischen Erwägungen phasenweise und dabei nur oberflächlich überdeckt. Andererseits konnte sich das Verhältnis vor Ort, besonders in Untergliederungen, in denen der Stahlhelm radikaler und völkischer ausgerichtet war, harmonischer und die spätere Eingliederung in die SA reibungsloser gestalten. Gänzlich spannungsfrei war das Verhältnis jedoch nie. Es waren vor allem die »virulenter werdende Konkurrenz um Mitglieder, Zugehörigkeiten und Zustimmungspunkte«,[84] die die Beziehungen zwischen den beiden Verbänden strukturierte. Insbesondere zwischen 1930 und 1933 wurden diese »zunehmend von Rangstreitigkeiten, lokalen und durchaus auch persönlichen, ganz individuellen Auseinandersetzungen geprägt«.[85] Zu Beginn der 1930er Jahre häuften sich mancherorts gewalttätige Auseinandersetzungen. Doch anderswo konnte das Verhältnis auch von Desinteresse, teilweise sogar von einem friedlichen Nebeneinander bestimmt sein.

Die Auseinandersetzungen zwischen Stahlhelm und SA sind in der Forschung mehrfach als Bestandteil eines in der Weimarer Republik geführten Generationenkonflikts gedeutet worden.[86] Der Teilnahme bzw. Nichtteilnahme am Ersten

---

[82]   Vgl. Werberg, Der Stahlhelm (wie Anm. 30).

[83]   Vgl. ebd., S. 141–224.

[84]   Anke Hoffstadt, Eine Frage der Ehre. Zur ›Beziehungsgeschichte‹ von »Stahlhelm – Bund der Frontsoldaten« und SA. In: Bürgerkriegsarmee. Forschungen zur nationalsozialistischen Sturmabteilung (SA). Hrsg. von Yves Müller und Reiner Zilkenat, Frankfurt a.M. [u.a.] 2013, S. 267–296, hier S. 269.

[85]   Hoffstadt, Eine Frage der Ehre (wie Anm. 84), S. 269.

[86]   Zum Generationenkonflikt zwischen der Frontgeneration im Stahlhelm einerseits und der jüngeren Generationen in HJ und SA andererseits vgl. Arndt Weinrich, Der Weltkrieg als Erzieher. Jugend zwischen Weimarer Republik und Nationalsozialismus, Essen 2013 (= Schriften der Bibliothek für Zeitgeschichte, NF, 27), S. 152–177; Olenhusen, Vom Jungstahlhelm zur SA (wie Anm. 11),

Weltkrieg kam in diesem Zusammenhang große Bedeutung zu. Obwohl die Masse der einfachen SA-Mitglieder aufgrund ihres späten Geburtsjahrs nicht im Weltkrieg gekämpft hatte, stilisierten nationalsozialistische Funktionäre ihren Kampfverband zu einem Erben deutschen Frontsoldatentums, um hieraus die Legitimation ihrer radikalen politischen Forderungen abzuleiten und sich positiv von den im Stahlhelm versammelten Veteranen abzugrenzen. In einem Beitrag des »Völkischen Beobachters« vom Juni 1929 etwa wurde der Stahlhelm dafür kritisiert, zu stark an der Vergangenheit orientiert zu sein. Die Zukunft gehöre dagegen der in der SA organisierten Jugend:

> »Der Stahlhelm blickt zurück auf das, was war, und glaubt durch kleine Mittel ein morsches System verbessern zu können, wir schauen vorwärts und glauben durch Zertrümmerung des Schlechten und Morschen, Neues, Besseres vorbereiten zu können. *Der Stahlhelm träumt vom neuen Staat, wir Nationalsozialisten sehen ihn klar vor unseren Augen.* Der Stahlhelm führt die ruhmbedeckten Fahnen der Vergangenheit, unser junges Hakenkreuzbanner ist Symbol der Zukunft, blutgetränkt und sieghaft flatternd durch die Taten der Gegenwart […] Ungebeugt und ungebrochen trotz Grabenkrieg und Knechtung, gewachsen im Kampf stürmen wir vorwärts in jugendlichem Feuer […] Vor uns das Ziel […] wir stürmen über Altes vorwärts, das Neue bereits in unseren Fäusten.«[87]

Nur wenige Stahlhelmführer sprachen der SA die Berechtigung ab, sich des mythisch überhöhten Fronterlebnisses zu bedienen. So bezeichnete etwa der bereits zitierte Eduard Stadtler den Nationalsozialismus als »Stoßtruppbewegung«,[88] als »aktivster Stoßtrupp der nationalen Rechten«,[89] während er dem Stahlhelm die Rolle der Infanterie im Massenheer zuschrieb.[90] Einerseits erkannten die Stahlhelmer die SA (und im weiteren Sinne die Nationalsozialisten) als Teil eines durch die vereinte nationale Opposition aufgestellten Heeres an, andererseits nutzten sie Bezüge zum Weltkrieg auch, um die Rolle der SA herunterzuspielen. Diese wurde dann etwa mit der leichten Kavallerie gleichgesetzt (»Braunhemdkavallerie«[91]), wodurch Elan und Aktivismus hervorgehoben, die SA aber zugleich auch zu einer reinen Hilfstruppe degradiert wurde. Die schlachtentscheidende Infanterie werde dagegen durch den Stahlhelm gestellt. Das Nachrichtenblatt des Gaues Potsdam trieb dieses Gleichnis im Zusammenhang mit dem Scheitern der Harzburger Front 1931 und der Reichspräsidentenwahl 1932 auf die Spitze. Die Nationalsozialisten wurden

---

S. 146–182; vgl. auch Herbst Sydow, Nationalsozialist oder Stahlhelmmann? Seldte oder Hitler? Eine Stimme aus der vordersten Front der nationalen Bewegung, Hirschberg 1931, Bl. 7, 9.

[87] Stahlhelm und S.A., Der Völkische Beobachter (Bay.-Ausg.), Jg. 1929, Nr. 124 (1.6.1929), Stadtarchiv München, ZA-14361; vgl. auch Sven Reichardt, Faschistische Kampfbünde. Gewalt und Gemeinschaft im italienischen Squadrismus und in der deutschen SA, Köln [u.a.] 2002, S. 346–364.

[88] Eduard Stadtler, Seldte – Hitler – Hugenberg! Die Front der Freiheitsbewegung, Berlin 1930, S. 125.

[89] Ebd., S. 111.

[90] Vgl. ebd., S. 110; zum Topos der Enge durch parteipolitische Gebundenheit im Nationalsozialismus vgl. auch Martin Bochow, Männer unter dem Stahlhelm. Vom Werden, Wollen und Wirken des Stahlhelm – Bund der Frontsoldaten, Stuttgart [u.a.] 1933, S. 88–90.

[91] Vgl. Karl Rohe, Das Reichsbanner Schwarz Rot Gold. Ein Beitrag zur Geschichte und Struktur der politischen Kampfverbände zur Zeit der Weimarer Republik, Düsseldorf 1966 (= Beiträge zur Geschichte des Parlamentarismus und der politischen Parteien, 34), S. 229, 235.

darin als leichte Kavalleristen und Trommler charakterisiert, die durch ihr undiszip-
liniertes Verhalten Unordnung in die eigenen Reihen und die nationale Opposition
so um den Sieg gebracht hätten:

> »In dieser Harzburger Front nun stellten Hugenberg die Generalstabsoffiziere, die
> Köpfe, Hitler die Trommler und die leichte Kavallerie, die Propaganda und S.A., Seldte-
> Duesterberg die kampferprobte Infanterie, das Gros. So war die Harzburger Armee die
> denkbar beste und schlagkräftigste. Doch leider nur theoretisch. Denn in der Praxis gin-
> gen einige Pferde der leichten Kavallerie durch und brachten Verwirrung in die Infanterie,
> [...] einige Trommler [...] schlugen falschen Takt. Und als nun die Armee dicht vor der
> Entscheidungsschlacht stand, als es hieß die feindliche Festung zu stürmen [...] erklärten
> plötzlich Trommlerkorps und Kavallerie, sie seien zahlenmäßig die stärksten, also würden
> sie vorneweg stürmen und Generalstab und Kampftruppe hätten sich ihnen zu fügen.«[92]

In der Folge ermahnte die Bundesführung den Konkurrenten, seinen Aktivismus zu
zügeln; sie bezog sich hierbei erneut auf die Kriegserfahrung und insbesondere auf die
Erfahrung des Grabenkrieges und der Verteidigungsschlachten. Auf die »Zähigkeit
im Festhalten einmal eroberter Stellungen«, so die Stahlhelm-Fibel von 1932, komme es ebenso sehr an wie auf den »Schwung des Angriffsgeistes«. Daher wolle der
Stahlhelm die »Tugenden des alten deutschen Soldatentums zur Grundlage und
zur zügelnden Kraft des vorwärtsstürmenden nationalen Idealismus der deutschen
Jugend« machen.[93] Zu diesem Zeitpunkt hatte sich die NS-Bewegung indes bereits
als dominierende politische Kraft innerhalb des nationalen Lagers durchgesetzt.

Nach der Ernennung Hitlers zum Reichskanzler am 30. Januar 1933 zog Seldte,
mit Unterstützung durch Reichspräsident Hindenburg und Vizekanzler Franz von
Papen, als Reichsarbeitsminister in die neue Regierung ein. Seldtes Versuche, den
Stahlhelm als eigene Organisation zu erhalten und neben den Kampforganisationen
der Nationalsozialisten zu etablieren, blieben jedoch erfolglos. Der Bund wurde,
nachdem ein großer Teil der Mitglieder in die NS-Organisationen überführt worden
war, im März 1934 in den Nationalsozialistischen Deutschen Frontkämpferbund
(NSDFB) umgegründet und schließlich im November 1935 ganz aufgelöst.[94]

---

[92]  Stahlhelm und Parteien. In: Nachrichten-Blatt Gau Potsdam, Jg. 8, Nr. 4 (April 1932).

[93]  Vgl. Über den Parteien. In: Die Stahlhelm-Fibel (Tempo 114). Hrsg. von der Propaganda-
       Abteilung des Stahlhelm-Bundesamtes, Berlin 1932, Institut für Zeitgeschichte, 00/Ff 224, o.P.;
       vgl. auch Der Stahlhelm muß sein! Vom Frontsoldaten zum Volkskriegertum. Mit einem Vor- und
       Nachwort von Hans Henning Grote, Berlin 1933, S. 4, 23. An diesem Selbstbild hatte auch die
       neuerliche Akzentuierung der Schlacht um Verdun ab 1929 wenig geändert. Doch ist auf den
       überaus interessanten Umstand hinzuweisen, dass die vermehrte Nennung Verduns auch außerhalb
       der Rubrik »Vor 10 Jahren« zeitlich mit der Herausbildung eines immer aggressiveren, gegen die
       Weimarer Republik gerichteten Profils zusammenfällt. Den sechs Beiträgen der Bundeszeitung,
       die sich zwischen 1929 und 1932 Verdun widmen, stehen gerade einmal zwei Erzählungen über
       die Sommeschlacht gegenüber. Dabei wird auch in den Beiträgen zu Verdun der Überlebenstopos
       bemüht: »gab es damals viele Stellen, wo nichts Lebendiges sich halten konnte, wo in nassem
       Lehm, von blutigen Leibern umgeben, mit triefendnassen Mänteln bedeckt, oder notdürftig mit
       Zeltplanen, die das Wasser nicht mehr fernzuhalten vermochten, Menschen standen, von Trichter
       zu Trichter als Menschen dem Menschen gegenüber, wochenlang darbend, wochenlang kaemp-
       fend, wochenlang ihre Pflicht erfüllend, getreu dem stillen, sich selbst gegebenen Versprechen,
       ihrem Vaterlange die Treue zu halten, wochenlang auf das Ende des Furchtbaren, noch nicht
       Dagewesenen harrend«; Wir standen vor Verdun. In: Der Stahlhelm, Jg. 12, Nr. 8 (1.3.1931).

[94]  Ausführlich Werberg, Der Stahlhelm (wie Anm. 30).

## Fazit

In diesem Beitrag wurde der »Stahlhelm – Bund der Frontsoldaten« als Veteranenorganisation und politischer Akteur des nationalen Lagers in der Weimarer Republik sowie in den ersten zwei Jahren des NS-Regimes betrachtet. Das unmittelbare, leibliche Kriegserlebnis spielte für die Organisation eine zentrale Rolle. Ein großer Teil der Mitgliederbasis und insbesondere die Führer hatten als Soldaten am Weltkrieg teilgenommen und genossen innerhalb des Bundes eine privilegierte Stellung gegenüber den jüngeren, nicht kriegsgedienten Mitgliedern. In der politischen Programmatik blieb der Verband stark auf die Vergangenheit bezogen, zum einen auf den Weltkrieg selbst, zum anderen aber auch auf das Deutsche Kaiserreich, in dem ein großer Teil der Mitglieder sozialisiert worden war. Auf dieser Grundlage wurden vage Vorstellungen für eine Zukunft entwickelt, die aufgrund des überparteilichen Anspruches des Stahlhelms als rechter Sammlungsbewegung und der internen Differenzen kaum weiter präzisiert wurden. Einigkeit bestand unter den Veteranen nationalkonservativer bis rechtsradikaler Gesinnung dahingehend, dass der neue deutsche Staat ein starker Staat sein müsse, wobei man sich meist an einem populären Bild des von Bismarck 1871 geschaffenen Kaiserreiches orientierte. Dieser habe die äußere Einheit des Reiches hergestellt, dem nun die innere, nationale Einheit aller Deutschen zu folgen hatte. Hierbei sollte den ehemaligen Frontsoldaten, die für sich in Anspruch nahmen, diese Einheit im Weltkrieg erlebt und in ihren Reihen bewahrt zu haben, eine Vorreiterrolle zukommen. Von ihrer Beteiligung am Weltkrieg leiteten diese Veteranen die Berechtigung ab, innenpolitisch eine führende Rolle zu spielen. Die parlamentarische Demokratie der Weimarer Republik sollte durch den Aufbau einer starken außerparlamentarischen Opposition und durch die Stärkung des Amts des Reichspräsidenten evolutionär überwunden werden. Republikanisch gesinnten Veteranen, die sich in großer Zahl im Reichsbanner Schwarz-Rot-Gold versammelten, wurde der Status des Frontsoldaten mit der Behauptung abgesprochen, dass sie aus dem Fronterlebnis – sofern ihnen überhaupt zugestanden wurde, über ein solches zu verfügen – die falschen Schlüsse gezogen hätten.

Die Bezugnahme auf das leibliche Fronterlebnis diente also nicht nur der Legitimation des eigenen Führungsanspruches und der erhobenen politischen Forderungen, sondern auch der Ausprägung einer eigenen Identität als politischer Akteur, der Abgrenzung von anderen Gruppierungen und der Diskreditierung des politischen Gegners. Die Aneignung erfolgte höchst selektiv und nach Vorgaben, die sich aus dem Selbstbild, der eigenen politischen Zielsetzung und den verfolgten Strategien ergaben. Der Stahlhelm trat als überparteiliche Sammlungsbewegung des nationalen Lagers auf, der die parlamentarische Demokratie überwinden und an dessen Stelle einen starken, autoritär geführten Staat setzen wollte. Dieses Ziel wollte er zum einen ohne Staatsstreich, zum anderen aber auch nicht durch Schaffung einer eigenen politischen Partei erreichen. Als Mittel der Einflussnahme blieben allein die Schaffung einer starken, außerparlamentarischen Opposition der nationalen Rechten und die Initiierung von Volksbegehren übrig, wobei die unterschiedlichen Interessen von einer Vielzahl unterschiedlicher Akteure in Einklang gebracht werden mussten. Dies stellte ein Projekt dar, welches zwangsläufig langfristig angelegt sein musste. Hierzu passend bezog sich der Stahlhelm in der Kriegserinnerung auf das Bild des einfachen Soldaten im Grabenkrieg. Dieser, gebunden an seine Pflicht dem Staat gegenüber, hatte schwerste Belastungen, insbesondere die aufgezwungene Untätigkeit und das Gefangensein über ungeahnt lange Zeiträume hinweg, diszipliniert ertragen und damit seine soldatische Bewährungsprobe bestanden. Besondere Auszeichnungen und Ehren habe er hierfür nicht erwartet. Ebenso sollten es auch die einfachen Mitglieder halten und dem Bund trotz ausbleibender politischer Erfolge die Treue halten. Dem stand das aktivistisch-heroische Ideal des Sturmtruppführers gegenüber, nach dessen Vorbild die NS-Bewegung in den Staat eindringen, ihn aufrollen und zur Verwirklichung der Volksgemeinschaft revolutionär überwinden sollte. In den sich verschärfenden Konflikten mit der SA griff der Stahlhelm auf die von den Nationalsozialisten bevorzugten Topoi zurück und tadelte deren Vorgehen als zu aggressiv, unreif und unüberlegt. Das Kriegserlebnis, ob nun tatsächlich leiblich erfahren oder nicht, bildete in diesem Milieu einen zentralen gemeinsamen Deutungshorizont.

Sebastian Elsbach

# »Europäische Gesamtwehr« statt »Bürgerkriegsarmee«. Ideen zu einer demokratischen Reichswehrreform im Reichsbanner Schwarz-Rot-Gold

»Du bist Mitglied des Reichsbanners Schwarz-Rot-Gold? Dann bist du ein *Soldat* der Republik. Du mußt aber mehr sein: ein *Staatsbürger*, und das bist du, wenn du *Mitglied einer republikanischen Partei* bist.«[1]

Der Versailler Friedensvertrag hatte die Reichswehr (durchaus absichtsvoll) auf ein innenpolitisches Instrument zur Niederschlagung von Aufständen – eine »Bürgerkriegsarmee« – reduziert, das auch wegen strikter Rüstungsbeschränkungen für internationale Konflikte nicht zu gebrauchen war. Aus diesem Grund stand die Mehrheit der Industriearbeiterschaft der Reichswehr ablehnend bis offen feindselig gegenüber. Zu präsent waren die militärischen Gewaltexzesse im Zuge der Bürgerkriegsunruhen in den Anfangsjahren der Republik.[2] Mit der Gründung des Reichsbanners Schwarz-Rot-Gold im Februar 1924 hofften die hierin versammelten demokratisch gesinnten Veteranen des Ersten Weltkriegs, das Sicherheitsrisiko einer republikfernen Reichswehr ausgleichen zu können, auf die im Falle von rechtsgesinnten Aufständen oder Putschversuchen nur bedingt Verlass war. Das Reichsbanner als »Bund der republikanischen Kriegsteilnehmer«, so der offizielle Beiname, stellte sich hiermit insbesondere den rechtsgerichteten Veteranenorganisationen wie dem Stahlhelm entgegen, die klar gegen die Republik Stellung bezogen hatten und bereits vor 1924 reichsweit organisiert waren.[3] Die republikanischen Kriegsteilnehmer verstanden ihre prodemokratische Gesinnung als zwingende Konsequenz des Weltkriegs, dessen Niederlage die Monarchie und ihre Institutionen zu verantworten hatten.[4] Dieser Rückgriff auf die Kriegserfahrungen war verbunden mit dem Anspruch einer besonderen Kompetenz und Verantwortung in Sachen Landesverteidigung. Dies hob das Reichsbanner von den republikanischen Parteien,

---

[1] Das Reichsbanner (RBZ) vom 1.7.1925. Gleichlautend auch in RBZ vom 11.11.1928. Alle Hervorhebungen hier und im Folgenden so im Original. Sämtliche Ausgaben der RBZ sind online zugänglich: <https://www.reichsbanner-geschichte.de/zeitungen> (letzter Zugriff: 5.5.2024).

[2] Mark Jones, Founding Weimar. Violence and the German Revolution of 1918–1919, Cambridge 2016.

[3] Zum Stahlhelm: Volker R. Berghahn, Der Stahlhelm. Bund der Frontsoldaten 1918–1935, Düsseldorf 1966; Dennis Werberg, Der Stahlhelm – Bund der Frontsoldaten. Eine Veteranenorganisation als politischer Akteur und ihr Verhältnis zum Nationalsozialismus, Berlin, Boston 2023.

[4] Siehe hierzu bereits den Gründungsaufruf in RBZ vom 15.4.1924 unter dem bezeichnenden Titel »Kriegsteilnehmer, Republikaner!«

also den Parteien der Weimarer Koalition (Sozialdemokratische Partei Deutschlands, SPD; Deutsche Demokratische Partei, DDP; Deutsche Zentrumspartei, DZP, kurz: Zentrum) ab, die mehrheitlich deutlich passiver in wehrpolitischen Fragen auftraten. Als »Schutztruppe der Republik« sollte das Reichsbanner nicht nur rechts- wie links-radikalen Kräften entgegentreten, sondern auch ein zivilgesellschaftliches Korrektiv des parlamentarischen Betriebes sein, der prinzipiell aber ausdrücklich unterstützt wurde. Die Veteranen des Reichsbanners wollten so eine als existenziell empfunde-ne Bedrohung von der ersten deutschen Republik abwehren. Der Gründungsaufruf sprach davon, dass, wie schon während des Weltkriegs, die »staatliche Einheit« des Reiches und damit das »Dasein des deutschen Volkes« auf dem Spiel stünden. Dem gelte es entschlossen entgegenzutreten, denn:

> »*Deutschland darf nicht untergehen!* Es kann sich aber nur erhalten und wieder erstar-ken als *Republik* [...] In der Erkenntnis, daß die Republik nur durch *Republikaner* zu Macht und Ansehen gebracht werden kann, verlangt der Bund [der republikanischen Kriegsteilnehmer] die Besetzung aller wichtigen Ämter und insbesondere in Verwaltung, Schule, Justiz, Wehrmacht und Polizei mit Republikanern.«[5]

Dieser nur sehr grobe Plan zur Reform der Reichswehr wurde in zahlreichen Artikeln der Reichsbannerpresse ausgeführt und bei den Massenveranstaltungen des Reichsbanners propagiert. Intensiv beschäftigte sich die Vereinszeitung »Das Reichsbanner«[6] – als RBZ abgekürzt – mit dem Vorwurf der »Treulosigkeit« der republikanisch gesinnten Kriegsteilnehmer und der Verantwortung monarchisti-scher Offiziere für die Kriegsniederlage. Vor allem die Schlieffenschule geriet hier-bei in den Fokus der publizistischen Kritik. Diese Form der Öffentlichkeitsarbeit wurde als Beitrag zur »Republikanisierung« der Reichswehr präsentiert, was eben-falls das vorgebliche Ziel der regierungsseitigen Heerespolitik während der Amtszeit des Reichswehrministers Otto Geßler (DDP) darstellte. Die Politik Geßlers und seines Vorgängers Gustav Noske (SPD) wurde im Reichsbanner gleichfalls einer Grundsatzkritik unterzogen,[7] die stets als Konsequenz eigener Kriegserfahrungen kommuniziert wurde. (Weder Geßler noch Noske waren ihrerseits Veteranen.) Auffällig an dieser Kritik war, dass sie vonseiten des Reichsbanners im Namen der »Frontsoldaten« formuliert wurde, womit primär die Mannschaften und un-teren Offizierränge gemeint waren, denn gerade aus der Unmittelbarkeit der Kriegserfahrung schöpften die Reichsbannermitglieder, ebenso wie ihre Kontrahenten an den Rändern des politischen Spektrums, ihre Legitimität als Veteranen.

Primäre Rezipienten der Reichsbannerpublizistik waren neben den schätzungs-weise 1,5 Millionen eigenen Mitgliedern die Anhängerschaft der republikanischen Parteien, die in verschiedenen Verbänden organisierten politischen Gegner sowie

---

[5]  Ebd.
[6]  Zum allgemeinen Profil der Vereinszeitung: Richard Saage, Die gefährdete Republik. Porträt der Zeitung des »Reichsbanners Schwarz-Rot-Gold«. In: Solidargemeinschaft und Klassenkampf. Politische Konzeptionen der Sozialdemokratie zwischen den Weltkriegen. Hrsg. von Richard Saage, Frankfurt a.M. 1986, S. 277–301.
[7]  Heiner Möllers, Reichswehrminister Otto Geßler. Eine Studie zu »unpolitischer« Militärpolitik in der Weimarer Republik, Frankfurt a.M. [u.a.] 1998; Wolfram Wette, Gustav Noske. Eine politi-sche Biographie, Düsseldorf 1987.

das Establishment der Reichswehroffiziere. Die maßgeblich für die Heerespolitik verantwortlichen Offiziere um Hans von Seeckt, der von 1920 bis 1926 als Chef der Heeresleitung amtierte, reagierten auf diese Kritik mit einer Mentalität des Abschottens. Als »Staat im Staate« sollten aus einer »entpolitisierten« bzw. »unpolitischen« Reichswehr jegliche »parteipolitischen« Einflüsse herausgehalten werden.[8] Reichswehrminister Geßler sah seine Aufgabe ebenfalls darin, die Streitkräfte vor einem vermeintlich ungebührlichen Einfluss der zivilen Politik, also insbesondere des Parlaments, abzuschirmen. Der Jurist Patrick Oliver Heinemann hat die Gültigkeit des aus der Weimarer Zeit stammenden Schlagwortes vom »Staat im Staate« in einer grundlegenden Studie zur Rechtsgeschichte der Reichswehr dahingehend präzisiert, dass die Streitkräfte ein »Sonder- oder Nebenrecht« und somit einen Zustand der Paralegalität im Verhältnis zur parlamentarisch legitimierten Rechtsordnung etablierten.[9] In juristischer und politischer Hinsicht war die Reichswehr zweifellos ein antiparlamentarischer Fremdkörper innerhalb der Weimarer Republik. Die Reichswehrminister, die auf Geßler folgten (Wilhelm Groener, Kurt von Schleicher, Werner von Blomberg), entstammten sämtlich dem obersten Offizierkorps und besonders Schleicher nutzte seine militärische Machtstellung, um politischen Einfluss zu gewinnen.[10]

Wenn also die These vom »Staat im Staate« nach wie vor ihre Gültigkeit besitzt, sollte dennoch klar sein, dass die Streitkräfte sich nicht völlig von der Weimarer Gesellschaft (als Gegensatz zur institutionalisierten Politik) abkoppeln konnten oder wollten. Zahlreiche Verbindungen führten von der Reichswehr in das Milieu der rechtsnationalistischen Parteien und Verbände. Die Reichswehr erhoffte sich von den Verbindungen, die insbesondere zum Stahlhelm gepflegt wurden, eine Erhöhung der deutschen »Wehrtüchtigkeit«. Es gab etliche Bemühungen, die technologischen Rüstungsbeschränkungen zu unterlaufen, was sich vor allem in der Rüstungskooperation mit der Sowjetunion äußerte. Darüber hinaus traten die Wehrverbände quasi als nicht staatlicher Ersatz für die durch den Versailler Friedensvertrag verbotene allgemeine Wehrpflicht in Erscheinung. Diese Organisationen, zu denen auch das Reichsbanner zu zählen ist,[11] waren mehr als

---

8    Hans von Seeckt, Gedanken eines Soldaten, Berlin 1929, S. 116. Weiter heißt es: »Das Heer dient dem Staat, nur dem Staat; denn es ist der Staat« (ebd.). Diese Identifizierung des Heers mit einem abstrakt gedachten Staat läuft in einer parlamentarischen Demokratie auf eine militärische Autonomie innerhalb des politischen Systems hinaus. Seeckt lehnte dementsprechend den Gedanken einer öffentlichen oder gar parlamentarischen Kontrolle der Armee kategorisch ab.
9    Patrick Oliver Heinemann, Rechtsgeschichte der Reichswehr 1918–1933, Paderborn [u.a.] 2018, S. 17. Bergien spricht analog von einem »deep state«; vgl. Rüdiger Bergien, Die bellizistische Republik. Wehrkonsens und »Wehrhaftmachung« in Deutschland 1918–1933, München 2012, S. 396.
10   Die Weimarer Republik kommt dem Typus der »Enklavendemokratie« recht nahe, der ein politisches System beschreibt, in dem das Militär als »Vetomacht« gegenüber der zivilen Politik fungiert und es regelmäßig zu einem Übergreifen militärischer Logiken auf andere Bereiche von Politik und Verwaltung kommt, was durchaus auch ein freiwilliges Entgegenkommen der zivilen Politik oder der Bevölkerung einschließen kann; vgl. Wolfgang Merkel [u.a.], Defekte Demokratien, Bd 1: Theorie, Wiesbaden 2003, S. 249–261.
11   Ziemann zählt das Reichsbanner nicht zu den Wehrverbänden, womit er auf den politischen Unterschied zwischen den demokratiefeindlichen und den demokratischen Organisationen hinweisen möchte; Benjamin Ziemann, Veteranen der Republik. Kriegserinnerung und demokratische Politik 1918–1933, Bonn 2014. Hier wird der Begriff Wehrverband allerdings wertneutral

bloße Veteranenverbände wie der Kyffhäuserbund, da sie neben Weltkriegsveteranen auch jüngere Männer aufnahmen. Generationenübergreifend sollten soldatische Tugenden durch paramilitärische Übungen vermittelt werden, wozu insbesondere das Marschieren oder der Wehrsport zählten. Hinzu kamen Aktivitäten, die mehr auf die Herausbildung von »Kameradschaftlichkeit« als Ergänzung der physischen Ertüchtigung gerichtet waren. Meist erschöpfte sich dieser Teil des Vereinslebens aber in Stammtischrunden und gelegentlichen politischen Vortragsabenden. In dieser Hinsicht glichen die Wehrverbände eher gewöhnlichen Vereinen als paramilitärischen Organisationen, womit sie einen Zwittercharakter aufwiesen: Sie waren gleichzeitig zivile und (pseudo-)militärische Vereinigungen.

Vor diesem Hintergrund ist es nicht überraschend, dass es dem Reichsbanner wesentlich schwerer fiel, auf die Entwicklung der Reichswehr Einfluss zu nehmen, als den rechtsradikalen Wehrverbänden. An Ideen hierzu fehlte es nicht. In zahlreichen Artikeln der RBZ setzten sich namhafte republikanische Politiker ebenso wie ehemalige Weltkriegsteilnehmer unterschiedlichster Dienstgrade mit der Frage auseinander, welche Rolle den Streitkräften in einer Demokratie zukommen sollte und inwiefern die Reichswehr diesem Anspruch (nicht) gerecht wurde. Wie eine Demokratisierung der Reichswehr aussehen könnte, wurde ebenso rege debattiert wie die tatsächlichen Verbindungen der Armee zu rechtsradikalen Wehrverbänden oder die Missachtung der schwarz-rot-goldenen Reichsfarben durch aktive Soldaten.[12] Die Reichsbannerführung versuchte sich demgegenüber als prodemokratische Alternative anzubieten, was – und dies mag fast schon überraschen – von der Reichswehrführung während der Amtszeit Groeners nicht prinzipiell ausgeschlossen wurde. Das Reichsbanner übertraf schließlich den Stahlhelm und alle übrigen rechten Wehrverbände hinsichtlich der Mitgliederzahl um ein Vielfaches. Militärisch-nüchtern betrachtet konnte dieses Größenverhältnis von der Reichswehrführung nicht einfach ignoriert werden. Die prinzipielle Bejahung militärischer Werte im Reichsbanner und die Pflege paramilitärischer Aspekte des Vereinslebens waren in diesem Sinne Vorbedingungen für das bloße Vorhandensein von Gesprächen zwischen der Reichsbanner- und der Reichswehrführung.[13] Aus dem völlig entgegengesetzten Verständnis von der Rolle der Reichswehr in der Republik ergab sich jedoch ein ernsthafter Konflikt. Diesen Konflikt zu betrachten, ermöglicht ein differenzierteres Bild der Wehrpolitik der Zwischenkriegszeit, die, wenn man den üblichen staatszentrierten Blick um die republikanische Zivilgesellschaft erwei-

---

gebraucht, um einen Organisationstypus zu beschreiben, der prinzipiell in allen politischen Lagern der Weimarer Republik zu finden war.

[12]  Hierzu bereits knapp Saage, Die gefährdete Republik (wie Anm. 6), S. 286–288. Die Berichterstattung der RBZ über die Schwarze Reichswehr kann hier aus Platzgründen nur angedeutet werden. In den fünf Jahrgängen von 1924 bis 1928 finden sich rund 50 Artikel, die u.a. die unzulängliche juristische Aufarbeitung der »Fememorde« zwischen 1920 und 1923 thematisieren und die Querverbindungen der regulären Reichswehr zum Rechtsradikalismus sowie insbesondere zum Stahlhelm ab 1924 nachweisen. Zu diesem Themenkomplex siehe v.a. Bernhard Sauer, Schwarze Reichswehr und Fememorde. Eine Milieustudie zum Rechtsradikalismus in der Weimarer Republik, Berlin 2004; Bergien, Die bellizistische Republik (wie Anm. 9).

[13]  Sebastian Elsbach, Das Reichsbanner Schwarz-Rot-Gold. Republikschutz und politische Gewalt in der Weimarer Republik, Stuttgart 2019, insb. S. 224–239, 364–382, 508–538.

tert, eben nicht so pechschwarz ist, wie es vielfach in der Literatur angenommen wird. Gleichzeitig waren die im Reichsbanner formulierten Ideen bemerkenswert zukunftsweisend. Die Mängel der deutschen Militärstrategie wurden klar erkannt und in Ansätzen das Gegenmodell einer gemeinsamen europäischen Verteidigung entworfen – rund 25 Jahre vor Gründung der NATO im Jahr 1949 und beinahe zeitgleich, Anfang der 1950er Jahre, diskutierter Ideen zur Gründung der Europäischen Verteidigungsgemeinschaft.

Insgesamt entwickelten und bewarben die im Reichsbanner versammelten Veteranen Ideen, die stark dem Verständnis der heutigen Bundeswehr als Parlamentsarmee ähneln. Die Geschichte des Reichsbanners verdeutlicht somit, dass die Gründung der Bundeswehr nicht als völliger Bruch mit den bisherigen militärischen Traditionen Deutschlands zu betrachten ist. Schon nach dem Ersten und nicht erst nach dem Zweiten Weltkrieg hatten zahlreiche Veteranen erkannt, dass die innere Ausrichtung der Armee an rechtsnationalistischen Wert- und Politikvorstellungen in eine militärische Katastrophe geführt hatte. Dass sich das Reichsbanner gegenüber dem militärischen Establishment letztlich nicht durchzusetzen vermochte, ist angesichts der Zerstörung der Weimarer Republik offensichtlich. Ebenso offensichtlich ist angesichts des Unterganges des sogenannten Dritten Reiches aber, dass sich die drastischen Warnungen der Reichsbannermänner bewahrheiten sollten und sie sich trotz ihrer Niederlage im Jahr 1933 auf der »richtigen« Seite der Geschichte befunden haben.

## Reaktionen auf den Vorwurf der »Treulosigkeit«

Die Novemberrevolution 1918 begann mit dem Kieler Matrosenaufstand, dessen Akteure sich gegen die eigenmächtigen Offensivpläne der Marineführung und mehrheitlich auf die Seite der parlamentarisch legitimierten Reichsregierung stellten. Die hieran anschließende Soldatenrätebewegung ist vielfach diskutiert worden, und es erscheint klar, dass ohne den quasi universellen Wunsch der Mannschaftsdienstgrade nach Frieden und Demokratie das Jahr 1918 auch ein gänzlich anderes Ende bis hin zur vollständigen militärischen Besetzung und Aufteilung Deutschlands hätte finden können. Die Rolle demokratisch gesinnter Offiziere wurde bislang nicht systematisch in den Blick genommen, wobei die bisherige Mehrheitsmeinung sogar davon ausgeht, dass es diese Gruppe überhaupt nicht gegeben habe und im Offizierkorps allenfalls eine vernunftrepublikanische[14] Haltung anzutreffen gewesen sei.[15] Beispielhaft für

---

14  Heinemann, Rechtsgeschichte (wie Anm. 9), S. 353, findet für diese Art von Offizieren die passende Wortneuschöpfung der »Rüstungsrepublikaner«. Das Wort »Vernunftrepublikaner« ist hingegen ein Quellenbegriff und wurde in republikanischen Kreisen abwertend gebraucht, um opportunistisches Verhalten zu kennzeichnen; siehe hierzu den Sammelband: Vernunftrepublikanismus in der Weimarer Republik. Politik, Literatur, Wissenschaft. Hrsg. von Andreas Wirsching und Jürgen Eder, Stuttgart 2008, worin der Bereich des Militärs aber nicht vertreten ist.

15  Stellvertretend für viele siehe Möllers, Reichswehrminister Otto Geßler (wie Anm. 7), S. 53 f. Hier ist aber Möllers Hinweis entscheidend, dass die wenigen republikanischen Offiziere, die es gab, spätestens nach dem Kapp-Putsch systematisch aus der Reichswehr gedrängt wurden; ebd., S. 54,

diese Position wäre Generalquartiermeister Wilhelm Groener, dessen Unterstützung
für den Chef der Übergangsregierung Friedrich Ebert (SPD) sicherlich entscheidend
für die Stabilisierung der Revolutionsregierung war, er hierbei aber nicht aus innerer
demokratischer Überzeugung gehandelt habe.[16] Gleichwohl gab es schon zu diesem
Zeitpunkt, im November 1918, eine Minderheit im Offizierkorps, die sich unter
dem Eindruck des Weltkriegs zu überzeugten Demokraten gewandelt hatte.[17] Diese
Männer sollten sich mehrheitlich im 1924 gegründeten Reichsbanner Schwarz-Rot-
Gold sammeln und hiermit ihr Bekenntnis zu den republikanischen Reichsfarben
zum Ausdruck bringen. Der Bruch mit der Mehrheit des Offizierkorps konnte
härter nicht sein, wo nach wie vor an den alten, monarchistischen Reichsfarben
Schwarz-Weiß-Rot festgehalten wurde. Der prodemokratische Gesinnungswandel
wurde von den meisten Offizieren und auch den späteren Reichswehrministern
Noske und Geßler als »Gesinnungslumperei« diffamiert. Insbesondere republikanische Offiziere sahen sich dem Vorwurf der »Treulosigkeit« und der allgemeinen
Charakterschwäche ausgesetzt, ohne dass sie vonseiten der republikanischen Parteien
eindeutige Unterstützung erfuhren.

Für die Auseinandersetzung mit den etablierten Offizierverbänden bot sich den
republikanischen Offizieren ab 1924 die Vereinszeitung des Reichsbanners an. Aus
den entsprechenden Artikeln wird ein Selbstbild ersichtlich, welches demjenigen der
›klassischen‹ Offiziere diametral entgegengesetzt war, aber sich grundsätzlich auf die-
selben Werte wie Pflicht, Treue und Vaterlandsliebe bezog. Der zentrale Vorwurf vonseiten rechtsgesinnter Offiziere war, dass alle Teilnehmer an der Novemberrevolution
ihren Treueeid auf den Kaiser verraten hätten und so der kämpfenden Armee in
den Rücken gefallen seien. Dies war wiederum die Basis für das verschwörungsthe-
oretisch geprägte Narrativ vom »Dolchstoß«,[18] dem die republikanischen Offiziere
in der RBZ offensiv entgegentraten. Präsente Figuren dieser Pressedebatten waren
neben den Ex-Generälen Berthold von Deimling und Paul von Schoenaich[19] auch
Lothar Persius (Kapitän zur See), Karl Mayr (Major) und Hermann Schützinger
(Hauptmann).[20] Viele Artikel in der RBZ wurden allerdings nicht namentlich ge-

---

Anm. 27. Diese Männer verschwanden aber nicht im Privatleben, sondern engagierten sich vielfach
   im Reichsbanner für das Wohl der Republik.

[16]  Vgl. Johannes Hürter, Wilhelm Groener. Reichswehrminister am Ende der Weimarer Republik
      (1928–1932), München 1993, S. 16–18. Ausführlich zu Eberts Kalkül in diesen Tagen: Walter
      Mühlhausen, Friedrich Ebert 1871–1925. Reichspräsident der Weimarer Republik, Bonn 2006,
      S. 98–164.

[17]  Christian Lübcke und Sebastian Elsbach, Für Einigkeit und Recht und Freiheit. Republikanische
      Offiziere in der Novemberrevolution und frühen Weimarer Republik, Berlin 2023.

[18]  Gerd Krumeich, Die unbewältigte Niederlage. Das Trauma des Ersten Weltkrieges und die
      Weimarer Republik, Freiburg [u.a.] 2021, Teil III.

[19]  Der letzte der insgesamt nur drei Ex-Generäle, die sich dem Reichsbanner anschlossen – Günther
      von Bresler – hielt sich öffentlich sehr zurück. Als weiterführende autobiographische Quellen: »Wie
      ich Republikaner wurde« von Bresler. In: RBZ vom 15.4.1927 – Beilage; Paul von Schoenaich,
      Zehn Jahre Kampf für Frieden und Recht 1918–1928, Hamburg-Bergedorf 1929; Berthold
      Deimling, Aus der alten in die neue Zeit. Lebenserinnerungen, Berlin 1930. Ferner: Kirsten Zirkel,
      Vom Militaristen zum Pazifisten. General Berthold von Deimling – eine politische Biographie,
      Essen 2008; Ziemann, Veteranen (wie Anm. 11), S. 230–239.

[20]  Zu Mayr und Schützinger: Ziemann, Veteranen (wie Anm. 11), S. 240–253.

zeichnet, wobei innerhalb der Zeitungsredaktion der 2. Bundesvorsitzende des Reichsbanners Karl Höltermann (SPD) leitenden Einfluss hatte.[21]

Anlass für die Debatte um den Vorwurf der »Treulosigkeit« war das systematische Bemühen von allen Offizier- und manchen Kriegerverbänden, die Mitglieder des Reichsbanners aus ihren Reihen zu entfernen (Doppelmitgliedschaften innerhalb dieses Milieus waren recht häufig). Hiervon war selbst Deimling als Pour-le-Mérite-Träger betroffen, und zwar mit der Begründung, dass er wie alle Reichsbannermitglieder eine »antimonarchische Gesinnung« vertrete.[22] Weit hergeholt ist dieser Vorwurf nicht, verwehrte die Reichsbannersatzung doch »Monarchisten und Kommunisten« explizit den Zugang zum Verein.[23] Schoenaich, der auf der Gründungssitzung der Reichsbanner-Ortsgruppe Reinfeld von einem rechtsradikalen Offizier tätlich angegriffen worden war, widersetzte sich der hiermit verbundenen Anschuldigung, dass er sein Vaterland verraten habe. Das Reich befinde sich schließlich in einer ähnlichen Situation wie Preußen 1806, und eigentlich sei es erforderlich, dass das Offizierkorps wie damals »über sich selbst Gericht sitze« und die Verantwortlichen für die militärische Niederlage bestrafe. Die Mehrheit des Offizierkorps verweigere sich diesem notwendigen Selbstreinigungsprozess.[24] An die Adresse der aus seiner Sicht lernunfähigen Offiziere richtete Schoenaich daher folgende Anklage:

> »Ich weiß genau, daß Ihr ein scheinbar kerngesundes Heer ins Feld geführt habt, und daß Ihr an der Spitze dieses Heeres wie die Löwen gekämpft habt. Für einen Volkskrieg, in dem Offizier und Mann wochenlang nebeneinander in dumpfem Unterstand liegen mußten, waren wir nicht gerüstet, weil wir nur eine äußerlich disziplinierte Gesellschaft, aber kein einig fühlendes Volk waren. Das ist nicht Eure Schuld, sondern die Schuld derer, die ein Wort zu sprechen wagten, wie das von den ›vaterlandslosen Gesellen‹. Doch all das könnte begraben werden, wenn Ihr jetzt wenigstens etwas gelernt hättet. Wie weit wir auch heute noch [entfernt] sind von einer wahren Volksgemeinschaft, das zeigt Ihr selbst am allerbesten.«[25]

Das hier angedeutete Bild des Weltkrieges als »Volkskrieg« weist primär darauf hin, dass er eine gesamtgesellschaftliche Kraftanstrengung erforderte, was von den Männern an der Spitze von Staat und Militär aber behindert worden sei. Die Demokratisierung des Reiches wird so für Schoenaich zu einer logischen Konsequenz des vorangegangenen Kriegs, da sich erstens »das Volk« durch den eigenen Einsatz politische Rechte verdient und es sich zweitens gezeigt habe, dass die westlichen Demokratien deutlich bessere Kriegsleistungen vollbringen konnten als das Reich. Beide Einsichten waren im Spektrum der Weimarer Koalitionsparteien Gemeingut. Gleichzeitig wird die Ausgrenzung speziell der SPD und ihrer Anhängerschaft als vermeintlich »vaterlandslose Gesellen« von Schoenaich – der wie Deimling DDP-

21 Beispielhaft sind in diesem Sinne Artikel über die soziale Notlage von Weltkriegsteilnehmern: »Der Dank des Vaterlandes ist nicht gewiß! Kameraden in Not« von Höltermann. In: RBZ vom 22.7.1928; »So behandelt man Kriegsteilnehmer«. In: RBZ vom 9.9.1928 – Beilage.
22 Vgl. »Treue um Treue«. In: RBZ vom 1.9.1924. Hierzu auch: »Das erste Echo«. In: RBZ vom 1.9.1924
23 Vgl. »Die Bundessatzungen«. In: RBZ vom 15.4.1924.
24 Vgl. »Reichsbanner und Offiziere« von Schoenaich. In: RBZ vom 1.9.1924.
25 Vgl. ebd.

Mitglied war – angeprangert und eine »wahre Volksgemeinschaft« als Ort der politischen Mitbestimmung aller großen gesellschaftlichen Gruppen eingefordert. »Volksgemeinschaft« wird dadurch eindeutig in einen Gegensatz zur Monarchie und dem hiermit verbundenen Obrigkeitsstaat gebracht.[26] Pointiert dreht Schoenaich den Vorwurf der »Treulosigkeit« um, wenn er schreibt: »Über der Treue zu denen, die selbst treulos waren, bracht Ihr Eurem Volke die Treue.«[27] Anders gesagt: Im November 1918 bestand aus dieser Sicht die Wahl zwischen der Treue zu einem Kaiser, der diese Treue nicht länger verdiente, und einer Treue zum deutschen Volk, welches nach Demokratisierung verlangte. Schoenaich selbst wurde am 30. Juni 1919 aus der Reichswehr entfernt, weil er sich intern gegen die Putschabsichten des Generals Walther von Lüttwitz ausgesprochen hatte, die bekanntlich im März 1920 umgesetzt wurden. Persius bescheinigte Schoenaich auch deswegen in einem Geburtstagsgruß, dass er »pflichttreu gegenüber dem deutschen Volk und der Republik« gewesen sei, und verteidigte ihn so gegen entsprechende Anschuldigungen von Reichswehrminister Geßler, der sich nicht nur in dieser Frage die Sichtweise der rechtsgesinnten Offiziere zu eigen gemacht hatte.[28]

Politische Gewaltaktionen wie der Kapp-Lüttwitz-Putsch, die den Ausschluss einer bestimmten gesellschaftlichen Gruppe von der politischen Teilhabe bewirken sollten, wurden vom Reichsbanner explizit abgelehnt und bekämpft. Hierzu gehörte insbesondere auch die Bekämpfung des Antisemitismus durch den republikanischen Wehrverband. Beispielhaft sind in dieser Hinsicht Ausführungen Deimlings über die positiven Leistungen der deutschen Juden im Weltkrieg und das über die konfessionellen Grenzen hinweg existierende Kameradschaftserlebnis.[29] Auf diese Weise sollte zur Widerlegung der antisemitischen »Dolchstoßlegende« beigetragen werden; ein Anliegen, das republikanische Kriegsteilnehmer in zahlreichen Artikeln in der RBZ und in Broschüren unterstützten.[30] Mit dieser Kritik an der gewissermaßen offiziellen Militärgeschichtsschreibung zum Weltkrieg wollte man im Reichsbanner zur Delegitimierung des vermeintlich für die Kriegsniederlage verantwortlichen Offizierkorps beitragen. Die in der RBZ zu Wort kommenden republikanischen Offiziere vertraten in der Sache zwar dasselbe, fanden jedoch deutlich unterschiedliche Tonlagen. Schützinger etwa pflegte gerade im Gegensatz zu Deimling und Schoenaich eine sehr emotionale Ausdrucksweise. Im Kontext des Wahlkampfes

---

[26]  Zur Bedeutungsoffenheit des auch prodemokratisch gebrauchten Begriffes »Volksgemeinschaft« in der Weimarer Republik: Angela Schuberth, Der Begriff der ›Volksgemeinschaft‹ vor dem Nationalsozialismus. Eine empirische Analyse des Begriffsgebrauchs in der Vossischen Zeitung zwischen 1918 und 1933. In: Konsens und Konflikt. Demokratische Transformation in der Weimarer und Bonner Republik. Hrsg. von Sebastian Elsbach [u.a.], Stuttgart 2019, S. 153–170.

[27]  »Reichsbanner und Offiziere« von Schoenaich. In: RBZ vom 1.9.1924. Mehr zu Schoenaichs Selbstverständnis und der Rechtfertigung seines Einsatzes um eine deutsch-französische Verständigung in: »Generalabrechnung« von Schoenaich. In: RBZ vom 1.1.1925 – Beilage; »General v. Schoenaich in Hannover«. In: RBZ vom 1.2.1926, Gaubeilage Hannover.

[28]  Vgl. »Kamerad v. Schoenaich 60 Jahre« von Persius. In: RBZ vom 15.2.1926.

[29]  Vgl. »General Deimling über die Juden im Krieg«. In: RBZ vom 15.7.1924. Zum Anti-Antisemitismus im Reichsbanner: Christian Dietrich, Im Schatten Bebels. Sozialdemokratische Antisemitismusabwehr als Republikschutz 1918–1932, Göttingen 2021, S. 260–283.

[30]  Vgl. etwa »Reichsbanner und Dolchstoßlegende« von Hobohm. In: RBZ vom 1.5.1926, oder Hermann Schützinger, Zusammenbruch. Die Tragödie des deutschen Feldheeres, Leipzig 1924.

um die Reichspräsidentschaft 1925 forderte er kurzerhand: »Weg mit Hindenburg!
Es lebe die Republik!« Schützinger übte insbesondere Kritik am vermeintlichen
›Feldherrengenie‹ Hindenburgs: »Entweder war dieser Feldmarschall eine Null –
oder er gehört wie Ludendorff vor das Kriegsgericht der Geschichte!«[31] Schützinger
legte noch nach, indem er die von Ludendorff verantwortete Märzoffensive 1918
kritisch betrachtete.[32] Der insgesamt wichtigere kritische Militärhistoriker in den
Spalten der RBZ war jedoch Karl Mayr.[33]

Bemerkenswert an Mayr und seinem publizistischen Wirken ist, dass er weder
ein typischer Sozialdemokrat mit jahrzehntelanger Parteierfahrung wie Höltermann
noch ein ›Novembersozialist‹ wie Schützinger war. Vielmehr wirkte Mayr als ehemaliger Generalstabsoffizier in der unmittelbaren Nachkriegszeit als Verbindungsoffizier
der Reichswehr zur rechtsradikalen Szene Bayerns, wo er unter anderem für die
Anwerbung Hitlers als V-Mann verantwortlich war. Erst nach dem Hitler-Putsch
von 1923 wandelte sich Mayr schrittweise zum Republikaner, was vor allem durch
persönliche Kontakte zu Höltermann zustande kam. (Als weitere Einzelfälle eines
Seitenwechsels zwischen dem rechtsradikalen und dem demokratischen Lager –
in beide Richtungen – wären Helmut Klotz, Hermann Müller-Brandenburg oder
Bernhard Rausch zu nennen.) Mayr füllte als ehemaliger Generalstäbler und der
sich hieraus ergebenden akademischen Kompetenz im Reichsbanner eine besondere Rolle aus. Ihm zufolge sei es fatal, dass die Militärgeschichtsschreibung von
der Linken preisgegeben worden sei, da man erst so der »Reaktion« den Raum zur
Erarbeitung der »Dolchstoßlegende« gelassen habe. Insbesondere über die Kontrolle
des Zugangs zum Reichsarchiv sei es rechtsgesinnten Offizieren möglich, ihre höchst
tendenziöse Geschichtsauslegung in der militärischen Fachpresse zu verbreiten.[34]
Aber auch über das neue Medium Film wurde aus Sicht der RBZ ein rechtsnati-
onalistisches Propagandabild des Weltkriegs verbreitet, dem angesichts begrenzter
finanzieller Ressourcen nichts Vergleichbares entgegengesetzt werden konnte.[35]

Die »Dolchstoßlegende«, mittels der die Offiziere für die Kriegsniederlage entlastet
werden sollten, war aus Mayrs Sicht primär ein »kriegsgeschichtliches Fabrikat«, das
nur mithilfe einer kritischen Militärwissenschaft beseitigt werden konnte. In diesem
Sinne präsentierte sich Mayr in der RBZ als scharfer Kritiker der Schlieffenschule,
zu der er praktisch alle hochrangigen Offiziere der Reichswehr (Groener, Seeckt,
Heye u.a.) zählte. Mayr sah in Alfred Graf von Schlieffen eine »düstere Figur« und
den »Inbegriff des militärischen Konservatismus«. Keine Reform der Reichswehr
sei möglich, wenn nicht »Schlieffen vom Sockel gestürzt« werde. Dessen berühmter

31  Vgl. »Der Feldherr Hindenburg« von Schützinger. In: RBZ vom 15.4.1925.
32  »Der sezierte Ludendorff« von Schützinger. In: RBZ vom 15.9.1925.
33  Zum Privatdozenten Martin Hobohm, der selbst kein Kriegsteilnehmer war und deutlich weniger
    häufig in der RBZ publizierte als Mayr oder Schützinger, ausführlich: Ziemann, Veteranen (wie
    Anm. 11), S. 262–268. Dort vor allem zu seiner Tätigkeit als Sachverständigengutachter.
34  Vgl. »Reichsbanner und Weltkriegsgeschichte« von Mayr. In: RBZ vom 15.4.1926 – Beilage;
    »Reichsarchiv und Wahrheit. Das Reichswehrministerium und die ›Öffnung‹ der Archive«. In:
    RBZ vom 15.6.1927.
35  Vgl. »Hugenbergs Weltkriegsfilm« von Mayr. In: RBZ vom 1.11.1927; »Militärfilme« von Hieber.
    In: RBZ vom 3.6.1928; »Filmzauber« von Engelhardt. In: RBZ vom 26.8.1928; »Der Film im
    November«. In: RBZ vom 9.12.1928.

Plan, der eine wesentliche Grundlage der deutschen Kriegführung im Jahr 1914 bildete, sei »extrem riskant« gewesen und habe eine Vielzahl an Unwägbarkeiten beinhaltet. Dass dieser Plan nicht schon 1914 in einer militärischen Katastrophe für das Reich geendet habe, war Mayr zufolge allein dem »Unvermögen unserer Gegner geschuldet«. Der Plan habe keine angemessene Konzentration der Kräfte erlaubt und die »unsagbare Dummheit des Neutralitätsbruchs« von Belgien beinhaltet. Stattdessen hätte man sich im Westen auf eine Verstärkung der Fortifikationen beschränken müssen, um im Osten die Entscheidung gegen das zaristische Russland zu suchen. Nur wenn die Reichswehr das Erbe Schlieffens hinter sich lasse und zu einem tatsächlichen »Spiegelbild der Schichtung der Nation« werde, könne sie ein effektives Instrument der außenpolitischen Verteidigung sein. Zumal ein »Zukunftskrieg«, wie schon der Weltkrieg, nur als »Kollektivleistung des Volkes« zu denken wäre. Dass es politisch betrachtet für die Reichswehr mit Sowjetrussland ohnehin nur einen wirklichen Gegner geben könne, führte Mayr schließlich zu der Aussage, dass eine deutsche Armee immer nur als »Kontingent einer europäischen Gesamtwehr« gegen die Gefahr aus dem Osten verstanden werden müsse. Die »geistige Inflexibilität« der Schlieffenschüler stehe einer solchen Ausrichtung aber im Wege. Eine wirkliche statt eine nur vorgetäuschte »Entpolitisierung« sah Mayr in dieser Hinsicht als weitere Grundbedingung für eine Reform der Reichswehr, die eindeutig das Opfer einer »Rechtspolitisierung« geworden sei.[36]

Es ist offensichtlich, dass es sich hierbei um eine Grundsatzkritik der politischen und damit strategischen Ausrichtung des Militärs in Deutschland handelte, die sich weniger an diesem oder jenem Detail des Schlieffenplans abarbeitete, als vielmehr an dessen prinzipieller Fehlerhaftigkeit.[37] Dies hatte den Effekt, dass die republikanischen Kriegsteilnehmer vom Vorwurf der »Treulosigkeit« grundsätzlich entlastet wurden, da noch so hohe taktische Leistungen an der Front es schließlich nicht ermöglicht hätten, die strategischen Grundfehler der Schlieffenanhänger auszugleichen. Angesichts der vonseiten der republikanischen Offiziere wie des gesamten Reichsbanners aufgestellten Forderung nach einer Demokratisierung der Reichswehr ist Mayrs Schlieffenkritik nur konsequent. Wenn es als Ziel verstanden wird, die deutsche Demokratie zu schützen, macht ein Angriffskrieg gegen die ebenfalls demokratisch konstituierten Westmächte keinen Sinn. Stattdessen müssten aus dieser Sicht die europäischen Demokratien gemeinsam gegen die hauptsächliche Bedrohung der Sicherheit des Kontinents in Form der Sowjetunion zusammenstehen. Die deutsch-französische Verständigung, sicherlich ein zentrales Thema im Reichsbanner, wird somit auch bei Mayr zum Ausgangspunkt für eine nach Osten ausgerichtete »europäische Gesamtwehr«, die Ausdruck einer »kollektiven« Anstrengung der europäischen Nationen sein müsse. Dies war in der RBZ keineswegs eine Einzelmeinung, sondern

---

[36]  Vgl. »Reaktionäre Offizierspolitik oder deutsche Wehrpolitik?« (Teil II) von Mayr. In: RBZ vom 1.12.1926 – Beilage. Zu Mayrs antirussischer Einstellung ferner: »Tannenberg. Gedanken eines Kriegsteilnehmers« von Mayr. In: RBZ vom 15.9.1927.

[37]  Groener, wie auch andere Schlieffenschüler, hielt dagegen am Schlieffenplan fest und machte dessen vermeintliche »Verwässerung« für das Scheitern der Westoffensive von 1914 verantwortlich; vgl. Hürter, Wilhelm Groener (wie Anm. 16), S. 8; Seeckt, Gedanken (wie Anm. 8), u.a. S. 35 f.

entsprach ganz der breiteren Linie, wie sie Höltermann und die Vereinsführung vertraten. Ein Schutz von Demokratie und Republik nach innen war freilich kaum möglich, wenn derselbe Schutz nicht nach außen gewährleistet war.

## Für echte Neutralität des Heeres – Abrechnung mit Geßler und Seeckt

Der durch einen Skandal um geheime Rüstungspläne hervorgerufene Rücktritt Geßlers bot Anlass für die republikanischen Offiziere, sich mit der Wehrpolitik der Reichsregierung kritisch auseinanderzusetzen.[38] Schon der Rücktritt Seeckts vom Amt des Chefs der Heeresleitung und seine Ersetzung durch Wilhelm Heye im Oktober 1926 zog eine Abrechnung mit Seeckt aus der Feder von Karl Mayr nach sich. Mayr stellte dabei einleitend klar, dass Seeckts Rücktritt keine »Zeitwende« bedeute, da sein Nachfolger in grundsätzlichen Dingen gleich denke wie er. Wie in seiner Grundsatzkritik der Schlieffenschule stellte Mayr Seeckts Kompetenzen fundamental in Frage. Er zweifelte an, dass Seeckt wirklich »Deutschlands bester Mann« und ein »bedeutender Truppenführer« gewesen sei. Erstens sei Seeckt schon seit 1911 kein wirklicher Truppenführer an der Front mehr gewesen, sondern – wie fast alle Generalstäbler – ein Mann der Etappe. Zweitens zog Mayr eine vernichtende Bilanz zu Seeckts Handlungen im Weltkrieg, wenn er feststellte, dass diese »eine Kette von Mißgeschick, versäumten Gelegenheiten, von brillanter Truppenleistung [...], von kurzsichtigen Ratschlägen und von geradezu katastrophaler Orientphantastik« gewesen seien. Seeckt habe die Niederlagen an der Marne, der Balkan- und der Palästinafront unmittelbar mit verantwortet, und seine Gegnerschaft zu Erich von Falkenhayn habe die strategische Position des Heeres insbesondere an der Palästinafront untergraben.[39] Seine vermeintlichen Leistungen um die Reichswehr seien allein vor diesem Hintergrund »mindestens zweifelhaft«, in jedem Falle aber »reaktionär«. Er habe als Nationalist nicht verstanden, dass man eine »Einheitsfront« des Volkes, wie sie der moderne Krieg erfordere, nicht erzwingen könne. Seine überkommene Ideologie passe schlichtweg nicht zu den Erfordernissen einer »gesamteuropäischen Verteidigungsleitung«. Wie bei Geßler gäbe es bei Seeckt keine Einsicht in den Zusammenhang, dass der Weltkrieg aus strategischer Sicht deswegen ausgebrochen sei, »weil Preußen (militärisch) eine mitteleuropäische Abwehr nicht zu organisieren verstand. Das ist die Schuld des Grafen Schlieffen gewesen.« Daher rührte der politisch und militärisch betrachtet katastrophale Plan Schlieffens für einen Angriffskrieg an zwei Fronten. Hinzu komme, dass Seeckt und seine Glaubensgenossen trotz der unbestreitbaren Leistungen der Frontsoldaten des

---

38  Gemeint ist der Phöbus-Skandal (auch Lohmann-Affäre genannt); siehe hierzu Möllers, Reichswehrminister Otto Geßler (wie Anm. 7), S. 340–359.
39  Falkenhayn hatte nach dem Ende seiner Tätigkeit als Chef der Obersten Heeresleitung den Oberbefehl über die 9. Armee erhalten und einen wesentlichen Beitrag zur Eroberung Rumäniens geleistet. Danach wechselte er im Sommer 1917 im Rang eines osmanischen Feldmarschalls an die Palästinafront, wo es noch zum Jahreswechsel 1917/18 zu einem Durchbruch britischer Kräfte kam; ausführlich Holger Afflerbach, Falkenhayn. Politisches Denken und Handeln im Kaiserreich, München 1994, Kap. VI.

Weltkrieges immer noch voller Missachtung für die aus der Arbeiterschaft stammenden Soldaten seien, denen man im Gegensatz zu den Soldaten aus der Mittelschicht pauschal einen Mangel an »Ehrgefühl« unterstelle und deren Kampfleistungen man kleinrede. Auf dieser gedanklichen Basis könne schlichtweg kein zukunftsfähiges Heer geschaffen werden, so Mayrs Verdikt.[40]

Nach dem Erscheinen von Seeckts »Gedanken eines Soldaten«[41] legte Mayr in der RBZ nach und verurteilte das darin erneuerte Bekenntnis Seeckts zur Schlieffenschule. Solche »konservativen Präventivkriegsfanatiker« hätten nach wie vor nicht verstanden, dass der wahre Feind nicht im Westen, sondern im Osten läge. Die Abwehr einer Gefahr aus dem Osten erfordere eine »kontinentale Verteidigung« statt »nationaler Alleingänge«, denn nur aus europäischer Einigkeit könne Sicherheit entstehen.[42] Mayr als wohl wichtigster Advokat einer Heeresreform im Reichsbanner vertrat seine Ideen aber nicht nur in den Spalten der RBZ, sondern auch als Redner auf zahlreichen Veranstaltungen des Reichsbanners.[43] In Franken beispielsweise führte er aus, dass die »Rechtsausrichtung der Reichswehr« die »Wehrhaftmachung« Deutschlands behindere. Die »Soldatenspielerei« der mit der Reichswehr kooperierenden Rechtsverbände sei nicht wirklich national. Stattdessen brauche es zur Sicherung der Landesverteidigung eine »in Gerechtigkeit wurzelnde Volksgemeinschaft«.[44]

Dass Mayr im Wesentlichen durch den persönlichen Einfluss Höltermanns zum Reichsbanner und später zur SPD gestoßen war, wurde bereits angemerkt. Auffällig ist in dieser Hinsicht die hohe Übereinstimmung ihrer Argumentationslinien. Denn auch der 2. Bundesvorsitzende des Reichsbanners bekannte sich zu der Einsicht, dass die wohl wichtigste »Lehre des Weltkrieges« die europäische Einigung sei. »Die deutsche Wehrmacht wird nur noch im Rahmen einer europäischen Armee eine Aufgabe zu erfüllen haben«, so lautete Höltermanns unmissverständliche Feststellung. Diese Europäisierung der deutschen Streitkräfte könne aber nur erreicht werden, wenn die Reichswehr wirklich und nicht nur vorgeblich aus den innenpolitischen Kämpfen in Deutschland herausgenommen werde. Es sei falsch zu behaupten, dass die Weimarer Republik nur dank der Reichswehr bestehe, im Gegenteil bestehe sie »trotz der Reichswehr«. Den verderblichen Einfluss der Streitkräfte auf die Innenpolitik betrachtete Höltermann als gesamteuropäisches Phänomen und verwies auf Negativbeispiele aus Italien, Polen und anderen Nachbarstaaten Deutschlands. Ein einfacher Blick auf die Karte zeige doch, dass infolge des Weltkriegs alle nicht

---

[40]  Vgl. »Reaktionäre Offizierspolitik oder deutsche Wehrpolitik?« (Teil I) von Mayr. In: RBZ vom 15.11.1926.

[41]  Seeckt, Gedanken (wie Anm. 8).

[42]  Vgl. »Seeckt als Erzieher? Konservatismus und Wehrpolitik« von Mayr. In: RBZ vom 30.12.1928. Derselben Meinung war bereits zuvor der Autor des Leitartikels: »Die unmögliche Reichswehr. Staat und Wehrmacht«. In: RBZ vom 15.12.1926.

[43]  Positiv rezipiert wurde im Reichsbanner in dieser Hinsicht auch das Buch »Wehrmacht und Sozialdemokratie« von Julius Deutsch (erschienen Berlin 1927), der seine Erfahrungen mit der Heeresreform in Österreich vermittelte; vgl. »Zur Wehrfrage. Ein Buchhinweis«. In: RBZ vom 15.4.1927 – Beilage für die Gaue Dortmund, Düsseldorf und Köln.

[44]  Vgl. »Wehrpolitik und Landesverteidigung in der Republik«. In: RBZ vom 1.4.1927 – Gaubeilage Franken.

demokratischen Teilnehmerstaaten zusammengebrochen waren, während alle demokratischen Staaten den Weltkrieg überstanden und noch dazu gewonnen hatten.[45]
»Die deutsche Monarchie brach zusammen, weil sie aufgebaut war auf dem Gedanken,
daß Heer müsse ein ausschlaggebendes Instrument der innern Politik sein. Am Tage des
Aufmarsches hatte das Heer von 1914 aufgehört, ein brauchbares Instrument der *innern*
Politik zu sein. Ob es vor 1914 ein Instrument war, das auf Vater, Mutter und Brüder
schoß? Die Probe aufs Exempel ist nie gemacht worden, weil es an einem Gegner fehlte, der es aufs Schießen ankommen lassen wollte [...] die alte kaiserliche Armee wurde
zum Heere des 4. August, weil sie sich von dem Alpdruck des Auf-Vater-und-Mutter-
Schießen-Müssens befreit fühlte. Wer nicht begreift, daß der Geist des aufmarschieren-
den Heeres identisch ist mit dem Geist des Heeres, das 1918 sich weigerte, auf Vater,
Mutter, Brüder und Kameraden zu schießen, der ist blind für eine der wichtigsten Lehren
der jüngsten Geschichte: die Wehrmacht eines Staates hat ihre Rolle als eines ausschlag-
gebenden innerpolitischen Machtfaktors ausgespielt.«[46]
Höltermann wiederholt hier mehrfach, dass eine monarchistisch verstandene »Treue«
den Bürgerkrieg nach sich gezogen hätte. Diese Aussage ist zugleich ein zentrales
Gegenargument zum Vorwurf der »Treulosigkeit«. Darauf baut auch seine drastische
Kritik des Ist-Zustandes der Reichswehr, wenn er ihr den »Charakter einer naturgemäß einseitig zusammengesetzten Bürgerkriegsarmee« und eine sich daraus ergebende »Wertlosigkeit« in außenpolitischer Hinsicht bescheinigt. Im Innern sei die
Reichswehr nach links stets mit Eifer aufmarschiert, aber nach rechts hätte sie sich
bestenfalls neutral abwartend verhalten. In diesem Sinne versteht Höltermann die
geforderte »Republikanisierung« der Reichswehr als deren »Neutralisierung [...] in
allen innerpolitischen Kämpfen«.[47]
»Republikanisierung der Reichswehr heißt nicht, die Reichswehr zu einem Instrument
zu machen, das bestimmt ist, die innerpolitischen Gegner der Republik mit Gewalt
niederzuwerfen [...] Republikanisierung der Reichswehr heißt: eine Atmosphäre des
Vertrauens schaffen, die Gewißheit gibt, daß die deutsche Wehrmacht die ihr mit dem
Monopolbesitz der Kriegswaffen anvertraute physische Überlegenheit nicht zugunsten
einer Partei bei innerpolitischen Machtkämpfen in die Wagschale [sic] wirft.«[48]
Das Problem der Ausrichtung des alten Heeres auf einen »innern Feind« wurde in
derselben RBZ-Ausgabe im Artikel eines namentlich nicht genannten republikanischen Offiziers ausgeführt. Die Isolierung des Offizierkorps und dessen ausschließli-
che Rekrutierung aus der Mittel- und Oberschicht habe sich eben primär aus diesem
Zweck des inneren Kampfeinsatzes ergeben. Im republikanischen Frankreich gab es
hingegen schon lange vor 1914 eine Ergänzung aus dem Unteroffizierstand. Das in
Deutschland für die Auswahl von Offizieren übliche »Monopol der Bildung« und
das »Monopol des Reichtums« werden von besagtem Offizier anhand diverser alltäg-
licher Aspekte dargestellt (Heiratserlaubnis, Zeitungsverbot, niedriges Offiziergehalt,
Mannschaftskantine vs. Offizierkasino, »vaterländischer Unterricht« usw.). Diese ge-

---

[45]   Vgl. »Neutralisierung der Wehrmacht. Lehren des Weltkrieges« von Höltermann. In: RBZ vom
       1.12.1926.
[46]   Ebd.
[47]   Ebd.
[48]   Ebd.

wollte innermilitärische Trennung von Offizieren und Mannschaften sowie die gesellschaftliche Trennung von Soldaten und »Volk« sollte die Soldaten zu »Kreaturen« erziehen, die auf Befehl hin bereit waren, ihre Väter und Mütter totzuschießen. Dass angesichts dessen ein tiefsitzender Hass auf reaktionäre Offiziere in der Arbeiterschaft üblich war, überraschte den Autor nicht, der dennoch die negativen Konsequenzen insbesondere der sozialdemokratischen Abstinenzhaltung in Wehrfragen beklagte.[49]

Das bei Höltermann explizit diskutierte Problem des Bürgerkrieges und des Heereseinsatzes im Innern weist eine bemerkenswerte, zusätzliche Nuance auf. So unterschied Höltermann in einem späteren Artikel die Reichswehr deutlich von den Freikorps der unmittelbaren Anfangszeit der Weimarer Republik. Diese Freiwilligenformationen waren gegründet worden, um allein einem innenpolitischen Zweck zu dienen. Sie »kämpften für die Demokratie und für die Republik«. Diejenigen, die in den Freikorps gedient hätten, so Höltermann weiter, erinnerten sich, dass diese Verbände bei den Wahlen zur Nationalversammlung mehrheitlich für die republikanischen Parteien gestimmt hätten.[50] Der Kriegsteilnehmer Höltermann (1894–1955) lässt hier offen, ob er selbst in einem Freikorps gedient hatte, weit hergeholt scheint aber eine solche Annahme nicht. Höltermann wurde erst im Sommer 1919 im Unteroffizierrang demobilisiert.[51] Dementsprechend äußerte er durchaus Verständnis für die Mentalität der Freiwilligentruppen und wies auf den erst nach den Wahlen vom Januar 1919 erfolgten schrittweisen Rechtsruck der Freikorps hin.[52]

»Der Freikorps-Soldat, zur Lösung innerpolitischer Kampfaufgaben erzogen und geschult, im Gefühl absoluter Überlegenheit über jeden innerpolitischen Gegner, war leicht zu mißbrauchen. Wie leicht es ist, einen Mann, zum Bürgerkrieg aufgerufen, erzogen und bewaffnet, zu verführen, einer ihm sympathisch erscheinenden politischen Gruppe zur Macht zu verhelfen! Warum soll er nicht dem Zuge seines Herzens, sondern immer nur der Stimme der ihm persönlich fremden (darum schon unsympathischen) ständig wechselnden Minister folgen?«[53]

Demnach sei es den Rechtsparteien leicht gefallen, die Parteien der Weimarer Koalition, die gezwungenermaßen den Versailler Friedensvertrag umsetzen mussten, als »reichswehrfeindlich« zu diffamieren und so die aktiven Soldaten auf ihre Seite zu ziehen.[54] Höltermann sah insofern klar die Verführbarkeit von politisch ungeschulten Soldaten und bekannte sich dennoch eindeutig zu der prinzipiellen Idee von Freikorps. Er empfahl weiterhin die Aufstellung von Freiwilligenverbänden

---

[49]   Vgl. »Der Kampf ums Heer. Erinnerungen eines ehemaligen Offiziers«. In: RBZ vom 1.12.1926. Ähnlich war auch die Position Schützingers in seinen Redeveranstaltungen; vgl. etwa »Anhalt. Kreis Cöthen«. In: RBZ vom 1.12.1926 – Gaubeilage Magdeburg-Anhalt.
[50]   Vgl. »Reichswehr und Freikorps. Soldat und Bürger« von Höltermann. In: RBZ vom 1.1.1927.
[51]   Vgl. Beatrix Herlemann, Karl Höltermann. In: Magdeburger Biographisches Lexikon – Online, <http://mbl.ub.ovgu.de/Biografien/0063.htm> (letzter Zugriff: 6.7.2022).
[52]   Jüngere Studien zu den Freikorps bemühen sich solche Differenzierungen herauszuarbeiten: Peter Keller, »Die Wehrmacht der Republik ist die Reichswehr«. Die deutsche Armee 1918–1921, Paderborn [u.a.] 2014; Jan-Philipp Pomplun, Deutsche Freikorps. Sozialgeschichte und Kontinuitäten (para)militärischer Gewalt zwischen Weltkrieg, Revolution und Nationalsozialismus, Göttingen 2023.
[53]   »Reichswehr und Freikorps. Soldat und Bürger« von Höltermann. In: RBZ vom 1.1.1927.
[54]   Vgl. ebd.

im Notfall und erklärte den Beitritt zu ihnen sogar explizit zum staatsbürgerlichen Recht.

> »Die Aufgabe der Freikorps war eine *einmalige*, die nur von Bürgern als Freiwillige zu lösen war. Bedarf die Republik […] noch einmal des Waffenschutzes gegen Volksgenossen, so wird sie wiederum *Freiwillige* aufrufen. Die Wehrmacht der Republik muß frei von innerpolitischen Kampfaufgaben, ihr Blick muß auf die Grenzen gerichtet sein! […] In Zeiten des Bürgerkriegs ist es ein Recht des *Bürgers*, für seine Überzeugung zu kämpfen und zu sterben, der *Soldat* stirbt ehrlich nur an den Grenzen seines Vaterlandes!«[55]

Diese Aussagen können aus heutiger Sicht irritieren, sie spiegeln aber bestens das Selbstverständnis des Reichsbanners wider, welches sich satzungsgemäß dazu bereit erklärt hatte, im Falle erneuter Bürgerkriegskämpfe zum Schutz der Republik auf freiwilliger Basis einzuschreiten. Dass man hierbei an der Seite insbesondere der preußischen Schutzpolizei (Schupo) agieren wollte und weniger an der Seite der Reichswehr, war kein Geheimnis. Die Reformbemühungen zur Steigerung der republikanischen Zuverlässigkeit der Polizeikräfte für einen quasi-militärischen Einsatz im Innern wurden kontinuierlich in der RBZ gelobt. Der hierfür primär verantwortliche preußische Innenminister Carl Severing (SPD) erläuterte in einem Gastartikel den Ablauf der Reformen und stellte kontrastierend fest, dass – anders als die Schupo – die Reichswehr dem demokratischen »Volksstaat« leider noch nicht besonders verbunden sei. Wie Höltermann erklärte Severing dies mit dem Einsatz der Reichswehr im »Bürgerkrieg« der Anfangsjahre. Nun sei aber die Zeit reif dafür, die Reichswehr zu einem echten »Volksheer« zu machen.[56] An anderer Stelle der RBZ wurde dementsprechend gefordert, dass sich Geßler bei der Reform der Reichswehr an Severing ein Vorbild nehmen solle.[57]

In der Tat war das Verhältnis des Reichsbanners zum (vermeintlich) demokratisch gesinnten Reichswehrminister Geßler alles andere als harmonisch. Zwar gab es über die DDP Kontakte zu Geßler auf persönlicher Ebene, wobei vor allem Ludwig Haas (DDP) als Verbindungsmann genannt werden muss.[58] Handfeste Zugeständnisse in Richtung des Reichsbanners gab es jedoch kaum. Im Gegenteil hatte Geßler das Reichsbanner wiederholt öffentlich kritisiert und der Organisation etwa in einer Reichstagsdebatte von 1925 »Werbefeindlichkeit« vorgeworfen. Hiermit war gemeint, dass die Reichsbannerführung vermeintlich versuche, ihre Anhänger von einem Eintritt in die Reichswehr abzubringen. Die RBZ hielt dagegen, dass die Anwerber der Reichswehr selbst an ehemaligen, geschweige denn an aktiven Reichsbannermitgliedern nicht interessiert seien. So sei beispielsweise vom Sohn des Reichsbannervorsitzenden aus der bayerischen Stadt Lohr am Main ver-

---

55   Ebd.

56   Vgl. »Polizei und Wehrmacht in der Republik« von Severing. In: RBZ vom 19.2.1927. Ein ähnlicher Tenor beispielsweise in »Severing über die Bedeutung des Reichsbanners«. In: RBZ vom 15.4.1927 – Beilage für den Gau Oestliches Westfalen-Lippe, und in »Deutschlands Sturmjahre und Preußens Polizei« von Severing. In: RBZ vom 20.5.1928.

57   Vgl. »Die Polizei im neuen Staate«. In: RBZ vom 1.4.1927 – Beilage für die Gaue Hannover und Freistaat Braunschweig.

58   Elsbach, Das Reichsbanner Schwarz-Rot-Gold (wie Anm. 13), S. 77, Anm. 64. Zu Haas: Ludwig Haas. Ein Deutscher Jude und Kämpfer für die Demokratie. Hrsg. von Ewald Grothe, Aubrey Pomerance und Andreas Schulz, Berlin 2017.

langt worden, dass sein Vater ebenfalls aus dem Reichsbanner austreten müsse, damit die Bewerbung des Sohnes überhaupt berücksichtigt werden könne. Dass dies nicht nur ein unverschämtes, sondern auch ein vorgeschobenes Argument des betreffenden Reichswehrwerbers gewesen sei, meinte die RBZ darin zu erkennen, dass der Mann selbst früher dem rechten Wehrverband »Bayern und Reich« angehört habe.[59]

Tatsächlich war es offizielle Praxis des Reichswehrministeriums, dass Bewerbungen von Mitgliedern »politischer« Vereinigungen nicht akzeptiert werden durften. Hierzu wurden neben republikfeindlichen Verbänden wie dem Stahlhelm oder Wiking auch das Reichsbanner und der Republikanische Reichsbund (eine Schwesterorganisation des Reichsbanners, die auch Frauen aufnahm) gezählt. Die RBZ warf Geßler vor, dass er mit solchen Bestimmungen für eine »Entrepublikanisierung« der Reichswehr sorge.[60] Darüber, dass Geßler der falsche Mann war, um die »Republikanisierung« der Reichswehr durchzuführen, herrschte im Reichsbanner Einigkeit. Auf der Bremer Gaukonferenz im Dezember 1925 tat der Bundesvorsitzende Otto Hörsing (SPD) unmissverständlich seine Meinung kund:

> »Der Reichswehr fehlt vor allen Dingen ein *Mann an der Spitze*, der nicht verhandelt, sondern *befiehlt* [...] Es muß an Geßlers Stelle ein Mann treten, der den Mut hat, zu verlangen und zu befehlen, daß die Reichswehr auf die Republik das Hoch ausbringt und der es fertigbringt, daß die Divisionsstäbe der Reichswehr aufhören, *Parteisekretariate der Deutschnationalen Partei* zu sein.«[61]

Zuvor hatte der ehemalige Ministerpräsident von Oldenburg, Theodor Tantzen d. J. (DDP), auf derselben Gaukonferenz bereits eine Rücktrittsforderung an seinen Parteifreund Geßler gerichtet, da es ein »Skandal« sei, dass es der Reichswehr regelrecht verboten werde, sich zur republikanischen Staatsform zu bekennen. So werde die Reichswehr »unzuverlässig« und zu einer »Gefahr« für die Republik.[62]

> »Wir müssen verlangen, daß die von uns aufgestellte und bezahlte Truppe sich offen und klar bei jeder öffentlichen Gelegenheit auf den Boden der Republik stellt. (Lebhafter Beifall.) [...] Diesen Offizieren muß *der republikanische Wille aufgezwungen werden, sie müssen parieren!* (Starker Beifall.) Es muß vor allem ein Befehl ergehen, daß jedes Reichswehrregiment am Verfassungstage ein *Hoch auf die Republik* auszubringen hat. Und wer in dieses Hoch nicht mit einstimmt, der hat zu verschwinden! So nur kann man den Geist des Monarchismus in der Reichswehr bekämpfen.«[63]

In der RBZ beklagte Wilhelm Nowack (DDP), Mitglied im Berliner Gauvorstand, die Untätigkeit der DDP gegenüber Geßler. Die Partei verweigere sich demnach der Forderung, mehr Druck auf Geßler auszuüben.[64] Anlässe für Kritik an Geßler und dessen zu laxe Haltung gegenüber den Vorgängen innerhalb der Reichswehr

---

[59]  Vgl. »Reichsbanner-Beobachter«. In: RBZ vom 1.7.1925.
[60]  Vgl. »Geßlers neuster Streich«. In: RBZ vom 15.12.1925.
[61]  »Unsre Gaukonferenz«. In: RBZ vom 1.1.1926 – Gaubeilage Hamburg, Bremen, Nordhannover. Scharfe Kritik an Geßler kam auch von Theodor Haubach: »Für die Republik – gegen die Königsmacher«. In: RBZ vom 1.12.1925 – Gaubeilage Hamburg, Bremen, Nordhannover.
[62]  Vgl. »Unsre Gaukonferenz«. In: RBZ vom 1.1.1926 – Gaubeilage Hamburg, Bremen, Nordhannover.
[63]  Ebd.
[64]  Vgl. »Parteitag der Demokraten« von Nowack. In: RBZ vom 15.12.1925.

gab es kontinuierlich.[65] Es kann daher nicht verwundern, dass es auf der ersten Bundesgeneralversammlung des Reichsbanners im Mai 1926 zu einer hitzi-
gen Aussprache über den »Fall Geßler« kam. Nachdem erneute Rufe nach einer
Neubesetzung des Ministerpostens laut geworden waren, sah sich Ludwig Haas,
als inoffizieller Verbindungsmann zu Geßler, zu einer Rechtfertigung gezwungen.
Er verstehe die Missstimmung im Reichsbanner über Geßler, aber mahne dennoch
an, dass man nicht so eine »schroffe Sprache« nutzen dürfe. Besser sei es, »gewisse
Gebote der Klugheit« zu beachten, um nicht alle Fäden zur Reichswehr abreißen
zu lassen.[66] In der folgenden Zeit wurde diese Mahnung von Haas jedoch nicht
beachtet. Eher noch war in der RBZ eine Steigerung der Angriffe gegen Geßler zu
beobachten.

Anlässlich der Berliner Polizeiausstellung von 1926, die als erste derartige
Veranstaltung das republikanische ›Image‹ der Polizei aufbessern sollte, berichtete die
RBZ, dass es zu Einmischungsversuchen des Reichswehrministeriums gekommen sei.
So habe man verhindert, dass die Tatwaffe des Rathenau-Mordes ausgestellt werden
könne, und versucht, die Ausstellung von Material bezüglich der »Fememorde« zu
unterbinden. Selbige dürften dem Willen des Reichswehrministeriums entsprechend
nur als »Verrätermorde« bezeichnet werden und die militärischen Verbindungen
der Mörder dürften nicht benannt werden. Die RBZ reagierte bei diesem Thema
hoch emotional und bezeichnete das Reichswehrministerium als »Krebsschaden der
deutschen Republik«, welches versuche, eine »unverantwortliche Nebenregierung«
aufzubauen. Geßler sei wohl nicht in der Lage, diese »diktatorischen Gelüste« seines Ministeriums abzustellen.[67] Das Schlagwort von der Reichswehr als »Staat
im Staate« wurde zwar nicht benutzt, aber inhaltlich geteilt und speziell auf das
Reichswehrministerium bezogen.

Demgegenüber gab Höltermann zu bedenken, dass ein bloßes Austauschen
einzelner Persönlichkeiten an der Spitze, namentlich Seeckts und Geßlers, kei-
nen grundlegenden Wandel mit sich bringen werde, wenn keine breite öffentliche
Auseinandersetzung mit dem »Ideenbestand des alten Obrigkeitsstaates« beginne.
Diese könne nur von den republikanischen Parteien geleistet werden, aber falls diese
Diskussion nicht endlich geführt werde, könne die inzwischen erfolgte Entlassung
Seeckts höchstens als »Abwehrerfolg« gewertet werden.[68] Eine solch breite Diskussion
blieb jedoch aus. Ein entsprechender Versuch von Reichstagpräsident Paul Löbe
(SPD), selbige Diskussion mit einem Artikel über die Vorbildlichkeit der österrei-
chischen Heeresreform anzustoßen, verlief weitgehend im Sande.[69] Aus Sicht der
RBZ war klar, dass hierfür auch die rechten Parteien verantwortlich zu machen seien,
da sie sich jeglichen Versuchen, den zivilen Einfluss auf die Reichswehr zu erhö-

---

65    Vgl. u.a. »Zugepackt, Herr Geßler!« In: RBZ vom 15.2.1926 – Gaubeilage Braunschweig, und
      »Reichsbanner-Beobachter«. In: RBZ vom 1.3.1926.
66    Vgl. »Die 1. Bundes-Generalversammlung«. In: RBZ vom 15.5.1926 – Beilage.
67    Vgl. »Geßlerei«. In: RBZ vom 1.10.1926.
68    Vgl. »Reichswehr und Reichsbanner« von Höltermann. In: RBZ vom 15.10.1926.
69    Die RBZ brachte diesen Artikel als Abdruck aus der »Breslauer Volkswacht«; vgl. »Die Reichswehr«.
      In: RBZ vom 1.11.1926.

hen, etwa bei der Rekrutierung von Neuzugängen, kategorisch verweigern würden.[70]
Ohne die DVP konnten die Parteien der Weimarer Koalition jedoch keine Mehrheit
im Reichstag zusammenbekommen. Im Vorfeld der letzten Reichstagswahlen 1928,
die die letzten wirklich freien Wahlen vor Beginn des Präsidialregimes sein sollten,
stellte Hörsing die Forderung des Reichsbanners in Bezug auf eine »Neutralisierung«
der Reichswehr ein weiteres Mal klar:

> »Wir wollen eine Reform der Reichswehr. Wir wollen die Reichswehr lösen aus ihren
> politischen Bindungen und sie frei machen, damit sie, auf das Vertrauen aller Volkskreise
> gestützt, ihre einzige Aufgabe, die Verteidigung des Vaterlandes, auch erfüllen kann. Wir
> wollen, daß auch bürgerliche, nicht nur adelige Offiziere in der Reichswehr die hohen
> Stellen erreichen, entsprechend dem zahlenmäßigen Verhältnis der bürgerlichen und ade-
> ligen Anwärter. Wir wollen, daß auch Republikaner in die Reichswehr als Offiziere sowohl
> wie als Mannschaften eingestellt und dort auch befördert werden; wir wollen, daß jeder
> Soldat wirklich ›den Marschallstab im Tornister trägt‹, und daß auch Unteroffiziere ohne
> besondere Vorbildung bei hervorragenden Leistungen zu Offizieren befördert werden.«[71]

Im Kontext des beginnenden Reichstagswahlkampfes sollte mit derartigen
Klarstellungen auch der Vorwurf vom Reichsbanner abgewehrt werden, »wehrfeind-
lich« zu sein. Hörsing sprach von »Reform«, nicht von »Auflösung« der Reichswehr,
wie es im linksradikalen Teil des Parteienspektrums üblich war. Auch ein unmittelbar vor der Reichstagswahl in der RBZ veröffentlichter Artikel Kurt Heinigs (SPD)
über den Phöbus- bzw. Lohmann-Skandal sollte primär als Wahlkampfmaterial interpretiert werden, mit dem die andauernde Notwendigkeit einer Reichswehrreform
unterstrichen wurde.[72] Tatsächlich brachten die Reichstagswahlen einen starken
Stimmengewinn insbesondere für die SPD. Da aber die DDP recht stark und
die Zentrumspartei leicht an Wählerstimmen verloren, kam es nicht zu einer
Neuauflage der Weimarer Koalition. Angesichts des Ausbleibens einer parlamentarischen Reichswehrreform bemühte sich die Reichsbannerführung wenigstens
darum, die Zukunftsperspektive eines republikanischen Heeresersatzes nicht aus
den Augen zu verlieren. Allen voran die im Jungbanner organisierten jugendlichen
Reichsbannermitglieder sollten von der Notwendigkeit überzeugt werden, dass die
Polizei, aber auch die Reichswehr einen republikanisch gesinnten Nachwuchs be-
nötige; eventuelle Bewerbungen bei diesen Staatsorganen wurden daher explizit
unterstützt.[73]

In einer Art Rückschau über das Ausbleiben einer tiefergehenden Reichswehr-
debatte stellte Höltermann nüchtern fest, dass die republikanische Presse wie auch
der Reichstag in dieser Sache lediglich »Schlagworte« und nichts Substanzielles gelie-
fert hätten. Die Linksparteien hätten sich geweigert, das »heiße Eisen« Reichswehr
anzufassen, weil sie wohl fürchteten, von Linksaußen als »Militaristen« beschimpft
zu werden. Stattdessen seien allenfalls allgemeine Hinweise auf die Notwendigkeit

---

[70]  Vgl. »›Ungeeignete Elemente‹« von Höltermann. In: RBZ vom 1.11.1926.
[71]  »Was wir wollen« von Hörsing. In: RBZ vom 15.2.1928.
[72]  Vgl. »Stinnes im Reichswehrministerium. Der Lohmann-Skandal« von Heinig. In: RBZ vom
      29.4.1928.
[73]  Vgl. etwa »Die Rekrutierung der Reichswehr« von Flemming. In: RBZ vom 15.7.1928, und
      »Werdende Staatsbürger. Ein Jungbanner-Kursus«. In: RBZ vom 22.7.1928 – Jungbanner-Beilage.

einer europäischen Abrüstung zu hören gewesen. Die Ursache liege Höltermann zufolge auch darin, dass unter den Reichstagsabgeordneten kaum Kriegsteilnehmer zu finden seien und es daher schlichtweg an militärischer Fachkompetenz mangele. So könne den vermeintlichen »Fachleuten« im Reichswehrministerium nicht effektiv entgegengetreten werden. Letzte Hoffnungen richtete Höltermann daher auf den inzwischen zum Reichsinnenminister gemachten Severing, der mit der Schaffung einer Reichspolizei dazu beitragen könne, dass die Reichswehr aus den inneren Kämpfen Deutschlands herausgehalten werde. Gelinge dies nicht, drohe Deutschland seine »Wehrkraft« zu verlieren. Daher äußerte Höltermann eine weitere Forderung: »Der Mann, der das Heer in Friedensstellung zur Arbeiterschaft führt, gibt Deutschland seine Wehrkraft wieder und schafft damit die Voraussetzungen, um die Reichswehr in eine *Wehrmacht* zu verwandeln.«[74]

Aus dem Kontext gerissen, könnte ein solcher Satz auch einem NSDAP-Politiker zugeschrieben werden. Ob es der Hitler-Partei in ihrem Werben um die Arbeiter bei gleichzeitigen Vernichtungsdrohungen in Richtung der organisierten Arbeiterschaft wirklich ernst war, muss aber angezweifelt werden. Ein »freiwilliger Gehorsam«, wie er im Reichsbanner propagiert wurde,[75] war bei den Heeresreformen des »Dritten Reiches« jedenfalls nicht bestimmend, sondern im Gegenteil der totalitäre Zwang zur Unterordnung. Vor eben diesem Denken und Handeln hatten die republikanischen Offiziere und Kriegsteilnehmer schon in den 1920er Jahren kontinuierlich gewarnt, und tatsächlich endete, wie in den Spalten der RBZ prophezeit, der Zweite Weltkrieg für Deutschland bekanntermaßen in einer militärischen und nationalen Katastrophe.

## Republikanische Kriegsteilnehmer zwischen den Stühlen

Hier ist nicht der Platz, um die Verwicklungen in der Endphase der Weimarer Republik und das Verhältnis des Reichsbanners zu den Reichswehrministern Groener und Schleicher angemessen darzustellen. Soviel sei aber gesagt, dass insbesondere Höltermann eine beachtliche Wende vollzog. Unmittelbar vor der »Machtergreifung« war er es, der als Nachfolger Hörsings die Reichswehr zu einem gewaltsamen Vorgehen gegen die NSDAP überreden wollte. Um die Zerstörung der Weimarer Republik abzuwenden, war Höltermann bereit, einen erneuten Bürgerkrieg zu führen und die Reichsbannermitglieder an der Seite der Staatsorgane in den Kampf zu schicken. Dies unterblieb bekanntlich. Das Reichsbanner war zwar die größte Veteranenorganisation ihrer Art und verfügte über Gesprächskanäle ins Reichswehrministerium wie zu den republikanischen Parteien. Die Republikschutztruppe fand sich jedoch in einer Lage

---

[74]  Vgl. »Severing vor die Front! Reichswehr-Debatte« von Höltermann. In: RBZ vom 16.9.1928.

[75]  Vgl. »Militarismus und wir«. In: RBZ vom 1.1.1927 – Beilage für die Gaue Dortmund, Düsseldorf und Köln. Zum Bildungsansatz des Reichsbanners ausführlich: Sebastian Elsbach und Ronny Noak, »Das freie Auge spricht!« Politische Bildung in den Parteien der Weimarer Koalition und dem Reichsbanner Schwarz-Rot-Gold. In: Jahrbuch für Historische Bildungsforschung, 25 (2019), S. 87–112.

wieder, in der sie ihrerseits von allen Seiten entweder bekämpft, abgewehrt oder ignoriert wurde.

Diese Aussage gilt gewiss nicht für alle Bereiche des Vereinslebens oder der Publizistik des Reichsbanners. Die konstruktiv gemeinte, aber in der Sache harte Reichswehrkritik der republikanischen Kriegsteilnehmer verlief jedoch weitgehend im Sande. Vonseiten des Reichswehrministeriums wurde die öffentliche Kritik schlichtweg als extrem störend betrachtet. Jeglicher zivile Einfluss war in der Gedankenwelt der monarchistisch geprägten Offiziere, die die Reichswehr dominierten, ein Hindernis, welches notfalls auch mit ungesetzlichen Maßnahmen beseitigt werden musste, wenn sich die Gelegenheit hierzu ergab. Echte Zugeständnisse in kritischen Bereichen wie der Rekrutierungsfrage, der Rüstungskooperation mit der antidemokratischen Sowjetunion oder der Aufarbeitung der von der Schwarzen Reichswehr verübten »Fememorde« waren nicht zu erwarten. Umgekehrt war die Position der RBZ in diesen Fragen insofern tendenziös, als dass die politische Verantwortlichkeit von republikanischen Staatsmännern wie Joseph Wirth (Zentrum), Severing oder Ebert nicht thematisiert oder sogar geleugnet wurde. Das Reichsbanner war nicht daran interessiert, diese Gallionsfiguren zu demontieren oder ihr Regierungshandeln auch nur kritisch zu hinterfragen. Die Reichswehrminister Noske und Geßler boten sich in dieser Hinsicht auch für das Reichsbanner als willkommene ›Blitzableiter‹ an.

Hätte es eine politische Mehrheit für die Weimarer Koalitionsparteien gegeben, wäre die Arbeit des Reichsbanners sicherlich nicht so fruchtlos geblieben. Da die in dieser Hinsicht entscheidenden Wahlkämpfe um die Reichspräsidentschaft 1925 und den Reichstag 1928 trotz einer beachtlichen Mobilisierungsleistung keinen ›Durchbruchssieg‹ erbrachten, schlug das Reichsbanner gewissermaßen ins Leere. Dass sich die Weimarer Koalitionsparteien so wenig für Wehrfragen interessierten – und diese Feststellung gilt nicht nur für die SPD, sondern auch für die DDP und das Zentrum –, lässt sich zu einem Gutteil damit erklären, dass es auf diesem Gebiet nichts zu gewinnen gab. Die DVP und die anderen Rechtsparteien mauerten und lehnten, entsprechend dem überholten Selbstverständnis der monarchistisch geprägten Offiziere, alle Reformen ab, die eine wirkliche »Republikanisierung« der Reichswehr nach sich gezogen hätten. Die KPD auf der anderen Seite war auch nicht unschuldig an dieser parlamentarischen Pattsituation. Ihre betont destruktive Kritik an der Reichswehr war von einem zynischen, antirepublikanischen Opportunismus begleitet, der sich etwa in ihrer Unterstützung für die Rüstungskooperation mit der Sowjetunion äußerte. Aus diesem Grund stimmte die KPD sogar bei einer Gelegenheit für (!) Reichswehrminister Geßler, der so ein Misstrauensvotum des Reichstages überstand.[76] Angesichts solcher parteipolitisch motivierten Manöver fiel es dem Reichsbanner schwer, die Balance zwischen konstruktiver Kritik und öffentlicher Empörung über eklatante Missstände zu finden. Trat man zu zahm auf, stieß dies bei den eigenen Anhängern auf Unverständnis, und war die Wortwahl zu hart, bot man der Reichswehr eine Rechtfertigung für die Abwehrhaltung gegenüber dem vermeintlich zu »politischen« Reichsbanner. Eben weil das Reichsbanner einem de-

---

[76]   Vgl. Möllers, Reichswehrminister Otto Geßler (wie Anm. 7), S. 181.

mokratischen Grundverständnis folgte, gab es keinen wirklichen Ausweg aus diesem Dilemma.

Dies ändert aber nichts daran, dass die insbesondere von republikanischen Offizieren formulierten Ideen über das Verhältnis von Demokratie und Streitkräften zukunftsweisend sein sollten – obwohl sie von Veteranen eindeutig als »Lehren des Weltkrieges« kommuniziert wurden. Hieraus leiteten die Veteranen einen gesamtgesellschaftlichen Reformauftrag ab. Vor allem die Widerlegung des Vorwurfes der »Treulosigkeit« weist auf die Vorstellung hin, dass ein Soldat nicht allein seinen militärischen Vorgesetzten verpflichtet ist, sondern eine »Treue zu Volk und Republik« pflegen muss. Ein (offenkundig unfähiger) militärischer Oberbefehlshaber wie Kaiser Wilhelm II. verdiente in dieser Logik spätestens dann keine Loyalität mehr, wenn er sich aktiv gegen die Interessen des Volkes wendete. Das hieß aber nicht, dass die soldatischen Werte der Pflichterfüllung, des Mutes und auch des Gehorsams prinzipiell negiert wurden. Die »Treue zur Republik«, zu ihrer Verfassung und ihren schwarz-rot-goldenen Farben war konstitutiv für das Reichsbanner als kämpferische »Schutztruppe der Republik«.

Hierin ist unschwer ein geistiger Vorläufer des Widerstandesrechtes nach Art. 20 Abs. 4 des Grundgesetzes zu erkennen, welches freilich in der Weimarer Reichsverfassung noch nicht festgeschrieben war. Dass erst die auch von Soldaten im Namen der »Pflichterfüllung« verübten Gräueltaten des Zweiten Weltkrieges zu einer entsprechenden Anpassung der Verfassungsordnung führen sollten, ist eine große Tragik der Geschichte. Wie bereits das einleitende Zitat verdeutlicht, setzte das Reichsbanner diesem Treueverständnis die Idee eines Staatsbürgers in Uniform entgegen,[77] der dank politischer Schulung in die Lage versetzt wurde, selbstständig die ihm gegebenen Befehle zu verstehen, zu hinterfragen und innerlich zu akzeptieren; Selbstmobilisierung statt Zwangsmobilisierung, Staatsbürger statt Untertan.[78] Erst diese Idee ermöglichte es in den Augen der republikanischen Offiziere, die Landesverteidigung zu einer demokratischen »Kollektivleistung« zu machen, die mehr »Wehrkraft« entwickeln konnte, als es die autoritären Pläne der Schlieffenschüler er-

---

[77] Als mehr oder minder klar umrissenes Schlagwort existierte der »Staatsbürger in Uniform« in der Weimarer Republik zwar nicht, doch das Konzept eines politisch gebildeten »Soldaten der Republik«, der die demokratische Verfassung aus innerem Antrieb heraus zu verteidigen bereit ist, wurde im Reichsbanner nicht nur erdacht, sondern im Rahmen der eigenen Möglichkeiten auch umgesetzt, insbesondere in der Bildungsarbeit des Jungbanners, der Jugendabteilung des Reichsbanners. Vgl. etwa »Bildungsarbeit« von Gebhardt. In: RBZ vom 1.11.1925 – Beilage für die Gaue Dortmund, Düsseldorf und Köln; »Brief einer Mutter«. In: RBZ vom 14.1.1933 – Jungbanner-Beilage. »Wer selbst Kinder hat, weiß, wie die jungen Leute sind. Sie wollen die Bewegung. Sie wollen Uniform tragen und Aufgaben haben [...] Uns ist auch bekannt, daß sich die Reichsbannerführer um die Erziehung der Jungens zu anständigen, pflichttreuen Staatsbürgern bemühen [...] Sie glauben gar nicht, wie wohl sich mein Junge fühlt und wie glücklich wir selber sind« (ebd).

[78] Vgl. »Deutsche Schule und Vorkriegsgeist. Eine kritische Betrachtung zum Verfassungstag« von Uhlig. In: RBZ vom 6.8.1932 – Beilage. Karl Otto Uhlig (SPD) war 1919/20 sächsischer Innenminister, formulierte seine Reformideen ebenfalls als Lehre aus dem Weltkrieg und beklagte 1932, dass die Nichtumsetzung dieser Ideen der Hitlerbewegung in die Hände gespielt habe.

laubten. Das sich hieraus ergebende Selbstbild der Reichsbannermitglieder als wehrhafte Demokraten wurde bis zuletzt vertreten.[79]

Ebenso zukunftsweisend war die bei Mayr und Höltermann geäußerte Idee einer »europäischen Gesamtwehr«, die eng mit der Einsicht zusammenhing, dass die Streitkräfte in einer Demokratie sich nicht für eine bestimmte Partei aussprechen durften, da sonst ihre Fähigkeit zur Landesverteidigung stark kompromittiert werden musste. Eben die Landesverteidigung und nicht der Einsatz im Innern sollte aber die alleinige Aufgabe der Armee sein. Die nur vorgeblich »unpolitische«, in Wahrheit klar rechtsgerichtete Reichswehr wurde dementsprechend als Fremdkörper im demokratischen System erkannt und ihre »Republikanisierung« im Sinne einer echten »Entpolitisierung« gefordert. Hiermit griffen die republikanischen Offiziere zentrale Begriffe des öffentlichen Selbstverständnisses der Reichswehr auf und eigneten sich diese an. Auch Geßler war vorgeblich an »Republikanisierung« und »Neutralität« der Reichswehr zum Wohle einer effektiven Landesverteidigung interessiert. Dass an seiner Amtsführung zivilgesellschaftliche und parlamentarische Kritik geäußert wurde, sollte in einer Demokratie eigentlich selbstverständlich sein. Tatsächlich begegnete der Reichswehrminister dieser Kritik mit schroffer Ablehnung. Die Demokratisierungserfolge der Weimarer Republik waren jedoch sehr unterschiedlich auf die verschiedenen Teilbereiche in Politik, Gesellschaft und Kultur verteilt. Die Streitkräfte (wie u.a. auch die Justiz) hinkten der Demokratisierung der Politik eindeutig hinterher bzw. behinderten sie, was im internationalen Vergleich eher die Regel als die Ausnahme war und ist. Die im Reichsbanner versammelten republikanisch gesinnten Veteranen gingen in dieser Hinsicht einen wichtigen ersten Schritt, der ihnen sehr schwer fiel und auf den ein schmerzhafter Sturz folgte.

---

[79] Vgl. etwa »Aus der Rede Höltermanns in Kiel«. In: RBZ vom 2.7.1932; »Sie wollen den Kampf – sie sollen ihn haben«. In: RBZ vom 4.2.1933. Hierzu zusammenfassend: Sebastian Elsbach, Das Reichsbanner Schwarz-Rot-Gold. Wehrhafte Demokraten in der Weimarer Republik. In: Totalitarismus und Demokratie, 20 (2023), 2, S. 171–192.

Christian Saehrendt

# Gefallenendenkmäler als politisches Aktionsfeld der Veteranenverbände in der Weimarer Republik. Drei historische Fallbeispiele aus Mannheim, Berlin und Kassel mit Ausblick auf ihre heutige Relevanz

Nach dem Ersten Weltkrieg wurden nicht nur die ehemaligen Schlachtfelder in Ostfrankreich oder Flandern, sondern auch die europäischen Hauptstädte durch eine Vielzahl von Memorialbauten zu Orten der Kriegserinnerung. Dazu zählten Friedhöfe, Kirchen, Kriegsmuseen und -ausstellungen sowie Kriegerdenkmäler. Zahlreiche Veteranen, aber auch Touristen besuchten diese Orte, individuell, mit organisierten Reisegruppen, im Rahmen politischer Sternfahrten oder sogenannter Regimentsfeiern, die mit der Einweihung von Kriegerdenkmälern verbunden waren. Die Denkmalsenthüllungen und zum Teil mehrtägigen Regimentsfeierlichkeiten ermöglichten den Veteranen, politisch in Erscheinung zu treten und in den Medien wahrgenommen zu werden. Der folgende Beitrag erörtert, wie die politischen Orientierungen in der Weimarer Republik im Bau von Kriegerdenkmälern sichtbar wurden und wie Veteranenverbände die damit verbundenen Gelegenheiten nutzten, um auf der politischen Bühne des Landes sichtbar zu werden.[1] Anhand von drei Beispielen soll die Darstellung vertieft werden: des Denkmals für den Reichstagsabgeordneten Ludwig Frank (SPD) in Mannheim, des Ehrenmals für die Gefallenen des Königin-Augusta-Garde-Grenadier-Regiments Nr. 4 in Berlin und des Ehrenmals für die Weltkriegsgefallenen in Kassel. Während das Ludwig-Frank-Denkmal für den Versuch von Sozialdemokraten steht, das Kriegsgedenken produktiv für die Legitimierung der neuen Republik zu nutzen, war der Bau des Augustaner-Denkmals als Projekt konservativer, teils auch monarchistischer und revanchistischer Milieus konzipiert worden. Das Kasseler Ehrenmal ist hingegen als Ergebnis eines regionalen politischen Kompromisses in einer sozialdemokratisch geprägten Provinzstadt zu betrachten.

Der Kriegsniederlage des Deutschen Reiches folgte ein politischer Systemwechsel. Dies war ein fundamentaler Unterschied im Vergleich zu Frankreich oder Großbritannien und hatte gravierende Folgen für die Gedenkkultur der Veteranen. Auch in Frankreich existierten rechtsextreme Veteranenverbände, doch wurde hier

---

[1] Einige Passagen und Gedanken dieses Beitrags sind der folgenden Publikation entnommen: Christian Saehrendt, Der Stellungskrieg der Denkmäler. Kriegerdenkmäler als Medium politischer Konflikte im Berlin der Weimarer Republik, Bonn 2004.

die republikanische Verfassung weithin respektiert.[2] In Deutschland hingegen gab es tiefe gesellschaftliche Spaltungen und ein breites Spektrum politisierender und sich teils scharf voneinander abgrenzender Veteranenorganisationen. Die politische Rechte lehnte den Systemwechsel ab. Einerseits galt ihr die Demokratie als Implantat der westlichen Sieger, andererseits wurde in dem sich 1918 anbahnenden Systemwechsel die Ursache für den militärischen Zusammenbruch gesehen. Extreme Linke und radikale Pazifisten wiederum waren nach der unvollständigen Revolution von 1918/19 von der Republik enttäuscht. Sie vertraten die Ansicht, dass die Kriegsopfer nur dann nachträglich zu rechtfertigen seien, wenn die Revolution auch wirklich vollendet werde. In geistlichen Kreisen wurde das Kriegsgedenken als Chance betrachtet, christlichen Weltdeutungen wieder mehr Geltung zu verschaffen, nachdem die Kirchen im Zuge der rasanten Säkularisierung der Gesellschaft an Einfluss verloren hatten. Bald hatten alle politischen Richtungen nach dem Vorbild der sich weltanschaulich neutral gebenden Kriegervereine eigene Veteranenverbände gegründet, die sich im Laufe verschärfter politischer Auseinandersetzungen der 1920er Jahre in Partei- und Demonstrationsmilizen verwandelten. Die zahlenmäßig mächtigen, überparteilichen Kriegervereine (wie der Kyffhäuserbund 1900–1938, wiederbegründet 1952) agierten allerdings de facto im Einklang mit monarchistischen und nationalistischen Kräften. Ihre »Überparteilichkeit« ging oftmals mit einer feindseligen Neutralität gegenüber der Republik einher.

Vor dem Hintergrund der neuen, vergleichsweise »unästhetischen« Demokratie, die durch chaotische Parlamentsdebatten, eintönige Ausschussarbeit oder Bürokraten ohne jedes Charisma verkörpert wurde, besaßen militärische Symbolik und Narrative von Heldentum und Abenteuer weiterhin ungebrochene Anziehungskraft. Für Bewunderung (und Beruhigung) sorgten noch immer militärisch geordnete Menschenmengen mit ihren geraden Marschsäulen oder exakt ausgerichteten Spalieren. Andererseits kam im tausendfach medial gespiegelten »Ornament der Masse«[3] auch eine große Angst vor einer unkontrollierbaren, revolutionären Volksmenge, vor Chaos und Bürgerkrieg zum Ausdruck. Jede politische Bewegung musste durch öffentliche Manöver beweisen, dass sie zu ordnen verstand. Selbst die umstürzlerischen Kommunisten suchten sich mit dem Roten Frontkämpferbund (RFB) in der Öffentlichkeit als Ordnungsfaktor zu präsentieren: Um ein straffes Erscheinungsbild zu bieten, benutzten sogar sie das Kommandoreglement der Reichswehr.[4]

Der zwischen 1916 und 1918 auf ausländischen Schauplätzen ausgetragene Stellungskrieg fand im übertragenen Sinne im politischen Geschehen der Weimarer Republik einen Widerhall. Wie in einem Stellungskrieg standen sich die politischen Positionen und geschichtsdeutenden Narrative im öffentlichen Diskurs unversöhnlich und verbissen gegenüber. Der fragmentierte politische Diskurs der Nachkriegszeit

---

[2]  Siehe allgemein dazu: Andreas Wirsching, Vom Weltkrieg zum Bürgerkrieg. Politischer Extremismus in Deutschland und Frankreich 1918–1933/39. Berlin und Paris im Vergleich, München 1999.

[3]  Ein Ausdruck, der auf Siegfried Kracauer zurückgeht. Der Soziologe publizierte 1963 ein gleichnamiges Buch bei Suhrkamp in Frankfurt.

[4]  Kurt G.F. Schuster, Der rote Frontkämpferbund 1924–1929. Beiträge zur Geschichte und Organisationsstruktur eines politischen Kampfbundes, Düsseldorf 1975, S. 41.

spiegelte sich territorial: Regionen, Städte und Viertel wirkten wie Teile eines politischen Fleckenteppichs. Umstrittene Denkmalssetzungen von Veteranenverbänden führten zu einem regelrechten Stellungskrieg der Denkmäler, vor allem in Berlin. Sogar Bühnen und Säle waren bisweilen umkämpft. In den »eigenen« Vierteln zeigten Fahnen und Straßendemonstrationen die politische Ausrichtung, in »feindlichen« Vierteln provozierte man mit militanten Kleingruppen (»Stoßtrupps«). In der Sturmabteilung (SA) wurden letztlich auf konsequenteste Weise Kriegerkult, Abenteurertum und Paramilitarismus kurzgeschlossen.[5] Reviermarkierungen, Straßenkampf und politische Gewalt waren nicht nur ein hauptstädtisches Phänomen, sondern griffen auch in der Provinz und in den kleineren Industriestädten um sich, wie ein Beispiel in Kassel zeigt: Nach der Gründungsfeier der Stahlhelm-Ortsgruppe Obervellmar marschierte am 13. Mai 1931 ein Dutzend Teilnehmer nachts zurück in die Innenstadt, wobei sie die »rote« Nordstadt zu durchqueren hatten. Auf der Holländischen Straße, Ecke Bunsenstraße wurden sie von einer größeren Gruppe von Arbeitern unter dem Ruf »Auf die Lumpen! Haut die Faschisten tot!« mit Steinen beworfen und mit Zaunlatten angegriffen. Ein Stahlhelmmitglied, der Veteran Robert Leck, kam dabei zu Tode.[6]

Prestige erhofften sich alle politischen Gruppierungen von der Präsenz in der Reichshauptstadt, auch Veteranenverbände wie der Stahlhelm suchten den effektvollen Auftritt in Berlin. So wurde der »Stahlhelmtag 1927« im »Bundesblatt des Deutschen Offizier-Bundes« als großer Erfolg gefeiert:

> »130 000 Männer in friedlicher Absicht, aber in stahlharter Entschlossenheit besetzten die Stadt, um dem roten Berlin das unauslöschliche Merkmal einer gewaltigen vaterländischen Demonstration einzubrennen [...] Möge der Samen, den der Stahlhelm in die zerwühlten Furchen des roten Berliner Menschenackers gestreut hat, aufgehen.«[7]

Der »Stahlhelm-Tag« im Folgejahr, am 4. Februar 1928 in Berlin, war hingegen ein Misserfolg. Statt des »Marsches der Hunderttausend« zur »Eroberung Berlins« waren nur wenige Tausend dem Aufruf gefolgt. 2332 Teilnehmer zogen vom Kriegervereinshaus in der Chausseestraße durch die Arbeiterviertel Prenzlauer Berg und Friedrichshain zum Lustgarten, bewacht von 3500 Polizisten, die »von fünf zu fünf Minuten Sturmangriffe mit dem Gummiknüppel auf den Fußwegen« unternahmen, um die Gegendemonstranten zu vertreiben: »Bleich und entschlossen marschierten die überwiegend jungen Leute, beschützt von einem großen Polizeiaufgebot vor der kommunistischen Konkurrenz, deren ›Internationale‹ oft das Spiel der Kapellen und Tambourkorps übertönte.«[8] Auch das äußere Erscheinungsbild der »Veteranen« ließ gelegentlich zu wünschen übrig, vor allem, wenn sehr junge und unerfahrene Männer für Organisationen wie den Stahlhelm rekrutiert wurden. So berichtete ein prominenter Zeuge 1930 über den Bahntransport von Stahlhelmverbänden zu einer »Befreiungsfeier« nach Koblenz:

---

5   Wir wandern durch das nationalsozialistische Berlin. Hrsg. im Auftrag der SA-Führung von Julius-Karl von Engelbrechten und Hans Volz, München 1937.
6   Anklageschrift der Oberstaatsanwaltschaft Kassel vom 28.5.1931 gegen Paul Ziegner, Leiter des Kampfbundes gegen den Faschismus, Staatsarchiv Marburg, Sign. 274, Nr. 970, Bl. 4, 54.
7   Bundesblatt des Deutschen-Offiziersbundes, 15.5.1927, S. 582.
8   Vossische Zeitung, 5.2.1928.

»Alle in Uniform, feldgrau, von der Reichswehr kaum zu unterscheiden. Schon in Halle gröhlten sie ›Die Wacht am Rhein‹ und andere ›vaterländische‹ Lieder; in Weimar ergossen sie sich über den Bahnsteig, die Treppen, die Wartesäle, meistens ganz junge Burschen, ›Rotznasen‹, größtenteils offenbar besoffen, die Uniformen halb aufgeknöpft, randalierend, gröhlend, Reisende anpöbelnd, völlig ohne jede Disziplin, von Soldatentum keine Spur [...] solch disziplinloses Gesindel würde jeder kleine Trupp von echtem Militär mit dem Besen auseinander fegen.«[9]

Nicht nur rechte Veteranenorganisationen organisierten Sternfahrten zu politischen Kundgebungen in Berlin, auch Reichsbanner und Kommunisten nutzten diese Möglichkeit der politischen Werbung. Diese Fahrten bargen erhebliches Konfliktpotenzial, wie Beispiele aus Kassel zeigen. Kasseler Kommunisten oder nationalistische Veteranen mussten bei der Abreise nach Berlin vor Störaktionen ihrer Gegner polizeilich geschützt werden, so Rotfrontkämpfer auf dem Weg zu einer Antikriegs-Kundgebung am 2. Juni 1927[10] oder Stahlhelmmitglieder bei ihrer Abreise zum Reichsfrontsoldatentag am 6. Mai 1927, die von kommunistischen Gegendemonstrationen begleitet wurde.[11] Gerade die vornehmlich in der Provinz verankerten rechtsorientierten Veteranenverbände sahen ihre Sternfahrten nach Berlin als Feldzüge an und phantasierten von einer Kontrolle über die als feindlich, unübersichtlich und verkommen empfundene Metropole. Von dieser Mentalität waren auch die regelmäßig stattfindenden Regimentsfeiern und Denkmalsenthüllungen beherrscht, die sich manchmal über mehrere Tage hinzogen und zu denen jeweils Hunderte oder gar Tausende von Veteranen und Angehörige aus dem ganzen Reich anreisten.

## Das Reichsbanner Schwarz-Rot-Gold und der Kult um Ludwig Frank in Mannheim

Der Kampf um die Straße hatte etwas Flüchtiges: Demonstrationszüge kamen und gingen, das Saalschlachtenglück war wechselhaft. Denkmäler schienen hingegen dauerhafte Präsenz zu sichern. Diese Überzeugung war vor allem im rechten Lager verbreitet. Dort wurden wilhelminische Traditionen fortgesetzt, dort fand auch das Personendenkmal weiter Verwendung. Allerdings kam nun statt der Feldherren und Monarchen der einfache bzw. unbekannte Soldat auf den Sockel. Ab Mitte der 1920er Jahre wurde diese figürliche Tradition durch zum Teil monumentale architektonische Denkmalanlagen wie etwa in Tannenberg ergänzt.[12] Kommunisten und Pazifisten lie-

---

9   Harry Graf Kessler, Tagebucheintrag Weimar 3.10.1930. Freitag, in: Harry Graf Kessler, Tagebücher 1918–1937. Hrsg. von Wolfgang Belli-Pfeifer, Frankfurt a.M. 1996, S. 681 f.

10  Sonderbefehl der Schutzpolizei 2.6.1927, Staatsarchiv Marburg, Bestand 175, Nr. 1394.

11  Kommando Schutzpolizei und Kriminalinspektion 6.5.1927, Staatsarchiv Marburg, Bestand 175, Nr. 1394.

12  Mit Clemens Holzmeisters Schlageter-Denkmal in Düsseldorf (1931, zerstört 1946) und dem Tannenberg-Denkmal in Ostpreußen (1927, zerstört 1945) wurden expressionistische Formen und abstrakte, architektonische Anlagen auch für das rechte Lager akzeptabel (Frank-Berthold Raith, Der Heroische Stil, Berlin 1997).

ßen zwar Denkmäler für revolutionäre Kämpfer und Bürgerkriegsopfer errichten[13], jedoch keine Kriegerdenkmäler. Zudem wurden von der radikalen Linken statt teurer Memorialbauten eher Hilfeleistungen für Hinterbliebene und Invaliden favorisiert. Dagegen haben sich die Sozialdemokraten durchaus kontinuierlich auf dem Feld der monumentalen Erinnerungspolitik engagiert. Bei ihren Denkmalsbauten handelte es sich aber um vergleichsweise bescheidene Anlagen, nicht zuletzt aus finanziellen Gründen. Das wichtigste realisierte Gefallenenehrenmal der Sozialdemokraten, das Einzelgrab des Reichstagsabgeordneten Ludwig Frank in Mannheim, wies kubistische Formen auf, wirkte modern und schlicht zugleich. Während die Kommunistische Partei (KPD) und der RFB die Kriegstoten als Ansporn für die Weltrevolution sahen, pflegte das Reichsbanner Schwarz-Rot-Gold, das sehr viele sozialdemokratische Mitglieder (darunter auch SPD-Spitzenpolitiker) hatte, das Gefallenengedenken in durchaus staatstragender Absicht – ein größerer Gegensatz zwischen den beiden großen linken Parteien war kaum denkbar, wie man 1927 in Kassel sehen konnte. Drei Jahre, nachdem das Kasseler Gefallenendenkmal eingeweiht worden war, ließ das Reichsbanner große Festtribünen auf dem Friedrichsplatz errichten und stellte eine Ehrenwache am Denkmal. Um ein geschlossenes (und »zackiges«) Auftreten zu gewährleisten, gab es die Anweisung, Frauen und Kinder von den Aufzügen auszuschließen und den Männern lange dunkle Hosen vorzuschreiben. Beim Spielen des Liedes »Ich hatt' einen Kameraden« sei laut Anordnung auf das Kommando »Achtung« solange militärische Haltung anzunehmen, bis der Befehl »Rührt euch!« erteilt werde.[14]

Der Gründungsaufruf für das Reichsbanner Schwarz-Rot-Gold als dezidierter »Bund der republikanischen Kriegsteilnehmer« folgte dem Vorbild des Republikanischen Schutzbundes in Österreich. Er hatte sich ausdrücklich an Kriegsteilnehmer und Republikaner gewandt, um die neue Verfassung vor den zahlreichen rechtsorientierten oder monarchistischen Wehrbünden zu schützen.[15] Erster Vorsitzender wurde Otto Hörsing, sozialdemokratischer Berufspolitiker und bis 1927 Oberpräsident der Provinz Sachsen. (1931 wurde ihm, weil er immer wieder mit der SPD-Führung in Streit geriet, die Leitung des Reichsbanners entzogen, im Folgejahr folgte der Parteiausschuss.) Das Reichsbanner wandte sich auch gegen die Verleumdungen jüdischer Soldaten und unterstützte damit den Reichsbund jüdischer Frontsoldaten.[16] Es setzte sich als einziger Veteranenband aktiv für die neue Demokratie ein und wurde zum Schutz republikanischer politischer Veranstaltungen mobilisiert.[17] Das Reichsbanner stellte somit einen Veteranenverein dar, der nicht

---

13 Siehe Walter Gropius' abstraktes Beton-Mahnmal für Opfer des Kapp-Putsches in Weimar und Ludwig Mies van der Rohes Revolutionsdenkmal im Auftrag der KPD.

14 Reichsbanner Schwarz-Rot-Gold, Technische Anordnung zur Verfassungsfeier 11.–15.8.1927, Staatsarchiv Marburg, Bestand 175, Nr. 1394.

15 Gründungsaufruf Reichsbanner Schwarz-Rot-Gold, Magdeburg, 22.2.1924, abgedruckt in: Sozialdemokratische Parteikorrespondenz für die Jahre 1923–28. Hrsg. vom Vorstand der SPD, Berlin 1930, S. 354 f.

16 Gründungsaufruf und Bundessatzung in: Das Reichsbanner. Zeitung des Reichsbanners Schwarz-Rot-Gold. Bund der republikanischen Kriegsteilnehmer e.V. Magdeburg, Nr. 1/1924, S. 1 f.

17 General a.D. Freiherr von Schönaich zählte zu den Aufgaben des Reichsbanners: »Gewaltstreiche gegen die Republik unmöglich zu machen« und »dafür zu sorgen, dass die Wahlen nicht durch

nur nostalgisch-rückblickend die Kameradschaft seiner Mitglieder beschwor, sondern an ihre gegenwärtige staatsbürgerliche Pflicht appellierte.[18]

Die »Illustrierte Reichsbanner-Zeitung« pries gelegentlich bestimmte Kriegerdenkmäler als vorbildlich, welche schlicht gestaltet waren und bei denen das Motiv der Trauer dominierte. Auch Opfer der Kämpfe der Arbeiterbewegung wurden mit Denkmälern geehrt[19] sowie demokratische Persönlichkeiten wie Friedrich Ebert, Walter Rathenau und Matthias Erzberger. In Zweibrücken wurde ein Ebert-Rathenau-Erzberger-Denkmal errichtet, Ebert-Büsten oder -stelen gab es in größerer Zahl im ganzen Reich. Mit dem Mannheimer Denkmal für den SPD-Reichstagsabgeordneten Ludwig Frank unternahm das Reichsbanner 1924 hingegen einen gezielten Versuch, den Beitrag der Sozialdemokraten zu den deutschen Kriegsanstrengungen bekannter zu machen und Frank zum republikanischen Helden aufzubauen. Frank war 1914 als 40-jähriger Landsturm-Kriegsfreiwilliger gefallen und wurde posthum zum »Leitstern des Reichsbanners« ernannt.[20] Seine jüdische Herkunft wurde dabei positiv hervorgehoben. Frank war einer von insgesamt (nur) zwei Reichstagsmitgliedern, die im Krieg gefallen waren. Der Entwurf für sein Denkmal stammte von dem Mannheimer Architekten und Mitglied der jüdischen Gemeinde Artur Lehmann. Der Reichsbanner-Gau Baden hatte einen Antrag auf Errichtung eines Gedenksteins beim Mannheimer Stadtrat eingereicht, dem am 10. Juli 1924 stattgegeben wurde. Laut Stadtratsbeschluss oblag dem Reichsbanner der Aufbau und die Pflege des Gedenksteins im Unteren Luisenpark, während die Stadt die gärtnerische Gestaltung zu übernehmen hatte.[21] Lehmann konstruierte eine vier Meter hohe Pyramide aus übereinander geschichteten Muschelkalkkuben. Sie wurde mit einer flammenartigen Bekrönung geschmückt (ein Steinguss des Bildhauers August Köstner). Die Pyramide trug oben die Inschriften: »Dem Republikaner Ludwig Frank. geb. 23.5.1874 – gef. am 3.9.1914 vor Baccarat.« In der Mitte stand: »Einer muß die Fundamente gesehen haben / Die Fundamente des neuen Staates.« Auf der unteren Stufe war zu lesen: »Gewidmet vom Reichsbanner Schwarz-Rot-Gold.« Auf der Vorderseite war ein Bronzemedaillon angebracht worden, das Franks Porträt in Profilansicht zeigte. Insgesamt wirkte das Denkmal statisch, die Assoziation mit einem in sich ruhenden Fundament war wohl beabsichtigt. Im Gegensatz dazu stand die expressive, an Flammen erinnernde Kleinplastik auf der Spitze, die »revolutionäre Flamme« schien

den Terror der ›Vaterländischen‹ im Sinne der großen Wirtschaftsverbände verfälscht werden«. In: Illustrierte Reichsbanner Zeitung. Mit offiziellen Mitteilungen des Bundesvorstandes, Magdeburg, Nr. 3, 6.12.1924, S. 38.

18  Bundessatzung C. Allg. Bestimmungen 10., in: Reichsbanner Schwarz-Rot-Gold. Wegweiser für Funktionäre, Führer und Bundeskameraden, Magdeburg 1926, S. 31 f.

19  Siehe »Kranzniederlegung an den Gräbern der Gefallenen in Weimar« (Denkmal von Walter Gropius, 1921), in: Illustrierte Reichsbanner Zeitung. Mit offiziellen Mitteilungen des Bundesvorstandes, Magdeburg, Nr. 8, 21.2.1925, S. 117, und »Einweihung des würdigen Portals auf dem Friedhof der Märzgefallenen in Berlin am 11.10.1925, in: ebd., Nr. 43, 24.10.1925, S. 677.

20  Das Reichsbanner, Nr. 8, 1.9.1924, vgl. auch die Gedenkrede von der Einweihungsfeier in: ebd., Nr. 11, 15.10.1924.

21  Christmut Präger, Denkmäler in Mannheim 1919–33, in: Architektur in Mannheim 1918–39. Hrsg. von Peter Plachetka u. a., Mannheim 1994, S. 156–161, hier S. 158.

hier eher ein dekoratives Element zu sein, während die Hauptaussage des Denkmals mit dem Begriff der Stabilität zu fassen ist.

Die Enthüllung fand am 28. September 1924 im Rahmen eines »Republikanischen Tages« in Mannheim statt, der als regionale Demonstration verfassungstreuer Kräfte konzipiert war. Mehrere Tausend Menschen nahmen daran teil. Zur Einweihung schrieb der SPD-Reichstagsabgeordnete Erich Rossmann: »Die demokratische Republik ist das einzige Kriegsergebnis, das versöhnlich stimmt. Sie ist das wahre Vermächtnis unserer Toten. Die erste Ehrenpflicht ihnen gegenüber ist die Erhaltung der Republik.«[22] Bezeichnenderweise ließ sich der deutschnationale Reichstagspräsident Max Wallraff (Deutschnationale Volkspartei, DNVP) bei der Denkmalsenthüllung vertreten. In der rechtsbürgerlichen Presse gab es kritische Stimmen. So sei der Festzug anlässlich der Denkmaleinweihung »zu ausgesprochenen Propagandazwecken« missbraucht worden, agitierte die »Neue Mannheimer Zeitung«: »Frank ist nicht für Schwarz-Rot-Gold oder für die Republik oder für das Feldgeschrei ›Nie wieder Krieg‹ gefallen«, er habe an derartige Ziele damals nicht gedacht und werde heute politisch von bestimmten Kräften fälschlicherweise vereinnahmt.[23] Auch die Kommunisten verurteilten das Denkmal scharf. Hier werde einem »Zufallsopfer ein heroisches Mäntelchen umgehängt. Fern sei es uns, diesen einen gefallenen Verwirrten zu beschimpfen. Dennoch – dieser eine, der sich freiwillig dem Imperialismus als Opfer bot, ist er ein Denkmal wert?«[24] In den folgenden Jahren diente das Ludwig-Frank-Denkmal dem Reichsbanner als Kulisse für Versammlungen; so wurde dort 1929 anlässlich des Südwestdeutschen Reichsbannertages eine Kundgebung mit 4000 Teilnehmern abgehalten.[25] Die Polizei schirmte zeitgleich stattfindende kommunistische Umzüge ab, vereinzelt kam es dennoch zu Ausschreitungen. Der badische Innenminister, Reichsbanner-Chef Otto Hörsing, und der umstrittene ehemals kaiserliche, nunmehr pazifistische General Bertold von Deimling gehörten am Festtag zu den Rednern, auch eine Delegation französischer Kriegsveteranen war anwesend. Die Sozialdemokraten waren bemüht, einen moderaten Heldenkult um Ludwig Frank in Gang zu setzen. Als Sozialdemokrat, Jude und Kriegsfreiwilliger besaß er drei Eigenschaften, die integrierend wirken sollten. Damaligen linken Kritikern stieß »der fast aufdringlich zur Schau gestellte Patriotismus« der Frank-Verehrung auf (auch manche heutige Historiker stören sich daran)[26], doch war dieser spezielle Kriegerkult vor allem als taktisches Signal an die bürgerliche Mitte zu verstehen, als Versuch, eine staatstragende Gemeinsamkeit herzustellen und dem Antisemitismus entgegenzutreten. Die

22  Illustrierte Reichsbanner Zeitung. Mit offiziellen Mitteilungen des Bundesvorstandes, Magdeburg, Nr. 6, 7.2.1925, S.85.

23  Neue Mannheimer Zeitung 27.9.1924.

24  Die Rote Front. Organ des Rot Front-Kämpferbundes, Berlin, Nr. 1, 15.10.1924, o.S.

25  Hans Harter, »Das Bürgertum fehlt und überlässt dem Arbeiter den Schutz der Republik.« Die Ortsgruppe Schiltach des Reichsbanners, in: Die Ortenau. Veröffentlichungen des Historischen Vereins Mittelbaden, Offenburg 1992, S. 271–299, hier S. 290.

26  Marcel Böhles, Im Gleichschritt für die Republik. Das Reichsbanner im Südwesten 1924 bis 1933, Essen 2016, S. 310; Vgl. auch Stefan Vogt, Nationaler Sozialismus und soziale Demokratie. Die sozialdemokratische Junge Rechte 1918–1945, Bonn 2006, S. 122.

Denkmalserrichtung, regelmäßige Feierlichkeiten und Publikationen sollten Frank populär machen und zur Gegenfigur nationalistischer Kriegshelden aufbauen.[27]

Das Ludwig-Frank-Denkmal wurde in den folgenden Jahren mehrfach beschädigt. Am 14. Mai 1925 übergossen Unbekannte die Steinstufen mit roter Farbe,[28] eine Woche später wurde mit blauem, schwer entfernbarem Kopierstift ein Hakenkreuz aufgemalt.[29] Eine weitere Beschädigung wurde im Jahr 1927 gemeldet.[30] Die Nationalsozialisten ließen das Denkmal am 22. Mai 1933 abtragen, nachdem bereits zuvor das Bronzemedaillon mit Franks Porträt herausgerissen worden war.[31] Damit gehört das Mannheimer Monument neben dem Berliner Revolutionsdenkmal, dem Berliner Rathenau-Brunnen und dem Weimarer Märzgefallenendenkmal zu jener Reihe von bedeutenden Denkmälern der Arbeiter- und Demokratiebewegung, die im »Dritten Reich« zerstört wurden.

Wer sich heute in Mannheim auf die Spuren des Frank-Denkmals macht, findet nur ein Ersatzobjekt vor, denn ein Wiederaufbau fand nicht statt. Der Teil des Parks, wo das Denkmal gestanden hatte, fiel der Verkehrsplanung zum Opfer. Am Volkstrauertag 1950 weihte Oberbürgermeister Hermann Heimerich (SPD) jedoch ein Ersatzdenkmal ein, ebenfalls im Luisenpark, unweit des alten Ludwig-Frank-Denkmals. Es wurde sowohl Frank persönlich als auch allen Opfern des Ersten Weltkriegs gewidmet. Dazu wurde aber kein neues Kunstwerk geschaffen, sondern laut Stadtratsbeschluss vom 8. Dezember 1949 eine Plastik aus dem Bestand der Mannheimer Kunsthalle verwendet. Es handelte sich um die lebensgroße Bronzeskulptur »Jüngling mit dem Stabe« des Münchner Bildhauers Bernhard Bleeker, der im »Dritten Reich« zu den staatlich begünstigen Künstlern zählte. Die Plastik aus dem Jahr 1934 firmierte ursprünglich unter dem Titel »Jüngling mit Speer« und war 1941 von der Kunsthalle Mannheim erworben worden.[32] Zudem hatte Bleeker in Mannheim 1936 einen großen Auftrag für ein Verkehrs- bzw. Autobahndenkmal erhalten, welches aber kriegsbedingt nicht errichtet werden konnte. Bleeker, der in der Weimarer Republik noch an einer Büste Friedrich Eberts gearbeitet hatte, war bereits im November 1932 in die NSDAP eingetreten und wurde – ungeachtet zeitweiliger politischer Unstimmigkeiten – zu einem führenden Bildhauer des Regimes, der unter anderem mit Hitler-Büsten und Kriegerdenkmälern Erfolge feierte. 1946 wurde gegen ihn ein Entnazifizierungsverfahren eingeleitet. Nach mehreren Revisionen wurde er schließlich in die Gruppe der Mitläufer eingereiht und konnte seine Künstlerlaufbahn in München fortsetzen, wenngleich nicht auf dem vormaligen Auftragsniveau.

---

[27]  Siehe S[aly] Grünebaum, Ludwig Frank. Ein Beitrag zur Entwicklung der deutschen Sozialdemokratie, Heidelberg 1924; Ludwig Frank, Aufsätze, Reden und Briefe. Ausgew. und eingel. von Hedwig Wachenheim, Berlin 1924.

[28]  Neue Mannheimer Zeitung, 15.5.1925.

[29]  Neue Mannheimer Zeitung, 23.5.1925.

[30]  Neue Mannheimer Zeitung, 30.6.1927.

[31]  Neue Mannheimer Zeitung, 23.5.1933.

[32]  Das Gipsmodell des »Jünglings mit Speer« war bereits 1937 auf der Großen Deutschen Kunstausstellung in München gezeigt worden. Abgüsse waren in den folgenden Jahren an verschiedenen Orten aufgestellt worden, etwa 1940 im Berliner Lietzenseepark oder beim Schloss Neubeuern.

Heimerich betonte bei der Denkmalseinweihung, sie sei eine »Wiedergutmachung an eine große Mannheimer Persönlichkeit.« Frank habe die Fundamente
für einen neuen Staat legen wollen, und »heute müssen wir nochmals den Versuch
machen, einen neuen Staat zu bauen. Möge dies im Geist von Ludwig Frank geschehen.« Neben Stadtratsmitgliedern nahm mit John Zecca auch ein Vertreter
der Alliierten Hohen Kommission für Deutschland teil. Der Oberbürgermeister
beteuerte: »Keineswegs hat der Künstler an eine kriegerische Figur gedacht«, und
brachte stattdessen die unverfänglicheren Interpretationen »Wanderer zwischen den
Welten« und »jugendlicher Genius« ins Spiel.[33] Der »Mannheimer Morgen« bedauerte, dass nur so wenige Bürger bei der Einweihung zugegen waren: Sie hätte
ein Pflichttermin für alle Oberstufenschüler sein sollen.[34] Dagegen freute sich die
»Abendzeitung« über »die schöne und sinnvolle Verwendung« von Bleekers Plastik.[35]
Aus dem Kriegerjüngling wurde ein Friedensbote, aus dem Speer ein Stab – das
passte nun besser in die Zeit. Auf heutige Betrachter wirkt dies wie ein billiges und
inhaltlich fragwürdiges Ideen-Recycling. Befremdlich ist das vor allem deswegen,
weil der Sozialdemokrat Heimerich, der bereits in der Weimarer Republik fünf Jahre
lang die Stadt regiert hatte, in seiner zweiten Amtszeit nach dem Krieg eigentlich
eine aktive Erinnerungs- und Kulturpolitik betrieb.[36] In den Parks wurden neben
Bleekers »Jüngling« weitere Plastiken aus der Sammlung der Kunsthalle aufgestellt,
um der Bevölkerung die Begegnung mit Kunst zu erleichtern und die städtischen
Parkanlagen aufzuwerten. Einige dieser Plastiken wurden allerdings nach kurzer Zeit
schon beschädigt, sodass sie in die Kunsthalle zurückgebracht werden mussten. Im
Gegensatz dazu entschloss man sich, das Ludwig-Frank-Denkmal im Luisenpark
zu belassen und zeitweilig zu bewachen.[37] 1963 musste es der Verbreiterung der
Friedrich-Ebert-Straße weichen und wurde für zwei Jahre eingelagert, bis es inmitten des nördlichen Unteren Luisenparks wieder aufgestellt wurde, wo es heute noch
steht.[38] Gelegentlich fanden dort Kranzniederlegungen und kleinere Feierlichkeiten
zu Ehren Franks statt, die jährlichen offiziellen Feiern zum Volkstrauertag werden
allerdings heute in der Regel auf dem Mannheimer Hauptfriedhof abgehalten, wobei
die Redner gelegentlich auf Frank verweisen. Die zum »Friedensengel« umgedeutete
Kriegerplastik des nationalsozialistisch belasteten Bildhauers Bleeker ist bis heute als
Geschmacklosigkeit zu betrachten. Dies wurde, so Stadtarchivar Ulrich Niess, bei
der Feier zum 100. Todestags Franks 2014 auch kritisiert[39], blieb aber bislang ohne
Konsequenzen. Die Erinnerung an Frank wird in Mannheim ansonsten noch durch
die Namenswahl einer Studentenwohnanlage und eines Gymnasiums wachgehalten.

---

[33]  Rede Heimerichs zu Einweihung des Ludwig-Frank-Denkmals am 4.3.1950, Stadtarchiv Mannheim, Nachlass Heimerich 24/1972/314.

[34]  Mannheimer Morgen, 6.3.1950.

[35]  Abendzeitung, 6.3.1950.

[36]  Angelika Tarokic, Hermann Heimerich. Ein Mannheimer OB im Spiegel seines Nachlasses, Mannheim 2006, S. 50.

[37]  Pressenotiz vom 6.3.1951, Stadtarchiv Mannheim, Nachlass Heimerich 24/1972/315.

[38]  Mannheimer Morgen 19.8.1963.

[39]  Ulrich Niess, E-Mail an den Autor, 3.6.2018.

Dort spielt Frank im Schulcurriculum der Klassen 8 im Fach Geschichte und bei Schülerprojekten eine Rolle.[40]

## Das Ehrenmal für die Gefallenen des Königin-Augusta-Garde-Grenadier-Regiments in Berlin

Im Berlin der Zwischenkriegszeit fanden regelmäßig Regimentsfeiern und Denkmalsenthüllungen statt, die sich oftmals über mehrere Tage hinzogen und zu denen Veteranen und deren Angehörige aus dem ganzen Reich anreisten. So geschehen auch bei der Einweihung des Denkmals für das Königin-Augusta-Garde-Grenadier-Regiment Nr. 4. Das Festprogramm startete am 10. Oktober 1925 mit Kranzniederlegungen am Grab der Königin und Kaiserin Augusta im Mausoleum Charlottenburg und am Denkmal Unter den Linden. Den ersten Tag beschloss ein Begrüßungsabend in der Kreuzberger Bockbrauerei in der Fidicinstrasse. Am nächsten Morgen versammelten sich die Teilnehmer auf dem Kasernenhof Friesenstraße, wo auch ein Feldgottesdienst stattfand. Danach begaben sich die Teilnehmer zur Denkmalsweihe auf den Garnisonfriedhof, Mittagessen wurde wieder in der Bockbrauerei Fidicinstrasse serviert. Am Abend ging es dann zum großen Festkommers in die »Neue Welt« in der Neuköllner Hasenheide. Die Tickets für das gesamte Programm wurden zu zwei Reichsmark angeboten.[41] Unter den zahlreichen Kriegerdenkmälern, die in der Weimarer Republik die Reichshauptstadt schmückten, ragt Franz Dorrenbachs Ehrenmal des Königin-Augusta-Garde-Grenadier-Regiments Nr. 4 auf dem Neuen Garnisonfriedhof heraus. Es ist einmal die düstere Aura und suggestive Kraft, die von der Steinplastik ausgeht, zum anderen aber die inhaltliche Bestimmung durch die Inschriften. Die Einweihung des Denkmals im Herbst 1925 im Namen des abwesenden Kaisers durch ehemalige Generäle und den Reichspräsidenten Paul von Hindenburg markierte die politische Wende in der zweiten Hälfte der Weimarer Republik, die mit der Wahl Hindenburgs begonnen hatte und einem aggressiveren Nationalismus freie Bahn schuf. Nachdem das »Militärwochenblatt« 1924 mehrmals Spendenaufrufe veröffentlicht hatte, waren von den Traditionsvereinen[42] des Regiments Finanzierung, Wettbewerb und Bau des Denkmals organisiert worden.[43] Die Jury aus Militärs der Veteranenvereine und bildenden Künstlern der Berliner Akademie der Künste hatte sich für Franz Dorrenbach entschieden, einen akademischen Bildhauer der Düsseldorfer Schule.

---

[40]   2014 wurden Projekttage zum Gedenken an den 100. Todestag von Frank durchgeführt. Daraus entstand auch ein großformatiges Bild von Frank, das jetzt ein Treppenhaus der Schule ziert. Katy Oberländer, Ludwig-Frank-Gymnasium Mannheim, E-Mail an den Autor, 18.11.2018.

[41]   Programm im Militärwochenblatt, 4.10.1925, S. 459.

[42]   Verein ehem. Kameraden des Königin-Augusta-Garde-Grenadier-Regiments Nr. 4, Vereinigung ehem. Hoboisten des Königin-Augusta-Garde-Grenadier-Regiments Nr. 4, Verein der Offiziere des Königin-Augusta-Garde-Grenadier-Regiments Nr. 4 e.V., Landesarchiv Berlin, B Rep. 42 Vereine Acc. 2147, Nr. 26456.

[43]   Niederschrift der Mitgliederversammlung des Vereins der Offiziere des Königin-Augusta-Garde-Grenadier-Regiments Nr. 4 e.V. am 6.1.1923, Landesarchiv Berlin, B Rep. 42 Vereine Acc. 2147, Nr. 26456.

Er war in der wilhelminischen Zeit mit monarchischen Reiter- und Kriegerdenkmäler hervorgetreten. Dorrenbach konzipierte eine aufgebahrte, überlebensgroße Figur auf schwarzem Granitsockel. Die Gestalt ist mit einem Tuch vollständig bedeckt, auf der Brust liegen Schwert, Lorbeerkranz und Stahlhelm. Auf der Vorderseite stand die Inschrift: »Wir starben, damit Deutschland lebe / so lasset uns leben in Euch«, auf der Rückseite das Vergil-Zitat: »Exoriare aliquis nostris ex ossibus ultor« (Mag ein Rächer einst erstehen aus unseren Gebeinen). Wirkungsvollstes Detail ist die rechte, unter dem Tuch hervorkommende Faust, die aus der blockhaften Umrisslinie des Monuments herausragt. Das Denkmal vereinigte zwei gängige Kriegerdenkmalstypen in sich: die figürliche Darstellung des »trotzigen Kriegers«, kämpfend, Handgranaten werfend oder die Faust ballend; und die des gefallenen oder aufgebahrten Soldaten.[44] Die bei letzterem Typus verbreitete auratische, distanzschaffende Darstellungsweise des Toten wird bei Dorrenbachs Arbeit nochmals gesteigert, indem der Gefallene mit einer Decke und dem Stahlhelm bedeckt wurde. Die geballte Faust tritt anstelle des Gesichts, da sie als einziges Körperteil sichtbar ist. Auch die Wahl des Materials hatte ideologische Gründe. So kam für Auftraggeber und Künstler nur ein »monumental wirkendes Material« in Frage: »Professor Dorrenbach wählte Fichtelgebirgsgranit (Porphyr) trotz seiner überaus schweren Bearbeitung« und wegen des stärksten »Widerstands gegen alle Witterungseinflüsse«. Schließlich sei im Fichtelgebirge ein geeigneter massiver Block gefunden und »unter dem Jubel der Bevölkerung der anliegenden Ortschaften«[45] in die Werkstatt überführt worden. Die Kriterien des monolithischen Denkmals, des harten und beständigen, in mühevoller Handarbeit zu bearbeitenden Materials weisen auf die zeitgenössische »Granitideologie«[46] der politischen Rechten hin, die nur in diesem Gestein ein »ehrwürdiges« und wahrhaft »völkisches« Material für deutsche Kriegerdenkmäler sah.

Die Einweihung des Denkmals am 11. Oktober 1925, die im Beisein zahlreicher Veteranen und ihrer Angehörigen stattfand, löste einen politischen Skandal aus. Die Teilnehmer waren aus dem ganzen Reichsgebiet angereist. Neben der Traditionskompanie der Augustaner waren sämtliche Kriegervereine Berlins, Marschformationen des Stahlhelms und des Jungdeutschen Ordens vor Ort. Reichspräsident Hindenburg trat in der Uniform eines Generalfeldmarschalls auf, zuvor waren die Flaggen des Reichspräsidenten von seinem Dienstfahrzeug entfernt worden. Nachdem zunächst ein Kranz im Namen des abwesenden Kaisers am Denkmal abgelegt worden war, schritt Hindenburg die Ehrenkompanie ab und legte als nächster einen Kranz nieder. Sowohl die Rede des ehemaligen Generals Friedrich Bertram Sixt von Armin wie auch das Verhalten Hindenburgs führten zu scharfen Reaktionen in der republikanischen Presse, die, wie die »Vossische Zeitung«, die Feier als »unerhörte Provokation der verfassungstreuen Mehrheit des deutschen Volkes« verstand.[47] Das »Berliner Tageblatt« bezeichnete »die zum Hochverrat auffordernden Worte des

---

44  Typologie nach Meinhold Lurz, Kriegerdenkmäler in Deutschland, 6 Bde, Heidelberg 1985, Bd 4, S. 155 ff.

45  Festschrift zur Denkmalseinweihung, Berlin 1925.

46  Begriff nach Christian Fuhrmeister, Beton-Klinker-Granit. Eine Materialikonographie, Berlin 2001.

47  Vossische Zeitung, 13./14.10.1925.

Generals« als Skandal, für den es keine Entschuldigung gäbe[48], während die »Neue Preußische Kreuzzeitung« den republikanischen Blättern »Verfolgungswahn« vorwarf, indem sie erst von einer »privaten Feier« sprach[49], um dann zum Gegenangriff überzugehen: Das Reichsbanner betreibe »die politische Zersetzung des Volkes«, und wolle die Reichswehr von links politisieren, indem es unpolitische »Ehrenbekundungen für das alte Heer« denunziere.[50] Während von Hindenburg ein anderes Verhalten nicht zu erwarten sei, so das liberale »Berliner Tageblatt«, liege das Hauptversagen bei Reichswehrminister Otto Geßler, der konsequenter gegen monarchistische Umtriebe vorzugehen habe.[51] Der befürchtete außenpolitische Schaden des Skandals blieb aus. Die zeitgleich stattfindenden Verhandlungen in Locarno konnten am 18. Oktober 1925 erfolgreich abgeschlossen werden. Schon in den Monaten zuvor hatte sich das Hindenburg-Bild der früheren westlichen Kriegsgegner völlig gewandelt. Galt der ehemalige Generalfeldmarschall im Frühjahr 1925 nach seinem Amtsantritt als Reichspräsident noch weithin als reaktionäres Friedensrisiko, wurde er im Herbst des gleichen Jahres in den USA, Großbritannien und Frankreich überwiegend als Garant für die innen- und außenpolitische Stabilität des Deutschen Reiches gesehen.

Der Neue Garnisonfriedhof wurde in den folgenden Jahren ausgebaut. Eine Publikation über den Friedhof aus dem Jahr 1930 spiegelt das wachsende politische Gewicht, aber auch die Larmoyanz der Deutschnationalen, die ihre Heldenverehrung nun offensiver betrieben. Das Buch wandte sich an die »von den Lockungen eines geistlosen Materialismus und vaterlandsverleugnenden Internationalismus gefährdete deutsche Jugend« und pries den Friedhof als Attraktion – schließlich wurde er in keinem Berliner Reiseführer der 1920er Jahre erwähnt. Besonders hob der Autor das Augustanerdenkmal hervor. Die geballte Faust des Toten deute an, »daß dieser den heiligen Zorn über den feigen Überfall auf das deutsche Vaterland durch rachsüchtige, ländergierige, handelsneidische Feinde mit ins Grab nimmt.«[52] Mehrmals beklagte der Autor, dass die »derzeitigen Gewalthaber« und die Stadtverwaltung die Errichtung von Kriegerdenkmälern in zentralen Lagen behinderten. Tatsächlich konnten die Bezirksverwaltungen in Stadtteilen, in denen linke Mehrheiten herrschten, die Errichtung von revanchistischen Kriegerdenkmälern verhindern. Gänzlich ungestört konnten monarchistische und nationalistische Veteranenverbände nur auf Militärgelände Denkmäler errichten, was auch mehrmals in Berlin geschah.

Nach dieser Vorgeschichte ist es fast schon verwunderlich, dass das Ehrenmal für die Gefallenen des Königin-Augusta-Garde-Grenadier-Regiments heute noch existiert. Nach dem Zweiten Weltkrieg gaben die siegreichen Alliierten vor diesem Hintergrund den »Befehl Nr. 30« heraus, der die Zerstörung aller militaristischen und Nazi-verherrlichenden Denkmäler vorsah. Deutsche Beamte waren zur Sichtung des Bestandes aufgefordert. Eigentlich hätten in diesem Sinne fast alle Kriegerdenkmäler einschließlich der Siegessäule beseitigt werden müssen. Doch § 4 des Befehls sah

---

[48]   Berliner Tageblatt, 12. und 13.10.1925.
[49]   Neue Preußische Kreuzzeitung, 12./13.10.1925.
[50]   Neue Preußische Kreuzzeitung, 15.10.1925.
[51]   Berliner Tageblatt, 12.10.1925.
[52]   Wilhelm Borchert, Der Garnisonfriedhof in der Hasenheide in Wort und Bild, Berlin 1930, S. 65.

Ausnahmen vor für die Denkmäler regulärer Truppen, vor allem der Jahre bis 1918. Um das Augustanerdenkmal zu retten, ließen seine Freunde die Vergilsche »Rächer«-Inschrift entfernen. Am 5. November 1946 erteilte die US-Verwaltung den Bescheid zum Erhalt des Augustanerdenkmals und weiterer Kriegerdenkmäler auf dem Neuen Garnisonfriedhof, die bis heute zum historischen Erbe Berlins zählen. Heute gehört die Anlage zu den fast vergessenen Kulturdenkmälern der Stadt, allenfalls am Volkstrauertag legen kleine Delegationen von politischen Parteien und Reservistenvereinigungen an einzelnen Denkmälern Kränze ab. Gelegentlich kommt es auch zu Beschädigungen von Denkmälern durch Linksradikale.

## Die Kasseler Gefallenengedenkstätte

Ab Anfang 1919 plante der Kurhessische Kriegerbund die Errichtung eines Ehrenmals für die Gefallenen des Ersten Weltkriegs in Kassel. Eine durch den Regierungspräsidenten eingesetzte Kommission entschied sich für die historische Terrassenanlage des Prinz-Georg-Gartens. Die Stadt Kassel trat als Bauherrin auf und erwarb das Areal von Preußen, während der Kriegerbund einen Großteil der Kosten durch Spenden abdeckte. Die Kasseler Gefallenengedenkstätte ließ sich mit relativ bescheidenen Mitteln zu einer eindrucksvollen Anlage ausbauen. Die Stadt hatte zusätzlich 50 000 RM dafür bewilligt, und der Direktor der Kasseler Kunstgewerbeschule, Professor Hans Sautter, hatte honorarfrei die künstlerische Leitung des Projekts übernommen.[53] Der verwilderte Terrassengarten musste zunächst instand gesetzt werden. Der ehemalige Gartensaal wurde in eine Ruhmeshalle verwandelt, in deren Mitte eine Plastik Platz fand: eine aufgebahrte männliche Leiche. Die von Sautter geschaffene überlebensgroße Skulptur eines toten Kriegers wurde in einer Vertiefung platziert. Während Sautter wohl zunächst an eine Bronzeplastik gedacht hatte, ist das Material der ausgeführten Skulptur heute nicht mehr eindeutig zu bestimmen, wahrscheinlich handelt es sich um Kalkstein oder Kunststein. Die Terrassen wurden mit geschnittenen Hecken und Säuleneichen ausgestattet, an den Mauern wurden Rankengewächse gepflanzt. Neue Bänke boten Sitzgelegenheiten, und an den Mauern brachte man Tafeln an mit den Namen hessischer Truppenteile und ihren Einsatzorten sowie von Einheiten, in deren Reihen hessische Bürger gekämpft hatten.

Die Einweihungsfeierlichkeiten fanden am 9. und 10. Mai 1926 statt. Es sei eine »ergreifende Totenfeier« gewesen, schrieb die Lokalpresse.[54] Zahlreiche Mitglieder der hessischen Kriegervereine waren dazu nach Kassel gereist und wurden am Vorabend in der Stadthalle festlich begrüßt. Am Vormittag des 10. Mai sammelten sich Tausende von Veteranen am Ständeplatz, ebenso viele Zuschauer säumten die Straßen. Zu den Ehrengästen zählten Generäle des alten Heeres, Magistrats- und Stadtparlamentsmitglieder der rechten Parteien sowie Vertreter der Schützen- und

53    Heinrich Vogt, seinerzeit Vorstand des Kurhessischen Kriegervereins, in seiner handschriftlich verfassten Entstehungsgeschichte des Denkmals, Kassel 21.12.1964, Stadtarchiv Kassel, S 5 A 244.
54    2. Blatt der Kasseler Post, 10.5.1926.

Turnvereine. Ansprachen wurden gehalten von evangelischen, katholischen und jüdischen Geistlichen – eine Besonderheit, wurden doch Juden oftmals von rechten Kräften vom Kriegergedenken ausgeschlossen. Die Feier endete mit dem gemeinsamen Absingen des Deutschlandliedes, speziell der ersten Strophe »Deutschland, Deutschland über alles«.[55] 1928 wurde das Denkmal stolz als Sehenswürdigkeit und »Bereicherung des Stadtbildes« beschrieben.[56] Im Vergleich zu anderen Kriegerdenkmälern der Weimarer Zeit fiel die Gestaltung der Kasseler Anlage bemerkenswert unheroisch aus. Zwar gab der architektonische Rahmen der Terrassenanlage durchaus ein repräsentatives Umfeld ab, blieb aber im Kontext der Parkanlage dezent. Sautters Skulptur des halbnackten Toten war ohne Vorwissen kaum als Krieger erkennbar. Der gruftartige Charakter des Hallenraums erinnerte eher an mittelalterliche Grabanlagen. Ab 1933 häufte sich deshalb die Kritik am Ehrenmal, die sich auf folgende Punkte konzentrierte: Der alltägliche Gebrauch der Treppenanlage durch Passanten würde das Ehrenmal profanisieren, die Gedenktafeln für die Truppen seien zu unscheinbar, vor allem aber wirke die Plastik Sautters wie eine Szene aus dem Leichenschauhaus – versteckt in der Ruhmeshalle, nicht im mindesten heroisch und würdevoll. »Die Spitalsleiche muss verschwinden,« hieß es im November jenen Jahres in der »Kurhessischen Landeszeitung«, gefolgt von zustimmenden Leserbriefen.[57] Nach dieser Lesart war das Denkmal der Gefallenen unwürdig, seine Gestalt eine Frucht der verhassten Weimarer Republik. Die umstrittene Plastik Sautters wurde erst mit Holzbohlen, später mit Steinplatten überdeckt. Dies war umso dringlicher geworden, nachdem Kassel offiziell zur »Stadt der Reichskriegertage« gekürt worden war; sie fungierte ab 1934 als Gastgeberin von großen Veteranentreffen, die zugleich eine neue Militarisierung der Gesellschaft vorantreiben sollten.

Trotz dieser politischen Vorbelastung und der weitgehenden Zerstörung der Anlage im Zweiten Weltkrieg existiert das Denkmal noch heute und gibt immer wieder Anlass zu politischen Diskussionen. Im Vorfeld der Bundesgartenschau erfolgte ab 1953 die Wiederherstellung. Zahlreiche Gedenktafeln wurden zwischen 1955 und 1958 ergänzt. Einige stammten von dem kriegsversehrten Kasseler Bildhauer Hermann Pohl, so die Steintafel für die 20. motorisierte Infanteriedivision, die in Stalingrad unterging, die Bronzetafel für das Artillerieregiment 29 und die Sandstein-Reliefplastik für das Panzerkorps »Großdeutschland«.[58] An Letzteres erinnert ein ins Mauerwerk eingefügtes Steinrelief in Form eines Panzers, das auf manchen Betrachter provozierend gewirkt haben muss. Das Relief wurde Ende der 1970er Jahre beschädigt, Hermann Pohl und sein Sohn Friedrich mussten einzelne Steine daraus ersetzen. Die Panzerabbildung sei keineswegs kriegsverherrlichend gemeint, sondern stellt laut Friedrich Pohl einen funktionsuntüchtigen Panzer mit gesenktem Geschütz und beschädigten Ketten dar.[59] In den folgenden Jahrzehnten war das Ehrenmal meistens nur am Volkstrauertag in Betrieb.

55   Ebd.
56   Stadtbaurat Erich Labes im Adress- und Einwohnerbuch der Stadt Kassel, Kassel 1928.
57   Kurhessische Landeszeitung, November 1933, dokumentiert in: Stadtarchiv Kassel, S 5 A 244.
58   Auflistung des Gedenktafelbestandes durch das Kulturamt der Stadt Kassel, 31.8.1983, Stadtarchiv Kassel, S 5 A 244.
59   Friedrich Pohl, E-Mail vom 21.9.2015 und im Gespräch mit dem Autor, Kassel, 4.10.2015.

Bilder der Feier vom Volkstrauertag 1978 etwa zeigen Bundeswehrsoldaten als Ehrenwache mit Fackeln auf den Terrassen. Doch bald wurden bei diesen Gelegenheiten Konflikte mit linksradikalen Gruppen und der erwachenden Friedensbewegung deutlich. So kam es beispielsweise im November 1985 zum Handgemenge zwischen Teilnehmern der Gedenkfeier und etwa einhundert Gegendemonstranten. Im Zentrum der Proteste standen rechtsgerichtete Traditionsverbände, die an der Feier teilnahmen oder teilzunehmen beabsichtigten, wie etwa die Hilfsgemeinschaft ehemaliger Angehöriger der Waffen-SS, die Notgemeinschaft ehemaliger Arbeitsdienstführer sowie Veteranen des Deutschen Afrikakorps und der »Kameradschaft Großdeutschland«. Die Polizei drängte Demonstranten und Journalisten nach Rangeleien von der Gedenkstätte ab.[60] Seit den 1980er Jahren häufen sich Vandalismus und politisch motivierte Sachbeschädigungen. In den meisten Fällen handelte es sich um pazifistische, anarchistische oder antinationale Parolen auf den Mauern sowie um umgestürzte Bänke, abgebrochene Mauergesimse und zerschlagene Steintafeln. Einzelne Tafeln wurden nachträglich ergänzt, etwa diejenige für Deserteure, die im Mai 1987 eingeweiht wurde. Um diese Tafel war in der Kasseler Stadtverordnetenversammlung heftig gestritten worden. Der Oberst a.D. der Bundeswehr Günter Heistermann, Sprecher der Kasseler Arbeitsgemeinschaft der Soldaten- und Kriegsopferverbände, drohte, wenn die Tafel angebracht würde, könnten die Traditionsverbände am Kasseler Ehrenmal keine Gedenkfeiern mehr abhalten: »Der Text ist eine Aufforderung an junge Bundeswehrsoldaten zur Desertion.«[61] Durch die Stimmen von SPD und Grünen – CDU und FDP waren dagegen – gab es jedoch eine Mehrheit für die Tafel (die dann einen abgemilderten Text erhielt). 1994 kam noch eine neue Tafel für Soldaten der 2. Panzergrenadierdivision der Bundeswehr dazu, schließlich hatte die Truppe infolge internationaler Einsätze erstmals nach langen Jahrzehnten des Kalten Kriegs wieder im Einsatz Gefallene zu beklagen. Das Ehrenmal am Auehang vereint im seinem jetzigen Zustand durch seinen additiven Charakter, durch das Prinzip der fortlaufenden Ergänzung mit neuen Gedenktafeln, widersprüchliche und politisch diverse Deutungen des Kriegsgeschehens. Es bietet heute sowohl dem traditionalistischen Kriegergedenken als auch der Ehrung von Deserteuren Raum – und relativiert zugleich beide Positionen. Es ist zentral gelegen und dennoch leicht zu übersehen. »Auch wenn das Ehrenmal bis heute als Stätte für Gedenkveranstaltungen dient, liegt es doch weitgehend außerhalb der öffentlichen Wahrnehmung«, resümierte 2013 das »Jahrbuch der Museen Hessen Kassel«: »Wichtige Aufgaben für die nahe Zukunft werden daher nicht nur eine bauliche Instandsetzung, sondern auch eine inhaltliche Erschließung der Anlage für Besucher sein.«[62] Im Herbst 2020 wurde die Anlage nach umfangreicher Sanierung wieder für die Öffentlichkeit geöffnet. Für Aufsehen sorgte im Herbst 2021 die Entscheidung der Museumslandschaft Hessen Kassel (MHK,

60 Hessische Allgemeine, 19.11.1985.
61 Der Spiegel, 21.7.1985, <http://www.spiegel.de/spiegel/print/d-13515567.html> (letzter Zugriff 23.8.2024).
62 Mareike Niebuhr und Frank Pütz, Kein einfaches Bauwerk. Das Ehrenmal in der Karlsaue als Garten- und Kriegerdenkmal, in: Jahrbuch der Museen Hessen Kassel, 2013, S. 216–219, hier S. 219.

heute »Hessen Kassel Heritage«), der Bundeswehr-Reservistenkameradschaft am Volkstrauertag die Abhaltung einer Gedenkfeier am Ehrenmal zu untersagen. In den Jahren zuvor hatten ca. 80 Personen diesen Feiern beigewohnt, darunter Soldaten in Uniform und Fackelträger.[63] Einzelne Bürger vermuteten, dass der damalige MHK-Chef Martin Eberle auf Druck der hessischen Kultusministerin Angela Dorn (GRÜNE) das militärische Gedenken an der Anlage verhinderte, was er selbst dementierte.[64] Im Herbst 2022 teilte das Ministerium der Presse mit, dass der Begriff »Ehre« in Zukunft entfallen soll. Die Gedenkstätte soll nun nur noch »Mahnmal« genannt werden. Laut Dorn verdienen nicht alle Einheiten, derer am Denkmal gedacht wird, »eine würdigende Erinnerung«. Zudem teilte das Landeskommando Hessen der Bundeswehr der MHK mit, dass aktive Soldaten und Reservisten am Volkstrauertag nicht mehr an Gedenkveranstaltungen an dem Denkmal teilnehmen werden. Die Tafel zur Erinnerung an die 2. Panzergrenadierdivision der Bundeswehr werde abmontiert.[65]

## Fazit

Die Projektierung und Realisierung von Memorialbauten war ein wichtiges Instrument für die deutschen Veteranenverbände in der Weimarer Republik, um sich politischen Entscheidungsträgern und der Öffentlichkeit in Erinnerung zu rufen. Wobei der Denkmalsbau als Symbolpolitik par excellence betrachtet werden kann. Zu einer Verbesserung der sozialen und medizinischen Versorgung von Veteranen und Invaliden trug er nicht bei. Symbolisch sollte durch die Ehrung der zwei Millionen Gefallenen die politisch und sozial zerklüftete deutsche Nachkriegsgesellschaft geeint werden. Dieses Ziel verfolgten Politiker und Veteranenverbände ausdrücklich mit dem Bau neuer Kriegerdenkmäler und mit öffentlichen Ritualen. Auch bei der Einweihungsfeier des Kasseler Ehrenmales kam dieser Wunsch zum Ausdruck. Die »Kasseler Post« druckte am Vortag der Einweihung die Rede eines Veteranen, der den Zweck der Gedenkstätte erläuterte:

> »Stehet still im Treiben und in der Unrast des Tages! Gedenket, dass die Helden, deren Namen hier stehen, Schulter an Schulter, einig und geschlossen, für das Vaterland gefallen sind. Und Ihr? Wollt ihr euch im öden Parteigetriebe denn immerfort nur hassen und

---

[63]   Stattdessen wurde eine Gedenkveranstaltung im Rathaus (Volksbund für Kriegsgräberfürsorge und Stadt Kassel) und am Ehrenmal für die Opfer des Faschismus am Weinberg organisiert, an der auch Soldaten teilnahmen. Hessisch-Niedersächsische Allgemeine, 11.11.2021.

[64]   »Hintergrund für die Ablehnung: 2017 trafen sich die Stadt Kassel, die Bundeswehr und die Kriegsgräberfürsorge. Thema war dabei, dass es mehrere, z.T. eben nicht offizielle Ehrungen am Volkstrauertag gibt. Daraufhin wurde beschlossen, jedes Jahr eine offizielle Gedenkfeier im Rathaus durchzuführen, die im Anschluss daran von einer offiziellen Kranzniederlegung an einer Gedenkstätte in Kassel begleitet wird (kann das Ehrenmal sein, muss es aber nicht). Die Museumslandschaft Hessen Kassel kann dieser Überlegung der Stadt Kassel, der Kriegsgräberfürsorge und der Bundeswehr sehr gut folgen. Da die offizielle Kranzniederlegung 2021 nicht für das Ehrenmal vorgesehen war, wurde die Anfrage des Reservistenverbandes abgelehnt.« Martin Eberle, E-Mail an den Autor, 7.2.2022.

[65]   Hessisch-Niedersächsische Allgemeine, 3.10.2022.

miteinander streiten? Wollt ihr in Genuss und Oberflächlichkeit versinken? Dann seid ihr der Toten unwert, dann müsset ihr in Schmach dastehen.«[66]

Doch gerade im Streben nach Einheit, gerade im Appell an die Überwindung der Parteipolitik vertiefte sich die politische Fragmentierung der Gesellschaft: Jedes politische Lager erhob den Anspruch, den Sinn des Massensterbens richtig zu deuten, und versuchte, das Gefallenengedenken und das Nationalgefühl ideologisch zu instrumentalisieren, wie in den geschilderten Konflikten um die Kriegerdenkmäler in Mannheim, Berlin und Kassel deutlich zu erkennen ist. Das Gros der eigentlich überparteilich und unpolitisch ausgerichteten Veteranenverbände neigte dabei zu einer nostalgischen und die Demokratie ablehnenden Haltung. Hier wurde die Krise des deutschen Nationalstaates evident: Die innere Formierung der Nation durch kulturelle Leitbilder missglückte, was schon im Wilhelminismus angeklungen war und nun in der Nachkriegszeit besonders deutlich wurde. Die Identifikationsprozesse, die von den jeweiligen politischen Inszenierungen ausgingen, erreichten in der Weimarer Republik nur einzelne Milieus und politische Lager: Monarchistische, republikanische und kommunistische Weltdeutungen hatten keine ausreichende integrative Kraft, um die trennenden Gräben zu überwinden und hegemonial zu werden. Ebenso wenig gelang es in der kurzen Lebensspanne der Weimarer Republik, eine monumentale, zentral gelegene Kriegergedenkstätte zu errichten, die zum integrativen patriotischen Wallfahrtsort hätte avancieren können. Stattdessen entwickelte sich eine dezentrale und vielgestaltige Denkmalslandschaft im Reich. Vor allem in der Provinz, in den Klein- und Garnisonstädten dominierten in der Memorialpolitik und im Denkmalsbau nationalistisch, monarchistisch und revanchistisch geprägte Politiker und Veteranenorganisationen. Diese finanzierten die Ehrenmale, vergaben die Aufträge an Künstler und sorgten für die inhaltliche Bestimmung der Anlagen.

Die Kriegserinnerung war also in der Weimarer Republik ein wichtiges Politikfeld. Haben hier Linke und Demokraten versagt? Die Sozialdemokraten und das Reichsbanner haben sich durchaus auf diesem Feld engagiert, wie der Versuch zeigte, Ludwig Frank in der öffentlichen Wahrnehmung zur populären Figur zu machen. Auch davon abgesehen: Ob es sich um das Gefallenengedenken, um Ehrungen des Reichspräsidenten oder um die Feier des Verfassungstages handelte, häufig versuchten Sozialdemokraten, einen würdigen ästhetischen und formalen Rahmen dafür zu schaffen. Bei ihren Denkmalsbauten handelte es sich aber um vergleichsweise bescheidene Anlagen, die auch in ihrer politischen Aussage dezent blieben. Sozialdemokraten und liberale Demokraten standen vor dem Problem, das Gefallenengedenken im Rahmen der neuen Verfassung zu einer identitätsstiftenden Kulthandlung zu machen. Dabei mussten sie integrativ wirken und konnten nicht mit polarisierenden Deutungen des Krieges auf Stimmenfang gehen. Dieser allgemeine Appell an Nation und Zusammenhalt ließ wenig Raum für eine offensive, republikanische Politik, und so ging diese in der lautstarken politischen Kakophonie der Weimarer Republik unter. Während Monarchisten den Sinn des soldatischen Opfertodes in der Wiederherstellung einer glorreichen Vergangenheit sahen (wo-

---

[66] Der Vorsitzende des Kreiskriegerverbandes Marburg, Oberst Friedrich Immanuel, in: 5. Blatt der Kasseler Post, 9.5.1926.

bei ihnen viele Veteranen folgten), und die Kommunisten die Kriegsopfer als erste Stufe einer ebenso glorreichen sozialistischen Zukunft interpretierten, trauten sich Republikaner und Sozialdemokraten nicht laut zu sagen, der Sinn der Kriegsopfer habe in der Verwirklichung der gegenwärtigen Demokratie bestanden. Dazu war die politische und soziale Realität in der Weimarer Republik einfach zu ernüchternd.

Das teilweise politisch turbulente heutige »Nachleben« der erhaltenen Gefallenendenkmäler aus der Ära der Weimarer Republik zeigt, dass Fragen nach der Sinnhaftigkeit und Ehrenhaftigkeit soldatischer Tätigkeiten weiterhin gesellschaftlich relevant sind – gerade vor dem Hintergrund des von Russland im Februar 2022 begonnenen Krieges, der eine Bedrohung für ganz Ost- und Mitteleuropa darstellt.

Christian Senne

# Soldatischer Orientalismus. Der Bund der Asienkämpfer 1919–1938

Nach dem Inkrafttreten des Waffenstillstands von Compiègne am 11. November 1918 endeten die Kampfhandlungen des Ersten Weltkriegs. Diese Feststellung, die gleichsam den Beginn einer Friedensperiode suggeriert, galt in erster Linie nur für die siegreich aus dem »Großen Krieg« hervorgegangen Staaten der Entente, die sich darüber hinaus daran machten, im Rahmen der diversen Pariser Vorortverträge eine neue Friedensordnung zu schaffen. Für die unterlegenen Mittelmächte stellte sich die Lage anders dar. In den Gebieten der infolge des Weltkriegs zerfallenen Landimperien Ostmitteleuropas sowie des Nahen Ostens entstand ein »Kontinuum der Gewalt«[1]. Auch in Deutschland war in den ersten Jahren der Weimarer Republik ein erhebliches Maß an politischen Gewaltakten feststellbar.[2] In dieser noch vielfältig von der Kriegsniederlage und ihren Folgen geprägten Situation gründeten sich in Deutschland eine Reihe von Soldaten- und Veteranenverbänden.[3] Das jeweilige Regiment, in dessen Reihen die Offiziere und Soldaten während des Ersten Weltkriegs gekämpft hatten, bildete vielfach den organisatorischen Rahmen für diese Vereinigungen.[4] Die Traditionspflege der militärischen Einheit und die Er-

---

[1]  Robert Gerwarth, Zum Kontinuum der Gewalt von 1917/18 bis 1923. In: Aus Politik und Zeitgeschichte, 15/2019, S. 18–23.

[2]  Vgl. Mark Jones, Am Anfang war Gewalt. Die deutsche Revolution 1918/19 und der Beginn der Weimarer Republik, Berlin 2017.

[3]  Vgl. C.J. Elliott, The Kriegervereine in the Weimar Republic. In: Journal of Contemporary History, 10 (1975), S. 109–129. Als Dachorganisation der zahlreichen Krieger- und Regimentsvereine verfügte der Kyffhäuserbund Mitte der 1920er Jahre über etwa 2,5 Millionen Mitglieder; Benjamin Schulte, Veteranen des Ersten Weltkrieges. Der Kyffhäuserbund von 1918 bis 1933, Bielefeld 2020, S. 24.

[4]  Die Regimenter hatten gleichwohl bereits während des Kaiserreichs eine wichtige Rolle bei der gesellschaftlichen Einbindung der Armee gespielt; vgl. Wencke Meteling, Binnenperspektive von Armeen im Krieg. Französische und preußische Regimenter 1870/71 und 1914–1918. In: Kriegsenden, Nachkriegsordnungen und Folgekonflikte. Wege aus dem Krieg im 19. und 20. Jahrhundert. Im Auftrag des Militärgeschichtlichen Forschungsamtes hrsg. von Jörg Echternkamp, Freiburg i.Br. 2012, S. 109–134; Wencke Meteling, Regimentsideologien in Frankreich und Deutschland 1870–1920. In: Militär in Deutschland und Frankreich 1870–2010. Vergleich, Verflechtung und Wahrnehmung zwischen Konflikt und Kooperation. Im Auftrag des Deutschen Historischen Instituts Paris und des Militärgeschichtlichen Forschungsamtes, hrsg. von Jörg Echternkamp und Stefan Martens, Paderborn [u.a.] 2012, S. 25–48; Wencke Meteling, Ehre, Einheit, Ordnung. Preußische und französische Städte und ihre Regimenter im Krieg, 1870/71 und 1914–19, Baden-Baden 2010.

innerung an das Kriegserlebnis standen im Vordergrund der Vereinsarbeit. Im Kreis ihrer ehemaligen Kampfgefährten kamen die Veteranen zu gemeinsamen Veranstaltungen zusammen, etwa zu geselligen Abenden, Ausflügen oder um der Gefallenen zu gedenken.

Vor diesem Hintergrund wird im Folgenden der Bund der Asienkämpfer (BdAK) näher betrachtet. Dabei soll einerseits der Frage nachgegangen werden, welche Besonderheiten diese Gruppe gegenüber anderen Soldaten- und Veteranenverbänden aufwies, und andererseits sollen am Beispiel des BdAK die vielschichtigen Beziehungen zwischen Militär, Politik und Gesellschaft in dem vielfach als Zwischenkriegszeit bezeichneten Zeitraum von 1918 bis 1939 aufgezeigt werden.[5] Zunächst interessieren die Umstände der Gründung des BdAK und seine programmatische Ausrichtung. Schließlich werden die soziale Zusammensetzung und führende Mitglieder sowie die Einflussmöglichkeiten des BdAK betrachtet.

Die Ereignisse auf dem Kriegsschauplatz des Nahen und Mittleren Ostens bildeten den identitätsstiftenden Bezugspunkt für diejenigen Veteranen, die sich im Bund der Asienkämpfer organisiert hatten. Ihr Kriegserlebnis verknüpfte sich mit einem Bild vom Orient, das sich seit dem ausgehenden 19. Jahrhundert in Deutschland etabliert hatte.[6] Dadurch entstand ein besonderer soldatischer Orientalismus.

Im Rahmen der Vereinstätigkeit des BdAK dominierte allerdings nicht die romantisierende Verklärung des Orients. Vielmehr gab die Beschäftigung mit den politischen, wirtschaftlichen und kulturellen Vorgängen in den Gebieten des ehemaligen Kriegsschauplatzes, besonders mit den Ereignissen in der Türkei, den Asienkämpfern vielfältige Anstöße, sich mit der eigenen – deutschen – Nachkriegssituation auseinanderzusetzen. Ausgehend hiervon erfuhr die Reflexion des Kriegserlebnisses, der politischen Neuordnung des Orients durch die Siegermächte des Ersten Weltkriegs[7] sowie der Entstehung der »neuen Türkei« unter Mustafa Kemal[8] in den Publikationen

---

[5]   Hinsicht der Frage nach Rolle und Bedeutung von Veteranen sowie ihrer jeweiligen Verbände und Vereinigungen in Politik und Gesellschaft während der Weimarer Republik sind im Rahmen der geschichtswissenschaftlichen Forschung in den vergangenen Jahren eine Reihe von neuen richtungsweisenden Arbeiten erschienen, z.B. Benjamin Ziemann, Veteranen der Republik. Kriegserinnerung und demokratische Politik 1918–1933, Bonn 2014; Schulte, Veteranen des Ersten Weltkrieges (wie Anm. 3); Dennis Werberg, Der Stahlhelm – Bund der Frontsoldaten. Eine Veteranenorganisation und ihr Verhältnis zum Nationalsozialismus, Berlin [u.a.] 2023 (= Zeitalter der Weltkriege, 25). In Anbetracht dessen erscheint die hier vorgenommene Betrachtung des BdAK mit seiner besonderen Charakteristik dazu geeignet, dem Stand der Forschung einen weiteren Aspekt hinzuzufügen und so ein noch differenzierteres Bild des Veteranen für die Zeitspanne zwischen dem Ende des Ersten und dem Beginn des Zweiten Weltkrieges zu entwerfen.

[6]   Zum Orientbild des ausgehenden 19. und frühen 20. Jahrhunderts in Deutschland vgl. Suzanne L. Marchand, German Orientalism in the Age of Empire. Religion, Race, and Scholarship, Cambridge 2009, S. 335–339.

[7]   Zur geopolitischen Neuordnung des Nahen und Mittleren Ostens, die sich nach dem Versailler Vertrag zwischen imperialer Erosion und kolonialer Expansion bewegte, vgl. Margaret MacMillan, Die Friedensmacher. Wie der Versailler Vertrag die Welt veränderte, Berlin 2015, S. 459–598; Jörn Leonhard, Der überforderte Frieden. Versailles und die Welt 1918–1923, München 2018, S. 1143–1153.

[8]   Siehe Klaus Kreiser, Atatürk. Eine Biographie, München 2008; M. Şükrü Hanioğlu, Atatürk. Visionär einer modernen Türkei, Darmstadt 2021.

und Aktivitäten des BdAK eine nicht zu unterschätzende politische Relevanz.[9] Denn die Gründer und Mitglieder der ersten Stunde des BdAK, die sich bereits während des Kaiserreichs und im Ersten Weltkrieg als Orientkenner profiliert hatten, waren bestrebt, auch unter den neuen politischen Gegebenheiten der Weimarer Republik ihre politische und militärische Expertise, ihre professionellen Erfahrungen und gesellschaftlichen Einwirkungsmöglichkeiten im Interesse einer aktiven deutschen Orientpolitik einzubringen.[10]

Es werden also bereits an dieser Stelle Unterschiede erkennbar, welche die Vereinigung der ehemaligen Asienkämpfer ihrem Wesen nach von vielen der nach dem Ersten Weltkrieg gegründeten Veteranenorganisation abhoben: Der BdAK diente nicht nur als Ort der gemeinsamen Traditionspflege und Erinnerung an den Weltkrieg, sondern er bot darüber hinaus ein Forum, in dem sich ehemalige und aktive Militärs, Diplomaten, politische Mandatsträger und Akteure des Wirtschaftslebens trafen, um nach der Niederlage im Weltkrieg zum einen für eine deutsch-türkische Wiederannäherung und zum anderen für den Wiederaufstieg Deutschlands zur europäischen Großmacht einzutreten. Ab 1929 trug der Bund seinem ambitionierten politischen Anspruch dadurch Rechnung, dass er den Namen »Bund der Asienkämpfer, Balkankämpfer und Orientfreunde« führte. Die Geschichte der Vereinigung der Asienkämpfer endete schließlich Mitte 1938 im Zuge der von den Nationalsozialisten betriebenen Gleichschaltung mit seiner erzwungenen Angliederung an den NS-Reichskriegerbund als Traditionsverband des Asienkorps.[11]

## Gründung und Ziele des Bundes der Asienkämpfer

Der Bund der Asienkämpfer war Ende September 1919 in Berlin auf Initiative einiger Stabsoffiziere des ehemaligen Asienkorps gegründet worden.[12] In der ersten Ausgabe der »Mitteilungen des Bundes der Asienkämpfer« erläuterte der Vorsitzende des Bundesvorstands, Oberst Friedrich Kreß von Kressenstein[13], die Ziele des Bundes.[14] Der Zusammenschluss ehemaliger deutscher Soldaten, die während des Ersten Weltkriegs auf dem Balkan und im Nahen Osten gekämpft hatten, erfolg-

---

[9]  Vgl. Florian Riedler, Nationalismus und internationale Sensibilität. Transnationale Akteure und die deutsch-türkischen Beziehungen der Zwischenkriegszeit. In: Aufbruch ins postkoloniale Zeitalter. Globalisierung und die außereuropäische Welt in den 1920er und 1930er Jahren. Hrsg. von Sönke Kunkel und Christoph Meyer, Frankfurt a.M. 2012, S. 251–274, hier S. 257–262.

[10]  Vgl. Hans-Ulrich Seidt, Berlin, Kabul, Moskau. Oskar Ritter von Niedermayer und Deutschlands Geopolitik, München 2002, S. 140.

[11]  Vgl. Sabine Mangold-Will, Begrenzte Freundschaft. Deutschland und die Türkei 1918–1933, Göttingen 2013, S. 271.

[12]  Vgl. BdAK, Wie der Bund entstand. In: Mitteilungen des Bundes der Asienkämpfer (1.12.1919).

[13]  Siehe Friedrich Freiherr Kreß von Kressenstein. Bayerischer General und Orientkenner. Lebenserinnerungen, Tagebücher und Berichte 1914–1946. Hrsg. von Winfried Baumgart, Paderborn [u.a.] 2020.

[14]  Vgl. Friedrich Kreß von Kressenstein, Was wir wollen. In: Mitteilungen des Bundes der Asienkämpfer (1.12.1919).

te zunächst mit dem Zweck, das Schicksal der Mitkämpfer sowie einer Vielzahl von deutschen Rotkreuzschwestern nach dem Zusammenbruch des Osmanischen Reiches und dem damit einhergehenden Kollaps der Fronten im Orient aufzuklären. Ein weiterer Beweggrund für die Gründung des BdAK lag in der Absicht, die Ansprüche auf soziale Absicherung[15] seiner Mitglieder organisiert zu bündeln und zu artikulieren. Hinsichtlich des letztgenannten Gründungsmotivs reihte sich der BdAK in eine lange Reihe von anderen nach dem Ende des Krieges ins Leben gerufener Veteranengruppen und Vereinigungen ein.

Dennoch unterschied sich der BdAK in vielfacher Hinsicht von anderen Kriegervereinen und Veteranenorganisationen der Zwischenkriegszeit. In seiner Beschreibung der Ziele des Bundes der Asienkämpfer führte Kreß weiter aus, dass es auch zu dessen Aufgaben gehöre, »das Interesse an dem schönen Erdteil, der vielen unter uns eine zweite Heimat gewesen ist« und »die freundschaftlichen Gefühle für unsere Bundesgenossen in schwerer Zeit« aufzufrischen und wachzuhalten.[16] Die Belange des BdAK erschöpften sich nicht in der Pflege eines identitätsstiftenden Kriegserlebnisses; sie sollten weit darüber hinaus gehen, was im klassischen Sinne zu den Tätigkeiten eines Kriegervereines gehörte: Der BdAK und etliche seiner Mitglieder setzten sich intensiv mit der Politik, Wirtschaft und Kultur im Vorderen und Mittleren Osten auseinander, woraus sich wiederum eine ausgeprägte Anschlussfähigkeit an bereits vor dem Ersten Weltkrieg gegründete Vereinigungen ergab.

Zu diesen Vorläuferorganisationen, die sich dem Ausbau der deutschen Beziehungen zum Orient im Allgemeinen und zum Osmanischen Reich im Speziellen verschrieben hatten, gehörten die Deutsch-Asiatische Gesellschaft (DAG)[17] und die kurz vor Kriegsbeginn 1914 etablierte Deutsch-Türkische Vereinigung (DTV)[18]. Zwischen dem BdAK und der DTV bestand noch in den 1920er Jahren eine enge personelle und institutionelle Verbindung.[19] Auch in seinem öffentlichen Auftreten konnte der BdAK an die Tradition dieser Orientvereine anknüpfen. Der von Kreß geführte Bundesvorstand gab neben den monatlich erscheinenden »Mitteilungen des Bundes der Asienkämpfer« noch einen Jahresband heraus, der den durchaus programmatischen Titel »Zwischen Kaukasus und Sinai« trug. Die »Mitteilungen« griffen nicht nur Vereinsinterna auf und dienten somit der verbandseigenen Kommunikation, sondern verbreiteten regelmäßig Berichte ehemaliger Asienkämpfer über die aktuellen politischen, wirtschaftlichen und kulturellen Entwicklungen

---

[15]  Vgl. BdAK, Gründung einer Unterstützungskasse. In: Mitteilungen des Bundes der Asienkämpfer (1.2.1920).

[16]  Vgl. Kreß von Kressenstein, Was wir wollen (wie Anm. 14).

[17]  Die 1901 unter maßgeblicher Beteiligung von General Colmar von der Goltz gegründete DAG bildete im Kaiserreich bis zum Ersten Weltkrieg ein politisch einflussreiches Forum, das zur Erörterung von Fragen, die den gesamten asiatischen Kontinent vom Hochland Anatoliens bis zur deutschen Kolonie Kiautschou am Gelben Meer betrafen, hochkarätig besetzte Teilnehmerkreise versammeln konnte; vgl. Jürgen Kloosterhuis, Friedliche Imperialisten. Deutsche Auslandsvereine und auswärtige Kulturpolitik 1906–1918, Frankfurt a.M., New York 1994, S. 713–720.

[18]  Die im April 1914 ins Leben gerufene DTV hatte sich besonders die Förderung deutscher kultureller und wirtschaftlicher Interessen im Osmanischen Reich auf die Fahnen geschrieben; vgl. Kloosterhuis, Friedliche Imperialisten (wie Anm. 17), S. 595–657.

[19]  Vgl. Riedler, Nationalismus (wie Anm. 9), S. 254.

im Nahen und Mittleren Osten sowie in Zentralasien. Längere Beiträge zu diesen Themenbereichen fanden sich entsprechend in den Jahrbüchern des BdAK. Darüber hinaus trat der Bund mit öffentlichen Veranstaltungen, wie für die damalige Zeit neuartigen Lichtbildervorträgen, hervor und unterstrich damit seinen Anspruch, als Vereinigung von Experten für den Orient wahrgenommen zu werden.[20]

## Soziale Zusammensetzung und Mitglieder

Das Vereinsleben und die Pflege der Kameradschaft wurden im BdAK in erster Linie in den einzelnen Ortsgruppen betrieben, die in ihrer Mehrzahl von ehemaligen Offizieren geführt wurden. Bereits wenige Monate nach der Gründung des Bundes bestanden in zahlreichen deutschen Städten Ortsgruppen; Berlin und Hamburg kam hier eine gewisse Vorreiterrolle zu.[21] Auch in der schwedischen Hauptstadt Stockholm wurde im Frühjahr 1919 von sechs »Kampfgenossen« eine Ortsgruppe konstituiert.[22] Wie es der Vorsitzende Kreß bei der Gründung des Bundes annonciert hatte, galt es neben der Aufrechterhaltung von »Zusammengehörigkeit und Kameradschaft [...] unter allen denen, die im fernen Lande Schulter an Schulter in friedlicher Arbeit und im blutigen Kampfe für ihr Vaterland geschafft, gekämpft und gelitten haben« ferner den Fokus der Vereinsarbeit auf die Gestaltung des Verhältnisses zum früheren »Bundesgenossen« auszurichten.[23]

Dem Türkischen Unabhängigkeitskrieg und dem entstehenden kemalistischen Staat begegnete der BdAK in seinen Publikationen demnach mit besonderem Interesse.[24] Im Rahmen einer zeittypischen und gleichwohl bürgerlich geprägten »militanten Geselligkeit«[25] veranstalteten die einzelnen Ortsgruppen für die Mitglieder Stammtische, Abendvorträge, Bälle und Ausflüge. Ende 1920 verzeichnete der BdAK eine Mitgliederzahl von 1700 Personen[26], die in über 25 Bezirks- bzw. Ortsgruppen

---

20  Vgl. Mangold-Will, Begrenzte Freundschaft (wie Anm. 11), S. 277 f.
21  Im April 1919 bestanden etwa acht Bezirks- bzw. Ortsgruppen in Berlin, Dortmund, Hamburg, Hannover, Mannheim, Nürnberg, Stuttgart und Weinheim an der Bergstraße; vgl. BdAK, Berichte der Bezirks- und Ortsgruppen. In: Mitteilungen des Bundes der Asienkämpfer (1.4.1920). Die besondere Stellung der Ortsgruppe Hamburg wurde dadurch unterstrichen, dass die Ortsgruppen Jena, Köln, Mannheim-Ludwigshafen und Weinheim ihre Stimmrechte anlässlich der ersten Generalversammlung des Bundes am 31. Oktober 1920 dem Hamburger Vorsitzenden Hans Dall übertragen hatten; vgl. BdAK, Bericht über die I. Generalversammlung des Bundes der Asienkämpfer am Sonntag, 31. Oktober 1920. In: Mitteilungen des Bundes der Asienkämpfer, 2. Beilage der Mitteilungen (1.12.1920).
22  Vgl. BdAK, Berichte der Bezirks- und Ortsgruppen. In: Mitteilungen des Bundes der Asienkämpfer (1.3.1920).
23  Vgl. Kreß von Kressenstein, Was wir wollen (wie Anm. 14).
24  Mangold-Will, Begrenzte Freundschaft (wie Anm. 11), S. 270.
25  Vgl. Frank Bösch, Militante Geselligkeit. Formierungsformen der bürgerlichen Vereinswelt zwischen Revolution und Nationalsozialismus. In: Politische Kultur der Zwischenkriegszeit 1918–1939. Hrsg. von Wolfgang Hardtwig, Göttingen 2005, S. 151–182.
26  Vor dem Hintergrund, dass etwa 15 000 Angehörige des Asienkorps nach dem Ende des Ersten Weltkrieges 1918 nach Deutschland zurückgekehrt waren, ergab dies einen Organisationsgrad von rund 11 %; vgl. Mangold-Will, Begrenzte Freundschaft (wie Anm. 11), S. 270.

organisiert waren.[27] Innerhalb des Bundes bildeten ehemalige oder aktive Offiziere zweifelsohne die Führungsgruppe. Gleichwohl war die Bundesführung auch bemüht, »Asienkämpfer nicht militärischer Natur und Mannschaften« für die Mitgliedschaft zu gewinnen.[28] Zu den »Asienkämpfern nicht militärischer Natur« gehörten neben Wissenschaftlern, Kaufleuten, evangelischen Geistlichen und Vertretern der im ehemaligen Osmanischen Reich engagierten Finanz- und Wirtschaftskreise auch eine größere Anzahl von Frauen, die als Familienangehörige oder als Diakonissen und Schwestern in Krankenhäusern und Schulen im Osmanischen Reich gelebt und gearbeitet hatten.[29] Ausgehend von dem verbindenden Motiv des gemeinsamen Kriegserlebnisses als Soldaten, aber auch als »Nichtkämpfer« und Zivilisten im Nahen und Mittleren Osten verfügte der BdAK hinsichtlich seiner Mitglieder also über eine breitgefächerte bürgerliche Klientel. Das Engagement von Frauen in den Reihen der Asienkämpfer verwies gleichwohl darauf, dass das orientalische Kriegserlebnis nicht ausschließlich männlich konnotiert war.

Nach dem Ende des Weltkrieges und ihrer Rückkehr aus dem Orient hatten viele Asienkämpfer nach der Demobilisierung wieder eine Tätigkeit in ihren bürgerlichen Berufen aufgenommen. Die anfangs in den »Mitteilungen des Bundes der Asienkämpfer« veröffentlichten Listen der Mitglieder zeigen hier eine große Bandbreite der ausgeübten Professionen, die vom Architekten, Arzt oder Rechtsanwalt über den Handwerksmeister und Landwirt bis zum Maschinenschlosser oder Korbflechter reichte. Die Absicht, eine Vereinigung zu sein, die vom einfachen Soldaten bis hinauf zum General einem großen Teil der ehemaligen Angehörigen des Asienkorps eine Heimstatt bieten konnte, drückte sich in dem anfänglich »sehr niedrig angesetzt[en]« Mitgliedsbeitrag aus.[30] Demgegenüber resultierte aber aus der bereits Ende 1920 erfolgten Anhebung des Mitgliedsbeitrags auf 16 Reichsmark, dass sich die soziale Zusammensetzung des Bundes aus zumindest begüterten Bürgerinnen und Bürger verfestigte.[31] Die Bundesführung war somit bestrebt, eine gewisse Exklusivität des BdAK zu erhalten.[32]

Wenn dieses Verständnis für die breite Masse der Mitglieder galt, so musste es besonders für die Bundesführung gelten. Hier zeigte sich zudem die vielgestaltige und eigentümliche Verquickung von militärischer Erinnerungskultur und politischem Gestaltungswillen, die dem BdAK zu eigen war: Zum ersten Vorsitzenden des Bundes war, wie bereits erwähnt, der in den aktiven Dienst der Reichswehr übernommene und im Reichswehrministerium als Chef des Waffenamtes amtierende bayerische

---

[27]  Vgl. BdAK, Bericht über die I. Generalversammlung des Bundes der Asienkämpfer am Sonntag, 31. Oktober 1920 (wie Anm. 21).

[28]  Vgl. ebd.

[29]  Mangold-Will, Begrenzte Freundschaft (wie Anm. 11), S. 271.

[30]  Vgl. BdAK, Bericht über die I. Generalversammlung des Bundes der Asienkämpfer am Sonntag, 31. Oktober 1920 (wie Anm. 21).

[31]  Vgl. Mangold-Will, Begrenzte Freundschaft (wie Anm. 11), S. 275.

[32]  Dieses Bestreben wurde dadurch illustriert, dass die Initiative zur Anhebung des Mitgliedsbeitrags bezeichnenderweise vom Legationsrat im Auswärtigen Amt Dr. Fritz Grobba, der als juristischer Beirat fungierte, im Rahmen der ersten Generalversammlung des BdAK ausgegangen war; vgl. BdAK, Bericht über die I. Generalversammlung des Bundes der Asienkämpfer am Sonntag, 31. Oktober 1920 (wie Anm. 21).

Oberst Friedrich Kreß von Kressenstein gewählt worden. Dieser Offizier war Anfang 1914 mit der neuen deutschen Militärmission unter der Führung des Generals Otto Liman von Sanders[33] in die Dienste des Osmanischen Reiches getreten. Seit dieser Zeit stand er in engem Kontakt mit den führenden Personen des jungtürkischen Regimes, wie Enver Pascha, Talaat Pascha und Cemal Pascha, die 1913 durch einen Militärputsch an die Macht gelangt waren und das Osmanische Reich bis zum Herbst 1918 regierten. Kreß fand Verwendung als Kommandeur der osmanischen Feldartillerie-Schießschule. Anschließend wurde er ins Kriegsministerium versetzt und leitete hier die neugeschaffene Mobilmachungsabteilung. Darüber hinaus wurde Kreß infolge der Erkrankung des ebenfalls mit der deutschen Militärmission unter Liman von Sanders nach Konstantinopel gekommenen Oberst Friedrich Bronsart von Schellendorf vertretungsweise Chef des Generalstabs der osmanischen Armee.

Hierzu sei angemerkt, dass die Tätigkeit von deutschen Offizieren als Berater und Ausbilder in osmanischen Diensten und die Entsendung von osmanischen Offizieren zu Ausbildungszwecken nach Deutschland bereits lange vor dem Ersten Weltkrieg erprobte Praxis gewesen war. Den Anfang dieser militärischen Zusammenarbeit hatte die Entsendung der ersten deutschen Militärmission 1883 in der Ära Bismarck markiert. Von 1885 bis zu seiner Rückkehr nach Deutschland 1895 war diese Militärmission von Colmar von der Goltz geleitet worden. Goltz übte in dieser Zeit erheblichen Einfluss auf das jüngere osmanische Offizierkorps aus und ebnete den Weg für eine Reihe von deutschen Rüstungsexporten ins Osmanische Reich. Anschließend sorgten die deutschen Militärattachés – besonders Curt von Morgen und Walter von Strempel – für Kontinuität in den deutsch-osmanischen Militärbeziehungen. Erst 1913 unter dem Eindruck der Balkankriege und im Zuge der sich verschärfenden internationalen Lage wurde eine weitere Militärmission unter Generalleutnant Otto Liman von Sanders an den Bosporus entsandt. Der Kriegseintritt des Osmanischen Reiches Mitte November 1914 aufseiten der Mittelmächte verstärkte nochmals die Präsenz deutscher Offiziere und Soldaten innerhalb der osmanischen Armee. Nach dem Verlust von Bagdad im März 1917 und der Aufstellung der »Heeresgruppe Yildirim«, welche auch das »Asienkorps« miteinschloss und zunächst von Erich von Falkenhayn geführt worden war, intensivierte sich der deutsche Einfluss auf die osmanische Armee noch einmal beträchtlich.[34]

Oberst Friedrich Kreß von Kressenstein erlebte den Beginn des Ersten Weltkriegs als Chef des osmanischen Generalstabs. In der ersten Phase des Krieges war Kreß dann zunächst Chef des Generalstabs des VIII. osmanischen Armeekorps in Damaskus; hieran schloss sich eine Verwendung als Chef des Generalstabs der

---

[33] Otto Liman von Sanders, Fünf Jahre Türkei, Berlin 1919. Siehe zur Biographie Liman von Sanders auch: Eckhard Lisec, General der Kavallerie Otto Liman von Sanders. In: Die militärische Elite des Kaiserreichs. 24 Lebensläufe. Hrsg. von Lukas Grawe, Darmstadt 2020, S. 189–202.

[34] Vgl. Ulrich Trumpener, German Officers in the Ottoman Empire 1880–1918. Some Comments on their Backgrounds, Functions, an Accomplishments. In: Germany and the Middle East 1835–1939. International Symposium April 1975. Hrsg. von Jehuda L. Wallach, Tel-Aviv 1975, S. 30–44; Jehuda L. Wallach, Anatomie einer Militärhilfe. Die preußisch-deutschen Militärmissionen in der Türkei 1835–1919, Düsseldorf 1976; Friedrich Scherer, Adler und Halbmond. Bismarck und der Orient 1878–1890, Paderborn [u.a.] 2001; Carl Alexander Krethlow, Generalfeldmarschall Colmar Freiherr von der Goltz Pascha. Eine Biographie, Paderborn [u.a.] 2012.

4. Armee an. Im Dezember 1915 wurde Kreß zum kommandierenden General eines Expeditionskorps ernannt, das den Auftrag erhalten hatte, den Suezkanal zu erobern. Dieses ambitionierte Unternehmen scheiterte allerdings. Der Offizier führte anschließend die osmanischen Truppen an der Sinai-Front, und es gelang ihm in der ersten Jahreshälfte 1917, die britischen Offensiven in der Ersten und Zweiten Gaza-Schlacht abzuwehren. Nachdem General Erich von Falkenhayn das Oberkommando an der Palästina-Front übernommen hatte[35], wurde Kreß mit der Führung der 8. Armee betraut. Nach Konflikten mit Falkenhayn erhielt er Mitte 1918 das Kommando über die deutsche Kaukasus-Expedition. Mit seinen Truppen in Georgien stehend, erfuhr Kreß vom Waffenstillstand und musste das Land verlassen. Nach kurzzeitiger Internierung durch die Siegermächte konnte er schließlich Mitte 1919 nach Deutschland zurückkehren.[36]

Für den Posten des zweiten Vorsitzenden des BdAK war Korvettenkapitän Hans Humann bestimmt worden.[37] Humann war 1878 als Sohn des deutschen Archäologen Carl Humann – des Entdeckers des Pergamonaltars – in Smyrna (heute Izmir) geboren worden und bis zu seinem zwölften Lebensjahr im Osmanischen Reich aufgewachsen. Seit seiner Jugendzeit kannte Humann den späteren osmanischen Kriegsminister Enver Pascha. Vor diesem Hintergrund kam auch der zwischen 1913 und 1916 als US-amerikanischer Botschafter in Konstantinopel amtierende Henry Morgenthau zu der Bewertung, dass Humann nicht nur fließend türkisch sprach, sondern sich die türkische Mentalität völlig zu eigen gemacht hatte.[38] Zu Beginn des Ersten Weltkrieges war Humann als deutscher Marineattaché in Konstantinopel die Rolle einer »grauen Eminenz« beim Zustandekommen des Kriegsbündnisses zwischen Deutschland und dem Osmanischen Reich zugefallen.[39]

Neben diesen beiden führenden Männern fanden sich unter den ersten Mitgliedern des BdAK außerdem der Legationsrat im Auswärtigen Amt Fritz Grobba[40]; der Kunsthistoriker und Leiter der islamischen Sammlung des

---

[35]  Zur Rolle Falkenhayns als Befehlshaber auf dem nahöstlichen Kriegsschauplatz vgl. Holger Afflerbach, Falkenhayn. Politisches Denken und Handeln im Kaiserreich, München 1994 (= Beiträge zur Militärgeschichte, 42), S. 471–485.

[36]  Vgl. Friedrich Kreß von Kressenstein, Mit den Türken zum Suezkanal, Berlin 1938; Rudolf H.J. Holzhausen, Die deutsch-türkischen Operationen gegen den Suez-Kanal und im Sinai-Gebiet während des Ersten Weltkrieges. In: Wehrwissenschaftliche Rundschau, 3 (1957), S. 156–163; Hans Werner Neulen, Feldgrau in Jerusalem. Das Levantekorps des kaiserlichen Deutschland, München 1991; Wolfdieter Bihl, Die Kaukasus-Politik der Mittelmächte, Teil I: Ihre Basis in der Orient-Politik und ihre Aktionen 1914–1917; Teil II: Die Zeit der versuchten kaukasischen Staatlichkeit (1917–1918), Wien u.a. 1975, 1992; Friedrich Freiherr Kreß von Kressenstein (wie Anm. 13).

[37]  Vgl. BdAK, Liste der Mitglieder des Bundes der Asienkämpfer, a) Bundes-Vorstand. In: Mitteilungen des Bundes der Asienkämpfer (1.12.1919).

[38]  Henry Morgenthau, Secrets of the Bosphorus. Constantinople, 1913–1916, London 1918, S. 24.

[39]  Vgl. Jürgen Gottschlich, Beihilfe zum Völkermord. Deutschlands Rolle bei der Vernichtung der Armenier, Berlin 2015, S. 91. Im weiteren Verlauf des Krieges war der Marineoffizier allerdings auch maßgeblich daran beteiligt, dass das Kaiserreich den von der osmanischen Armee an den Armeniern verübten Völkermord stillschweigend als »hart, aber nützlich« akzeptierte: Vgl. ebd., S. 198; zum Einfluss Humanns auf die osmanischen Entscheidungsträger am Bosporus siehe auch Morgenthau, Secrets of the Bosphorus (wie Anm. 38), S. 242.

[40]  BdAK, Liste der Mitglieder des Bundes der Asienkämpfer, b) Mitglieder. In: Mitteilungen des Bundes der Asienkämpfer (1.12.1919).

Kaiser Friedrich Museums in Berlin Friedrich Sarre[41]; der Legationssekretär im Auswärtigen Amt Werner Otto von Hentig[42], der als diplomatischer Vertreter an der deutschen Afghanistan-Expedition im Ersten Weltkrieg teilgenommen hatte[43]; der ehemalige militärische Führer der Afghanistan-Expedition[44] Oskar Ritter von Niedermayer[45]; der im Reichswehrministerium in der Abteilung »Fremde Heere« diensttuende Hauptmann Ernst-August Köstring, der später Adjutant des Chefs des Heeresleitung Hans von Seeckt wurde[46]; der inzwischen führende Kopf der Deutschnationalen Volkspartei (DNVP) und vormalige Direktor der Bagdadbahn, Direktoriumsmitglied der Deutschen Bank und während des Krieges zunächst Staatssekretär des Reichsschatzamtes, später Staatssekretär des Reichsamtes des Inneren Karl Helfferich[47]; sowie der orientbegeisterte Publizist und Gründer der DTV Ernst Jäckh[48].

Diese Aufzählung von Persönlichkeiten macht deutlich, dass der BdAK nicht nur ein Ort zur Pflege soldatischer Kameradschaft war, sondern für einen Teil der ehemaligen Asienkämpfer ein Forum bildete, in dem bereits bestehende personelle Netzwerke ausgebaut und geopolitische Ideen entwickelt und diskutiert werden konnten, die sich – unter Ausnutzung der infolge des Weltkriegs eingetretenen unübersichtlichen Lage im Nahen und Mittleren Osten sowie im entstehenden Sowjetrussland – um die Frage eines Wiederaufstiegs Deutschlands nach der Kriegsniederlage drehten.

## Asienkämpfer und Politik

In der Besetzung der Führungsposten des BdAK mit Kreß und Humann spiegelte sich nicht nur eine Anerkennung der Leistungen und Verdienste dieser militärischen

---

41 BdAK, Liste der Mitglieder des Bundes der Asienkämpfer. In: Mitteilungen des Bundes der Asienkämpfer (1.1.1920).
42 BdAK, Liste der Mitglieder des Bundes der Asienkämpfer. In: Mitteilungen des Bundes der Asienkämpfer (1.2.1920).
43 Werner Otto von Hentig, Meine Diplomatenfahrt ins verschlossene Land, Berlin 1918.
44 Oskar von Niedermayer, Unter der Glutsonne Irans. Kriegserlebnisse der deutschen Expedition nach Persien und Afganistan, Hamburg 1925. Siehe auch Renate Vogel, Die Persien- und Afghanistanexpedition Oskar Ritter v. Niedermayers 1915/16, Osnabrück 1976.
45 BdAK, Liste der Mitglieder des Bundes der Asienkämpfer. In: Mitteilungen des Bundes der Asienkämpfer (1.9.1920).
46 BdAK, Liste der Mitglieder des Bundes der Asienkämpfer. In: Mitteilungen des Bundes der Asienkämpfer (1.8.1920). Köstring war in der Abteilung »Fremde Heere« als Referent für die russische Armee und Wirtschaft zuständig; Hermann Teske, General Ernst Köstring. Der militärische Mittler zwischen dem Deutschen Reich und der Sowjetunion 1921–1941, Frankfurt a.M. 1966, S. 44.
47 Vgl. BdAK, Liste der Mitglieder des Bundes der Asienkämpfer. In: Mitteilungen des Bundes der Asienkämpfer (1.4.1920). Helfferich kam bei einem Eisenbahnunglück im schweizerischen Bellinzona am 23. April 1924 ums Leben. In seinem Nachruf auf Helfferich betonte der Schriftleiter des BdAK Mulzer im Namen des Bundesvorstandes, dass der Verstorbene stets auf die »Notwendigkeit deutscher Betätigung im Nahen Orient« hingewiesen habe und in »ritterlicher Treue […] für die so oft und so viel geschmähte Orientpolitik Kaiser Wilhelms II.« eingetreten sei: Hans H. Mulzer, Karl Helfferich †. In: Mitteilungen des Bundes der Asienkämpfer (1.5.1924).
48 Vgl. BdAK, Liste der Mitglieder des Bundes der Asienkämpfer (wie Anm. 42).

Führer in der Vergangenheit durch die Gründungsmitglieder wider. Erkennbar
wurde hier darüber hinaus ein in die Zukunft gerichtetes politisches Bekenntnis
der Asienkämpfer, das sich gegen den als »Schmach« empfundenen und von den
Siegermächten aufoktroyierten Versailler Vertrag und gegen den darin enthalte-
nen Vorwurf der alleinigen Kriegsschuld richtete.[49] Diese politisch-kämpferische
Haltung unterstrich zweifelsohne die Wahl eines aktiven und hochrangigen Offiziers
zum Bundesvorsitzenden. Die herausgehobene Stellung, die Kreß im deutsch-türkischen Verhältnis nach wie vor genoss, wurde etwa dadurch veranschaulicht, dass
der neue türkische Botschafter, der nach der Wiederaufnahme der diplomatischen
Beziehungen 1923 entsandt wurde, noch vor Aufnahme seiner Arbeit in Berlin nach
München reiste, um eine Unterredung mit dem inzwischen zum Generalleutnant
beförderten Offizier zu führen.[50]

Der zweite Vorsitzende Humann war Mitte 1920 als Fregattenkapitän[51] aus der
Marine ausgeschieden und hatte anschließend eine einflussreiche Tätigkeit in der
Privatwirtschaft aufgenommen.[52] Zunächst fungierte der ehemalige Marineoffizier
als persönlicher Sekretär und politischer Berater des Großindustriellen Hugo Stinnes.
Nachdem Stinnes im Mai 1920 die traditionell regierungsnahe Deutsche Allgemeine
Zeitung (DAZ) erworben hatte, wurde Humann zum Verlagsdirektor. In dieser
Funktion war der Fregattenkapitän a.D. in eine Position gelangt, in der er maßgeb-
lichen Einfluss auf die öffentliche Meinung ausüben konnte. In der Folgezeit bau-
te Humann die DAZ zu einem wichtigen nationalkonservativen Sprachrohr gegen
die als »Diktatfrieden« angesehene Friedensordnung von Versailles aus.[53] Außerdem
wurde die DAZ unter seiner Ägide zu einem protürkischen Publikationsorgan, das
in diesem Sinne auf die deutsche Öffentlichkeit einwirkte.[54]

Ein weiteres Mitglied des BdAK, das über ein erhebliches Maß an Sendungs-
bewusstsein und politischen Gestaltungswillen verfügte, war Fritz Grobba[55], ein
Legationsrat, der auch als »juristischer Beirat«[56] im Bundesvorstand fungierte. Der
Diplomat war in einer der ersten Ausgaben der »Mitteilungen« mit einem Beitrag
zur Debatte über die geopolitischen Folgen der Neuordnung des Nahen und

---

[49]  Vgl. Mangold-Will, Begrenzte Freundschaft (wie Anm. 11), S. 273.

[50]  Vgl. ebd., S. 63.

[51]  Notiz zur Beförderung Humanns zum Fregattenkapitän: BdAK, Personalnachrichten. In: Mit-
       teilungen des Bundes der Asienkämpfer (1.4.1920).

[52]  Die Hintergründe für Humanns Karriereende als Marineoffizier sind nicht eindeutig geklärt.
       Es erscheint allerdings plausibel, dass der Seeoffizier infolge des im Frühjahr 1920 gescheiterten
       Kapp-Putsches aus dem aktiven Dienst entlassen wurde; vgl. Gottschlich, Beihilfe (wie Anm. 39),
       S. 268 f.

[53]  Vgl. ebd., S. 269.

[54]  Vgl. Mangold-Will, Begrenzte Freundschaft (wie Anm. 11), S. 273.

[55]  Der Diplomat Dr. Fritz Grobba war im ersten Drittel des 20. Jahrhunderts eine der Schlüssel-
       figuren der deutschen Orientpolitik; vgl. Wolfgang G. Schwanitz, »The Jinnee and the Magic
       Bottle«. Fritz Grobba an the German Middle Eastern Policy 1900–1945. In: Germany an the
       Middle East. Hrsg. von Wolfgang G. Schwanitz, Frankfurt a.M. 2004, S. 87–117. Siehe hier-
       zu auch seine Autobiographie: Fritz Grobba, Männer und Mächte im Orient. 25 Jahre diploma-
       tischer Tätigkeit im Orient, Göttingen 1967.

[56]  Vgl. BdAK, Bericht über die I. Generalversammlung des Bundes der Asienkämpfer am Sonntag,
       31. Oktober 1920 (wie Anm. 21).

Mittleren Ostens durch Briten und Franzosen infolge des Ersten Weltkriegs hervorgetreten.[57] Auch nach der Erfahrung der Niederlage und dem Scheitern der deutschen Revolutionierungsstrategie im Weltkrieg[58] sah Grobba im Islam einen bedeutenden politischen Faktor. In seinen Betrachtungen kritisierte er den Imperialismus Großbritanniens und Frankreichs, der den Anspruch des vom US-amerikanischen Präsidenten Woodrow Wilson in Versailles postulierten Selbstbestimmungsrechts der Völker in zynischer Weise verletzt habe. Abschließend prophezeite Grobba, dass sich die islamischen Völker in Afrika und Asien aufgrund ihrer Unterdrückungserfahrung der sozialistischen Bewegung zuwenden würden. Für den Diplomaten stand damit fest, dass für die weitere Entwicklung im Orient drei Faktoren eine herausragende Bedeutung erfahren würden: »1. Islam, 2. Selbstbestimmungsrecht und nationaler Gedanke und 3. Sozialismus«.[59] Die hier von Grobba definierte Trias der politischen Gestaltungskräfte bildete in den frühen 1920er Jahren das Spannungsfeld, innerhalb dessen einige Asienkämpfer versuchten, das durch die Niederlage im Weltkrieg verlorene außenpolitische Gewicht Deutschlands zurückzugewinnen.

Nach dem verlorenen Krieg und der Unterzeichnung des Versailler Vertrages sah sich das Deutsche Reich gegenüber den Siegermächten in der Position eines Parias der internationalen Staatengemeinschaft.[60] Besonders Generalmajor Hans von Seeckt[61], der Chef des neugeschaffenen Truppenamtes, das an die Stelle des durch den Versailler Vertrag aufgelösten Großen Generalstabs getreten war, orientierte sich in dieser Situation außenpolitisch in Richtung Russland[62], das sich seit der Oktoberrevolution 1917 in einer ähnlichen Lage wie das Deutsche Reich befand. Für den Erhalt des Deutschen Reiches standen in Seeckts strategischem Denken Überlegungen im Mittelpunkt, die auf eine Revision der Versailler Friedensordnung durch die Annäherung an Russland abzielten.[63] Zu diesem Zweck etablierte sich eine

---

57  Fritz Grobba, Die politische Entwicklung in der islamischen Welt. In: Mitteilungen des Bundes der Asienkämpfer (1.1.1920).

58  Das wesentlich auf den Überlegungen des deutschen Diplomaten und Orientexperten Max von Oppenheim fußende Konzept der Revolutionierung der islamischen Gebiete der Kolonialmächte Großbritannien und Frankreich war darauf ausgerichtet gewesen, durch die Ausrufung des »Heiligen Krieges« eine Destabilisierung der britischen Herrschaft in Indien und der französischen in Nordafrika zu erreichen; vgl. Martin Kröger, Revolution als Programm. Ziele und Realität deutscher Orientpolitik im Ersten Weltkrieg. In: Der Erste Weltkrieg. Wirkung, Wahrnehmung, Analyse. Im Auftrag des Militärgeschichtlichen Forschungsamtes hrsg. von Wolfgang Michalka, München 1994, S. 366–391; Erster Weltkrieg und Dschihad. Die Deutschen und die Revolutionierung des Orients. Hrsg. von Wilfried Loth und Marc Hanisch, München 2014.

59  Grobba, Die politische Entwicklung in der islamischen Welt (wie Anm. 57).

60  Vgl. MacMillan, Die Friedensmacher (wie Anm. 7), S. 224.

61  Siehe zur Biographie Seeckts: Deniza Petrova, Generaloberst Johannes Friedrich Leopold »Hans« von Seeckt. In: Die militärische Elite des Kaiserreichs (wie Anm. 33), S. 274–284.

62  Vgl. Friedrich von Rabenau, Seeckt. Aus seinem Leben 1918–1936, Leipzig 1940, S. 305–320; Hans Meier-Welcker, Seeckt, Frankfurt a.M. 1967, S. 324–327. Siehe auch: Francis L. Carsten, Reichswehr und Politik 1918–1933, Köln 1965, S. 76–80.

63  Zur militärischen Kooperation zwischen Reichswehr und Roter Armee siehe die grundlegende Studie von Manfred Zeidler, Reichswehr und Rote Armee 1920–1933. Wege und Stationen einer ungewöhnlichen Zusammenarbeit, München 1993 (= Beiträge zur Militärgeschichte, 36); zu den strategischen Überlegungen Seeckts: Karen Schäfer, Die Militärstrategie Seeckts, Berlin 2016, S. 211–224.

bisher wenig betrachtete Dreiecksbeziehung zwischen Deutschland, der Türkei und Russland.[64]

Auch wenn Seeckt offenbar kein Mitglied des BdAK gewesen war[65], stand er dennoch seit seiner Verwendung als Generalstabschef der osmanischen Armee von Mitte Dezember 1917 bis zum Waffenstillstand von Moudros[66] Ende Oktober 1918 mit einer Vielzahl von Asienkämpfern in engem Kontakt. So sorgte Seeckt etwa dafür, dass dem neuen Reichswehrminister Otto Geßler als Adjutant ein durch seine Expedition nach Afghanistan bekannt gewordener Hauptmann zur Seite gestellt wurde: Oskar von Niedermayer.[67] Der Offizier hatte sich nach dem Ende des Krieges in den Reihen des Freikorps Epp an der Niederschlagung der Münchner Räterepublik beteiligt und, aus seinen während der Afghanistan-Expedition erworbenen Kenntnissen schöpfend, an der Universität München eine Dissertation mit dem Titel »Die Binnenbecken des iranischen Hochlandes« verfasst.[68] In der Reichshauptstadt fungierte Niedermayer sodann als Vertrauensmann Seeckts im Rahmen der geheimen Kontaktaufnahme mit der sowjetischen Führung in Russland.[69]

Ebenso wie der inzwischen zum Chef der Heeresleitung ernannte Seeckt waren auch die ins deutsche Exil geflohenen ehemaligen Führer der Jungtürken Enver Pascha und Talaat Pascha an einer Zusammenarbeit mit den neuen bolschewistischen Machthabern in Moskau interessiert.[70] Wie es Grobba in seinem Beitrag für die »Mitteilungen« skizzierte, trachteten die türkischen Exilanten danach, ein Bündnis mit den Bolschewiki zur Befreiung der muslimischen Völker aus der Fremdherrschaft der westlichen Siegermächte einzugehen. Nach ihrer Flucht aus dem kollabierenden Osmanischen Reich nach Deutschland hatten sich Enver und Talaat auf das Netzwerk des BdAK abstützen können. So waren beide während ihres Aufenthaltes in Deutschland in der Villa des bereits genannten Friedrich Sarre in Neubabelsberg bei Potsdam untergekommen.[71] Nachdem ein erster Versuch, Enver per Flugzeug zur

[64]  Vgl. Mangold-Will, Begrenzte Freundschaft (wie Anm. 11), S. 96.

[65]  Vgl. hingegen die Ausführungen von Mangold-Will, Begrenzte Freundschaft (wie Anm. 11), S. 286, die allerdings keinen Beleg für die förmliche Mitgliedschaft Seeckts im BdAK beibringt. Darüber hinaus hätte es gleichwohl nicht der Dienstauffassung Seeckts entsprochen, dem BdAK als aktiver Offizier beizutreten; vgl. Rabenau, Seeckt (wie Anm. 62), 231 f.

[66]  Der Waffenstillstand von Moudros vom 30. Oktober 1918 beendete die Kampfhandlungen zwischen dem Osmanischen Reich und der Entente. Das Abkommen wurde zwischen dem osmanischen Marineminister Rauf Orbay und dem britischen Admiral Somerset A. Gough-Calthorpe an Bord der HMS Agamemnon im Hafen von Moudros auf der griechischen Insel Limnos unterzeichnet. Das Osmanische Reich musste aufgrund dieser Vereinbarung auf alle seine Territorien außerhalb Anatoliens verzichten. Darüber hinaus erhielt die Entente die Kontrolle über die Meerengen und die Hauptstadt Konstantinopel.

[67]  Meldung, dass Niedermayer zum persönlichen Adjutanten des Reichswehrministers ernannt wurde: BdAK, Personalnachrichten. In: Mitteilungen des Bundes der Asienkämpfer (1.7.1920); vgl. dazu auch Otto Geßler, Reichswehrpolitik in der Weimarer Zeit, Stuttgart 1958, S. 134; Seidt, Berlin, Kabul, Moskau (wie Anm. 10), S. 133.

[68]  Vgl. Seidt, Berlin, Kabul, Moskau (wie Anm. 10), S. 126.

[69]  Zeidler, Reichswehr und Rote Armee (wie Anm. 63), S. 48.

[70]  Hans-Ulrich Seidt, »When Continents Awake, Island Empires Fall!« Germany and the Destabilization of the East 1919–1922. In: Germany and the Middle East. Hrsg. von Wolfgang G. Schwanitz, Frankfurt a.M. 2004, S. 65–84.

[71]  Mangold-Will, Begrenzte Freundschaft (wie Anm. 11), S. 329.

direkten Kontaktaufnahme mit der Sowjetregierung nach Moskau zu bringen, 1919 gescheitert war, erhielt das Mitglied des BdAK Hauptmann Ernst-August Köstring im Sommer 1920 direkt von Seeckt den Auftrag, Enver über Ostpreußen nach Russland zu geleiten.[72] Der exilierte ehemalige osmanische Kriegsminister war von der sowjetischen Führung zur Teilnahme am »Kongress der Völker des Ostens« eingeladen worden, der im September in Baku (Aserbaidschan) stattfand. In Baku rief die Kommunistische Internationale einen »Heiligen Krieg« der islamischen Völker des Ostens gegen den westlichen Imperialismus aus,[73] was die Asienkämpfer mit großem Interesse verfolgten.[74] Niedermayer bewertete die Ergebnisse des Kongresses allerdings in einer für Seeckt angefertigten Denkschrift äußerst zurückhaltend: »Es handelt sich heute darum, in irgendeinem Gebiet des islamischen Ostens England selbst einmal einen empfindlichen Schlag beizubringen; ein solcher ist in Mesopotamien oder Persien möglich.« Da ein solches Vorgehen zu diesem Zeitpunkt nur von Moskau ausgehen konnte, sich die sowjetische Führung aber infolge der Niederlage im Polnisch-Sowjetischen Krieg (1919–1921) selbst in einer politisch und militärisch schwierigen Lage befand, mahnte Niedermayer schließlich zur Geduld: »Kein Entschluss, der ein Vorgehen in den genannten Ländern betrifft, darf nervös oder übereilt gefasst werden [...] selbst wenn sich die Regierung von Moskau in einer noch so verzweifelten Lage befindet. Unterlassen ist hier besser als Fehlgreifen in der Wahl der Mittel.«[75]

Unterdessen war Enver Mitte Oktober 1920 wieder in Deutschland aufgetaucht und wurde erneut von Friedrich Sarre in seiner Villa in Neubabelsberg beherbergt. Hier fanden Ende 1920 Treffen zwischen den Emissären der sowjetischen Führung und Offizieren der Reichswehr zur Beratung über weitere Schritte einer militärischen Zusammenarbeit statt.[76] Anfang 1921 ging Enver Pascha über Wien und Budapest wieder zurück nach Moskau. Von den Sowjets nach Zentralasien entsandt, wandte sich Enver allerdings bald gegen seine Auftraggeber und versuchte mit von ihm geführten Aufständischen, seinen Traum von einem panturanischen Reich zu verwirklichen, das alle Turkvölker Zentralasiens umfassen sollte. Im Kampf mit überlegenen Einheiten der Roten Armee fiel Enver am 4. August 1922.[77] Nach dem Tod Envers nahmen Seeckt und Niedermayer Abstand von einer etwaigen Neuauflage der bereits im Weltkrieg gescheiterten Revolutionierungs- respektive Destabilisierungsstrategie für den Nahen und Mittleren Osten.[78] Allerdings wurden die Bande zur Sowjetunion

---

72 Teske, General Ernst Köstring (wie Anm. 46), S. 41–43.
73 David Fromkin, A Peace to End All Peace. The Fall of the Ottoman Empire and the Creation of the Modern Middle East, New York 2009, S. 482.
74 Vgl. Seidt, Berlin, Kabul, Moskau (wie Anm. 10), S. 140.
75 Zit. nach ebd., S. 142.
76 Vgl. Zeidler, Reichswehr und Rote Armee (wie Anm. 63), S. 50.
77 Vgl. Fromkin, A Peace to End All Peace (wie Anm. 73), S. 484–488.
78 Dies bedeutete für Niedermayer gleichwohl nicht das Ende seiner Auseinandersetzung mit geopolitischen Fragestellungen Zentralasien betreffend. Hier erkannte er nach wie vor einen Gegensatz zwischen der kontinentalen Landmacht Russland und der Seemacht Großbritannien. Mit besonderem Interesse wandte sich Niedermayer in diesem Zusammenhang erneut Afghanistan zu: Oskar von Niedermayer, Afganistan im Rahmen der asiatischen Geopolitik. In: Zwischen Kaukasus und Sinai, 1924, S. 119–134. Auch andere Mitglieder des BdAK meldeten sich in der Folgezeit in den Publikationen des Bundes mit geostrategischen Reflexionen zum Nahen und Mittleren Osten

im Zuge des deutsch-sowjetischen Abkommens von Rapallo 1922 weiter ausgebaut. Bereits im Frühjahr 1921 hatte Seeckt zu diesem Zweck aus Offizieren aus seiner unmittelbaren Umgebung, zu denen auch Niedermayer gehörte, eine »Sondergruppe R[ussland]« gebildet.[79] Im Sommer 1921 unternahm Niedermayer eine erste Reise durch verschiedene Regionen Sowjetrusslands, um sich vor dem Hintergrund der beabsichtigten rüstungswirtschaftlichen Kooperation ein Bild vom Zustand der russischen Schwerindustrie zu verschaffen. Auch in den kommenden Jahren war der Asienkämpfer Niedermayer zunächst als Mitarbeiter der »Zentrale Moskau« und von 1928 bis 1931 als deren Leiter ein wichtiger Akteur im Rahmen der Zusammenarbeit zwischen Reichswehr und Roter Armee.[80] Niedermayers Nachfolger in Moskau, der dort 1931 die neugeschaffene Stelle eines inoffiziellen Militärattachés einnahm, war ebenfalls ein alter Asienkämpfer und bereits seit 1920 mit der geheimen Kooperation zwischen Deutschland und der Sowjetunion vertraut: Oberst Ernst-August Köstring. Der in Russland geborene und aufgewachsene Köstring amtierte als Militärattaché in Moskau zunächst bis zum März 1933. Er musste nach der Machtübernahme durch die Nationalsozialisten vorerst seinen Abschied nehmen.[81] Köstring wurde später reaktiviert, nahm seine frühere Funktion nun als offizieller Militärattaché 1935 wieder auf und blieb bis zum deutschen Überfall auf die Sowjetunion 1941 auf diesem Posten.[82] Damit prägte Köstring beinahe ein Jahrzehnt lang die militärischen Beziehungen zwischen Deutschland und der Sowjetunion.

Hatte die Gestaltung dieser Beziehungen für eine kleine Gruppe von Mitgliedern des BdAK eine herausgehobene Bedeutung gehabt, zogen doch die Ereignisse im untergehenden Osmanischen Reich und dem im Entstehen begriffenen türkischen Nationalstaat unter den organisierten Asienkämpfern die meiste Aufmerksamkeit auf sich. Das Interesse galt hier zunächst den Kämpfen der ehemaligen »Waffenbrüder« gegen die Truppen der Alliierten und Griechen im Türkischen Unabhängigkeitskrieg (1919–1923). In einer Reihe von Beiträgen thematisierte der erste Schriftleiter der »Mitteilungen« und Hauptmann a.D. Paul Heinrich Cleemann die militärischen und politischen Ereignisse und machte darüber hinaus auf den beispielhaften

---

zu Wort, wie etwa Generalmajor Werner von Frankenberg und Proschlitz, Vorderasiens handels- und militärpolitische Bedeutung. Eine geschichtliche Übersicht. In: Zwischen Kaukasus und Sinai, 1923.

[79]  Zeidler, Reichswehr und Rote Armee (wie Anm. 63), S. 51.

[80]  Seidt, Berlin, Kabul, Moskau (wie Anm. 10), S. 179–214. Niedermayer nahm nach seinem Ausscheiden aus der Reichswehr im Frühjahr 1933 wieder seine akademische Karriere auf. Nach ideologischen Konflikten mit dem NS-Regime und infolge des Beginns des Zweiten Weltkriegs suchte er erneut um ein militärisches Kommando nach und übernahm 1942 im Range eines Generalmajors die 162. Infanteriedivision, die aus Freiwilligen der nordkaukasischen Völker der Sowjetunion (Turkmenen, Georgier, Armenier) gebildet worden war und 1943/44 in Slowenien und in Italien zum Einsatz kam. Im Mai 1944 von seinem Kommando entbunden, wurde Niedermayer nach regimekritischen Äußerungen in Torgau inhaftiert und vor dem Volksgerichtshof wegen Wehrkraftzersetzung und Defätismus angeklagt; infolge des Kriegsendes wurde der Fall nicht mehr verhandelt. Niedermayer geriet in sowjetische Gefangenschaft, in der er 1948 verstarb; siehe Christoph Jahr, Generalmajor Oskar Ritter von Niedermayer. In: Hitlers militärische Elite. 68 Lebensläufe. Hrsg. von Gerd R. Ueberschär, Darmstadt 2015, S. 178–184.

[81]  Teske, General Ernst Köstring (wie Anm. 46), S. 54–71.

[82]  Ebd., S. 79–146.

Charakter des nationalen Befreiungskampfes unter Mustafa Kemal aufmerksam:[83]
Aus der Perspektive der Asienkämpfer kam der nationalen Selbstbehauptung der
Türken gegen die von den Siegermächten des Ersten Weltkriegs aufoktroyierte
Friedensordnung eine gewisse Vorbildfunktion zu.[84] Einen Höhepunkt erlebte diese
Parallelisierung zwischen der politischen Lage im Deutschen Reich und der Türkei
bei der Besetzung des Ruhrgebiets 1923 durch französische und belgische Truppen.[85]
Die Erfolge des türkischen Unabhängigkeitskampfes wurden in den »Mitteilungen«
in erster Linie dem »Führer« Kemal zugeschrieben, der als »ein Einzelner, wollender,
tätiger, aktiver Mann die Masse knetete, mit sich fortriß, vorriß« und es vermocht
habe, aus den »anatolische[n] Bauer[n]« ein Volk von Vaterlandsverteidigern zu formen.[86] Zweifelsohne sprach aus diesen Sätzen die verbreitete politische Sehnsucht
der bürgerlich-nationalkonservativen Klientel des BdAK, die eine ebensolche
Führungs- und Integrationsfigur in Deutschland offenbar schmerzlich vermisste.[87]
Auch den Sieg der türkischen Nationalisten im Unabhängigkeitskrieg rechneten sie
im Wesentlichen der Führungsstärke Kemals an.[88] Die Asienkämpfer zeichneten
mit überschwänglichem Pathos ein durchweg positives Bild des neuen türkischen
Nationalstaats:

> »Die neue Türkei ist ein Nationalstaat, nicht mehr ein lose zusammenhängendes
> Konglomerat verschiedener Nationen. Darum ist sie Wille, ist Kraft, ist Volkstum, ent-
> schlossen zum Leben und zum Handeln; das ist die Frucht des Weltkrieges für die Türkei.
> Sie wird zum Staat zusammengehämmert durch unsagbares Unglück, ward zur Nation
> durch die Tat«.[89]

In einem weiteren Beitrag zum Sieg im Unabhängigkeitskrieg stellte ein Autor der
»Mitteilungen« abermals eine Parallele zwischen der Lage in Deutschland und in der
Türkei her. So hätten die Türken, »die Jahre hindurch zähneknirschend ein ähnliches
Schicksal […] erdulden müssen wie wir an Rhein und Ruhr«. Und weiter:

> »Mit lebhafter Anteilnahme sind wir dem Aufstieg unseres türkischen Waffenbruders
> nach dem Zusammenbruch im Jahre 1918 – für die Türkei nicht minder furchtbar
> wie für uns – gefolgt; unsere ganze Freude und Anteilnahme gilt heute auch der neu-
> en Wendung: dem Aufbau und der Erstarkung des neuen Reiches, das aus Asche und
> Trümmern auferstehen soll.«[90]

Entsprechend wurde auch der am Ende langwieriger Friedensverhandlungen un-
terzeichnete Vertrag von Lausanne (24. Juli 1923), der wiederum eine Revision
des Vertrages von Sèvres (10. August 1920) bedeutete, in den »Mitteilungen« gewürdigt. Denn im Vertrag von Sèvres waren die im Waffenstillstand von Moudros

---

83 Vgl. P.H. Cleemann, Der türkische Friedensvertrag. In: Mitteilungen des Bundes der Asienkämpfer
(1.6.1920); P.H. Cleemann, Die nationalistische Bewegung in der Türkei. In: Mitteilungen des
Bundes der Asienkämpfer (1.12.1920); P.H. Cleemann, Die Revision des Vertrages von Sevres.
In: Mitteilungen des Bundes der Asienkämpfer (2.4.1921).

84 Vgl. Mangold-Will, Begrenzte Freundschaft (wie Anm. 11), S. 437–498.

85 Johannes Pritze, Der neue Geist. In: Mitteilungen des Bundes der Asienkämpfer (1.4.1923).

86 Ebd.

87 Vgl. Riedler, Nationalismus (wie Anm. 9), hier S. 259.

88 Johannes Pritze, Kemal tschok jascha! In: Mitteilungen des Bundes der Asienkämpfer (1.8.1923).

89 Ebd.

90 Mercator, Türkische Möglichkeiten. In: Mitteilungen des Bundes der Asienkämpfer (1.11.1923).

festgehaltenen territorialen Bestimmungen bestätigt worden. Darüber hinaus hatten Frankreich und Italien wirtschaftliche Einflusszonen mit dem Recht auf militärische Intervention erhalten. Die verbliebene Rumpftürkei war einer rigiden Finanzkontrolle der Siegermächte unterstellt worden. Damit war die Türkei de facto auf den Status eines Protektorats der Ententestaaten herabgesunken. Das Abkommen war aber infolge des Sturzes des letzten Sultans Mehmed VI. und des bereits begonnenen Befreiungskrieges unter der Führung Mustafa Kemals von türkischer Seite nicht ratifiziert worden. Im Vertrag von Lausanne gelang es der Türkei nun ihre uneingeschränkte Souveränität und die während des Befreiungskrieges wiedergewonnenen Grenzen gegenüber den Siegermächten des Ersten Weltkriegs zu bestätigen.[91] Vor dem Hintergrund der Ruhrbesetzung bewerteten die Asienkämpfer den Vertrag von Lausanne, der der Türkei die internationale Anerkennung brachte, gleichsam als diplomatische Niederlage Frankreichs.[92]

Die Konstituierung der türkischen Republik am 29. Oktober 1923 bedurfte allerdings – vor dem Hintergrund der noch immer verbreiteten Skepsis der nationalkonservativen Mitglieder des BdAK gegenüber der republikanischen Staatsform – einer Erläuterung, die vom Schriftleiter der Mitteilungen und Leutnant a.D. Hans H. Mulzer selbst vorgenommen wurde. Mulzer führte aus, dass die Nachricht von der Annahme der Republik als Staatsform durch die türkische Nationalversammlung in Angora »von vielen Freunden der Türkei« in Deutschland »mit Verwunderung, ja vielleicht auch Befremden aufgenommen worden« sei.[93] Diese Haltung hielt der Schriftleiter für erklärlich, »verbinden sich doch bei vielen Deutschen mit den Formen unserer republikanischen Staatsverfassung so viel Vorstellungen von selbstmörderischem Pazifismus, vergeblicher Völkeranbiederung, moralischer und physischer Schwäche, daß sich dieses Bild kaum der Wesenheit des opferfreudigen, nationalbewussten, kampfbereiten und daher siegesfähigen Neu-Türkentums anpassen wollte«.[94] Mulzer erläuterte sodann, dass die Annahme einer republikanischen Verfassung in der Türkei lediglich der klaren Abgrenzung gegenüber der überkommenen Herrschaft des Sultans geschuldet sei: »Durch diesen jähen Umsturz einer vierhundertjährigen Überlieferung hat Angora, nach seinen glänzenden Erfolgen über Griechen und Entente, auch mit seinem inneren Gegner abgerechnet, zu denen es auch den Sultan Mehmed VI. rechnete«.[95] Um diese neue Konstitution mit dem über die Jahre im BdAK kultivierten Bild der »neuen Türkei«[96]

---

[91]  Paul C. Helmreich, From Paris to Sèvres. The Partition of the Ottoman Empire at the Peace Conference of 1919–1920, Columbus 1974; Roland Banken, Die Verträge von Sèvres 1920 und Lausanne 1923. Eine völkerrechtliche Untersuchung zur Beendigung des Ersten Weltkrieges und zur Auflösung der sogenannten »Orientalischen Frage« durch die Friedensverträge zwischen den alliierten Mächten und der Türkei, Berlin 2014.

[92]  Vgl. BdAK, Der Orientfrieden. In: Mitteilungen des Bundes der Asienkämpfer (1.8.1923).

[93]  Vgl. Hans H. Mulzer, Die Türkei als »Republik«. In: Mitteilungen des Bundes der Asienkämpfer (1.12.1923).

[94]  Ebd.

[95]  Ebd.

[96]  Über die Gegebenheiten in der »neuen Türkei« berichtete Anfang 1924 ein Mitglied des BdAK nach einem sechswöchigen Aufenthalt in Konstantinopel und Anatolien; Hans R. Steilberg, Eindrücke von der neuen Türkei. In: Mitteilungen des Bundes der Asienkämpfer (1.4.1924).

in Einklang zu bringen, erklärte Mulzer seinen Kameraden, dass Mustafa Kemal und die anderen militärischen Führer auch weiterhin unangefochten an der Spitze des neuen Staatswesens stehen würden und »der kollektive Absolutismus des Parlaments stark eingeschränkt wird durch die dem Erfolg und der besonderen Eignung gebührende persönliche Autorität«.[97]

Vor dem Hintergrund der »glückliche[n] Beendigung des Befreiungskrieges« skizzierte Anfang 1924 der türkische Autor Emin Zeki in den »Mitteilungen«, wie die künftigen Beziehungen zwischen Deutschland und der Türkei auf der Grundlage einer gleichberechtigten Partnerschaft insbesondere im Rahmen der Wirtschaftsbeziehungen gestaltet werden könnten.[98] Mit der Unterzeichnung des deutsch-türkischen Freundschaftsvertrages am 3. März 1924 wurden nach dem Ersten Weltkrieg auch erstmals wieder diplomatische Beziehungen zwischen dem Deutschen Reich und der Türkischen Republik aufgenommen.[99] Mit diesem Abkommen verfolgten beide Staaten nicht nur die Absicht, einander wieder näher zu kommen, sondern darüber hinaus die jeweils eigene Stellung in der internationalen Staatengemeinschaft zu stärken und auszubauen.[100] Die deutsche Außenpolitik war auch künftig darauf bedacht, vorsichtig zu agieren, um nicht aufseiten der Siegermächte den Eindruck zu erzeugen, dass Deutschland erneut eine Vormachtrolle im Nahen und Mittleren Osten anstrebte. Gleichwohl waren und blieben die Asienkämpfer – wie gezeigt werden konnte – auch in den kommenden Jahren entschiedene Fürsprecher deutscher Orientinteressen.

## Resümee

Auf den ersten Blick könnte der im September 1919 in Berlin von einer Gruppe Offiziere gegründete Bund der Asienkämpfer lediglich als eine exotische Variante unter den vielen anderen Veteranenorganisationen der Zeit erscheinen. Bei näherer Betrachtung zeigte sich aber, dass es sich beim BdAK um viel mehr handelte als einen einfachen Zusammenschluss ehemaliger Soldaten und Krankenschwestern, die ihr gemeinsames Kriegserlebnis auf den Schlachtfeldern des Balkans und des Nahen und Mittleren Ostens erinnernd pflegen wollten. Auch wenn dieses Motiv für die Mehrheit der Mitglieder des BdAK leitend für ihre Mitgliedschaft gewesen sein dürfte, verdeutlichte schon die Bandbreite der Themen, die im Mitteilungsblatt des BdAK aufgegriffen wurden und über die Veröffentlichung diverser Kriegserlebnisse

---

[97]  Mulzer, Die Türkei als »Republik« (wie Anm. 93).
[98]  Vgl. Emin Zeki, Türkei und Deutschland. In: Mitteilungen des Bundes der Asienkämpfer (1.1.1924).
[99]  Vgl. BdAK, Deutsch-türkischer Freundschaftsvertrag. In: Mitteilungen des Bundes der Asienkämpfer (1.4.1924); P. Mohr, Die Türken und wir. In: Mitteilungen des Bundes der Asienkämpfer (1.4.1924); BdAK, Zur Wiederaufnahme der deutsch-türkischen Beziehungen. In: Mitteilungen des Bundes der Asienkämpfer (1.7.1924).
[100]  Vgl. Sabine Mangold-Will, Von der Funktion einer Freundschaft – Die Aufnahme der diplomatischen Beziehungen zwischen Deutschland und der Türkischen Republik 1924. In: Themenportal Europäische Geschichte, 2011, <http://www.europa.clio-online.de/essay/id/fdae-1544> (letzter Zugriff 28.8.2024).

weit hinausgingen, dass es einer Reihe von Asienkämpfern um mehr zu tun war. So
nahmen Beiträge zu Themen im Zusammenhang mit den politischen Umwälzungen
infolge des Kriegsendes und des Zusammenbruchs des Osmanischen Reiches breiten
Raum ein. Neben den Fragen der aktuellen Politik gehörten auch wissenschaftliche
Texte zur Geschichte und Kultur des Orients zum Repertoire der »Mitteilungen«.
Neben dem monatlich erscheinenden Mitteilungsblatt brachte der BdAK in den
1920er Jahren auch das Jahrbuch »Zwischen Kaukasus und Sinai« heraus, das umfassendere Texte zu politischen Fragen den Orient betreffend und wissenschaftliche
Abhandlungen zur Kultur des Nahen Ostens enthielt.

Der Bund bildete darüber hinaus für einen Teil der ehemaligen Asienkämpfer
ein Forum, in dem aus der Zeit des Krieges herrührende personelle Netzwerke ausgebaut und geopolitische Gedanken und Anschauungen entwickelt und diskutiert
werden konnten, die sich – unter Nutzung der infolge des Weltkrieges eingetretenen unübersichtlichen Lage im Nahen und Mittleren Osten sowie im entstehenden Sowjetrussland – um die Frage eines Wiederaufstiegs Deutschlands nach der
Kriegsniederlage drehten. Hierfür standen Mitglieder des BdAK wie Hans Humann,
Fritz Grobba, Oskar von Niedermayer oder Ernst-August Köstring. Diesen Männern
ging es in ihren jeweiligen Arbeitsbereichen darum, als Meinungsführer das Bild
der »neuen Türkei« in Deutschland maßgeblich zu prägen, auf diplomatischen
Missionen den Einfluss Deutschlands im Orient zu erhalten und auszubauen und
bei der Gestaltung der militärischen Beziehungen zwischen Deutschland und der
Sowjetunion eine klandestine Revision der Versailler Friedensordnung zu betreiben.

Der von der Mehrheit der Asienkämpfer praktizierte soldatische Orientalismus
hatte somit zwei Seiten, die gegensätzlicher kaum sein konnten: Zum einen wurde
von den Asienkämpfern das romantisierte und vielfach tradierte Bild des Orients,
verknüpft mit der Verklärung des eigenen Kriegserlebnisses im Rahmen der geselligen Zusammenkünfte im Kreise der Kameraden des BdAK und ihrer Angehörigen,
weiter fortgeschrieben. Auf der anderen Seite wurde dieser soldatische Orientalismus
durch eine revisionistische Zukunftsvision geprägt, die auf eine Überwindung
der Versailler Friedensordnung ausgerichtet war. Den Asienkämpfern bot sich
in der Auseinandersetzung mit dem von Mustafa Kemal geführten Türkischen
Unabhängigkeitskrieg eine Projektionsfläche, die besonders in der unruhigen
Anfangszeit der Weimarer Republik als alternatives Narrativ für die sich nach nationaler Befreiung vom »Versailler Diktat« sehnenden nationalkonservativen Mitglieder
des BdAK dienen konnte. Somit war die Beschäftigung mit dem Orient immer auch
eine Metapher für das Bestreben der Asienkämpfer, den verlorenen Großmachtstatus
Deutschlands wiederhergestellt zu sehen.

Ugo Pavan Dalla Torre

# Zwischen Versorgung, Politik und Erinnerung. Versehrte Kriegsheimkehrer und ihre Vereine im und nach dem Ersten Weltkrieg in Italien

Der Erste Weltkrieg gilt in vielerlei Hinsicht als Wendepunkt, so auch für den Umgang mit versehrten Soldaten in Italien. Ausschlaggebend hierfür war die verheerende Niederlage der italienischen Truppen im Oktober 1917 bei Caporetto. Sie trug zu einer politischen Mobilisierung der Kriegsveteranen bei, die sich bereits zuvor in der Associazione Nazionale Feriti e Invalidi di Guerra (ANMIG) organisiert hatten, und führte zur Gründung eines eigenen Interessenverbandes. Im Folgenden wird die Entstehungsgeschichte dieser Veteranenorganisation nachgezeichnet. Dabei wird nicht nur das Eintreten für eine bessere Versorgung der Kriegsinvaliden beleuchtet, was am Ende zu einer Reform des italienischen Sozialversicherungssystems führte, sondern auch das politische Engagement der Veteranen, das nicht zuletzt in der Herausbildung einer spezifischen Erinnerungskultur mündete, die später vom faschistischen Regime zur eigenen politischen Legitimation genutzt werden sollte.

## Caporetto 1917

Nach Unterzeichnung des Londoner Vertrags trat Italien, das fast ein Jahr lang neutral geblieben war, am 24. Mai 1915 an der Seite der Triple Entente in den Krieg ein. Es sagte sich damit vom dreißigjährigen Bündnis mit der Österreichisch-Ungarischen Monarchie und mit dem Deutschen Reich los. Diese Entscheidung war die Folge vor allem einer tiefen Spaltung: zwischen denjenigen, die glaubten, Italiens Wirtschaft und Gesellschaft seien nicht in der Lage, die Lasten eines solch groß angelegten Kriegs zu tragen, und daher die Neutralität empfahlen (allen voran der angesehene ehemalige Ministerpräsident Giovanni Giolitti); und denjenigen, die eine italienische Intervention zugunsten der einen oder der anderen Partei als notwendig erachteten. Innerhalb des zweiten Lagers prallten verschiedene Vorstellungen aufeinander: einerseits liberale, konservative Ideale, die einen Verbleib im Dreibund nahelegten, und andererseits Ideale, die von demokratischen, aber auch ausgesprochen nationalistischen Visionen inspiriert waren und schließlich zu einer Vereinbarung mit der Entente sowie zur Festlegung der geopolitischen Ziele Italiens im Londoner Vertrag führten.[1]

Die italienischen Truppen wurden vorwiegend im Nordosten des Landes eingesetzt, an der Karstfront und entlang des Isonzo sowie auf der Asiago-Hochebene in Richtung Trient. Der Karst war die Frontregion, in der sich die Initiativen von General Luigi Cadorna[2], der seit 1914 Generalstabschef des Heers war, mit der größten Intensität und Kontinuität entfalteten. Die zahlreichen Schlachten zielten auf die Eroberung von damals zu Österreich-Ungarn gehörenden Städten, insbesondere von Triest und Görz ab. So gab es zwischen Mai 1915 und September 1917 allein elf Isonzo-Schlachten, die besonders blutig waren und die, trotz einiger konkreter Ergebnisse wie der Einnahme von Görz im August 1916, die vom Generalstab vor Beginn der Kampfhandlungen gesteckten strategischen Ziele nicht erreichten. Wie bereits an anderen europäischen Fronten geschehen, wurde der Krieg, den sich das Comando Supremo (Oberkommando) als schnellen Bewegungskrieg vorgestellt hatte, auch an den italienischen Fronten bald zu einem Stellungskrieg, der sich in Schützengräben und immer größeren Verteidigungsanlagen abspielte, die zum Symbol des Kriegs und der Erinnerung an ihn werden sollten.

Unter dem Eindruck der revolutionären Umwälzungen, die später zur Gründung der Sowjetunion führten, verhandelte Russland 1917 einen Waffenstillstand mit den Mittelmächten und schied aus dem Konflikt aus. Die von der Ostfront abgezogenen österreichisch-ungarischen und deutschen Truppen wurden nach Westen verlegt und unter anderem im Karst, das als schwächstes Glied in der militärischen Organisation der Entente galt, mit dem Ziel eingesetzt, eine Offensive gegen die italienischen Linien einzuleiten. Am 24. Oktober 1917 begann die 12. Isonzo-Schlacht, in der die italienische Armee eine solch vernichtende Niederlage erlitt, dass sie als »disfatta di Caporetto« (Debakel von Karfreit) bekannt wurde und als Redewendung in den allgemeinen Sprachgebrauch Eingang fand. In der Nähe von Caporetto, dem heutigen Kobarid in Slowenien, gelang es den Kräften der Mittelmächte zum ersten Mal seit Beginn der Kampfhandlungen, die italienischen Linien zu durchbrechen, wodurch alle von den italienischen Truppen in den ersten beiden Kriegsjahren in jener Region eroberten Gebiete innerhalb weniger Stunden wieder verloren gingen. Dem Gegner stand nun ein bequemer Weg bis zur Po-Ebene offen, über den er in

---

[1]   Zu den Ereignissen, die zu Italiens Beteiligung am Krieg führten, siehe Mario Isenghi und Giorgio Rochat, La grande guerra 1914–1919, Bologna 2014; Gian Enrico Rusconi, L'azzardo del 1915. Come l'Italia decide la sua guerra, Bologna 2005; Antonio Varsori, Radioso maggio. Come l'Italia entrò in guerra, Bologna 2015. Zur Phase der Neutralität siehe Brunello Vigezzi, L'Italia di fronte alla prima guerra mondiale, I, L'Italia neutrale, Milano, Napoli 1966; Osservata speciale. La neutralità italiana nella Prima guerra mondiale e l'opinione pubblica internazionale. Hrsg. von Riccardo Brizzi, Milano 2015. Dazu auch Ivanoe Bonomi, La politica italiana da Porta Pia a Vittorio Veneto, Torino 1944. Zu den vielfältigen Facetten des italienischen – demokratischen und nationalistischen – Interventionismus liegt umfangreiche Fachliteratur vor. Zu den Hauptwerken gehört: Mario Isenghi, Il mito della grande guerra. Da Marinetti a Malaparte, Rom, Bari 1970. Siehe auch Contadini e operai nella Grande guerra. Hrsg. von Mario Isenghi, Bologna 1982.

[2]   Zur Persönlichkeit von Luigi Cadorna (1850–1928) siehe Giorgio Rochat, Cadorna, Luigi. In: Dizionario Biografico degli Italiani, Bd 16, 1973; Gianni Rocca, Cadorna. Il generalissimo di Caporetto, Milano 2021; Marco Mondini, Il capo. La Grande Guerra del generale Luigi Cadorna, Bologna 2017.

den gesamten nördlichen Teil des italienischen Staatsgebiets einzudringen drohte. Zweifelsohne handelte es sich um ein traumatisches Ereignis – nicht nur für die Soldaten an der Front wie für die Zivilisten in den von den gegnerischen Truppen eingenommenen Gebieten, die gezwungen wurden, ihre Häuser zu verlassen und in anderen Regionen Zuflucht zu suchen, sondern auch für die gesamte Nation. Eine moralische Mobilisierung galt als unabdingbar, um dem italienischen Kampfgeist neue Kraft zu verleihen; diesen Schritt befürworteten auch die politischen und kulturellen Vertreter des Landes.[3]

Die Ereignisse von Caporetto wurden von einem parlamentarischen Untersuchungsausschuss aufgearbeitet, eigens eingesetzt, um Licht in die gesamte Angelegenheit zu bringen und insbesondere Verfehlungen in der militärischen Befehlskette zu ermitteln.[4] Die politischen und militärischen Folgen der Niederlage waren die Bildung einer neuen Regierung unter der Leitung von Vittorio Emanuele Orlando,[5] die Absetzung von General Cadorna, der dann als Vertreter Italiens im Alliierten Obersten Kriegsrat nach Paris entsandt wurde,[6] sowie die Umgliederung des Comando Supremo. Neuer Generalstabschef des Heeres wurde Armando Diaz[7], der von den Generalen Pietro Badoglio[8] und Gaetano Giardino[9] unterstützt wurde. Die italienische Armee hatte sich zurückgezogen und sich mehrere Kilometer weiter westlich entlang der Piave-Linie aufgestellt. Dort gelang es ihr, im Sommer und Herbst 1918 die Kampfhandlungen wiederaufzunehmen und bis zur Unterzeichnung des Waffenstillstands am 3. November den Vormarsch der gegnerischen Truppen aufzuhalten. Auf die vielfältige Bedeutung der Schlacht von

---

3    Zur Schlacht von Karfreit siehe Alberto Monticone, La battaglia di Caporetto, Roma 1955, sowie die anlässlich des 100. Jahrestags des Ersten Weltkriegs bzw. der Schlacht veröffentlichten oder neu aufgelegten Werke: Angelo Gatti, Caporetto. Maggio–dicembre 1917, Bologna 2014; Nicola Labanca, Caporetto. Storia e memoria di una disfatta, Bologna 2017; zum Einfluss dieser Schlacht auf die italienische Literatur siehe Mario Isnenghi, I vinti di Caporetto nella letteratura di guerra, Venezia 1967. Zu den Kriegsflüchtlingen siehe Daniele Ceschin, Gli esuli di Caporetto. I profughi in Italia durante la Grande Guerra, Roma, Bari 2006. Zu den politischen Aspekten siehe Roberto Vivarelli, Storia delle origini del fascismo. L'Italia dalla grande guerra alla marcia su Roma, Bologna 2012 [1967], 3 Bde, hier Bd 1, insbes. S. 122 ff.; dazu auch La Guerra di Cadorna 1915–1917. Atti del Convegno, Trieste e Gorizia, 2–4 novembre 2016. Hrsg. von Pietro Neglie und Andrea Ungari, Roma 2018.

4    Aus der Arbeit des Untersuchungsausschusses ergibt sich auch eine Verantwortung Luigi Cadornas, die er u.a. durch die Veröffentlichung seiner eigenen Versionen der Ereignisse zurückwies: Luigi Cadorna, La guerra alla fronte italiana, Milano 1921.

5    Zur Persönlichkeit von Vittorio Emanuele Orlando siehe Giulio Cianferotti, Orlando, Vittorio Emanuele. In: Dizionario Biografico degli Italiani, Bd 79, 2013.

6    Aus den Briefen an seine Familienangehörigen lässt sich die Entmutigung Cadornas herauslesen, der von der moralischen Schwäche der Truppen und dem negativen Einfluss der »inneren Feinde« überzeugt war. Siehe Luigi Cadorna, Lettere famigliari. Hrsg. von Raffaele Cadorna, Milano 1967.

7    Zur Persönlichkeit von Armando Diaz siehe Giorgio Rochat, Diaz, Armando. In: Dizionario Biografico degli Italiani, Bd 39, 1991.

8    Badoglios militärische Karriere ging in der Nachkriegszeit und vor allem während des Faschismus weiter: So wurde er 1925 Generalstabschef der Streitkräfte und erlangte den Dienstgrad Marschall von Italien. Siehe Piero Pieri und Giorgio Rochat, Pietro Badoglio, Torino 1974.

9    Giardino war von Juni bis Oktober 1917 Kriegsminister und wurde nach der Niederlage von Caporetto zum Stellvertretenden Stabschef ernannt. Siehe N. Labanca, Giardino, Gaetano. In: Dizionario Biografico degli Italiani, 54, 2000.

Caporetto sowie auf die Erinnerung an die Schlacht und die Verdrängung der Niederlage wird im Folgenden näher eingegangen. Die Geschichtswissenschaft konnte erst viele Jahre später die Materie erforschen und eine plausible Version der Geschehnisse liefern.

Wie Roberto Vivarelli präzise und zutreffend feststellt,[10] gab die verheerende Niederlage von Caporetto, die ein traumatisches Ereignis mit weitreichenden gesellschaftlichen Folgen war, den Bestrebungen zur Erneuerung der italienischen Gesellschaft, die bereits 1915 viele Italiener dazu veranlasst hatten, den Kriegseintritt zu begrüßen, einen neuen Impuls. Deutlich hervor trat der Gegensatz zwischen dem »neuen Italien« der Jugend und der Kriegsteilnehmer und dem »alten Italien« der liberalen Politiker, die im Umgang mit dem Krieg gescheitert seien, sowie der gierigen Industriellen, die Profit auf Kosten der Kämpfer gemacht hätten. In diesem nach Caporetto entstandenen Rahmen, in dem die nationalen Prioritäten zwangsläufig neu definiert werden mussten und eine »nationale Einigkeit« in einem Balanceakt zwischen den Kriegszielen und den Bedürfnissen des Landes sowie der Soldaten beschworen wurde, kam den italienischen Kriegsversehrten und -invaliden zum ersten Mal eine öffentliche Rolle zu, indem sie ausdrücklich in die Kriegsereignisse Italiens eingriffen. Dies geschah aus der Überzeugung heraus, dass sie mehr als alle anderen legitime und berechtigte Vertreter des neuen italienischen Kampfgeistes seien.

## Versehrte Kriegsveteranen in der italienischen Kriegspolitik

Die versehrten italienischen Veteranen wurden zu bedeutenden gesellschaftlichen und politischen Akteuren. Sie nahmen Stellung zu einem wichtigen Thema in einer äußerst heiklen Phase der italienischen Nation. Um die Frage zu beantworten, wie das gelingen konnte, ist ein kurzer Blick auf den März 1917 hilfreich. Nach fast einjähriger Arbeit hatte das italienische Parlament am 25. März dieses Jahres das Gesetz Nr. 481 verabschiedet, das die Gründung des zivilen, öffentlich-rechtlichen Nationalwerks zum Schutz und zur Fürsorge der Kriegsinvaliden (Opera nazionale per la protezione ed assistenza degli invalidi della guerra, ONIG) beinhaltete.[11] Bis dahin waren Soldaten, die infolge ihrer Teilnahme an Kriegseinsätzen Gliedmaßen verloren hatten oder zu Invaliden wurden, vom militärischen Sanitätsdienst versorgt worden. Nach der Erstversorgung an der Front wurden die Verwundeten, sofern sie transportfähig waren, zunächst in Etappenlazarette und anschließend in die Militärkrankenhäuser im Landesinneren verlegt.[12] Nach der stationären Behandlung stellte man die Kriegsversehrten auf unbegrenzte Zeit vom Dienst frei und schickte sie wieder nach Hause, wo sie auf eine medizinische Begutachtung zur Bemessung der ihnen zustehenden Kriegsopferrente warteten: Dieses Verfahren endete mit der Entlassung aus dem Militärdienst.

---

[10]   Vivarelli, Storia (wie Anm. 3), Bd 1, S. 65 ff.
[11]   Zur Gründung der ONIG siehe Giuseppe Balestrazzi, L'opera nazionale per gli invalidi di guerra in mezzo secolo di storia: 25/3/1917 – 25/3/1967, Roma 1967.
[12]   Vittorio Perego, Sgombero dei feriti e degli ammalati in guerra, Milano 1915.

Wenige Monate nach Kriegsbeginn rief die Rückkehr zahlreicher versehrter Soldaten in ihre Heimatgemeinden die Anteilnahme der dortigen Honoratioren und Ärzte hervor, die Gelder auftrieben und damit »Hilfskomitees« finanzierten. Es handelte sich um private Organisationen, die sich den Aufbau einer modernen medizinischen und sozialen Versorgung zum Ziel gesetzt hatten.[13] Es wurden Rehabilitationsanstalten eingerichtet, in denen amputierte Soldaten lernten, ihren Beruf mit Hilfe von Prothesen auszuüben, oder, wenn die Beeinträchtigung die Wiederaufnahme ihrer früheren Beschäftigung unmöglich machte, einen neuen Beruf erlernten.[14] Um ihre Wohlfahrtsarbeit im ganzen Land besser zu koordinieren, schlossen sich die Komitees Anfang 1916 in einem Dachverband mit Sitz in Rom zusammen. Die Komitees und der Dachverband führten ihr intensives Engagement bis zum Kriegsende fort, in einigen Fällen auch in der Nachkriegszeit.[15]

Die Gründung der ONIG markierte eine Zeitenwende: Zum ersten Mal übernahm der italienische Staat direkte Verantwortung für die Fürsorge und den Schutz von Soldaten, die eine bleibende Invalidität erlitten hatten, und zwar nicht nur durch die Auszahlung von Kriegsopferrenten und Beihilfen für die Familien der Soldaten an der Front, wie es bis dahin der Fall gewesen war, sondern auch durch die Aufstellung einer organisierten medizinischen und sozialen Versorgung, die von einer öffentlichen, mit eigenen Haushaltsmitteln ausgestatteten Einrichtung koordiniert wurde.[16] Während des Ersten Weltkriegs wurden weit mehr Männer als in den früheren Kriegen eingezogen, vor allem aber hatte dieser Krieg viel gravierendere Folgen für Leib und Seele der Einberufenen.[17] Trotz der unterschiedlichen Auffassungen der einzelnen Fraktionen und aufgrund der auch berufsbedingten Betroffenheit einiger Abgeordneter[18] hatte das Parlament die staatliche Fürsorge

---

13  Schon seit ihrer Gründung arbeiteten die Hilfskomitees eng mit den bereits vorhandenen örtlichen Krankenhauseinrichtungen und insbesondere mit zwei führenden orthopädischen Kliniken zusammen, dem Istituto dei Rachitici in Mailand unter der Leitung von Riccardo Galeazzi und dem Istituto Rizzoli in Bologna unter der Leitung von Vittorio Putti. Zu Riccardo Galeazzi siehe Massimo Aliverti, Galeazzi, Riccardo. In: Dizionario Biografico degli Italiani, Bd 51, 1998; zu Vittorio Putti siehe Stefano Arieti, Putti, Vittorio. In: ebd., Bd 85, 2016. In den Vorständen der Hilfskomitees saßen oft renommierte Ärzte.

14  Typisch ist der Fall von Kriegsblinden, die zu Funkern oder Stuhlflechtern umgeschult wurden.

15  Zu den Problemen der Fürsorge und der Gründung der Hilfskomitees und des Dachverbands siehe Fabiano Quagliaroli, Risarcire la nazione in armi. Il ministero per l'assistenza militare e le pensioni di guerra (1917–1923), Milano 2018; Ugo Pavan Dalla Torre, Entre public et privé: l'assistance aux invalides de guerre et les origines d'un nouveau système de welfare en Italie (1915–1923). In: Revue d'histoire de la protection sociale, 2016, 8, S. 46–64.

16  Siehe dazu Fulvio Conti und Gianni Silei, Breve storia dello Stato sociale, Roma 2013, und Chiara Giorgi und Ilaria Pavan, Storia dello stato sociale in Italia, Bologna 2021.

17  Zu den Folgen des Kriegs für die Seele der Soldaten siehe Antonio Gibelli, L'officina della guerra. La Grande guerra e le trasformazioni del mondo mentale, Torino 1991. Gibellis Werk ist Teil der Forschung, die einige Jahre zuvor in Großbritannien begonnen wurde: Paul Fussel, The Great War and Modern Memory, Oxford 1975, und Eric J. Leed, No Man's Land. Combat and Identity in World War I, Cambridge 1979.

18  Zum Beispiel des sozialistischen Arzt Fabrizio Maffi, Mitglied der Abgeordnetenkammer, oder der Wissenschaftler Camillo Golgi, Mitglied des Senats des Königreichs Italien. Zur Persönlichkeit von Fabrizio Maffi siehe Tommaso Detti, Fabrizio Maffi. Vita di un medico socialista, Milano 1987; zu Camillo Golgi siehe Paolo Mazzarello, Il nobel dimenticato. La vita e la scienza di Camillo Golgi, Torino 2006.

als moralische Verpflichtung anerkannt.[19] Die Gründung der ONIG bedeutete die Anerkennung und die institutionelle Legitimierung einer neuen sozialen Gruppe, die der versehrten Kriegsheimkehrer. Sie trug dazu bei, die Versorgungsbedürfnisse aller eingezogenen Soldaten einschließlich derer, die noch an der Front kämpften, stärker in den Vordergrund zu rücken.[20]

## Die ANMIG und die Etablierung einer neuen Interessengruppe

Wenige Wochen nach der Einrichtung der ONIG wurde in Mailand am Abend des 29. April 1917 die Associazione Nazionale fra Mutilati e Invalidi di Guerra (ANMIG, Nationale Vereinigung der Kriegsbeschädigten und -invaliden) gegründet.[21] An der Versammlung nahmen Gruppen von Offizieren und Soldaten teil, die sich ihrerseits schon zuvor mit der Absicht getroffen hatten, getrennte Vereine zu bilden. Während der Versammlung wurde die Gründung eines Gesamtverbands beschlossen, der in Anlehnung an die im selben Zeitraum im Ausland entstandenen Verbände alle Kriegsversehrten ohne Unterscheidung nach Dienstgrad vertreten sollte.[22] In Italien gab es bereits andere Kriegsinvalidenvereinigungen, weitere wurden nach Kriegsende gegründet;[23] die ANMIG war aber der erste Verband, der umfassendere Ziele verfolgte, etwa die Vertretung *aller* italienischen Kriegsversehrten und eine nationale Reichweite. In den darauffolgenden Monaten konnte die ANMIG ihre Arbeit in Groß- und Kleinstädten, aber auch in kleineren Ortschaften organisieren und Sektionen, Untersektionen und Vertretungen ins Leben rufen,[24] die den Kriegsinvaliden soziale und moralische Unterstützung sowie Hilfe bei der Erledigung

---

[19]   Diese Pflicht wurde noch dringender nach der Schlacht von Caporetto, als auch das Oberkommando begann, die Moral der mobilgemachten Kräfte zu stützen. Im Dezember 1917 wurde die Opera Nazionale Combattenti (Nationalwerk für Kriegsteilnehmer) gegründet, die für den Schutz und die Wiedereingliederung von italienischen Kriegsteilnehmern und Heimkehrern in den Arbeitsmarkt zuständig war.

[20]   Das mit Erlass Nr. 1970 vom 10. Dezember 1917 gegründete Opera Nazionale Combattenti vermittelte den Veteranen vor allem in der Landwirtschaft und im Bereich der Trockenlegung und Urbarmachung von Sumpfgebieten Arbeit.

[21]   Siehe Giovanni Sabbatucci, I combattenti nel primo dopoguerra, Roma, Bari 1974, und Barbara Bracco, La patria ferita. I corpi dei soldati italiani e la Grande Guerra, Firenze, Milano 2012.

[22]   Ähnliche Vereine waren in Frankreich und in anderen am Krieg beteiligten Ländern entstanden. Siehe Antoine Prost, Les anciens combattants et la société française, 1914–1939, Paris 1977; Deborah Cohen, The War Come Home. Disabled Veterans in Britain and Germany, 1914–1939, Berkeley 2001. Zur Rolle der Kriegsinvaliden siehe auch David A. Gerber, Preface to the Enlarged and Revised Edition. The Continuing Relevance of the Study of Disabled Veterans. In: Disabled Veterans in History. Ed. by David A. Gerber, Ann Arbor 2012.

[23]   In mehreren italienischen Regionen hatten sich regionale Verbände wie die Associazione Nazionale Reduci Zona Operante und die Unione Smobilitati gebildet. Besonders wichtig war die 1918 gegründete Lega proletaria mutilati, invalidi, reduci orfani e vedove di guerra. Zu Letzterer siehe Gianni Isola, Guerra al regno della guerra! Storia della Lega proletaria mutilati, invalidi, reduci orfani e vedove di guerra, Firenze 1991; zu den kirchennahen Verbänden siehe Giorgio Candeloro, Il movimento cattolico in Italia, Roma 1953.

[24]   Für eine Sektion waren mindestens 100 Mitglieder erforderlich. Die Untersektionen umfassten 20 bis 100 Mitglieder. Die Vertretungen waren für kleinere Ortschaften gedacht, wo nur wenige Kriegsversehrte lebten.

von Verwaltungsangelegenheiten boten, insbesondere im Zusammenhang mit der Kriegsopferrente. Außerdem versuchte der Verband, die Witwen und Waisen gefallener Soldaten vor allem finanziell zu unterstützen, indem er vom Staat und vom neu gegründeten Nationalwerk bessere finanzielle und soziale Hilfen für die Mitglieder und im Allgemeinen für sämtliche Kriegsinvaliden forderte. Die ANMIG arbeitete mit anderen in Italien bereits aktiven Verbänden und Anstalten[25] zusammen und gab ab Sommer 1918 eine Monatszeitschrift mit dem Titel »Il Bollettino« heraus, um alle italienischen Kriegsversehrten zu vernetzen.[26] Sie wurde von einem Zentralausschuss geleitet, der vom Nationalkongress, dem souveränen Organ des Verbands, gewählt wurde. Aus der Mitte des Zentralausschusses wurden sodann der Nationalvorsitzende und die Mitglieder des Vorstands bestimmt. Im Laufe der Zeit erweiterte der Verband seine Organisationsstruktur und es entstanden neue Ebenen zwischen den Sektionen und dem Zentralausschuss wie die Provinz- und die Regionalausschüsse. Letztere waren besonders wichtig für die Organisation von Aktivitäten auf lokaler Ebene.

Die Gründung der ANMIG war ein Novum und ein wichtiger Schritt im Bereich der Hilfe für Kriegsheimkehrer, denn zum ersten Mal kam ein neues, ganz anderes Fürsorgeprinzip zum Tragen: Die Unterstützung der Invaliden und Versehrten sollte und konnte von Invaliden und Versehrten selbst gesteuert werden.[27] Der Einrichtung der ANMIG lag möglicherweise ein noch wichtigerer Gedanke zugrunde, den die Kriegsversehrten vermitteln wollten: Die Soldaten, die durch den Krieg aufgrund von Amputationen oder Krankheiten zu Invaliden wurden, waren Staatsbürger, die trotz ihrer körperlichen Beschädigung ihre Fähigkeiten einbringen konnten und weiterhin die vollen politischen und bürgerlichen Rechte besaßen, die sie in Anspruch nehmen wollten. Kriegsversehrte waren zwar körperlich beeinträchtigt, blieben aber dennoch geistig aktiv und forderten gerade deshalb eine aktive Rolle in der Gesellschaft ein, wobei sie sogar politische Verantwortungsfunktionen für Kriegsheimkehrer beanspruchten.[28] Auch dies war eine wichtige Neuerung, denn behinderte Menschen wurden damals vor allem als eine zu schützende Gruppe angesehen und nicht, oder nur teilweise und je nach Beeinträchtigung, als Träger von Rechten.

Im Oktober 1917 sahen sich die ANMIG und ihre Mitglieder mit dem für Italien bedeutendsten Kriegsereignis konfrontiert: der bereits geschilderten vernichtenden Niederlage von Caporetto. Für alle verwundeten Soldaten in den Militärkrankenhäusern genauso wie für diejenigen, die bereits ins zivile Leben zurückgekehrt und in der ANMIG aktiv waren, war Caporetto ein äußerst dramatisches Ereignis. Der italienische Krieg, der schon zahlreiche Menschenleben gefordert, unsägliches Leid gebracht und erhebliche Kräfte und Ressourcen gebunden hatte,

---

25   So arbeitete die ANMIG in ihrer Anfangszeit mit der Associazione Umanitaria, einem philanthropischen Verein aus Mailand, mit der Lega Antitedesca, mit dem bereits erwähnten Istituto dei rachitici in Mailand und mit der Federazione dei Comitati di Assistenza zusammen.

26   Zur Entstehung des Bollettino und dessen Positionierung in der damaligen Presselandschaft der Frontkämpferbewegung siehe Giovanni Sabbatucci, La stampa del combattentismo, 1918–1925, Bologna 1980.

27   Bis dahin waren die Hilfe für Versehrte und Invaliden sowie die verschiedenen Hilfsorganisationen immer von unversehrten Menschen geleitet worden.

28   Diese Forderungen wurden auf der ersten Versammlung der ANMIG in Mailand gestellt.

drohte endgültig verloren zu werden. Wie der Rest der Nation fühlten sich auch die versehrten Veteranen, die aus dem Heer ausgeschieden waren, vom Aufruf zur nationalen Einheit und Revanche angesprochen. Die erlittenen Schädigungen befreiten sie von ihren militärischen Pflichten. Dennoch betrachteten sich viele noch als Teil des Heeres im Einsatz und litten mit ihren Kameraden in den Schützengräben im Karst und im Trentino. Hinzu kam die Solidarität mit der Zivilbevölkerung: Alles deutete darauf hin, dass die Organisation eines zivilen Widerstands, neben dem militärischen, notwendig war. Unmittelbar nach Caporetto wurden in Mailand unter der Mitwirkung der ANMIG zwei Vereinigungen gegründet:

– der Comitato d'azione tra mutilati (Aktionskomitee der Kriegsversehrten), der die italienischen Kriegsanstrengungen durch Propaganda an der Front und in den rückwärtigen Gebieten sowie die Zivilbevölkerung durch Lebensmittel- und Kleidersammlungen unterstützen sollte,

– und eine Legione mutilati (Kriegsversehrtenlegion), bestehend aus Kriegsbeschädigten, die bereits Teil der mobilgemachten Truppen gewesen waren und beschlossen hatten, zurück an die Front zu gehen um weiterzukämpfen.[29]

Unter derartigen ungünstigen Bedingungen, als sämtliche nationalen Bemühungen auf die Bewältigung der militärischen Krise infolge der Niederlage von Caporetto gerichtet waren, stützte die ANMIG die Moral der Soldaten und unterstützte die Zivilbevölkerung, die Vertriebenen und die gesamte italienische Bevölkerung. Sie leistete jedoch auch einen militärischen Beitrag durch die Einberufung einiger Mitglieder, allen voran des ersten nationalen Vorsitzenden Dante Dall'Ara, in die Legione mutilati. Im Oktober 1917 erneuerten die italienischen Kriegsversehrten ihr Engagement im Kampf, denn sie waren der Auffassung, dass nach den Geschehnissen von Caporetto an eine Beendigung des Kriegs nicht zu denken war, sondern es vielmehr erforderlich sei, alle Kräfte zu sammeln, um das Land zum Sieg zu führen.

Die militärischen Ereignisse und das Engagement der ANMIG in den Monaten nach Caporetto wurden zum integralen Bestandteil der Kriegserfahrung und des Aufbaus einer Erinnerungskultur, die sich die ANMIG auf die Fahne geschrieben hatte. Mit der Legione nahmen als untauglich entlassene Kriegsversehrte zum ersten Mal an Kriegshandlungen teil, die ihre Bereitschaft auch für weitere Kriegseinsätze mit italienischer Beteiligung erneuerten. So beteiligte sich während des Afrikakriegs 1935 eine Legion aus ehemaligen Kämpfern und Kriegsversehrten an den militärischen Operationen mit dem Ziel, aktiv zum Erfolg des Kriegs beizutragen. Die Überzeugung, dass Kriegsversehrte die italienischen Anstrengungen in Afrika unterstützen sollten, entstand aus der Erinnerung an ihren Beitrag zum militärischen Leben des Landes »während der Tage von Caporetto«.[30] Diese besondere Erinnerung

---

[29]  Zum Comitato d'azione und dessen Propagandazwecken sowie zur Legione siehe Remo Fasani, Il comitato d'azione fra mutilati, invalidi e feriti di guerra, Milano 1938. Es handelt um das bis heute einzige zum Thema verfügbare Werk.

[30]  Zum afrikanischen Krieg und zum Beitrag der Kriegsheimkehrer siehe Rochat Giorgio, Le guerre degli italiani 1935–1943, Torino 2005. Siehe hierzu insbesondere die Ausgaben von »La Vittoria« zum Afrikakrieg und zur Beteiligung der Kriegsversehrten (Anfang der 1930er Jahre wurde »Il Bollettino« in »La Vittoria« umbenannt).

an den Krieg von 1917, deren Träger die Kriegsversehrten waren, wurde dadurch aufrechterhalten und immer wieder als heroisches Vorbild für die Nation angeführt.

Die ANMIG hatte sich von Anbeginn den Schutz und die Wahrung der Rechte ihrer Mitglieder zum Ziel gesetzt und sich dafür engagiert, ihnen eine angemessene medizinische und soziale Versorgung sowie eine anständige Rente zu gewährleisten. Außerdem versuchte sie, Arbeits- und Beschäftigungsmöglichkeiten für ihre Mitglieder zu schaffen. Im Einklang mit der von den Hilfskomitees bereits während des Kriegs vertretenen Auffassung war auch die Verbandsleitung der Überzeugung, dass Arbeit das wichtigste Mittel für einen »Neubeginn« sei und der beste Weg hin zu einer aktiven Wiedereingliederung der Kriegsversehrten in die italienische Gesellschaft. Die ANMIG ermutigte ihre Mitglieder zur Gründung von Bau- und Transportgenossenschaften sowie von Genossenschaften für den Vertrieb von Restbeständen an Kriegsmaterial. Durch die intensive Befassung mit dem Thema, unter anderem auf den nationalen Kongressen, und dank des engen Austausches mit der Regierung und den entsprechenden Ministerien konnte die ANMIG einige wichtige Erfolge im Bereich der Fürsorge erzielen. Der erste in zeitlicher Reihenfolge war die Verkündung der Legge Labriola (Labriola-Gesetz) über die Arbeitsvermittlung von Kriegsversehrten. Es handelte sich um ein innovatives Gesetz, das Unternehmen der freien Wirtschaft und öffentliche Stellen zur Beschäftigung eines bestimmten, an der Mitarbeiterzahl gemessenen Anteils Kriegsversehrter verpflichtete.[31] Der zweite Erfolg war die grundlegende Reform des Kriegsrentensystems. Das italienische Rentensystem basierte auf napoleonischen Gesetzten, die Anfang des 20. Jahrhunderts auf die Bedürfnisse von Berufsarmeen angepasst worden waren. Durch den Weltkrieg änderte sich vieles: Er stützte sich auf eine Generalmobilmachung und auf Wehrpflichtige aus mehreren Jahrgängen; er war hoch technisiert; seine Kampfformen hatten massenhaft schwerwiegende Folgen für die Körper der Soldaten. All das erforderte eine umfassende Überarbeitung des Rentenzahlungssystems. So wurden während des Krieges die ausgezahlten Beträge und die Tabellen der körperlichen Beeinträchtigungen, die die Grundlage für die Bemessung bildeten, mehrmals angepasst. Von Anfang an wies die ANMIG nachdrücklich auf die notwendige Reform des gesamten Kriegsrentensystems hin und erarbeitete sogar einen eigenen Gesetzesentwurf. Nach einem komplexen Verfahren innerhalb des Ministeriums wurde die Reform 1923 in der ersten Amtszeit Mussolinis verabschiedet und von der ANMIG als großer Triumph für die heimgekehrten Kriegsversehrten gefeiert.[32]

---

31  Zu dem Gesetz Nr. 1321/1921, seiner Geschichte und seiner Rolle im italienischen Sozialsicherungssystem siehe Gianpiero Fumi, Politiche del lavoro e portatori di handicap: il collocamento obbligatorio (1917–1968). In: Il lavoro come fattore produttivo e come risorsa nella storia economica italiana. Atti del convegno di studi, Roma, 24 novembre 2000. Hrsg. von Mario Taccolini und Sergio Zaninelli, Milano 2002, S. 73–110, und Matteo Schianchi, Il debito simbolico. Una storia sociale della disabilità in Italia tra Otto e Novecento, Roma 2019.

32  Die ANMIG hatte sich für eine Bemessung des Rentenbetrags auf der Grundlage der verbliebenen Erwerbsfähigkeit des Berechtigten und nicht der erlittenen Beschädigung ausgesprochen. Außerdem hatte sie die Streichung des Kriteriums des zum Zeitpunkt der Verwundung bekleideten Dienstgrads gefordert. Beide Forderungen fanden im endgültigen Gesetzestext jedoch keine Berücksichtigung. Zu den Kriegsrenten siehe Pierluigi Pironti, Grande guerra e Stato sociale in

Neben diesen Aktivitäten im Bereich der Fürsorge setzte sich die Verbandsleitung auch dafür ein, den Kriegsversehrten eine aktive politische Rolle in der italienischen Gesellschaft einzuräumen und die Prinzipien, die sie verkörperten, durchzusetzen. Die ANMIG war innerhalb eines knappen Jahres zur bedeutendsten Vereinigung italienischer Veteranen geworden. Sie sah in den Kriegsversehrten »die Avantgarde derjenigen, die zurückgekehrt sind«. Diese hatten laut ANMIG Anspruch darauf, eine prägende Rolle in ihrem Land zu spielen, aber auch das Recht, die Regierungsverantwortung zu übernehmen, denn sie hatten ihre Gesundheit, ihren Körper und ihre Jugend geopfert, um die Kriegsanstrengungen ihres Landes zu unterstützen. Opfergeist und Hingabe wurden zum Lackmustest für die Vaterlandsliebe stilisiert. Ausdruck dieser Überzeugung war die Konzeption einer »Opferhierarchie« seitens der ANMIG-Leitung. An der Spitze dieser Hierarchie standen die Gefallenen, die ihr Leben für das Vaterland gegeben hatten, danach folgten die Kriegsversehrten und schließlich alle Frontkämpfer.[33] Dies war der erste Schritt hin zur Formierung einer Erinnerung an den Krieg, in deren Mittelpunkt die Heimkehrer und vornehmlich die Kriegsversehrten standen und die darauf abzielte, deren Präsenz und Rolle in der italienischen Gesellschaft insbesondere im Hinblick auf das Ende des Konflikts zu legitimieren.

In diesem Sinne widmete sich die ANMIG, die bereits begonnen hatte, ihre Aktivitäten für die Friedenszeit zu organisieren, nach dem Waffenstillstand mit immer größerer Hingabe der Bildung und Pflege einer eigenen Erinnerungskultur. Ein bezeichnendes Ergebnis dieser Anstrengungen ist das »Manifesto al Paese« (Manifest an das Land), das vom Zentralausschuss verfasst und im November 1918 im »Bollettino« veröffentlicht wurde. Das Manifesto knüpfte ideell an die Gedanken und Grundsätze an, die bei der Gründung der ANMIG im April 1917 verkündet worden waren, und verstand sich als deren logische Fortsetzung bzw. Vervollständigung.

»An dem Tag, an dem der Sieg die Einigung des italienischen Vaterlandes vollendet und die Geschichte der Welt von Neuem beginnt, sieht es die Associazione Nazionale fra Mutilati e Invalidi di Guerra als ihre Pflicht an, ihren Willen und Glauben zu bekräftigen, dass die höchsten Ideale der Gerechtigkeit und Freiheit, für die so viele Kameraden gefallen sind und so viele Menschen gekämpft haben, den Völkern den Weg weisen und konkreten Ausdruck in der neuen vom kollektiven Gewissen verlangten Gesellschaftsordnung finden.«[34]

---

Itali. Assistenza a invalidi e superstiti e sviluppo della legislazione sulle pensioni di guerra. In: Italia Contemporanea, H. 277, 2015, S. 63–89; Ugo Pavan Dalla Torre, Reforming the War Pensions System for Disabled Ex-Servicemen. Notes and Research Perspectives on the Italian Case. In: La Grande Guerre et son droit. Hrsg. von David Deroussin, Issy-les-Moulineaux 2018, S. 395–406; Fabiano Quagliaroli, Risarcire la nazione in armi. Il Ministero per l'assistenza militare e le pensioni di guerra (1917–1923), Milano 2018; Ugo Pavan Dalla Torre, Alfredo Rocco e la riforma delle pensioni di guerra in Italia (1923). In: Il governo dei migliori. Intellettuali e tecnici al servizio dello Stato. Hrsg. von Mario De Prospo und Salvatore Mura, Verona 2020, S. 255–276.

33    Giovanni Mira, Caduti, combattenti, mutilati. In: Il Bollettino, 1 (1918), 2.

34    Das »Manifesto al Paese« wurde unmittelbar nach Unterzeichnung des Waffenstillstands verbreitet und trägt das Datum 5. November 1918. Der Verband ließ ein Heft mit dem Manifest und dem Text des Statuts der Associazione Nazionale Combattenti drucken. Siehe Associazione Nazionale fra Invalidi e Mutilati di Guerra, Programma pel Dopoguerra – Fondazione della Associazione

Unter den Leitgedanken des Manifesto sticht die Freiheit der Nationen besonders hervor:

»Jede Nation wird als frei und souverän leben. Jede Nation wird durch ihren Geist und ihre Werke zu dem sich immer erneuernden Fortschritt der großen Menschenfamilie beitragen.«[35]

Parallel zur Veröffentlichung des Manifesto kündigte die ANMIG die Einrichtung eines neuen Verbands an, der Associazione Nazionale Combattenti (ANC, Nationaler Verband der Frontkämpfer), die vom Zentralausschuss der ANMIG gegründet wurde, um möglichst viele der Soldaten zu unterstützen, die sich anschickten, ins zivile Leben zurückzukehren.[36] In diesem Zusammenhang lässt sich anhand der Ausgaben von »Il Bollettino«, die der Veröffentlichung des Manifesto folgten, feststellen, dass die ANMIG mit wachsendem Interesse auf die Ideen und politischen Vorschläge von US-Präsident Woodrow Wilson blickte, von denen sie sich für die Erarbeitung eines eigenen Vorschlags und eigener politischer Aktionen im Nachkriegsitalien inspirieren ließ. Das Manifesto wurde so zum programmatischen Organ der wirtschaftlichen, sozialen und politischen Zielsetzungen des Verbands.

## Die ANMIG und die Veteranen in der Nachkriegszeit 1918–1922

Die allgemeine Haltung der Kriegsversehrten zum Krieg änderte sich radikal nach Ende der Feindseligkeiten: Ohne große Ankündigung gab der Verband seine auf den Krieg ausgelegte Ausrichtung zugunsten einer an Friedenszeiten orientierten Aufstellung auf. Diese Neuausrichtung wird bei einer genauen Analyse der ersten Verbandsstatuten, insbesondere von Artikel 1, der die Zwecke des Verbands beschreibt, besonders deutlich. Die ersten zwei Satzungen – die nach der konstituierenden Sitzung im April 1917 erlassene und die nach dem ersten Nationalkongress im Frühjahr 1918 in Rom angepasste Satzung – waren noch während des Kriegs verfasst worden. 1919, wenige Monate nach Kriegsende, wurde ein neues Statut auf dem zweiten Nationalkongress in Palermo verabschiedet. Obwohl es nur geringfügige Änderungen aufwies, unterschied sich Artikel 1 wesentlich von seinen beiden Vorläufern.

In der vorläufigen Fassung von 1917 lauteten die Zwecke des Verbands wie folgt:

»Der Verband verfolgt folgende Ziele: a) ein Gefühl der Kameradschaft unter den Kriegsbeschädigten und -invaliden zu pflegen und die Erinnerung an den antideutschen Krieg und seine ruhmreiche Tradition zu Ehren des Vaterlandes zu wahren; b) seine ordentlichen Mitglieder mit allen am Grundsatz der sozialen Solidarität inspirierten Mitteln moralisch und materiell zu unterstützen; c) unentgeltlich zwischen Arbeitgebern und Arbeitern, Angestellten und Unternehmen bzw. Betrieben zu vermitteln; d) an Behörden

---

Nazionale dei Combattenti, Milano, Stabilimento grafico Matarelli, November 1918. Die im Folgenden zitierten Textstellen entstammen dem genannten Heft: ANMIG, Programm, S. 3.

35  ANMIG, Programm, S. 4.

36  Zur Entstehung und zu den ersten Jahren dieses Verbands siehe Sabbatucci, I combattenti (wie Anm. 21).

und Stellen der öffentlichen Verwaltung zur Wahrung der Rechte und Interessen seiner Mitglieder heranzutreten, wenn deren Rechte und Interessen vergessen und nicht
anerkannt werden; e) sich um die Vermittlung von Beschäftigung und Arbeit für seine
Mitglieder einzusetzen.«[37]

Aus diesem Dokument geht deutlich hervor, dass es dem Verband in erster Linie darum ging, ein Gefühl der Kameradschaft unter den heimgekehrten Kriegsbeschädigten
zu fördern, das auf dem deutschen Feindbild gründete. Der italienische Krieg war
ein »antideutscher Krieg« und die Erinnerung an den Krieg beruhte auf dem scharfen Unterschied zwischen »uns«, den Vertretern der Zivilisation, und »ihnen«,
den Vertretern der Barbarei.[38] Der Begriff »antideutsch« ist auf die politischen
Überzeugungen der ersten Verbandsleitung zurückzuführen, die dem »demokratischen Interventionismus«[39] nahe stand und die Auffassung vertrat, es sei eher notwendig, den deutschen Imperialismus zu besiegen, als die politische Vernichtung
Österreich-Ungarns anzustreben. Dies erklärt das Fehlen ausdrücklicher Bezüge
auf Österreich, das immerhin das vordringliche geopolitische Hindernis für die
Vollendung der italienischen Einigung war.

Dieser Passus blieb auch in der Fassung unverändert, die auf dem ersten
Nationalkongress der ANMIG im Frühjahr 1918 in Rom erstellt wurde:

»Der Verband verfolgt folgende Ziele: a) ein Gefühl der Kameradschaft unter den
Kriegsinvaliden zu pflegen und die Erinnerung an den antideutschen Krieg und seine
ruhmreiche Tradition zu Ehren des Vaterlandes zu wahren; b) seine Mitglieder mit allen
am Grundsatz der sozialen Solidarität inspirierten Mitteln moralisch und materiell zu
unterstützen; c) an Behörden und Stellen der öffentlichen Verwaltung zur Wahrung der
Rechte und Interessen seiner Mitglieder heranzutreten in Kooperation mit Arbeiter- und
Angestelltenvereinigungen und sonstigen demselben Zweck dienenden Organisationen;
d) sich um die Vermittlung von Beschäftigung und Arbeit für seine Mitglieder zu bemühen; e) unentgeltlich zwischen Vorgesetzten und Arbeitern, Angestellten und Betrieben zu
vermitteln. Der Verband ist von politischen Parteien unabhängig und bei der Ausführung
seiner Aufgaben an keine parteipolitischen Weisungen gebunden.«[40]

In diesem ersten, noch während des Krieges erlassenen offiziellen Verbandsstatut
wurden die Deutschen weiterhin als Hauptfeinde bezeichnet, wobei erkennbar ist,
dass der Krieg damals für die Versehrten der einzige denkbare Horizont war. Gewiss
hatten auch die Ereignisse von Caporetto und die notwendige Unterstützung der
Kriegsanstrengungen die Entscheidung der Kriegsversehrten, weiterhin auf den
Faktor »Krieg« zu setzen und an der »ruhmreichen Tradition« des Widerstands ge-

---

[37]  Der Wortlaut des ersten Statuts findet sich in Bollettino della Federazione Nazionale dei Comitati
di Assistenza, II, 6.6.1917, S. 160 f.
[38]  Siehe dazu Ugo Pavan Dalla Torre, Costruire il nemico tedesco. Le rappresentazioni italiane della
Germania durante la Grande Guerra e nel primo dopoguerra nelle fonti dell'Associazione Nazionale
fra Mutilati e Invalidi di Guerra (ANMIG). In: Studi Interculturali, H. 3, 2015, S. 29–51.
[39]  Siehe hierzu die Angaben in Anm. 1.
[40]  Nach dem Kongress veröffentlichte die ANMIG ein Heft mit dem Manifesto vom 29. April 1917
und dem Text des ersten Statuts. Siehe auch Associazione Nazionale fra Mutilati e Invalidi di
Guerra. Statuto sociale discusso e approvato durnte il primo Congresso Nazionale, 13 marzo 1918
a Roma in Campidoglio, Milano: Stabilimento Macciachini e De Silvestri, 1918.

gen die Deutschen festzuhalten, einen nicht unerheblichen Einfluss. Somit war das Gedenken an den Krieg von Anfang an ein wichtiger Bestandteil der Verbandstätigkeit.

Das Ende der Feindseligkeiten brachte eine neue Denkweise mit sich, die sich im Statut des Jahres 1919 unmittelbar widerspiegelte:

»Der Verband verfolgt folgende Ziele: a) ein Gefühl der Kameradschaft unter den Kriegsinvaliden zu pflegen und die Erinnerung an die ruhmreiche Tradition des Kriegs für die Zivilisation und die Freiheit der Völker zu Ehren des Vaterlandes zu wahren.«[41]

Die Erinnerung, die dem Vaterland Ehre machen sollte und daher nun gestaltet, gepflegt und im Nachkriegsitalien vermittelt werden musste, hatte sich weiterentwickelt: Der Krieg hatte endgültig seine »antideutsche« Konnotation verloren und stand nun für ein edleres Ziel, wobei jede Spur der für Kriege typischen Feindschaft zwischen Völkern erloschen war. Das neue Statut wurde offensichtlich vom Übergang von Kriegs- zu Friedenszeiten beeinflusst; die ANMIG hatte durch die vorgenommene Korrektur endgültig den Charakter eines Heimkehrerverbands angenommen, der sich der Unterstützung seiner Mitglieder ohne vordergründige Ressentiments gegen die früheren Gegner widmete. Dieses Umdenken war gewiss auch den neuen diplomatischen Perspektiven geschuldet, die sich im letzten Kriegsjahr aufgetan hatten, als sich Italien unter anderem unter dem Eindruck der US-amerikanischen Beteiligung am Konflikt dafür ausgesprochen hatte, den »Ansprüchen der Völker« und ihrem Wunsch nach Selbstbestimmung zu entsprechen. Freilich war der Krieg nach wie vor der Ausgangspunkt der Erfahrungen der italienischen Veteranen und der wesentliche Grund für das Bestehen der ANMIG und ähnlicher Organisationen. Die ideologischen Wurzeln der italienischen Frontkämpferbewegung, obgleich sie im Krieg lagen, sollten jedoch zu einem auf Frieden und internationale Zusammenarbeit ausgerichteten Handeln führen. Um dieser theoretischen Idee mehr Gewicht und konkrete Formen zu verleihen, setzte sich der Zentralausschuss der ANMIG auch für eine »Internationale des Opfers« ein, um die Veteranen aus allen europäischen Ländern zu vereinen.[42] Die Etablierung einer solchen vom neu gegründeten Völkerbund inspirierten Einrichtung sollte den Beginn einer umfassenderen Zusammenarbeit unter den Kriegsheimkehrern markieren, die sich auf alle Länder der Welt erstrecken sollte. Das Aufkommen des Faschismus in Italien und die sich verändernde geopolitische Lage mit neuen Bündnissen in Europa verhinderten indes die Entstehung einer derartigen supranationalen Einrichtung und damit auch die Verbreitung einer Kriegserinnerung, die den im »Manifesto al Paese« dargelegten Vorstellungen entsprach.[43]

---

[41]   Der Text dieses Statuts ist einem kleinen Heft enthalten (ANMIG – Statuti fondamentali della Associazione Nazionale fra Mutilati e Invalidi di guerra. Emanati dal II Congresso Nazionale – Palermo, 31. März–6. April 1919), das sich im Zentralen Staatsarchiv befindet: Archivio Centrale dello Stato, Ministero degli Interni, Pubblica Sicurezza, Categoria annuale, Jahr 1921, Mappe Nr. 90.

[42]   Siehe dazu Martina Salvante, The Italian Associazione Nazionale Mutilati e Invalidi di Guerra and Its International Liaisons in the Post Great War Era. In: The Great War and Veterans' Internationalism. Hrsg. von John Paul Newman und Julia Eichenberg, Basingstoke 2013.

[43]   Vor dem Afrikafeldzug organisierte die ANMIG mehrere Treffen mit französischen Kriegsversehrten. Das Vorhaben wurde infolge der Sanktionen gegen Italien aufgegeben. Siehe dazu Angel Alcalde, War Veterans and Fascism in Interwar Europe, Cambridge 2019.

Vorstehende Überlegungen ermöglichen schließlich auch Erkenntnisse über die Bedeutung des menschlichen Körpers bei der Gestaltung der Kriegserinnerung und eines gemeinsamen Kriegsbildes.[44] Die Kriegsversehrten waren junge Italiener, die Gliedmaßen in den Schützengräben verloren hatten oder mit gesundheitlichen Beeinträchtigungen wegen schwerer Krankheiten wie zum Beispiel der Tuberkulose in das Zivilleben zurückgekehrt waren. Aufgrund dieser Erfahrungen waren die Kriegsversehrten durch ihren Körper zum lebenden Gedächtnis an den Krieg geworden, dessen grausame Natur sie besser als andere verstehen konnten, da sie ihn am eigenen Leib erfahren hatten und immer noch verspürten: Der Krieg bedeutete Zerstörung und Leid. Sie hatten begriffen, dass die Zukunft der Welt und der Völker nur auf dem Frieden, dem friedlichen Zusammenleben und der Kooperation beruhen konnte. Die Zentralität des Körpers wird auch an einem symbolträchtigen Mahnmal deutlich, dem Grabmal des unbekannten Soldaten (Milite Ignoto): Genauso wie die anderen am Krieg beteiligten europäischen Länder beschloss auch Italien, den Leichnam eines namentlich unbekannten Soldaten beizusetzen und ihn zum universellen Symbol zu machen.[45]

Zur Entstehung und Förderung einer Erinnerungskultur hielten die Kriegsrückkehrer Organisationen wie die Kriegsversehrten- und Heimkehrerverbände mit ihren Verwaltungsstrukturen und Veröffentlichungen für unabdingbar. Die Erinnerung an den Krieg sollte aber nicht auf die Welt der Veteranen begrenzt bleiben, sondern der gesamten Nationen vermittelt werden, auch und vor allem denjenigen, die nicht in den Schützengräben gekämpft hatten. Das bereits erwähnte »Manifesto al Paese« sah in der Begegnung mit den jungen Generationen den Königsweg, um das Erinnern an den Krieg, den Opfermut und das Leid lebendig zu halten und immer wieder zu erneuern.

»Staat und Nation müssen sich der großen Bedeutung der gesellschaftlichen Funktion der Schule besser bewusstwerden; ihr Ziel ist es nämlich nicht, Diener des Staates oder unfreie Geister zu prägen, die unbewusste Opfer einer mechanischen und traditionellen Bildung sind, sondern die Jugendlichen zu moralisch und geistig unabhängigen Menschen und Bürgern zu erziehen, die der neuen Zivilisation würdig sind.«[46]

Ziel war es, Gelegenheiten zur Begegnung mit den jungen Generationen zu schaffen. Die Kooperation mit den Schulen als Bildungsstätten bewusster Bürger sowie der zukünftigen Führungseliten des Landes erschien hierfür unabdingbar: Durch

[44] Neben Bracco, La patria ferita (wie Anm. 21), siehe auch Joanna Bourke, Dismembering the Male: Men's Bodies, Britain and the Great War, London 1996. Hilfreich hierzu sind auch die Überlegungen von Ana Carden-Coyne, die unterstreicht, dass der verwundete Körper zum Nachweis der Ehrbarkeit und Hingabe an Vaterland wurde: Ana Carden-Coyne, The Politics of Wounds. Military Patients and Medical Power in the First World War, Oxford 2014.

[45] Zum italienischen Grabmal des Unbekannten Soldaten (Milite Ignoto) siehe Milite ignoto: riti, istituzioni e scritture popolari. Hrsg. von Barbara Bracco und Marco Pizzo, Roma 2021. Zu Grabmälern im Ausland siehe zum Beispiel Richard Holmes, Tommy: The British Soldier on the Western Front 1914–1918, London 2004; Neil Hanson, The Unknown Soldier, London 2005; Laura Wittman, The Tomb of the Unknown Soldier. Modern Mourning, and the Reinvention of the Mystical Body, Toronto 2011; Stefan Goebel, War Memorials (Germany). In <https://encyclopedia.1914–1918-online.net> (letzter Zugriff 9.9.2024).

[46] ANMIG, Programm (wie Anm. 34), S. 5.

Zeitzeugen in den Schulen sollten den Jugendlichen Werte wie soziale Gerechtigkeit, Pflichtbewusstsein und Aufopferung für das Gemeinwohl vermittelt werden.

## Schlussbetrachtung

Die Kriegsversehrten des Ersten Weltkriegs bildeten eine neue, in ihrer Zusammensetzung heterogene, soziale Gruppe. Ihr einigendes Band waren die gemeinsame Kriegserfahrung und der Wille, die Erinnerung an den Krieg zu pflegen. Die Geschichte der Kriegsversehrten und ihres wichtigsten Verbandes ANMIG eröffnet einen neuen Blick auf Militär, Gesellschaft und Politik des Weltkriegs und der ersten Nachkriegsjahre in Italien. Wie reagierte dieser Teil der italienischen Gesellschaft auf die Niederlage von Caporetto? Wie gab sich Italien ein moderneres, der Situation angepasstes Sozialversicherungssystem? Wie und auf welcher Grundlage entstand die neue soziale Gruppe der Kriegsheimkehrer, die Italien mit den anderen am Krieg beteiligten europäischen Ländern verband? Letztlich wird hieran deutlich, worauf das faschistische Regime später sein Kriegsnarrativ gründete und woher es die Kriegserinnerungen nahm, um sich selbst vor den Kämpfern und der gesamten Nation zu legitimieren.

Kollektives, öffentliches Erinnern dient häufig der nationalen Identitätsstiftung. Welche Bedeutung können aber die Entstehung und Pflege der Erinnerung an ein vorwiegend tragisches und schmerzliches Ereignis wie einen Krieg haben?[47] Das Erinnern wie auch das Verdrängen bestimmter historischer Ereignisse sind wichtig, wenn es darum geht, Nationalbilder zu konstruieren, zu erneuern bzw. bisherige auf anderen Geschehnissen basierende Nationalbilder zu festigen: Man denke an den Deutsch-Französischen Krieg sowie an die Beziehungen zwischen Deutschland und dem Vereinigten Königreich vor und nach dem Weltkrieg und insbesondere in den 1930er Jahren.[48] Die Etablierung einer Erinnerung kann auch dazu beitragen, einen Grundkonsens zu schaffen, um die politische und wirtschaftliche Vorkriegsordnung umzuwälzen, die sich durch den Krieg als nicht mehr zeitgemäß erwiesen hatte. So galt der Erste Weltkrieg in Italien als letzter Krieg des *Risorgimento*, um den ein kollektives Gedächtnis entwickelt wurde, auf das mehrere Gruppen, unter anderem die Kriegsversehrten, Anspruch erhoben.

Noch vor der politischen und historischen Aufarbeitung des Krieges galt es einen Konsens darüber zu erzielen, dass an diesen Krieg erinnert werden und das

---

[47] Siehe hierzu Jay Winter, Remembering War. The Great War Between Memory and History in Twentieth Century, New Heaven, London 2006; Aleida Assman, Erinnerungsräume. Formen und Wandlungen des kulturellen Gedächtnisses, München 1999, sowie Paolo Rossi, Il passato, la memoria, l'oblio, Bologna 2001.

[48] Zur Relevanz dieser Aspekte in anderen geographischen Regionen als Italien und für andere Ereignisse ohne zeitlichen Zusammenhang mit dem Ersten Weltkrieg siehe Geoffrey Wawro, The Franco-Prussian War. The German Conquest of France in 1870–1871, Cambridge 2003. Zu den Beziehungen zwischen Deutschland und dem Vereinigten Königreich siehe Paul M. Kennedy, The Rise of the Anglo-German Antagonism 1860–1914, London 1980; Richard Scully, British Images of Germany. Admiration, Antagonism & Ambivalence 1860–1914, London, New York 2012; Jan Rüger, Heligolan. Britain, Germany, and the Struggle for the North See, Oxford 2017.

Gedenken öffentlich institutionalisiert werden sollte. War die Pflege der Erinnerung an den Ersten Weltkrieg in der ersten Nachkriegszeit selbstverständlich, änderte sich diese Haltung im Laufe der 1930er Jahre, insbesondere aber nach dem Zweiten Weltkrieg,[49] als sich die öffentliche Aufmerksamkeit auf andere kriegerische Auseinandersetzungen wie die Resistenza und auf die Gründung der Republik richtete. Zwar wurde der Erste Weltkrieg nach November 1918 zum bedeutenden Bestandteil der Erinnerungskultur, allerdings hatte das Kriegsende die bis dato verheimlichten organisatorischen Mängel des Landes im militärischen und wirtschaftlichen Bereich aufgezeigt, ebenso die politischen, kulturellen und diplomatischen Probleme Italiens.[50] Die Erinnerung war also nicht nur positiv.[51] Italien war nicht als Großmacht in den Krieg gezogen, sondern in der Hoffnung, eine solche zu werden.[52] Gleichzeitig ist mit Roberto Vivarelli auf Folgendes hinzuweisen:

>In den einundvierzig Kriegsmonaten [...] hat es nicht an Schatten und negativen Seiten gefehlt, aber [...] mit Blick auf das oberste Ziel des Sieges hatte Italien die Prüfung bestanden. Nun, nachdem der Krieg gewonnen wurde, zählten die Schatten nur noch insofern, als sie auch in der neuen Wirklichkeit, die größtenteils durch den Krieg hervorgebracht wurde, Schatten blieben und sich auf die Probleme der Nachkriegszeit auswirkten, indem sie Lösungen verhinderten oder verzögerten.«[53]

In der kurzen Geschichte der Kriegsversehrten und der ANMIG war das Ende des Ersten Weltkriegs Zäsur und Kontinuität zugleich: Zäsur, weil sie mit der Forderung einer gesellschaftlichen Rolle für sich und für alle Heimkehrer die patriotische Zusammenarbeit mit den liberalen Kräften und Regierungen, die für die »alte Politik« standen, bewusst aufgaben. Im Krieg selbst zielte diese Zusammenarbeit darauf, die Kriegsanstrengungen zu unterstützen. Den Kriegsversehrten missfiel aber, wie der Krieg geführt wurde, und sie waren mit Italiens politischem und diplomatischem Handeln auf der Pariser Friedenskonferenz nicht einverstanden. »Alle Parteien sind tot« lautete eine unter Kriegsversehrten damals verbreitete Losung: Für sie gab es einzig noch die Partei der Opferbereitschaft, also die Partei der Frontkämpfer, die ihre Pflicht erfüllt hatten.

Die Kriegsversehrten hatten den Krieg nicht gewählt, der Krieg wurde ihnen aufgezwungen und sie zahlten weiterhin einen hohen Preis. Eine Erinnerungskultur zu etablieren und dadurch eine Rolle in der italienischen Gesellschaft einzufordern, bedeutete, die eigene Existenz als Mensch und Bürger, eher noch als eine soziale Gruppe, zu behaupten. Zugleich handelte es sich um den Versuch – und darin be-

---

[49]  Nach Ende des Zweiten Weltkriegs und nach dem Rausch des Militarismus in den Jahren des faschistischen Regimes überschnitt sich die Erinnerung an die *Resistenza* mit der Erinnerung an den Ersten Weltkrieg und löste sie vollständig ab.

[50]  Siehe dazu Antonio Gibelli, Introduzione all'edizione italiana. In: La prima guerra mondiale, vol. 1. Hrsg. von Stéphane Audoin-Rouzeau, Jean-Jacques Becker und Antonio Gibelli, Torino 2007. Zur italienischen Krise in der ersten Nachkriegszeit siehe Fabio Fabbri, Le origini della guerra civile. L'Italia dalla Grande Guerra al fascismo, 1918–1921, Torino 2009; Roberto Vivarelli, Il fallimento del liberalismo. Studi sulle origini del fascismo, Bologna 1981, und Vivarelli, Storia (wie Anm. 3).

[51]  Siehe z.B. die umfassende Diskussion über Kriegsgewinne in Fabio Ecca, Lucri di guerra. Le forniture di armi e munizioni e i »pescicani industriali« in Italia (1914–1922), Roma 2017.

[52]  Gibelli, Introduzione (wie Anm. 50).

[53]  Vivarelli, Storia (wie Anm. 3), Bd 1, S. 46.

stand die oben erwähnte Kontinuität – durch die Erinnerung den aufgebrachten Opfermut wertzuschätzen. Denn in Versailles, genauso wie in Italien selbst, schienen die meisten um diesen Opfermut nichts zu wissen.

»Die Unermesslichkeit des Opfers prägte dauerhaft alle, die Akteure und direkte Zeugen des Kriegs waren, sprich die Frontkämpfer [...]. Die Entbehrungen, die die Soldaten in den langen Kriegsjahren ertragen mussten, können kaum übertrieben werden: Monate in den Schützengräben, im Schlamm, bei Frost oder in der sengenden Hitze, ohne Ausweg den Härten der Jahreszeiten ausgesetzt, umgeben von Dreck, Läusen und oft vom Gestank verwester Leichen, die im Niemandsland verlassen wurden«[54].

Der Einsatz der Kriegsheimkehrer für den Frieden war vermutlich die wichtigste kulturelle Folge der Kriegsbeteiligung. Allerdings hielt dieser Tatendrang nicht lange an. Anfang der 1920er Jahre verschärften sich die Spannungen innerhalb der italienischen Gesellschaft und der politische Kampf zwischen Sozialismus und Faschismus. Auf dem Nationalkongress der ANMIG 1920 in Florenz wurde eine neue Leitung gewählt, die dem Nationalismus und dem Faschismus nahestand und wenig für pazifistische Bestrebungen übrighatte. Mit der Machtübernahme der Faschisten 1922 wurden solche Bestrebungen endgültig aufgegeben. Die Erinnerungskultur gestalteten fortan die Faschisten, die für sich die Kriegserinnerung und das Narrativ des *combattentismo*, der italienischen Frontkämpferbewegung, vereinnahmten (eines ihrer besonderen Augenmerke lag dabei auf dem Jugendkult). Die Faschisten spielten sich faktisch als alleinige Hüter des Gedenkens an den Krieg auf, die als einzige imstande seien zu entscheiden, was vom Krieg in Erinnerung behalten werden muss und was vergessen werden kann. Insbesondere an Caporetto wurde das deutlich: Diese Schlacht stand dem faschistischen Bild eines unbesiegbaren und vom militaristischen Geist beseelten Italiens entgegen. Gewollt still wurde es auch um das Schicksal der Kriegsgefangenen, auf die der Verdacht des Defätismus lastete, und der zahlreichen Opfer der oft summarischen Militärjustiz.[55] Vor diesem Hintergrund und vor allem weil sich viele Frontkämpfervereinigungen dem Faschismus und dem Regime angenähert hatten, blieb deren Geschichte während der zwanzigjährigen faschistischen Herrschaft weitgehend unerforscht.

Erst nach dem Zweiten Weltkrieg konnten die ANMIG und die anderen Heimkehrer- und Frontkämpferverbände zu einem uneingeschränkt demokratischen Leben zurückkehren. Nach der Gründung der Italienischen Republik im Jahr 1946 wurde die ANMIG wieder Teil des zivilen Lebens des Landes in einer von Grund auf veränderten Vereins- und Verbandslandschaft. Neben den traditionsreichen Frontkämpferverbänden entstanden nunmehr neue Vereinigungen, die aus der Erfahrung des Widerstands gegen den Nazifaschismus in Norditalien zwischen 1943

---

54  Ebd., S. 51.
55  Zu den Kriegsgefangenen siehe Giorgio Caredda, Soldati e prigionieri italiani nella prima guerra mondiale. In: Studi Storici, 35 (1994), 1, S. 251–254, und Fabio Montella, Prigionieri. I militari italiani nei campi di concentramento della Grande Guerra: la detenzione, il ritorno, l'internamento in patria, l'oblio, Bassano del Grappa 2020; zur Militärjustiz siehe Enzo Forcella und Alberto Monticone, Plotone di esecuzione. I processi della Prima guerra mondiale, Roma, Bari 1972, sowie neuere Werke wie Irene Guerini und Marco Pluviano, Fucilati senza un processo. Il »Memoriale Tommasi« sulle esecuzioni sommarie nella Grande Guerra, Udine 2019.

und 1945, der Deportation und der Internierung hervorgegangen waren.[56] In diesem Rahmen wurde die ANMIG zur Hüterin der demokratischen und republikanischen Werte, die während der Resistenza entstanden waren und in der am 1. Januar 1948 in Kraft getretenen italienischen Verfassung verankert wurden, ohne allerdings ihre Wurzeln als Verband jemals zu vergessen, der in den Schützengräben des Ersten Weltkriegs seinen Anfang genommen hatte.

*Übersetzung aus dem Italienischen durch das Bundessprachenamt*

---

[56] Über die Geschichte der Frontkämpfer- und Kriegsrückkehrerverbände im Zweiten Weltkrieg existiert eine umfassende Literatur: Agostino Bistarelli, La storia del ritorno: i reduci italiani del secondo dopoguerra, Torino 2007; Filippo Masina, La riconoscenza della nazione. I reduci italiani fra associazioni e politica (1945–1970), Milano 2016; Bruno Maida, Il mestiere della memoria. Storia dell'Associazione nazionale ex deportati politici (1945–2010), Verona 2014; Ugo Pavan Dalla Torre, L'ANMIG nel 1943–1945. Settant'anni da allora, Roma 2014; Ugo Pavan Dalla Torre, Le associazioni di combattenti e reduci e la Resistenza: un nuovo punto di vista sul biennio 1943–1945. In: Resistenza e guerra civile. Fonti, storie e memorie. Hrsg. von Federica Bertagna und Federico Melotto, Verona 2017, S. 45–63.

Ángel Alcalde

# Internationale Veteranenorganisationen vom Ersten Weltkrieg bis ins 21. Jahrhundert

Die Entwicklung von internationalen Veteranenverbänden gewährt Einblicke in die Beziehung zwischen Krieg und Gesellschaft sowie in die Globalisierungseffekte des Krieges. Die bewaffneten Auseinandersetzungen des 20. Jahrhunderts, insbesondere der Erste und der Zweite Weltkrieg, wurden oft unter nationalen Gesichtspunkten interpretiert. Heute wissen wir um ihren globalen Ursprung und um die Globalisierungsprozesse, die mit ihnen einhergingen.[1] Nicht nur die Sozialpolitik für Veteranen war in zahlreichen Ländern von Relevanz.[2] Als Ergebnis der raschen Globalisierung des Krieges in der Neuzeit kam es außerdem zu einer umfassenden Internationalisierung von Veteranenangelegenheiten. Auch wenn in Einzelfällen nationale Organisationen bi- und multilaterale Initiativen zur Vereinigung ehemaliger Kriegsteilnehmer aus verschiedenen Ländern voranbrachten, förderten institutionell allen voran die internationalen Veteranenorganisationen diese Entwicklung. Die Geschichte dieser Organisationen hilft zudem, eine bislang nicht oder kaum beachtete Dimension der Veteranenidentität herauszuarbeiten: das offenkundige Bestreben von Veteranen, sich in Angelegenheiten internationaler Politik einzubringen, ausgehend von der Überzeugung, über die moralischen Werte zu verfügen, um ein Mitspracherecht in Fragen von Krieg und Frieden beanspruchen zu können.

Worin lagen aus historischer Sicht die Ziele internationaler Veteranenorganisationen und worin bestehen ihre Ziele heute? Welche Erfordernisse und Ideen standen hinter ihrer Bildung und mit welchen Mitteln wurden diese verfolgt? Auf diese Fragen gibt es keine einfachen Antworten. Wenn sich Historiker und Historikerinnen über etwas einig sind, dann darüber, dass es sich bei Veteranen um eine überaus heterogene soziale Gruppe handelt.[3] Es ist eine irrtümliche Annahme, dass alle Personen, die über Militär- und Kampferfahrung verfügen, ähnliche ideologische und politische Ansichten hätten, auch wenn zeitweise einzelne politische Gruppen in der

[1]   Vgl. Andrew Buchanan, Globalizing the Second World War. In: Past and Present, Vol. 258, Issue 1 (2023), S. 246–281; Hew Strachan, The First World War as a Global War. In: First World War Studies, 1 (2010), 1, S. 3–14; Maartje Abbenhuis and Ismee Tames, Global War, Global Catastrophe. Neutrals, Belligerents and the Transformations of the First World War, London 2021.

[2]   Vgl. Martin Crotty, Neil J. Diamant and Mark Edele, The Politics of Veteran Benefits in the Twentieth Century. A Comparative History, Ithaca 2020.

[3]   Vgl. Grace Huxford, Ángel Alcalde, Gary Baines, Olivier Burtin, and Mark Edele, Writing Veterans' History. A Conversation on the Twentieth Century. In: War and Society, 38 (2019), 2, S. 115–138.

Veteranenpolitik dominierten. Die folgenden Seiten widmen sich der Geschichte internationaler Veteranenorganisationen in all ihrer Diversität. Differenziert, analysiert und verglichen werden zwei Hauptperioden: die Zwischenkriegszeit und der Kalte Krieg. Der »Prozess der Internationalisierung kultureller, politischer und wirtschaftlicher Vorgehensweisen« innerhalb der Veteranenpolitik unterschied sich in diesen beiden Perioden fundamental.[4] Die Entwicklung der internationalen Veteranenorganisationen legt den Schluss nahe, dass sich hier eine Transformation vollzog, bei der die Führungsfiguren der Veteranen aus historischen Erfahrungen und Fehlern lernten. Deren Organisationen reagierten auf bestimmte historische Zusammenhänge mit rasantem Wandel.

Als Widerhall der grundlegenden Belange der Veteranenverbände auf nationaler Ebene waren internationale Veteranenorganisationen seit dem Ersten Weltkrieg in der Politik und in sozialen Angelegenheiten aktiv.[5] Jedoch gab es stets Unterschiede im politischen Verhalten von Veteranen in ihrer Rolle als nationale bzw. transnationale Akteure. Lassen sich spezifische *internationale* Ziele und Bedürfnisse der Veteranen identifizieren? Die kurze Antwort auf diese Frage lautet: ja. In den meisten Fällen nahmen internationale Organisationen für sich in Anspruch, dass sie für den Frieden und den grenzübergreifenden Austausch von Ideen und Ressourcen zur Förderung des Wohles von Veteranen arbeiteten. Trotzdem ist es, über sehr oberflächliche und vage Vorstellungen von »Frieden« und »Wohl« hinaus, unmöglich, einen grundlegenden Charakter solcher Ziele und Bedürfnisse in der transnationalen Sphäre zu definieren. Nicht nur spiegelt sich die Aufsplitterung von Veteranen als soziale Gruppe in ihren internationalen Aktivitäten wider; auch Vorstellungen von Frieden und Wohlfahrt wurden durch bestimmte internationalistische und politische Ideologien und Ansichten bestimmt. Unter diesem Gesichtspunkt ist es treffender, im Plural von Veteraneninternationalis*men* zu sprechen. Veteranen können verschiedenen sozialen Gruppen angehören, und sie lassen sich einer Vielzahl von Ideologien sowie politischen Parteien zuordnen. Dementsprechend war der internationale Veteranenaktivismus ideologisch sowie politisch fragmentiert. Er war kein Selbstzweck, sondern ein Mittel zur Erreichung bestimmter politischer Ziele.

Zu beachten ist ferner, dass das politische Handeln von Veteranen in der transnationalen Sphäre zu großen Teilen durch die jeweiligen aktuellen Interessenlagen ihrer Herkunftsstaaten bestimmt war. Veteranen nahmen üblicherweise als Vertreter ihrer Heimatländer an internationalen Organisationen teil. Auch wenn es sich um Delegierte handelte, die von unabhängigen nationalen Veteranenverbänden gewählt worden waren, standen die transnationalen Akteure oft unter dem Einfluss – und bisweilen auch unter dem Druck – staatlicher Kräfte. In vielen Fällen waren die Mitglieder internationaler Veteranenorganisationen lediglich Sprachrohre des offiziellen Standpunktes ihrer jeweiligen Regierung, insbesondere wenn es sich um

---

[4]  Zu dieser Definition des Internationalismus siehe The Mechanics of Internationalism. Culture, Society, and Politics from the 1840s to the First World War. Ed. by Martin Geyer and Johannes Paulmann, Oxford 2001, S. 3.

[5]  Siehe The Great War and Veterans' Internationalism. Ed. by Julia Eichenberg and John Paul Newman, Basingstoke 2013.

autoritäre Regime handelte. Der Symbolkraft von Veteranen in internationalen Beziehungen waren sich die Regierungen sehr wohl bewusst, und nur wenigen Regierungen war es gleichgültig, was die ehemaligen Kriegsteilnehmer ihrer Länder in Verhandlungen und öffentlichen Erklärungen mit Veteranen anderer Nationen beschlossen. Manchmal suchten Veteranen, die sich auf ihre Auslandsauftritte vorbereiteten, Rat bei ihren Außenministerien. Die jeweiligen Regierungen versuchten oftmals, die Positionen von Veteranen ihrer Länder so weit wie möglich mit ihrer eigenen Außenpolitik in Einklang zu bringen.

Des Weiteren ergaben sich Unterschiede im Aktivismus von Veteranen in internationalen Vereinigungen durch die Rolle, die ihr Heimatstaat im jeweiligen internationalen Kontext spielte. Nach dem Ersten Weltkrieg war insbesondere von Relevanz, ob es sich um Sieger oder um Besiegte handelte. Einige internationale Veteranenorganisation wurden eindeutig von Führungspersönlichkeiten eines einzelnen Staates oder einer Gruppe von Staaten gelenkt, so zum Beispiel von Frankreich in den 1920er und den USA in den 1950er Jahren. Außerdem standen Vertreter von Groß- und Imperialmächten für eine Reihe von Interessen, die sie inhaltlich oft von den Veteranen jüngerer Nationalstaaten entfernten, egal ob diese durch die Auflösung von Weltreichen nach dem Ersten Weltkrieg oder durch die Entkolonialisierung nach dem Zweiten Weltkrieg entstanden waren. Die Anzahl ehemaliger Soldaten und die Bedeutung eines Veteranenverbandes innerhalb eines bestimmten Staates konnte ebenfalls die jeweiligen Abgeordneten in der transnationalen Veteranensphäre beeinflussen. Ebenso war der Standort von Hauptsitz und Versammlungsräumen von internationalen Veteranenorganisation wie auch die Staatszugehörigkeit und die Muttersprache ihrer Vorsitzenden von großer Bedeutung. Charakteristisch für alle internationalen Veteranenorganisationen waren die hierarchischen, ungleichen Verhältnisse zwischen ihren Mitgliedern, die üblicherweise vom Status und politischem Gewicht ihrer Herkunftsländer abhingen.

Den Großteil des 20. Jahrhunderts war das Veteranentum eng mit dem Militärdienst eines bestimmten Landes verbunden. Diese Tatsache schränkte die internationalistische Ausrichtung ein. Erst im späten 20. Jahrhundert entstanden Gruppen von Veteranen internationaler Streitkräfte, wie beispielsweise der Friedenstruppen der Vereinten Nationen. Jedoch beeinflusste der Internationalismus im engeren Sinne, ob mit Verbindungen zum Humanitarismus, zum Völkerbund oder zu Projekten der Vereinten Nationen, auch die Veteranenorganisationen erheblich. Universelle Menschenrechtsideale, die über nationalen und politischen Zerwürfnissen stehen, waren daher auf internationaler Ebene ein maßgebliches Anliegen. Besonders auffällig ist hier, dass einer der Verfasser der Allgemeinen Erklärung der Menschenrechte der Vereinten Nationen von 1948 der französische Jurist René Cassin war, ein Kriegsversehrter, der seine Karriere als Interessenvertreter in der französischen Veteranenbewegung begonnen hatte.[6] Trotzdem waren diese Bewegungen und Institutionen nicht gänzlich vor den Konflikten und Spannungen der »realistisch« motivierten Staatsinteressen und hoheitsrechtlichen Fragen gefeit, wie die

---

[6] Vgl. Jay Winter and Antoine Prost, René Cassin and Human Rights. From the Great War to the Universal Declaration, Cambridge 2013.

wachsende kritische Historiographie zeigt.[7] Dennoch ist es interessant, relevante Beispiele für internationale Veteranenorganisationen in der langen Geschichte des Humanitarismus aufzuzeigen.

Die historischen Verbindungen zwischen internationalen Veteranenverbänden and anderen internationalen Nichtregierungsorganisationen (INGOs) erlauben es, bestimmte Ausprägungen von Veteraneninternationalismus innerhalb der Geschichte des Humanitarismus zu verorten. Die Rotkreuzbewegung war in ihren Ursprüngen eine internationale Bestrebung, die mit den Schrecken des Krieges in Verbindung steht.[8] Der Gründer des Roten Kreuzes, der schweizerische Geschäftsmann Henri Dunant (1828–1910), durch das Leid der Verwundeten in der Schlacht von Solferino (1859) erschüttert, widmete sein Streben fortan der Unterstützung kranker und verwundeter Soldaten auf dem Schlachtfeld. Bemüht, aus einer Position der absoluten Neutralität heraus zu agieren, haben das Internationale Komitee vom Roten Kreuz, wie auch die Rotkreuz- und die Roter-Halbmond-Bewegung im weiteren Sinne, versucht, den Krieg menschlicher zu gestalten – mit fortschreitendem Erfolg, wie sich an der internationalen Anerkennung von Konventionen hinsichtlich der Behandlung von Zivilisten und Kriegsgefangenen als Teil eines wachsenden Gesetzeskorpus des humanitären Völkerrechts zeigt. Obwohl das Rote Kreuz sich erwiesenermaßen nicht direkt mit Veteranen als sozialer Gruppe beschäftigte, kam es letztendlich zu gelegentlicher Zusammenarbeit mit internationalen Veteranenorganisationen. Ebenso verhielt es sich mit anderen INGOs. Dennoch haben Historikerinnen und Historiker auf die Spannungen innerhalb des Roten Kreuzes hingewiesen, die zwischen völkerrechtlicher Zielsetzung und faktischer Abhängigkeit von nationalstaatlicher Hoheitsgewalt bestehen, welche auch für internationalen Veteranenverbände charakteristisch waren. Die transnationale Sphäre nichtstaatlicher internationaler Organisationen, zu denen viele Veteranenverbände des 20. Jahrhunderts gehörten, war ebenfalls durch politische und ideologische Rivalitäten, Hierarchien und Konflikte charakterisiert.

Ebenfalls interessant sind die Vorläufer der Veteranenverbände in den Vielvölkerstaaten, insbesondere im Österreichisch-Ungarischen Kaiserreich in den Jahrzehnten vor dem Ersten Weltkrieg. Laurence Cole hat die Ausbreitung von Veteranenverbänden in den verschiedenen Regionen der Habsburgermonarchie im Laufe des 19. Jahrhunderts aufgezeigt. Anfänglich waren diese Gruppen ethnisch durchmischt. Nur langsam bildeten sich getrennte »nationale« Veteranengruppen, woraus in der Folge eine »multinationale« patriotische Bewegung erwuchs.[9] Später gingen daraus zahlreiche nationale Veteranenbewegungen hervor, von denen einige dann innerhalb der »internationalen« Veteranenverbände eigenständig repräsentiert waren. Hieran zeigt sich, dass die Muster der Entwicklung von Veteranenbündnissen

---

[7]  Vgl. Mark Mazower, The Strange Triumph of Human Rights 1933–1950. In: The Historical Journal, 47 (2004), 2, S. 379–398.

[8]  Vgl. David P. Forsythe, The Humanitarians. The International Committee of the Red Cross, Cambridge 2010, S. 13–50; Nicholas O Berry, War and the Red Cross. The Unspoken Mission, New York 1997, S. 7–9.

[9]  Vgl. Laurence Cole, Military Culture and Popular Patriotism in Late Imperial Austria, Oxford 2014, S. 127–155.

in Wechselwirkung mit dem Verständnis von Nation, Weltreich und der internationalen Ordnung standen. Bei der Interpretation der Geschichte internationaler Veteranenorganisationen ist es daher notwendig, den langfristigen Prozess der Staatenbildung und die Momente des weltweiten Auf- und Abstiegs nationalistischer Ideologien zu beachten.

## Internationale Veteranenorganisationen nach dem Ersten Weltkrieg

Die ersten internationalen Veteranenorganisationen entstanden nach dem Ersten Weltkrieg. Ihre Entwicklung verlief allerdings nicht geradlinig und war nicht vorgezeichnet. Während ehemalige Kombattanten, vor allem Kriegsversehrte, bereits vor dem Waffenstillstand im November 1918[10] neue nationale Verbände in verschiedenen Ländern wie Italien, Frankreich und Großbritannien gründeten, traten internationale Foren mit deutlicher Verzögerung in Erscheinung. Die erste internationale Veteranenorganisation wurde offiziell 1920 gegründet, viele Monate nach der Unterzeichnung der Friedensverträge, nach der Demobilmachung und nachdem nationale Veteranenverbände bereits an Bedeutung gewonnen hatten. Der Aufstieg dieser neuen Organisationen verlief nicht ohne Schwierigkeiten. In der Zwischenkriegszeit war die internationale Veteranenpolitik keineswegs stabil und verschiedene Organisationen, die individuelle Projekte zur Internationalisierung von Veteranenangelegenheiten repräsentierten, standen in Konkurrenz zueinander.

Die Wirren nach 1918/19 prägten die internationale Veteranenpolitik. Doch bereits in den Jahrzehnten vor dem Ersten Weltkrieg hatte sich in der westlichen Welt eine im Wesentlichen internationale Ideologie ausgebreitet: der Sozialismus. Als die Bolschewiki im Zuge der Oktoberrevolution 1917 im Russischen Kaiserreich die Staatsgewalt an sich rissen, erschütterte das die ganze Welt. Der Aufstieg des Kommunismus profitierte erheblich von den traumatischen Erfahrungen des Krieges, und ehemalige Frontsoldaten nahmen offen an der russischen Revolutionsbewegung teil. Als Ergebnis der Revolution zog sich Russland, ohne einen Sieg erlangt zu haben, aus dem Krieg zurück. In ganz Europa und anderen Teilen der Welt wurde die Veteranenpolitik durch die Angst vor dem Kommunismus und einer konterrevolutionären Reaktion, oftmals mit antisemitischer Tendenz, beeinflusst.[11] Daher versuchten bürgerliche Staaten, den Konservatismus innerhalb der

---

[10]  Vgl. Antoine Prost, Les Anciens Combattants et la Societé Française 1914–1939, vol. 1: Histoire, Paris 1977, S. 20–44; Giovanni Sabbatucci, I combattenti nel primo dopoguerra, Bari 1974, S. 19–30; Mike Hally, The Deep Roots of the British Legion: The Emergence of First World War British Veterans' Organisations. In: Veterans of the First World War. Ex-Servicemen and Ex-Servicewomen in Post-War Britain and Ireland. Ed. by David Swift and Oliver Wilkinson, London 2019, S. 17–33.

[11]  In diesem Zusammenhang siehe Robert Gerwarth, The Vanquished. Why the First World War Failed to End, New York 2016; War in Peace. Paramilitary Violence in Europe after the Great War. Ed. by Robert Gerwarth and John Horne, Oxford 2013.

Veteranenorganisationen zu fördern, obwohl diese anfänglich durch eine große Meinungsvielfalt gekennzeichnet waren.[12]

Bezeichnenderweise initiierte die politische Linke das erste Projekt zur Schaffung einer internationalen Veteranenorganisation nach dem Ersten Weltkrieg. Der berühmte Schriftsteller und ehemalige Kriegsteilnehmer Henri Barbusse hatte in Frankreich einen kommunistischen Veteranenverband ins Leben gerufen. Barbusse, nach dem Friedensschluss von Versailles enttäuscht vom liberalen Internationalismus, stand an der Spitze einer Bewegung, die später als »Veteranen-Internationale« (Internationale des combattants) firmierte.[13] Der kommunistische Internationalismus sowie die Idealisierung der Weltkriegsveteranen als proletarische Revolutionsmacht trieben dieses Projekt an. Das Hauptziel bestand darin, Kriege künftig zu verhindern und die Verbrüderung der Völker voranzutreiben. Dieses Vorhaben stieß allerdings von Anfang an auf den Widerstand der nationalstaatlichen Obrigkeiten, inklusive der schweizerischen Regierung, die die Teilnehmer des ersten Kongresses der Veteranen-Internationale in Genf von April bis Mai 1920 überwachte.[14] Die Behörden betrachteten die rege kommunistische Veteranen-Internationale als antimilitaristische und revolutionäre Bedrohung. In den Konferenzbeiträgen aus Frankreich, Großbritannien, Deutschland und Italien war denn auch zu hören, dass der Krieg das bösartige Produkt des Kapitalismus sei und dass Nationen nichts weiter als eine »vorübergehende« Erscheinung und ein bloßes Fragment der gesamten Menschheit darstellten. Die Organisation beschloss, Esperanto als Arbeitssprache für künftige Konferenzen einzuführen. Die Gründungsurkunde des Verbands beinhaltete die Verpflichtung zur Verbreitung pazifistischer und antimilitaristischer Propaganda, insbesondere unter Frauen und der Jugend, und die Verpflichtung, sich niemals an der »bourgeoisen« Institution des Völkerbunds zu beteiligen, da dessen Schaffung dazu gedient habe, »die Unterwerfung aller Proletarier durch die Imperialisten zu gewährleisten«. Zu einem Zusammenschluss mit der Kommunistischen Dritten Internationalen konnten sich die Delegierten jedoch nicht entschließen. Die Briten waren eher skeptisch, während sich Deutsche und Italiener tendenziell enthusiastisch für eine solche Vereinigung aussprachen. Die Sympathien, die Barbusse' Gruppe für die Dritte Internationale und das russische Revolutionsregime hegten, waren jedoch unverkennbar. Die Konferenzteilnehmer besprachen zudem juristische und medizinische Maßnahmen bezüglich der Rehabilitation versehrter Veteranen. Sie stellten eine »internationale Satzung zur Berentung« auf, die das »bedingungslose Recht« von Veteranen auf großzügige Entschädigungen festlegte.[15]

---

[12]  Vgl. Ángel Alcalde, War Veterans and the Transnational Origins of Italian Fascism (1917–1919). In: Journal of Modern Italian Studies, 21 (2016), 4, S. 561–579.

[13]  Vgl. Ángel Alcalde, War Veterans as Transnational Actors. Politics, Alliances and Networks in the Interwar Period. In: European Review of History. Revue européenne d'histoire, 25 (2018), 3–4, S. 492–511.

[14]  Siehe »Internationaler Kongress der ›anciens combattants‹ 1920 in Genf (Antimilitaristen)«, Schweizerisches Bundesarchiv Bern, Dossier E21#1000/131#13690*.

[15]  Siehe ebd.

Nicht nur Regierungen, sondern auch nichtsozialistische Veteranenorganisationen betrachteten das Projekt von Barbusse mit Geringschätzung und Misstrauen, wenn nicht gar mit unverhohlener Feindseligkeit. Kurioserweise waren es dennoch konservative Veteranen, die die Idee zur Bildung einer internationalen Veteranenorganisation aufgriffen und sich daran machten, sie in anderer Form zu realisieren. Französische Veteranen der konservativen Union Nationale des Combattants (UNC) waren maßgeblich daran beteiligt, die Bildung einer *interalliierten* Veteranenorganisation als ein Bündnis der Veteranen der Siegermächte des Ersten Weltkriegs voranzubringen.[16] Das Projekt, das als konservativ-internationalistische Reaktion auf die Bedrohung durch den sozialistischen Internationalismus verstanden werden kann, nahm die Gestalt einer Föderation an und nannte sich Fédération Interalliée des Anciens Combattants (Interalliierte Föderation der Kriegsveteranen, FIDAC).

Die FIDAC kann als das bedeutendste Beispiel einer internationalen Veteranenorganisation nach dem Ersten Weltkrieg gelten. Sie wurde im November 1920 in Paris von Führern konservativer und antisozialistischer Veteranenorganisationen aus Frankreich, Großbritannien und den USA gegründet, unter ihnen auch die British Legion und die American Legion. Ihr erster Präsident war der UNC-Führer Charles Bertrand. Die zweite FIDAC-Konferenz wurde ebenfalls in Paris abgehalten. Auch italienische und belgische Veteranenorganisationen zählten zu den Gründungsmitgliedern. Die FIDAC diente als Stütze der Nachkriegsordnung, wie sie der Friedensvertrag von Versailles definierte, und vertrat damit die nationalen Interessen der Siegermächte. Obwohl sich die Mitglieder der FIDAC ihre Organisation als eine Art Völkerbund der Veteranen dachten, unterschied sich die Veteranendiplomatie, wie sie auf den Konferenzen des Bundes praktiziert wurde, vom internationalistischen Modell des Völkerbundes. Die FIDAC spiegelte das westliche Bündnissystem der Vorkriegszeit wider. Zusätzlich zu Frankreich, Großbritannien und den USA nahm die Föderation auch »kleinere« Siegerstaaten wie Rumänien und Portugal sowie Staaten auf, die erst kürzlich aus dem Zerfall der großen europäischen Imperien hervorgegangen waren, unter ihnen die Tschechoslowakei, Jugoslawien und Polen. In der Organisation herrschte die Meinung vor, vor allem gestützt durch konservative französische Veteranen, dass Kriegsteilnehmer der besiegten Länder, also der ehemaligen Feindstaaten, niemals in die Föderation aufgenommen werden sollten. Mit Blick auf die Veteranenrehabilitation arbeitete die FIDAC darauf hin, die Gesetzgebung hinsichtlich ehemaliger Militärangehöriger und Kriegsopfer zu vereinigen. Ein wichtigerer Teil der FIDAC-Aktivitäten bezog sich allerdings auf das Kriegsgedenken. Ihre Konferenzen waren Anlass ritualisierter Gedenkfeiern für die gefallenen Soldaten. Die Abgeordneten folgten dabei den offiziellen Verfahren des Totengedenkens, die in den Siegerländern der Nachkriegszeit transnational entstanden waren, um die erbrachten Opfer zu legitimieren. Ein Beispiel für die Instrumentalisierung des Gefallenengedenkens zur Rechtfertigung der Nachkriegsordnung waren die Feierlichkeiten zum Gründungstag der FIDAC am 28. November, bei denen alljährlich »die Feuer oder Blumenornamente an den

---

16    Vgl. Alcalde, War Veterans as Transnational Actors (wie Anm. 13).

Gräbern des Unbekannten Soldaten der elf alliierten und assoziierten Kriegsteilnehmerländer« erneuert wurden.[17]

Ab Mitte der 1920er Jahre belasteten Streitigkeiten die FIDAC-Konferenzen. Nationale Abordnungen und verschiedene Fraktionen innerhalb der nationalen Abordnungen gerieten über die Frage einer Annäherung an die besiegten Nationen, insbesondere an Deutschland, wiederholt in Streit. In den 1920er Jahren wurden der Aufstieg der italienischen Faschisten und Mussolinis Regime irrigerweise als Veteranenbewegung bzw. als veteranengeführtes Regime betrachtet. Aus diesem Grund gewannen italienische Faschisten enormen Einfluss auf die FIDAC, was zur rechten Radikalisierung von Veteranenorganisationen in ganz Europa beitrug.[18] Ein Mitglied der italienischen National-Faschistischen Partei (PNF), Nicola Sansanelli, wurde Präsident der FIDAC. Auch wenn rechtsstehende und nationalistische Veteranen die Ideale des Faschismus bewunderten, verlor die FIDAC im relativ friedlichen Locarno-Europa große Teile ihres Einflusses auf internationale Angelegenheiten, den sie in den frühen 1920er Jahren noch besessen hatte.

Ab Mitte der 1920er wurden jedoch auch wesentliche Fortschritte hinsichtlich der Versöhnung und des Friedens im Rahmen einer ganz anderen internationalen Veteranenorganisation gemacht: der Internationalen Konferenz der kriegsversehrten Soldaten und ehemaligen Militärangehörigen (Conférence internationale des associations de mutilés et anciens combattants, CIAMAC). Zwar wurde die CIAMAC offiziell 1925 gegründet, doch liegen ihre Anfänge ebenfalls in den frühen 1920er Jahren.[19] Mehrere interalliierte Expertenkonferenzen zur Veteranenrehabilitation seit 1916 hatten zur Idee geführt, eine internationale Veteranenorganisation zu gründen. Trotzdem gab es bis Ende 1921 keinen nennenswerten Durchbruch, bis Repräsentanten von Veteranenverbänden für Kriegsversehrte mit der Internationalen Arbeiterorganisation (IAO) eine Zusammenarbeit mit Sitz in Genf ins Leben riefen, die sich auch an der Schaffung des Völkerbundes beteiligte. Die Veteranen arbeiteten mit der zuständigen Stelle der IAO für Versehrte zusammen, die zur damaligen Zeit von dem Kriegsversehrten Adrien Tixier geleitet wurde. Einflussreiche Funktionäre des französischen Mitte-links-Veteranenverbands Union Fédérale (UF), unter ihnen René Cassin, waren wesentliche Förderer.

Der linke Flügel der Veteranen-Internationale verweigerte jegliche Zusammenarbeit mit der CIAMAC, da er sie als Anhängsel des »bourgeoisen« Projektes des Völkerbunds betrachtete. Einige Organisationen und Funktionäre der CIAMAC waren ebenfalls in der FIDAC tätig, allerdings behielt Letztere ihren eigenen Kurs bei. Die CIAMAC konzentrierte sich weiterhin auf die Angelegenheiten kriegsversehrter Veteranen, die man als soziales Problem wahrnahm. Gleichzeitig betonte sie den internationalen Frieden und die Versöhnung mit den ehemaligen Feinden. Auch österreichische und deutsche Veteranenverbände beteiligten sich in diesem Forum. CIAMAC-Konferenzen wurden in Wien (1927 und 1932) und Berlin (1932) abgehalten. Die Organisation gab ein zweisprachiges französisch-deutsches Magazin heraus,

[17]   Le Cri du poilu de l'Union nationale des combattants, Lorient, 15.6.1934.
[18]   Vgl. Ángel Alcalde, War Veterans and Fascism in Interwar Europe, Cambridge 2017, S. 182–188.
[19]   Vgl. Alcalde, War Veterans as Transnational Actors (wie Anm. 13), S. 497–498.

in dem zahlreiche Autoren Themen wie Abrüstung, die ökonomischen Grundlagen des internationalen Friedens sowie die Erziehung der Jugend nach internationalistischen Werten diskutierten.[20] In den 1930er Jahren beschrieben Kommentatoren die CIAMAC als »dem Sozialismus zugetan«,[21] was erklärt, warum die British Legion und die American Legion der CIAMAC fernblieben. Vor allem Veteranen aus den neuen mittel- und osteuropäischen Staaten, wie der Tschechoslowakei und Polen, sahen Vorteile in einer Annäherung an die Vorstellungen des Veteraneninternationalismus, wie sie in der CIMIAC vertreten wurden.[22] Dies beruhte größtenteils auf geostrategischen Interessen und weniger auf pazifistischen Idealen. Im Gegensatz zu den Polen und Tschechen missfiel etwa den rumänischen Veteranen die Betonung des von der CIAMAC vertretenen Versöhnungsgedankens; sie setzten eher auf die härtere FIDAC-Linie zur strikten Einhaltung der Friedensverträge.[23] Mit seinen großen Gebietszugewinnen durch die Friedensvereinbarungen zählte Rumänien eindeutig zu den Siegern des Ersten Weltkriegs. Die Prioritäten der rumänischen Veteranen spiegelten die Interessen ihres zunehmend autoritär geführten Staates und dessen geopolitischer Lage wider. Während die internationale Veteranenbewegung innerhalb der CIAMAC der europäischen Versöhnung als Grundlage für den Frieden den Vorzug gab, wurde die Arbeit der Konferenz durch nationale und parteipolitische Interessen bestimmt.

Abrüstung war in der Zwischenkriegszeit ein Hauptanliegen von FIDAC und CIAMAC.[24] Als internationaler Sammelpunkt für sehr unterschiedliche soziale Gruppen nahm der Kampf um die Abrüstung in den frühen 1930er Jahren Fahrt auf. Durch die erfolglose Genfer Abrüstungskonferenz 1932/33 löste sich dieses Momentum jedoch auf. Nach der Machtübernahme Hitlers im Januar 1933 steuerten die internationalen Abrüstungsverhandlungen auf einen Stillstand zu. Innerhalb von Monaten hatte Deutschland sich aus der Abrüstungskonferenz sowie aus dem Völkerbund zurückgezogen.[25] Und insbesondere nach 1935 setzte Europa, inmitten einer tiefen Krise der Friedensbewegung, auf Wiederbewaffnung und damit auf Krieg.

Im vorangegangenen Jahrzehnt waren Abrüstungskonzepte hingegen der Schlüssel zu den internationalen Beziehungen gewesen. Seit ihrer Gründung verabschiedeten FIDAC und CIAMAC positive Abrüstungsbeschlüsse. Dennoch gab es klare Unterschiede in ihren Vorgehensweisen. Die FIDAC mahnte an, dass die Abrüstung nicht zu Lasten der »nationalen Sicherheit« gehen dürfe. Im Gegensatz dazu setz-

---

[20]  Als Beispiel siehe Ciamac. Bulletin de la Conférence internationale des associations de mutilés de guerre et anciens combattants (Geneva), Nr. 3 (1931).

[21]  World Affairs, Vol. 98, Nr. 3 (September 1935), Bl. 173.

[22]  Vgl. Julia Eichenberg and Natali Stegmann, Divided by War, United by Welfare. The International Labour Organization Promoting War Invalids' Internationalism. In: European Review of History. Revue européenne d'histoire, 29 (2022), 4, S. 590–613.

[23]  Vgl. Blasco Sciarrino, ›Soldiers of Peace‹. The Transnational Activism of Romanian Great War Veterans, 1920–1939. In: Radovi, 50 (2018), 1, 205–224.

[24]  Vgl. Thomas Richard Davies, International Veterans' Organizations and the Promotion of Disarmament Between the Two World Wars. In: The Great War (wie Anm. 5), S. 187–206.

[25]  Vgl. Gerhard L. Weinberg, Hitler's Foreign Policy. The Road to World War II 1933–1939, New York 2005, S. 167–173.

te die CIAMAC ihre Hoffnungen auf die Schaffung eines Systems internationaler Waffenkontrolle und strebte eine breite Abrüstung sowie ein Ende kriegstreiberischer Propaganda an.[26] Ihre Differenzen beilegend, stimmten FIDAC und CIAMAC im Januar 1933 einem gemeinsamen Beschluss zur Abrüstung zu. Das verhandelte Abkommen vereinte den Schwerpunkt der FIDAC, der auf der Sicherheit des Status quo lag, mit den Konzepten moralischer und materieller Abrüstung, welche die CIAMAC vehement vertrat.[27] Dieser beispiellose Erfolg wurde durch öffentliche Veranstaltungen im März 1933 begleitet, die in Genf, dem Schauplatz der Abrüstungskonferenz, stattfanden. Mehr als 4500 Veteranen zogen in Paradeformationen durch die Straßen der Stadt und verliehen so ihrer Unterstützung für Abrüstung und Frieden Ausdruck. Trotzdem sollte das Ausmaß der Zustimmung für die Abrüstung in den Veteranenorganisationen der verschiedenen Länder nicht überschätzt werden. Nicht alle Mitgliedsorganisationen von FIDAC und CIAMAC unterwarfen sich dem Beschluss. Die (faschistischen) italienischen Organisationen in der FIDAC sowie die American Legion stimmten lediglich für einen separaten »Zweitbeschluss«, der alle spezifischen Forderungen nach moralischer und materieller Abrüstung des Hauptbeschlusses wieder herausstrich.[28] Des Weiteren sollte zur selben Zeit die rasche Durchsetzung des nationalsozialistischen Regimes in Deutschland die Abrüstungsbestrebungen zunichtemachen. Der Aufstieg des »Dritten Reichs« war ein weiterer Schlag für die CIAMAC-Aktivitäten, da das Regime bis zum Ende des Jahres 1933 die deutschen Veteranenorganisationen aus ihren Verbindungen zur CIAMAC löste und ihre Anführer inhaftierte. Hitlers Regime, welches das Bild der ehemaligen Kriegsteilnehmer und der Kriegsversehrten gründlich manipulierte,[29] zerschlug außerdem jene deutschen Verbände, die das Rückgrat der linken Veteranen-Internationale dargestellt hatten. Die nationalsozialistische Übernahme der deutschen Veteranenverbände wiederholte die Vorgänge der 1920er Jahre in Italien, als die Faschisten die italienischen Veteranen und deren Verbände für sich vereinnahmt hatten.

Der Aufstieg des Faschismus in Europa in den 1930er Jahren gestaltete die internationale Veteranenpolitik dramatisch um. Nach 1936 stimmten Italien und das Deutsche Reich ihre Strategien innerhalb der internationalen Veteranenangelegenheiten aufeinander ab.[30] Einerseits gewannen die italienischen Faschisten mit dem Kriegsversehrtenführer Carlo Delcroix, der 1936 Präsident der Organisation wurde, wieder Einfluss innerhalb der FIDAC. Anderseits betrieben nationalsozialistische Veteranen eine irreführende Diplomatie bilateraler, »freundschaftlicher« Zusammentreffen mit ihren »Kameraden« aus anderen Ländern. Diese außenpoliti-

---

[26]   Vgl. Davies, International Veterans' Organizations (wie Anm. 24), S. 191 f.

[27]   United Nations Archives and Library, Geneva, File R4224/7B/2872/664, »International Conference of Association of Disabled Soldiers and Ex-Service Men: C.I.A.M.A.C and F.I.D.A.C.«

[28]   Siehe die Compté Rendu Officiel des Rassemblement International, in: United Nations Archives and Library, Geneva, File R4224/7B/2872/664, »International Conference of Association of Disabled Soldiers and Ex-Service Men: C.I.A.M.A.C and F.I.D.A.C.«

[29]   Vgl. Alcalde, War Veterans and Fascism (wie Anm. 18), S. 225–233; Nils Löffelbein, Ehrenbürger der Nation. Die Kriegsbeschädigten des Ersten Weltkriegs in Politik und Propaganda des Nationalsozialismus, Essen 2013.

[30]   Vgl. Alcalde, War Veterans and Fascism (wie Anm. 18), S. 251–257.

sche Strategie täuschte Veteranenorganisationen aus Frankreich und Großbritannien erfolgreich und machte sie glauben, dass sich das Dritte Reich beschwichtigen ließe.[31] Das Ergebnis dieser zweigleisigen Entwicklungen war die Schaffung einer neuen internationalen Veteranenorganisation, die vollständig unter nationalsozialistisch-faschistischer Kontrolle stand: die Ständige Internationale Frontkämpferkommission (Comitato Internazionale Permanente dei Combattenti, CIP). Der Faschist Delcroix fungierte auch für dieses Forum als Präsident, nur um sein Amt im Jahr 1937 an den nationalsozialistischen Vertreter, den Herzog von Sachsen-Coburg, abzutreten. Wenig originell behauptete die CIP offiziell, die Beziehungen zwischen Veteranen verschiedener Länder stärken sowie das gegenseitige Verständnis und die Solidarität als Basis für den »Frieden«, fördern zu wollen. Trotz dieser Friedensrhetorik bestand die Hauptfunktion dieser neuen internationalen Organisation nicht mehr länger in der Arbeit für Wohlfahrt und Frieden, sondern darin, den Weg für die Expansion der Achsenmächte durch einen neuen Krieg zu ebnen. Die heuchlerische Absicht der nationalsozialistisch-faschistischen Veteranen-Friedensdiplomatie zeigte sich in Anbetracht der gleichzeitigen militärischen Intervention Italiens und Deutschlands im spanischen Bürgerkrieg besonders deutlich. Dies war ein weiterer Schritt in Richtung eines neuen europäischen Konflikts. Der Ausbruch des Zweiten Weltkriegs wurde vielerorts als Versagen der internationalen Veteranenbewegung in der Zwischenkriegszeit gewertet. Zugleich bröckelte dadurch der Mythos, dass Veteranen eine besondere Rolle in der Schaffung einer friedvollen Verständigung zwischen den Staaten spielen könnten.

Nicht nur der Internationalismus in verschiedenen Färbungen trieb die Gründung internationaler Veteranenorganisationen voran; diese konnten ebenso das geistige Kind imperialistischer Ideologien sein. Bei der British Empire Services League (BESL) handelte es sich um einen weiteren internationalen Veteranenverband, der nach dem Ersten Weltkrieg entstanden war. Die League wurde 1921 auf Betreiben des südafrikanischen Staatsmannes General Jan Smuts und des Vorsitzenden der British Legion Feldmarschall Douglas Haig gegründet. Genau wie ihre Mutterorganisation, die British Legion, unterhielt die BESL enge Verbindungen zur britischen Regierung und verfolgte konservative Ziele. Diese bestanden darin, die Veteranenverbände in den verschiedenen Herrschaftsgebieten des britischen Weltreichs, darunter Kanada, Südafrika, Australien und Neuseeland, zu verbinden.[32] Bei Gründung der BESL bemerkte Smuts, dass die Organisation »praktisch ein Völkerbund« sei.[33] Die Realität war allerdings weit von dieser Vorstellung entfernt. Die Aktivitäten der BESL waren darauf beschränkt, halbjährliche Konferenzen auszurichten und die Verbindungen zwischen den angelsächsischen Veteranen in allen Herrschaftsgebieten zu halten, all dies in der Absicht, die Stabilität des Britischen

---

31  Siehe des Weiteren Claire Moreau-Trichet, La propagande nazie à l'égard des associations françaises d'anciens combattants de 1934 à 1939. In: Guerres mondiales et conflits contemporains, 205 (2002), S. 55–70; Niall Barr, The Lion and the Poppy. British Veterans, Politics, and Society 1921–1939, London 2005, S. 151–189.

32  Vgl. Brian Harding, Keeping Faith. The History of The Royal British Legion, Barnsley 2001, S. 289 f.

33  The Times (London), 18.5.1921.

Weltreichs zu gewährleisten. Bezeichnenderweise hatten Veteranen der indischen Expeditionsstreitkräfte des Ersten Weltkriegs keine bedeutende Rolle innerhalb der BESL, auch wenn Abgeordnete, die Indien und andere Teile des Empire repräsentierten, Teil der Organisation waren. Die BESL war eine Organisation für Veteranen der »White Dominions« und unterhielt als solche auch freundschaftliche Beziehungen zur American Legion. Die BESL war im Wesentlichen ein imperiales Herrschaftsinstrument. Im Juli 1923 wurde für die Teilnehmer der ersten BESL-Konferenz in London die »Dreifach-Parole der ›Einheit, Kameradschaft und des Friedens‹« ausgegeben. Ihre thematischen Schwerpunkte lagen auf der kontrollierten Migration und der ländlichen Ansiedlung innerhalb des Empire.[34] Diese Themen blieben für den Rest der Zwischenkriegszeit bedeutend und die britische Regierung förderte und unterstützte die Ansiedlung zahlreicher britischer Veteranen in den Dominions. Der größte Anteil entfiel dabei auf Australien. Die BESL stellte somit eine Interessenvertretung zur Verbesserung der Lebensbedingungen und des Wohlergehens dieser migrierten ehemaligen Soldaten dar.[35] Nach dem Zweiten Weltkrieg nahm die BESL ihre Aufgaben mit dem zusätzlichen Schwerpunkt, die Ausbreitung des Kommunismus innerhalb des Britischen Weltreichs zu verhindern, wieder auf.[36] Letztendlich schmälerte der Niedergang des Empire die Bedeutung der Organisation, die 1958 in British Commonwealth Ex-Services League umbenannt wurde.[37] Bis heute erhält dieser Verband lose Verbindungen zwischen den Veteranen der Commonwealth-Staaten aufrecht.

## Internationale Veteranenorganisationen
## nach dem Zweiten Weltkrieg

Der Zweite Weltkrieg unterschied sich in wichtigen Punkten vom Ersten Weltkrieg. Die Zivilbevölkerung war zu einem vorrangigen Ziel von Gewalt geworden. Die Bombardierung von Städten aus der Luft, ethnische Säuberungen, Völkermord und Vergeltungsmaßnahmen gegen Zivilistinnen und Zivilisten zogen nie vorher dagewesene Opferzahlen nach sich. Nach 1945 war es daher deutlich schwerer, den Mythos des Kriegserlebnisses als ruhmreiches Narrativ aufrechtzuerhalten,[38] welches zur Prominenz von Veteranen in der Politik der Zwischenkriegszeit beigetragen hatte. Es war nicht mehr länger möglich, ehemalige Kriegsteilnehmer als moralisch überlegene Helden der Nation darzustellen, die weit über jenen standen, die nicht in den Streitkräften gekämpft hatten. Dies galt insbesondere für die europäischen Gesellschaften, die unmittelbar vom Leid des Krieges betroffen waren. Anstelle der

---

[34] The Times, 17.7.1923.
[35] Vgl. Michael Robinson, ›No Man's Land‹. Disability, Rehabilitation, Welfare Policy and the British Ex-Service Migrant in Australia, 1918–39. In: Social History of Medicine, 34 (2019), 1, S. 214–236.
[36] Vgl. Ángel Alcalde, War Veterans, International Politics, and the Early Cold War, 1945–1950. In: Cold War History, 18 (2018), 4, S. 409–427.
[37] The Times, 22. Februar 1958.
[38] Vgl. George L. Mosse, Two World Wars and the Myth of the War Experience. In: Journal of Contemporary History, 21 (1986), 4, S. 491–513.

individuellen Qualitäten der Soldaten war es die Technologie, die den Sieg letztendlich möglich gemacht hatte. Die Grenzen zwischen Kriegsteilnehmern und jenen, die nicht am Krieg teilgenommen hatten, waren unscharf geworden. Daher wurden Kategorien wie »Kriegsopfer«, »Widerstandskämpfer« und »ehemaliger Kriegsgefangener« in der internationalen Politik der Nachkriegszeit relevant. Veteranen verschwanden jedoch weder aus der transnationalen Sphäre noch aus der nationalen Politik.[39] Nach dem Zweiten Weltkrieg waren nationale Veteranenorganisation weiterhin aktiv; zudem entstanden neue Verbände, bestehend aus Veteranen des letzten Krieges. Vor allem in den USA gewannen deren Belange durch die Omnipräsenz von Millionen kriegsgedienter Männer an Bedeutung. Sie wurden zusammenfassend als Angehörige der »Greatest Generation« bezeichnet.[40] Hilfeleistungen und Privilegien kamen aber vor allem den männlichen weißen Angehörigen dieser Generation zu. Schwarze ehemalige Soldaten und Frauen im Kriegsdienst wurden trotz ihres Einsatzes diskriminiert und es war ihnen meist nicht möglich, die Leistungen der Wiedereingliederungshilfe (G.I. Bill of Rights, eigentlich Servicemen's Readjustment Act, US-Bundesgesetz von 1944) in Anspruch zu nehmen.[41] In den USA, die als zweifacher Sieger und damit mit einer globalen Vormachtstellung aus dem Krieg hervorgegangen waren,[42] bedeutete ein Veteran zu sein, zu einer Sonderkategorie zu gehören.[43] Ein amerikanischer Veteran des Ersten Weltkriegs und ehemaliger Anführer der American Legion, Harry S. Truman, wurde 1945 Präsident der Vereinigten Staaten. Seine Amtsnachfolger waren Männer, die als Kriegshelden angesehen wurden, wie General Dwight D. Eisenhower 1953 und John F. Kennedy 1961. Wie schon in Europa nach 1918, wurden Veteranen in den USA als fähige Führer der Nation angesehen. Diese Tatsache wirkte sich tiefgreifend auf die internationale Veteranenpolitik und deren Organisationen aus.[44]

Geopolitische Prozesse formten den Rahmen, in dem internationale Veteranenorganisationen jahrzehntelang operieren sollten. Der Kalte Krieg teilte nicht nur den europäischen Kontinent in zwei sich feindlich gegenüberstehende Lager, sondern er wirkte sich auch auf den Rest der Welt in Form von Stellvertreterkriegen in Asien und Afrika aus.[45] Der Entkolonialisierungsprozess, der oft langandauernde bewaffnete Konflikte mit sich brachte, veränderte die internationale politische Landschaft. Für die vorliegende Analyse ist es wichtig festzuhalten, dass die Vereinten Nationen über strukturelle Eigenschaften verfügten, die verhindern soll-

---

[39] Siehe zum Beispiel: Filippo Masina, La riconoscenza della nazione. I reduci italiani fra associazioni e politica (1945–1970), Florence 2016; Pieter Lagrou, The Legacy of Nazi Occupation. Patriotic Memory and National Recovery in Western Europe 1945–1965, Cambridge 2000.

[40] Vgl. Michael D. Gambone, The Greatest Generation Comes Home. The Veteran in American Society, College Station 2005.

[41] Vgl. Robert Francis Saxe, Settling Down. World War II Veterans' Challenge to the Postwar Consensus, New York 2007.

[42] Vgl. Melvyn P. Leffler, A Preponderance of Power. National Security, the Truman Administration and the Cold War, Stanford 1992.

[43] Vgl. Crotty/Diamant/Edele, The Politics of Veteran Benefits (wie Anm. 2), S. 22–31.

[44] Weiterführend siehe: Alcalde, War Veterans, International Politics (wie Anm. 36).

[45] Vgl. Odd Arne Westad, The Global Cold War. Third World Interventions and the Making of Our Times, Cambridge 2007.

ten, dass sie das gleiche Schicksal ereilte wie den Völkerbund. Diese Strukturen
lähmten jedoch gleichzeitig das internationale Handeln in Krisensituationen, wenn
die Vetomächte des UN-Sicherheitsrates ihre Interessen bedroht sahen.[46] Das war
im Nullsummenspiel des Kalten Krieges häufig der Fall.[47] Es brauchte etwas
Zeit, bis der Kalte Krieg sich als neuer Status quo verfestigt hatte. Die meisten
Historiker datieren seinen Beginn mit der Truman-Doktrin und dem Marshall-
Plan auf das Jahr 1947, spätestens aber auf den Ausbruch des Koreakriegs im Juni
1950. In diesem Zusammenhang gewinnt die Gründung neuer internationaler
Veteranenorganisationen zwischen der Bildung der Vereinten Nationen 1944/45
und dem Koreakrieg an Bedeutung. Diese neue Generation hatte nur wenige
Verbindungen zur Veteranenpolitik der Zwischenkriegszeit.

In den Jahren 1945 und 1946 unternahmen ehemalige Soldaten erste Schritte
zur Schaffung neuer internationaler Veteranenorganisationen. Im Zuge der Konferenz von San Francisco im Juni 1945 – ein Meilenstein bei der Schaffung der
Vereinten Nationen – diskutierten Veteranen der USA und ihrer Bündnispartner
die Gründung einer »Veteranenliga der Vereinten Nationen«. Im Februar 1946 trafen sich die Spitzen von Verbänden ehemaliger Widerstandskämpfer und politischer
Gefangener des nationalsozialistischen Regimes aus diversen Staaten in Warschau:
Aus diesem Treffen ging später die Internationale Föderation ehemaliger politischer Gefangener (Fédération Internationale des Anciens Prisonniers Politiques,
FIAPP) hervor. Auch in Westeuropa fanden für die transnationale Veteranenpolitik
bedeutsame Veranstaltungen statt. So diskutierten französische und belgische
Veteranen in Brüssel bereits im Juni 1946 die Bildung eines Weltverbandes der
Anciens Combattants. All dies läutete eine neue Phase in der Geschichte der internationalen Veteranenorganisationen ein. Die Idee der Konferenz von San Francisco
wurde zwar nicht weiterverfolgt, doch die französisch-belgische Initiative erfreute
sich der Unterstützung durch Veteranen auch anderer Länder. Im Zuge der dritten
Generalversammlung der Vereinten Nationen im Jahr 1948 wurde daran angeknüpft.

Zu diesem Zeitpunkt hatten sich allerdings linke und kommunistische Veteranenverbände in Europa bereits um das kommunistische Projekt der FIAPP versam-
melt.[48] In den späten 1940er Jahren streuten die Sowjetunion und das Kominform
(Informationsbüro der Kommunistischen und Arbeiterparteien) internationale »Friedenspropaganda« auch mithilfe von Organisationen wie der FIAPP. Diese
Situation ist vergleichbar mit der Zeit nach dem Ersten Weltkrieg, als Forderungen
nach »Frieden« und »Revolution« den Aufstieg der linken Veteranen-Internationale
sowie der reaktionären FIDAC gekennzeichnet hatten.

---

[46]  Vgl. Paul Kennedy, The Parliament of Man. The United Nations and the Quest for World
      Government, London 2006; Mark Mazower, Governing the World. The History of an Idea,
      London 2012, S. 191–243.
[47]  Vgl. Ilya Gaiduk, Divided Together. The United States and the Soviet Union in the United Nations,
      1945–1965, Washington, Stanford 2012.
[48]  Vgl. Alcalde, War Veterans, International Politics (wie Anm. 36); Václav Šmidrkal, The International
      Federation of Resistance Fighters. Communist Anti-fascism, Germany and Europe. In War Veterans
      and the World after 1945. Cold War Politics, Decolonization, Memory. Ed. by Ángel Alcalde and
      Xosé M. Núñez Seixas, Abingdon 2018, S. 17–32.

Während osteuropäische Veteranen des Zweiten Weltkriegs, die nun fest unter kommunistischer Kontrolle standen, sich in der FIAPP zusammenschlossen, unternahmen westliche Kriegsteilnehmer beiderseits des Atlantiks gemeinsame Anstrengungen zur Schaffung einer neuen internationalen Organisation. Dabei wurden das moralische Prestige und die Führungsrolle, die die französischen Anciens Combattants unter den westeuropäischen Veteranen genossen, durch den Einfluss und die finanziellen Mittel der ehemaligen US-amerikanischen Organisationen noch gesteigert. Auf europäischen Treffen hießen die Funktionäre der Union Fédérale des Anciens Combattants (UFAC), des erneuerten französischen Föderalverbands der Veteranen, die ehemaligen amerikanischen Streitkräfteangehörigen aus neugegründeten US-Gruppierungen wie dem liberal-progressiven American Veterans Committee (AVC) und den American Veterans of World War II (AMVETS) willkommen. Albert Morel, ein Ancien Combattant des Ersten Weltkriegs, der die Abrüstungsbewegung der Veteranen in den frühen 1930er Jahren mitgetragen hatte, traf sich mit dem Amerikaner Gilbert Harrison, einem liberalen Funktionär des AVC, der kurz zuvor durch die CIA rekrutiert worden war. Im Jahr 1950 arbeitete Harrison, durch Gelder der CIA gestützt, in Paris mit Morel zusammen, um eine neue internationale Veteranenorganisation ins Leben zu rufen. Harrison pflegte enge Kontakte zu Elliot H. Newcomb, einem ehemaligen Geschäftsreisenden und Funktionär der AMVETS. Die internationale Organisation, die durch das Wirken dieser beiden Männer zustande kam, war mit ihrer liberal-internationalistischen Ausrichtung ganz ein Kind des Kalten Krieges. Harrison und Newcomb lehnten den Konservatismus der American Legion sowie den Imperialismus der British Legion und der BESL ab, behielten aber ihre antikommunistische Stoßrichtung bei. Mit Ausbruch des Koreakriegs, und insbesondere nachdem sich die Vereinten Nationen unter der amerikanisch geführten Militärintervention gegen den Kommunismus gesammelt hatten, sahen die beiden ihre Chance gekommen, eine neue internationale Veteranenorganisation mit dem Anspruch ins Leben zu rufen, auf den Frieden hinzuarbeiten sowie gleichzeitig antikommunistisch und internationalistisch zu sein. Morel wurde Präsident und Newcomb der erste Generalsekretär. World Veterans Federation (WVF) sollte die Organisation fortan heißen.[49]

Die WVF war vor allem in den ersten Jahren ihrer Existenz eine Propagandawaffe des Kalten Krieges in den Händen liberaler amerikanischer Internationalisten. Deutlich wird dies an der Rivalität mit ihrem Gegenstück, der Internationalen Föderation der Widerstandskämpfer (FIR), wie die FIAPP seit ihrer Umbenennung 1951 hieß.[50] Die FIR-Kongresse waren sozialistische Nachbildungen von WVF-Versammlungen. Da Jugoslawien sich von Stalin losgesagt hatte und die USA aus strategischen Gründen die Balkannation unterstützten, spielten jugoslawische Veteranen eine prominente Rolle innerhalb der WVF. Als kommunistische Veteranenorganisationen aus westeuropäischen Ländern, beispielsweise aus Italien, den Versuch unternahmen, in die WVF aufgenommen zu werden, wurden ihre Gesuche

49   Das oben Genannte ist eine Zusammenfassung des analysierten Prozesses in Alcalde, War Veterans, International Politics (wie Anm. 36), S. 420 f.
50   Vgl. Šmidrkal, The International Federation of Resistance Fighters (wie Anm. 48).

systematisch abgelehnt. Im Jahr 1956 bemühte sich die Sowjetunion erfolglos um Aufnahme.[51] Da die Geldmittel der WVF für ihre teuren Propagandakampagnen, ihre große Pariser Zentrale und die farbenfrohen zweisprachigen Veröffentlichungen hauptsächlich von wohlhabenden Angehörigen der liberalen Oberschicht an der amerikanischen Ostküste kamen, stellte dieser Personenkreis sicher, dass die WVF unter dem Deckmantel des Internationalismus stets US-amerikanische Interessen vertrat.[52]

Dennoch wäre es ein Fehler, die WVF als reine Frontorganisation des Kalten Krieges zu betrachten. Einige Regierungen und Veteranenverbände misstrauten jeder offenen Beteiligung der WVF an der internationalen Politik. Insbesondere das Scheitern der FIDAC stand Organisationen wie der British Legion und der American Legion, die beide niemals der WVF beitraten, als mahnendes Beispiel vor Augen. Regierungen, darunter die britische, arbeiteten darauf hin, Veteranen von jeglichen kontroversen Fragen internationaler Politik fernzuhalten und ihre Aktivitäten auf die Fürsorge für ehemalige Soldaten zu beschränken und diese zu steuern. Vom zweiten WVF-Generalsekretär zwischen 1954 und 1961, Curtis Campaigne, gingen verstärkt Impulse für die Rehabilitationsprogramme aus. Indem die WVF die Rehabilitation von Veteranen zu ihrem Hauptanliegen machte, sicherte sie ihre Daseinsberechtigung im dicht besetzten Feld der INGOs und die Kontinuität ihrer Organisation. Die WVF erhielt bereits 1952 Beraterstatus bei den Vereinten Nationen und wurde von UN-Beamten als ihre »Versuchskaninchen-NGO« betrachtet.[53] Die WVF organisierte internationale Treffen von Rehabilitationsexperten und Bildungsprojekte in verschiedenen Ländern. Dabei beschränkte sie diese Aktivitäten nicht auf Veteranen im Speziellen, sondern öffnete sie für Menschen mit Behinderungen im Allgemeinen. Die WVF war Pionier in der Mitorganisation der Paralympischen Spiele. Sie stellte Beziehungen zu vielen anderen internationalen Organisationen der Vereinten Nationen her, wie etwa der UNESCO, der WHO und der IAO.

Der transnationale Austausch von Expertenwissen zur physischen Rehabilitation von Kriegsversehrten wurde für die Verfolgung politischer Ziele instrumentalisiert. Obwohl nicht offensichtlich, war dieser Umstand von besonderer Wichtigkeit, als die WVF ihre Aktivitäten auf asiatische Länder ausweitete, insbesondere nach Südostasien, einem Schlachtfeld des Kalten Krieges. Die WVF versuchte, den Einfluss der BESL in Ländern wie Pakistan und Indien zurückzudrängen und Veteranen der Oberschicht in Indonesien und Indochina in ihre Reihen aufzunehmen. Dank des amerikanischen Einflusses auf den Philippinen fungierten philippinische Veteranen als erstes Standbein der WVF in Asien. Von der WVF als das »asiatische Jahr« bezeichnet, wurden 1955 engere Kontakte zu Veteranen in der Region geknüpft. Da die brisante Lage in Vietnam letzten Endes jegliche Aktivitäten der WVF dort unmöglich machte, investierte sie erhebliche Geldmittel und unternahm große Anstrengungen in Indonesien, insbesondere um ein Rehabilitationszentrum

---

[51]   Vgl. Mark Edele, Soviet Veterans of the Second World War. A Popular Movement in an Authoritarian Society, 1941–1991, Oxford 2008, S. 162 f.

[52]   Vgl. Ángel Alcalde, The World Veterans Federation. Cold War Politics and Globalization. In: War Veterans and the World after 1945 (wie Anm. 48), S. 33–50, hier S. 38–40.

[53]   Alcalde, The World Veterans Federation (wie Anm. 52), S. 36.

für versehrte Veteranen in Solo Surakarta auf der Insel Java einzurichten, welches einmal durch den ersten Ministerpräsident Indonesiens Sukarno inspiriert wurde. Mit finanzieller Unterstützung des WVF sowie der Vereinten Nationen bot ein amerikanischer Chirurg, Douglas D. Toeffelmeier, für ein Jahr lang seine Dienste in Surakarta an. Seine Tätigkeit wurde als Beispiel für den Beitrag von UN und WVF zur Modernisierung der medizinischen Standards in Indonesien genutzt.[54] Die genannten Initiativen waren ein Mittel, um Soft Power der USA in die jeweiligen Länder zu projizieren. Ein kritischer Beobachter kommentierte, dass der Wunsch der sowjetischen Veteranen, der WVF beizutreten, auch durch die Wahrnehmung motiviert war, dass die »medizinischen und Rehabilitationsprojekte [der WVF] in Europa und Asien mehr Anhänger fanden als kommunistische Propaganda.«[55]

Nichtsdestoweniger veränderten die geopolitischen Prozesse in den 1960er Jahren die politische Ausrichtung der WVF sowie ihre Möglichkeiten, über Ländergrenzen hinweg tätig zu werden. Die Entkolonialisierung und die Aufnahme neuer afrikanischer und asiatischer Staaten in die Vereinten Nationen verstärkten die Präsenz von Veteranen ehemaliger Kolonien in der WVF. Diese Männer nahmen oft Positionen zu außenpolitischen Themen wie dem Algerienkrieg ein, die für einige westliche Veteranen, insbesondere die französischen, skandalös waren. Mitte der 1960er Jahre beendeten neue Konflikte in Südostasien die WVF-Aktivitäten in der Region. Nachdem Sukarno, der einen zunehmend nationalistischen und autoritären Kurs verfolgte und von indonesischen Kommunisten wie Militärs gleichermaßen unterstützt wurde, der US-Regierung mitteilte, sie möge »zum Teufel gehen mit ihrer Hilfe«,[56] trat Indonesien im Januar 1965 aus den Vereinten Nationen aus. Sofort drängte die WVF die Indonesian Veterans Legion, »alle nötigen Schritte« zu unternehmen, um den Austritt Indonesiens rückgängig zu machen, denn gemäß der Satzung der Föderation waren alle ihrer Mitgliedsorganisationen verpflichtet, die UN-Charta zu unterstützen. Die telegraphische Antwort des Vorstands der Indonesian Veterans Legion lautete jedoch, dass sie die Entscheidung ihrer Regierung »in höchstem Maße respektierte« und sie sich als Konsequenz »aus der World Veterans Federation zurückzogen«.[57] Einmal mehr widerstand der Veteraneninternationalismus dem Druck von Geopolitik und Nationalismus nicht. Im Jahr 1965 verstärkten die USA ihre Beteiligung am Vietnamkrieg deutlich. Im Oktober desselben Jahres reagierte eine militärische Bewegung in Indonesien mit Gewalt auf das Vordringen des Kommunismus und errichtete 1967 eine Diktatur mit Haji Mohamed Suharto an der Spitze. Die antikommunistische »Säuberung« Indonesiens wurde durch die CIA unterstützt. Waffengewalt trat anstelle der Versprechungen der Veteranen von Frieden und Entwicklung, um den Fall weiterer Staaten Asiens und Afrikas an den Kommunismus zu verhindern.

---

54   Vgl. den Bericht A Year in Solo, Gelman Library (Washington, DC), Special Collections, American Veterans Committee Records (AVCR), Box 218, Ordner 2.
55   Report of National Commander-in-Chief Timothy J. Murphy of the Veterans of Foreign Wars (11.7.1956), Gelman Library, AVCR, Box 218, Ordner 2.
56   Zitiert nach Alastair M. Taylor, Sukarno. First United Nations Drop-Out. In: International Journal, 20 (1965), 2, S. 206–213, hier S. 206.
57   National Archives of Australia, Canberra (NAA), Series A1838, Item 889/294 Part 1.

Nach 1965 begann für die WVF eine neue Phase, in der die amerikanischen Geldquellen nach und nach versiegten, auch da der Veteran als Symbol nicht mehr länger in der Lage war, wie bisher Unterstützung in der westlichen Bevölkerung zu mobilisieren. Die Organisation war daher gezwungen, ihre Aktivitäten zu reduzieren, insbesondere die teuren Projekte zur Rehabilitation versehrter Veteranen in aller Welt. Das bislang monatlich publizierte WVF-Magazin The World Veteran erschien 1964 nur noch alle zwei Monate, 1967 nur noch vierteljährlich und wurde 1970 stillschweigend ganz eingestellt. Die Generalversammlung der WVF wurde ab 1957 nicht mehr jährlich, sondern im Zweijahrestakt abgehalten und ab 1967 nur noch alle drei Jahre. Den Vereinten Nationen nahestehend, priorisierte die WVF die Unterstützung der UN-Anstrengungen zur Abrüstung und Verteidigung der Menschenrechte.

Im Kontext der Entspannung des Kalten Krieges wurde es in den 1970er Jahren für die WVF daher möglich, mit Organisationen auf der anderen Seite des Eisernen Vorhangs zusammenzuarbeiten. Für dieses Jahrzehnt konstatierten Historikerinnen und Historiker eine Steigerung der von nichtstaatlichen Akteuren praktizierten »informellen Diplomatie«.[58] Internationale Veteranenorganisationen stellten hierbei keine Ausnahme dar. Im Jahr 1971 kam es in Rom zu einem Weltkongress der ehemaligen Kriegsteilnehmer, an dem sich Vertreter der WVF und von Organisationen aus sozialistischen Ländern beteiligten. Im April 1972 besuchte der WVF-Generalsekretär William O. Cooper die Sowjetunion. Im Gegenzug wurden sowjetische Veteranen 1973 in die USA eingeladen.[59] FIR und WVF nahmen gemeinsam mit der europäischen Konföderation der Kriegsgefangenen 1974 in Wien an einem europäischen Symposium zur Abrüstung teil.[60] Ihre Gespräche wurden 1976 und 1977 weitergeführt. Paradoxerweise kamen westliche Regierungen, beispielsweise die britische, zu der Auffassung, dass die WVF in ihren Anstrengungen im Kalten Krieg nicht mehr länger von Nutzen sei. Der »Zweite Kalten Krieg«, nach 1979 durch US-Präsident Ronald Reagan befeuert,[61] unterbrach den Austausch zwischen Veteranen aus Ost und West. Erst in den späten 1980er Jahren konnten die Kontakte wieder aufgenommen werden. Zu diesem Zeitpunkt hatte bereits eine neue Generation die Führung der WVF übernommen, die sich vor allem an den Idealen der Vereinten Nationen orientierte. Während kommunistisch ausgerichtete Veteranenorganisationen in Europa, zu denen auch die FIR gehörte, in eine Krise gerieten,[62] verfolgte die WVF ihre Entwicklung im Windschatten der Vereinten Nationen weiter. Die Versuche der WVF, die chinesische Regierung davon zu über-

---

[58]   Giles Scott-Smith, Opening Up Political Space. Informal Diplomacy, East-West Exchanges, and the Helsinki Process. In: Beyond the Divide: Entangled Histories of Cold War Europe. Ed. by Simo Mikkonen and Pia Koivunen, New York 2015, S. 23–43.

[59]   Vgl. World Veterans Federation Archive, Paris (WVFA), Dossier 77: FIR (1974–1996). Im Oktober 2021 erfolgte der Umzug WVF-Hauptgeschäftsstelle nach Genf.

[60]   Vgl. WVFA, Dossier 53: Disarmament.

[61]   Vgl. Aaron Donagy, The Second Cold War. Carter, Reagan, and the Politics of Foreign Policy, Cambridge 2021.

[62]   Vgl. Maximilian Becker, The Fédération Internationale des Résistants (FIR). Its Activities during the Breakdown of the Soviet Bloc. In: S:I.M.O.N. – Shoah: Intervention. Methods. Documentation 3 (2016), 2, S. 4–24.

zeugen, den Beitritt chinesischer Veteranen zuzulassen, blieben erfolglos;[63] allerdings schloss sich 1988 die antifaschistische FIR der WVF an. Im Jahr 1987 verliehen die Vereinten Nationen der Organisation den Titel »Botschafter des Friedens«.

In den letzten drei Jahrzehnten hat sich die WVF zu einem stark verkleinerten »Netzwerk« gewandelt, das sich mit Veteranenorganisationen auf der ganzen Welt im Rahmen der Vereinten Nationen austauscht. Die weltweit größten Veteranenorganisationen, die American Legion, die British Legion und die Australian Returned Services League, haben sich nicht weiter der WVF angenähert. Nach dem Ende der UN-Friedensmissionen der 1990er Jahre stellen ehemalige Angehörige der UN-Friedenstruppen eine große Veteranengruppe innerhalb der WVF dar. Führende Mitglieder der Organisation stammen nun nicht mehr exklusiv aus europäischen Staaten und den USA wie noch in den 1950er und 1960er Jahren. Generalversammlungen wurden nun auch an Orten wie Manila (1988) und Kuala Lumpur (2006) abgehalten. Selbst wenn die Organisation heute keine tragende Rolle in der internationalen Politik spielt, so demonstrieren die WVF-Resolutionen doch das Interesse der Veteranen an politischen und sozialen Themen, die die internationale Gemeinschaft betreffen, wie zum Beispiel Geflüchtete, Kindersoldaten, Terrorismus, nachhaltige Entwicklung und Frauenrechte. Die beiden Hauptbetätigungsfelder der WVF bleiben »Frieden und Sicherheit« sowie »Gesundheit und Fürsorge«.[64]

## Schlussbetrachtung

Internationale Veteranenorganisationen entstanden im 20. Jahrhundert aus den Erfahrungen der Massenmobilmachungen sowie der globalen Kriegführung des Ersten und Zweiten Weltkriegs. Sie waren einflussreiche Akteure in den Jahrzenten, die auf diese Konflikte folgten, insbesondere zwischen 1920 und 1937 sowie zwischen 1947 und 1965. Diese Organisationen wurden auf den Verbandstraditionen der ehemaligen Soldaten errichtet, die den »Veteran« als Vertreter des Vaterlands und der Nation konstruierten, jedoch auch auf der Grundlage der langen Geschichte des Internationalismus. Besondere Interessengebiete der Veteranen, wie zum Beispiel »Fürsorge« (Renten und Rehabilitation) und »Frieden« (Angelegenheiten der Sicherheit und internationale Beziehungen) bildeten die Kernthemen, mit denen sich internationale Veteranenorganisationen beschäftigten. Allerdings beeinflussten verschiedene Ideologien aus dem weiten Spektrum von extrem linker bis zu extrem rechter politischer Ausrichtung die spezifischen Inhalte der Veteranenpolitik und den Diskurs innerhalb der transnationalen Sphäre. Eine Vielzahl internationaler Veteranenorganisationen und Spielarten des Veteraneninternationalismus wetteiferten in der Zwischenkriegszeit sowie nach dem Zweiten Weltkrieg um Einfluss. Ihre politische Geschichte spiegelt immer auch die weitläufigeren Entwicklungen der internationalen Politik wider, wobei Veteranen von den Staatsmächten auf dem stra-

---

[63] NAA, Serie A1838, Objekt 3107/36/28 Teil 1.
[64] <https://theworldveterans.org> (letzter Zugriff 21.2.2022).

tegischen Schachbrett jener Zeiten zu Bauernopfern gemacht wurden. Aus diesem Grund stellt ihre Geschichte ein ausgezeichnetes Prisma dar, um die widersprüchlichen Spannungen zwischen idealistischem Transnationalismus und Realpolitik zu beobachten.

Nichtsdestotrotz dienten internationale Veteranenorganisationen nicht nur den Interessen der Nationalstaaten, sondern auch den Interessen der Veteranen selbst, gleichermaßen als »anspruchsberechtige Gruppe« innerhalb ihrer Nation wie auch als Mitglieder einer transnationalen Gemeinschaft. Internationale Foren und transnationale Netzwerke ermöglichten es Veteranen, ihre gesellschaftlichen Funktionen zu erweitern und die Symbolkraft, die sie stets innehatten, zu erhöhen. Insbesondere politisch weniger einflussreiche Veteranenverbände, aber auch Veteranen aus kleineren Staaten innerhalb des internationalen Systems profitierten im Rahmen ihrer eigenen politischen Aktivitäten von der Mitgliedschaft in internationalen Organisationen. Einflussreiche Veteranenverbände größerer Staaten sahen dagegen weniger Vorteile in der Teilnahme an internationalen Foren und nutzten oft unabhängige Kanäle für ihre transnationalen Tätigkeiten.

Die Geschichte der internationalen Veteranenbündnisse muss unter Bezugnahme auf Kontinuitäten sowie die Spannungen zwischen Idealismus und Realpolitik und zwischen Nationalismus und verschiedenen Auffassungen von Internationalismus geschrieben werden. Diese Geschichte sollte sich um die fortbestehenden Themen drehen, etwa die Veteranenfürsorge und Belange ehemaliger Kriegsteilnehmer zu Frieden und Sicherheit.

Die Entwicklung der internationalen Veteranenorganisationen im 20. Jahrhundert ist weit davon entfernt, nur eine Geschichte wiederkehrender Themen, Probleme und »Misserfolge« zu sein. Vielmehr war ihre Geschichte in zweifacher Hinsicht die eines Fortschritts: Zum einen steht sie für eine Entwicklung hin zu einer zunehmenden Professionalisierung, Spezialisierung und Bürokratisierung. Zum anderen war sie durch die Abkehr von kontroversen politischen Fragen, die auf einem einseitigen, nationalen Rückgriff auf die Kriegserinnerung gründete, geprägt. An ihre Stelle setzten die Veteranen zunehmend auf ein inklusiveres Vorgehen bei den Verhandlungen auf der transnationalen Ebene. Diese allgemeine Entwicklung war jedoch weder vorgezeichnet, noch verlief sie geradlinig, und kann nicht als Muster betrachtet werden, welches die Zukunft des internationalen Veteranenaktivismus bestimmen wird. Im 21. Jahrhundert, das wieder von starken geopolitischen Rivalitäten und dem Aufkommen bewaffneter Konflikte geprägt ist, könnten diese mannigfaltigen Muster, denen der Veteraneninternationalismus unterliegt, wie widerhallende Echos der Vergangenheit erneut relevant werden.

*Übersetzung aus dem Englischen durch das Bundessprachenamt*

# II. Veteranenpolitik nach dem Zweiten Weltkrieg

Birgit Schneider

# Veterans and Policymaking in Occupied Japan:
# A Study in Contradictions

How do societies transition from war to peace? We tend to perceive the ends of wars, such as the signing of a cease-fire agreement or peace treaty, or the annexation of territory or loss thereof, as a historical caesura. Yet, the reality for combatants and civilians, institutions, and societies at large is usually more complicated than that. The Japanese Empire was defeated by the Allies, represented by the United States (U.S.), Great Britain, and the Soviet Union, but including most of the world's countries, in the summer of 1945. After the Japanese navy had been pushed back from the Pacific from mid-1942 onward, the deployment of atomic bombs over Hiroshima and Nagasaki on August 6 and 9, 1945, respectively, and the declaration of war on Japan by the Soviet Union on August 8, Emperor Hirohito announced Japan's surrender on August 15. The surrender documents were signed on September 2, 1945. While this formally ended the war, it did not mean peace: Japan was placed under the occupation of, effectively, the U.S.[1] and had only limited sovereignty until the conclusion of the San Francisco Peace Treaty in 1951. Three major changes demarcated defeat: the reduction of Japan's territory to the four main islands and the adjacent archipelago, the removal from office of the entire government except for the Emperor, and the dissolution of the Japanese military forces. The formal end of the Japanese Empire in the summer of 1945, thus, came through the abolition of its territory, leadership, and military. All three were expressions of the two main goals of the Allies for postwar Japan: the demilitarization and the democratization of the country.

There is no single (hi)story regarding how members of the Japanese military transitioned from war to peace, since this transition depended as much on the precise location and unit of any given militarized man[2] as it did on individual personal cir-

---

[1]  The occupation was theoretically a shared Allied endeavor. In addition to U.S. occupation troops, the British Commonwealth and the Soviet Union had a military presence in Japan for this purpose. The Far Eastern Commission, composed of thirteen countries, formulated policy suggestions; its executive arm, the Allied Council for Japan, brought together representatives of the U.S., the Soviet Union, China, and Australia in discussing how the strategies of the Far Eastern Commission could best be implemented. In practice, these two bodies were rendered largely meaningless by General Douglas MacArthur, the Supreme Commander of the Allied Powers, who effectively governed Japan according to policy recommendations from Washington and according to his own ideas.

[2]  I will use this term throughout this chapter, since it is more inclusive than soldier or sailor – which only include specific branches of the military and no auxiliary personnel – and since it implies that the vast majority of these men were drafted from their civilian lives into a war from which

cumstances. In this chapter, I will investigate the socioeconomic situation of Japanese veterans and their access to welfare between 1945 and the end of the occupation in 1951, exploring the roles that the Japanese government and the U.S. occupation played in securing veterans' livelihood. Japan's defeat in the war and the dissolution of its military forces placed veterans in an impossible place in postwar society: former agents of empire and symbols of national pride, they had their standing removed and could indeed be understood to be representing the shame of defeat. But coming home defeated, veterans also represented the powerlessness of lower-rank militarized men and became the inadvertent targets of the occupation's demilitarization policies. It is the contradictions between the policies that the Japanese state and the occupation forces made regarding veterans and the realities that veterans faced in everyday life – both tangible and ideological, between accommodation and rejection – that will permit us not only a more nuanced understanding of postwar Japan, but also offer insights into the changing national narrative from empire to defeat and occupation, and, furthermore, to one of peaceful democratic development; from war to peace.

The chapter is arranged largely chronologically and will trace some of the most salient moments in policymaking concerning veterans, emphasizing how policymaking by the Japanese government and the Supreme Commander of the Allied Powers (SCAP; this term is used for both General Douglas MacArthur and the occupation machinery as a whole) counteracted each other, and how both administrations weighed ideological and socioeconomic considerations against each other. The example of veterans will show how the social and the ideological were inextricably connected in occupied Japan, permitting us to explore how democracy was at the same time imposed from above and embraced from below.

## Aims of the Occupation: Demilitarization and Democratization

At the basis of the Allied occupation of Japan was the understanding of the Axis powers as fascist, totalitarian states whose potential for violence and aggressive expansion needed to be curbed to ensure global stability. This desire was first expressed in the Atlantic Charter in the summer of 1941, and even though the document only referred to Nazi Germany, it provided the ideological foundation for the »concerted Allied response to Axis aggression worldwide,«[3] including Japan.

Demilitarization and democratization were the most important goals of the occupation. These were to be achieved through eliminating the influence of militarism and reversing Japanese imperialist expansion by reducing Japan to the area of the four main islands. Demilitarization and democratization were two sides of the same coin: the removal of the strong and pervasive influence of the military from Japanese po-

---

they stood to gain little. The indoctrination and service of the men to the empire is also conveyed through the term, which I first encountered in Noakes, Lucy. »Communities of Feeling: Fear, Death, and Grief in the Writing of British Servicemen in the Second World War,« in *Total War: An Emotional History*, ed. by Claire Langhamer, Lucy Noakes, and Claudia Siebrecht (Oxford, UK: Oxford University Press, 2020), 116–136.

[3]   Takemae, Eiji. *The Allied Occupation of Japan* (New York: Continuum, 2002), 10.

litics and society and the erasure of militaristic culture and privilege were considered essential by the SCAP for the establishment of democracy within Japanese society. Practically, this meant the exclusion of high-ranking militarists and ultra-nationalists from the positions of power in politics, the economy, and culture that they had been holding prior to 1945, and a ban on the associations that promoted the values associated with wartime and imperialist Japan, including veterans' associations. Most importantly, this meant the dissolution of all military forces, which would render Japan incapable of pursuing aggressive and expansionist aims in the future. Since U.S. planners and politicians recognized militarism as the main driver behind Japanese imperialism, its elimination was a necessary step on the way to democratization.

The document that we can consider the starting point of the U.S. occupation of Japan is its »Initial Post-Surrender Policy.« It spells out the reduction of Japanese territory, the removal of militaristic influence from Japanese politics and society, and the support of democratic development within the population of Japan as its goals, noting as its main objectives

> ... to foster conditions which will give the greatest possible assurance that Japan will not again become a menace to the peace and security of the world and will permit her eventual admission as a responsible and peaceful member of the family of nations. Certain measures considered to be essential for the achievement of this objective have been set forth in the Potsdam Declaration. These measures include, among others, the carrying out of the Cairo Declaration and the limiting of Japanese sovereignty to the four main islands and such minor islands as the Allied Powers determine; the abolition of militarism and ultra-nationalism in all their forms; the disarmament and demilitarization of Japan, with continuing control over Japan's capacity to make war; the strengthening of democratic tendencies and processes in governmental, economic, and social institutions; and the encouragement and support of liberal political tendencies in Japan. The United States desires that the Japanese Government conform as closely as may be to principles of democratic self-government, but it is not the responsibility of the occupation forces to impose on Japan any form of government not supported by the freely expressed will of the people.[4]

It may come as a surprise that the U.S. had not actually formulated a detailed or comprehensive plan for the occupation of Japan; we might want to seek the reasons for this lacuna in the Atlantic Charter and the ideological nature of the war. The Allied side understood itself as the defender of a world of freedom and positioned itself as the liberator of oppressed peoples – not only the countries oppressed by the Axis powers but also, ultimately, the people of Japan and of Germany. The war crimes trials of Tokyo (the International Military Tribunal for the Far East, 1946–1948) and Nuremberg (International Military Tribunal at Nuremberg, 1945–1946), in which the military and political leadership of Imperial Japan and Nazi Germany were tried and indicted, affirm this assessment. Various departments and committees of the U.S. government had spent the war years drafting reports and analyses about

---

4    Supreme Commander for the Allied Powers, Government Section, ed. »Basic Initial Post-Surrender Directive to Supreme Commander for the Allied Powers for the Occupation and Control of Japan (JCS 1380/15),« in *Political Reorientation of Japan: September 1945 to September 1948: Report* (Washington, D.C.: U.S. Government Printing Office, 1949), 429.

aspects of the Japanese state, culture, and people, as well as possible avenues that the occupation might take. However, in the end, virtually no substantive policy was drawn up outlining how the abstract goals of the occupation: demilitarization and democratization, should be achieved. In addition to the dissolution of the Imperial Japanese Army and Navy and the disbandment of their personnel, land reform, the dissolution of the *zaibatsu* (industrial-financial conglomerates), and granting women the right to vote emerged as the most important policies – and legacies – of the occupation, cemented in the new Japanese Constitution of 1947. The main driver behind these was the SCAP, however, and wartime planners had not specifically discussed how these policies could best be implemented. Similarly, while the dissolution of the military forces was among the few specific policies in place at the time of Japan's surrender, no plan existed about what to do with the militarized men and how they should be demilitarized or democratized. This makes their case intriguing and important: the military had been identified as one of the main drivers of Japanese imperialism and aggression, yet, the men (and women) constituting the bulk of it were virtually absent from the policymaking of the occupation force. Exploring how the postwar Japanese state and the occupation power treated them – bringing about the reversal of their militarization and their democratization – permits a view on the occupation regime that emphasizes the conflicts between the Japanese government and the SCAP, as well as the contradictions and complexities within postwar Japan. At the end of the story of demilitarization stands the successful democracy that Japan became, helped in its successes by the evolving Cold War and the integration into the U.S. defense alliance. Even though the militarized men fell into the gap between the rejection of militarism and the creation of a democratic society, they were not radicalized against the occupation or the new democratic Japan. The position of SCAP remained firm, insisting on the strict demilitarization of the country, while the Japanese government continually sought to accommodate them. The interplay of economic and political-ideological factors between the Japanese government and the SCAP will be at the center of this chapter, offering us an understanding of the demilitarization of militarized men and of how they became integrated into civilian and civil society without becoming a destabilizing force for democracy: Their economic security and livelihood were crucial in assuring political satisfaction, but could only be achieved through the continuous calibration and balancing of ideological and economic factors, accommodating them through material and financial support, yet rejecting the ideological legacy of their military past.

## Demobilization and Repatriation

The Joint Chiefs of Staff Directive 1328, discussed at length between March and July 1945 and finalized between the State-War-Navy Coordinating Committee and the Joint Chiefs of Staff during the last weeks of the war in Asia, specified that all Japanese armed forces, including paramilitary forces and troops of non-Japanese nationality, »will be completely disarmed … [and] rendered incapable of further effective military resistance prior to the movement … to … demobilization.« Troops stationed in the Japanese-occupied areas of Asia were to be returned to Japan proper, to the four islands which the Potsdam Declaration reduced the country, as soon as shipping capacity permitted.[5] Disagreements over technical details and wording in the process of drafting this directive do not conceal that its essence remained unchanged: the entirety of Japanese military power was to be eliminated, its assets transferred to the Allies, and its personnel demobilized and sent home. In addition, the awareness of defeat was to be reinforced for Japan's civilian population: the directive banned troops from returning with any display of national pride or wartime glory, stating that »[t]he Japanese people are to be impressed with the feat of the complete defeat of their armed forces. To this end, the personnel of such forces will in no case be permitted to return to their homes in military formations, with bands playing, or with any display of flags, banners or emblems of distinction.«[6] The dissolution of the Japanese military forces was also included in the Basic Post-Surrender Policy:

> To complete the task of physical and spiritual demilitarization of Japan by measures including total disarmament, economic reform designed to deprive Japan of power to make war, elimination of militaristic influences, and stern justice toward war criminals, and requiring a period of strict control … Japan will be completely disarmed and demilitarized. The authority of the militarists and the influence of militarism will be totally eliminated. All institutions expressive of the spirit of militarism and aggression will be vigorously suppressed.[7]

The aim of the physical and spiritual demilitarization demonstrates that the Allies were not merely seeking to eliminate Japan's military forces and capabilities, and curb its potential aggression toward its neighbors. They were also aware of the influence that militaristic thought had on society until 1945 – in terms of education, culture, and the standing of representatives of the military in society – and sought to eliminate it as well.[8]

The Imperial General Headquarters were dissolved by order of the SCAP on September 13, 1945, and the Japanese War and Navy Ministries charged with overseeing the demobilization,[9] somewhat ironically proceeding according to their own

---

5   Joint Chiefs of Staff. »Disarmament, Demobilization and Disposition of Enemy Arms, Ammunition and Implements of War – (Japan): Note by the Secretaries,« Sept 10, 1945, 21–24, RG 218, National Diet Library (NDL).

6   Joint Chiefs of Staff, »Disarmament« (see note 5), 25.

7   Far Eastern Commission. »Basic Post-Surrender Policy for Japan,« *GHQ SCAP CI&E Bulletin*, Sept 24, 1947, 2–3.

8   Ienaga, Saburō. »The Glorification of War in Japanese Education,« *International Security*, 18/3, Winter 1993/1994, 113–122, here 117.

9   They were transformed into the First and Second Demobilization Ministries on October 2, 1945, and their officials given the status of civil officials. Their tasks were the demobilization of Japanese troops stationed in Japan and overseas, including the transportation of repatriates, minesweeping, and communication with the SCAP. The gradual wrapping up of demobilization resulted in the reorganization of the Demobilization Ministries into the First and Second Demobilization Board on June 1, 1946, and the integration of these into the Home Ministry in October 1945 and January 1946, respectively. GHQ SCAP Military Intelligence Section. »Final Report: Progress of Demobilization of the Japanese Armed Forces,« Dec 31, 1946, 1–3, <https://web.archive.org/web/20160304052040/http://cgsc.cdmhost.com/cdm/ref/collection/p4013coll8/id/351> (last re-

demobilization plans, which had been drawn up in 1943 for a Japanese victory. These plans emphasized a quick and orderly progression of demobilization and the maintenance of orderly conditions for both the demobilized and the civilian population into which they were to return.[10] In order to streamline the process, units and command structures were kept intact. The surrender of, for example, weapons, stockpiles, vehicles, and horses, was followed by the release of troops and the subsequent demobilization of staff officers, educators, and security personnel, as well as the transmission of data about, among other things, fortifications and mine fields. Ninety-seven percent of the 2.3 million army and 1.3 million navy personnel stationed on the Japanese main islands on August 15, 1945, were demobilized by December 1, 1945.[11]

There were some instances of violence against unit commanders and looting of army stockpiles within Japan in the few days immediately following surrender, attributable mostly to the poor treatment that militarized men had received from their superiors during the war and to their poor material situation; however, these did not cause lasting or major unrest within the country.[12] Overall, the process of demobilization – which essentially only entailed the release of military personnel – within Japan proper went fast and smoothly and was delayed only slightly by a lack of railway capacity and typhoon damage.[13]

Repatriation of military personnel from overseas proved much more difficult. The Japanese Army and Navy had over 3.3 million men stationed overseas, in territories that Japan had occupied before or during the Pacific War and that were now reconstituted, through surrender, to the polities which had governed them previously.[14] Japanese shipping had been dramatically reduced by the war and the SCAP had stripped Japan of the right to maintain diplomatic relations or communication. In addition to the troops stationed overseas, roughly 3.3 million Japanese civilians had to be repatriated to Japan since the Japanese Empire had ceased to exist; about 1.2 million Koreans, Chinese, Taiwanese, and other foreign (mainly Asian) nationals were to be repatriated[15] to the countries into which they belonged ethnically[16] in an effort to streamline Asian populations ethnically, even when these civilians and their

---

trieved Jan 19, 2022). See also Watt, Lori. *When Empire Comes Home: Repatriation and Reintegration in Postwar Japan* (Cambridge, MA: Harvard University Asia Center, 2009), 66–68.

[10] Hikiage engochō. *Hikiage Engo no Kiroku Zokuzoku* [Record of Repatriate Welfare, Vol. 3] (Tokyo: Hikiage engochō, 1963), 317.

[11] GHQ SCAP Military Intelligence Section, »Final Report on Demobilization« (see note 9), 12.

[12] Kimura, Takuji. »Fukuin: Gunjin no Sengo Shakai e no Hōsetsu« [Demobilization: The Inclusion of Soldiers into Postwar Society], in *Sengo Kaikaku to Gyaku Kōsu* [Postwar Revolution and Reverse Course], ed. by Yutaka Yoshida (Tokyo: Yoshikawa Kōbunkan, 2004), 86–107, here 100.

[13] GHQ SCAP Military Intelligence Section, »Final Report on Demobilization« (see note 9), 11.

[14] In some cases, such as China, returning occupied territory was more straightforward than in others. The parts of Southeast Asia that had been colonies of European states were ceded back to the colonial powers despite strong independence movements, which the Japanese occupation had supported and used for their own advantage; while Korea, which had been under Japanese control since 1910, was put under an Allied trusteeship that effectively placed the country under U.S. and Soviet occupation.

[15] GHQ SCAP Historical Commission. *History of the Nonmilitary Activities of the Occupation of Japan, 1945–1951*, vol. 1, Introduction (Tokyo: Nihon Tosho Sentā, 1990), 14.

[16] Watt, *When Empire Comes Home* (see note 9), 3.

families had been living elsewhere in the Japanese Empire for more than a generation. A total of 6,605,000 people, both civilian and military, had to be repatriated to Japan.[17]

Depending on the origin of the repatriates, different Allied powers were formally in charge of the process, as shown in Table 1. The location directly determined the timing for repatriation. The areas under American control were the earliest to begin repatriation, in September 1945; repatriation was concluded from these areas in May 1946. Repatriation from the Australian-controlled areas and China started in November 1945 and lasted until July 1946. British forces repatriated Japanese in two groups, from May to September 1946 and from March to November 1947.[18] A total of 594,000 Japanese civilians and militarized men were captured by the Soviet Union at the end of the war and held in Siberian internment camps, where they were exploited for labor and indoctrinated with communist propaganda. Due to the evolving Cold War, they were only able to return to Japan between 1947 and 1956.[19] Japanese repatriates in China and Korea set up support groups to ensure sanitation, education, and public order in the reception areas and collect funds to provide for destitute compatriots ahead of the journey to Japan.[20]

Table 1: *Allied powers in charge of the repatriation of Japanese militarized men and civilians located across Asia*

| Nation in charge | Location of Japanese troops |
|---|---|
| United States | Philippines<br>Southern Korea<br>Pacific Islands<br>Okinawa |
| Great Britain | Siam<br>Burma<br>Andaman Islands<br>Nicobar Islands<br>Malaya<br>Singapore<br>French Indochina<br>Indonesia (Dutch colony) |

17  Hikiage engochō. *Hikiage Engo no Kiroku* [Records of Repatriate Welfare] (Tokyo: Hikiage engochō, 1950), 13.
18  Hikiage engochō, *Hikiage Engo no Kiroku Zokuzoku* (see note 10), 322–323.
19  Trefalt, Beatrice. *Japanese Army Stragglers and Memories of the War in Japan, 1950–1957* (London: Routledge, 2003), 27, 192. See also Warner, F. W. »Repatriate Organizations in Japan,« *Pacific Affairs,* 22/3, Sept 1949, 272–276.
20  Kobayashi, Hideo. »Sengo Ajia ni Okeru Dantai no Katsudō to Tokuchō« [Activities and Characteristics of Associations in Postwar Asia], in *Sengo Ajia ni Okeru Nihonjin Dantai: Hikiage kara Kigyō Shinshutsu made* [Japanese Associations in Postwar Asia: From Repatriation to Corporatism], ed. by Hideo Kobayashi, Yoshimasa Shibata, and Sennosuke Yoshida (Tokyo: Yumani Shobō, 2008), 18–19.

| Nation in charge | Location of Japanese troops |
|---|---|
| Australia | Eastern New Guinea<br>Bismarck Islands<br>Solomon Islands<br>Borneo |
| China | Chinese mainland except Manchuria<br>Taiwan<br>North of the sixteenth parallel in French Indochina |
| Soviet Union | Korea north of the thirty-eighth parallel<br>Manchuria<br>Kuriles<br>Sakhalin |

*Adapted from Hikiage engochō,* Hikiage Engo no Kiroku (see note 10), 13–14, and Trefalt, *Japanese Army Stragglers* (see note 19), 25–26.

Repatriates were brought in ships – both Japanese and U.S. Liberty Ships – to Japanese ports designated by the SCAP and in which reception centers had been set up: Uraga, Maizuru, Kure, Shimonoseki, Hakata, Hakodate, Sasebo, Kagoshima, Yokohama, Senzaki, and Moji.[21] At these ports, returnees underwent quarantine and disinfection, received medical treatment and vaccinations, were provided with bathing facilities and new clothes, and had to go through customs inspection. The Ministry of Education maintained small dispatch offices that provided lectures and reading material on the current state of Japan. The reception centers offered information about bomb damage to Japanese cities and provided initial support for finding and contacting relatives. Repatriates were handed a repatriation certificate and demobilized militarized men were given an additional demobilization certificate (from March 1946 onward, these were combined into one document) and received a train ticket to their hometown. The leaders of military units reported on deceased and missing members and war-related injuries of their troops; they also returned ashes, letters of the deceased or other possessions that the unit had been able to bring back to Japan for their relatives. A roll call concluded the additional tasks of military units. Processing time at the reception centers was not supposed to exceed 24 hours, though, in practice, often extended to several days.[22]

Reception centers were set up in the late fall of 1945 to handle the influx of returnees. They were formally under the control and oversight of the Japanese government;[23] however, the SCAP was, in fact, in charge of them. SCAPIN 927 stipulated in minute detail what this process entailed and put the Japanese government in charge of the day-to-day operations and their costs. The reception centers were to receive ships carrying repatriates only from and to designated areas (see Table 2) and follow specific protocols for quarantine, medical examinations, and customs

---

[21]  Hikiage engochō, *Hikiage Engo no Kiroku* (see note 17), 63.
[22]  The repatriation centers and the processes that repatriates had to undergo there are described in detail in Hikiage engochō, *Hikiage Engo no Kiroku* (see note 17), 35–41; and Trefalt, *Japanese Army Stragglers* (see note 19), 29.
[23]  Their development is explained in detail in Watt, *When Empire Comes Home* (see note 9), 28.

checks.[24] Beyond the reception centers, however, the SCAP did not get involved with former militarized men after they had arrived in Japan. There were no reeducation programs targeted at veterans, no restrictions placed on what kind of work they could take up, nothing that would indicate that demobilized militarized men were of any importance to the occupation. Given how prominent disarmament and demobilization were for the overall treatment of Japan by the U.S., it should come as a surprise that former militarized men did not figure at all in the policies and activities of the SCAP once they had left the reception centers.

Table 2: *Reception centers and areas of repatriation*

| Reception center location | Repatriation from | Repatriation to |
| --- | --- | --- |
| Hakata | Initially from South Korea, China; later Manchuria and North Korea | Korea, central China |
| Hakodate | Karafuto, Kuril Islands | |
| Senzaki | Formosa, Manchuria, French Indochina, Okinawa, Burma, Malaya, Java, Sumatra, Borneo, Pacific Islands | Korea, northern China |
| Kagoshima | South Pacific, Taiwan, Okinawa, Manchuria | Ryukyu |
| Kure | | Taiwan and South China |
| Maizuru | China, Korea, Okinawa; later Siberia | Central China |
| Sasebo | Manchuria, Northern and Central China, Taiwan, Korea | Northern China, Korea, Okinawa, Taiwan |
| Shimonoseki | Korea | Korea |
| Yokohama | Special cases; all destinations in Asia and the Pacific | Special cases; all destinations in Asia and the Pacific |
| Ujina | Malaya, Burma, Java, Rabaul, Sumatra, Borneo, South Pacific; also Formosa, Manchuria, China | Taiwan, Okinawa |

Repatriation centers and the areas from which they accepted repatriates, and to where non-Japanese were repatriated. Based on Watt, When Empire Comes Home (see note 9), 71, 78, and Hikiage engochō, Hikiage Engo no Kiroku (see note 17), 64–70.

The vast majority of repatriates arrived in Japan between late 1945 and 1948; it was only those in Soviet captivity that were held for longer and who only returned to Japan between 1947 and 1956. The difficulties that the many returnees of the early postwar years faced were manifold. Civilians particularly found themselves alienated with the label »repatriate« (引揚者 *hikiagesha*) and, at times, excluded from the society of metropolitan Japanese.[25] The economic difficulties of the early postwar years, such

---

[24]   GHQ SCAP. »Memorandum for the Imperial Japanese Government (SCAPIN 927): Repatriation,« May 7, 1946, YF-A9, NDL.
[25]   Lori Watt's book explores this topic in depth: Watt, *When Empire Comes Home* (see note 9).

as a lack of housing and the displacement and separation of families within Japan due to wartime bombing, shortages of commodities and food, and a lack of employment opportunities, affected repatriates without families in metropolitan Japan more strongly. For them, the dissolution of the empire meant having to make a complete new start with only what they had been able to salvage and bring back. Civilian repatriates formed the Repatriates' Brotherhood (同胞援護会 *Dōhō Engokai*, full name 恩賜財団同胞援護会 *Onshi Zaidan Dōhō Engokai*) in 1946 for mutual support and political lobbying;[26] however, with all veterans' associations banned under the occupation policy of demilitarization, former militarized men faced a lack of material and emotional support and were unable to associate even for the sake of fellowship.

## SCAPIN 338: Abolishing Pensions and Benefits

The SCAP issued a memorandum in November 1945 which required the Japanese government to terminate the payment of pensions and benefits for military service, except for compensation for physical disability, by April 1946.[27] Veterans' pensions for disabilities were reduced to being on par with the disability benefits that civilians could receive and were essentially turned into welfare payments. This policy had widespread effects on Japanese society, since it ended severance payments that militarized men returning from overseas would have received, as well as terminating support for families who had lost their husband or father in the war. It was also not limited to the military activities from the Pacific War but extended to all Japanese veterans, withdrawing the financial support that veterans from the Sino-Japanese War (1894–5) and the Russo-Japanese War (1904–5) were receiving.[28] A short-lived attempt by the First Demobilization Bureau to substitute pensions with a »Welfare Annuity System« – merely giving it a different name – fell through with the SCAP for obvious reasons.[29] Through the same memorandum, military associations and societies were banned by the SCAP: this affected not only associations such as the Imperial Rule Assistance Association (大政翼賛會 *Taisei Yokusankai)* and the Imperial Rule Assistance Political Society (大政政治会 *Taisei Seijikai* or 翼賛政治会 *Yokusan Seijikai)*, both of which had been active promoters of Japanese imperialism, but also

---

26  Katō explores the different repatriates' associations in some detail in Katō Kiyofumi. »Kaigai Hikiage Mondai to Nihonjin Engo Dantai: Sengo Nihon ni Okeru Teikoku Ishiki no Danzetsu« [The Problem of Overseas Repatriates and Japanese Support Groups: Disrupting the Sense of Empire in Postwar Japan], in *Sengo Ajia ni Okeru Nihonjin Dantai: Hikiage kara Kigyō Shinshutsu made* [Japanese Associations in Postwar Asia: From Repatriation to Corporatism], ed. by Hideo Kobayashi, Yoshimasa Shibata, and Sennosuke Yoshida (Tokyo: Yumani Shobō, 2008), 51–83.

27  GHQ SCAP. »Memorandum for the Imperial Japanese Government (SCAPIN 338): Pensions and Benefits,« Nov 24, 1945, 338, 厚生省 平12厚労00097-100, National Archives of Japan (NAJ).

28  Hosaka, Masayasu. *Shōwa Rikugun no Kenkyū* [Study of the Shōwa Army] (Tokyo: Asahi Shinbunsha, 1999), 754.

29  First Demobilization Bureau, Yokohama Liaison Department. »Petition to Expedite the Approval of the Welfare Annuity Insurance System,« May 9, 1946, 厚生省 平12厚労00097-100, NAJ; GHQ SCAP. »Memorandum for the Imperial Japanese Government (SCAPIN 1647-A): Pensions and Benefits,« July 9, 1946, 厚生省 平12厚労00097-100, NAJ.

veterans' associations whose aim was to provide material support or an emotional community to veterans, since all of these acknowledged or celebrated militarized men's efforts on behalf of the Japanese empire to various degrees. All these groups were assumed to be militaristic in spirit by the occupation authorities, whose declared aim was to rid Japan of its militarism; their abolition was considered a necessity for the transformation that the occupation sought to effect in Japan.

The ban on militaristic associations was not merely meant to remove the space, physically and discursive, available to militaristic thought, but was also symbolic in nature. In fact, the totalitarian nature of the Japanese wartime regime, with the entirety of the population mobilized in some manner or another for the war effort and the army and navy drafted from the civilian population, meant that a neat separation of the Japanese population into a civilian and a military segment was impossible. On the one hand, the occupation dealt with this contradiction by prosecuting the political and military leadership of Japan in the Tokyo Trials and removing »active exponents of militaristic nationalism and aggression, and influential members of Japanese ultranationalistic, terroristic, or secret patriotic society« from public office and government service.[30] This implied that the responsibility for Japan's aggressive expansionism lay with the country's leadership and that the bulk of militarized men had, ultimately, been victims of the regime. On the other hand, the occupation of the country and the partial loss of sovereignty demonstrated clearly that Japan as a country was being held accountable, with militarized men more closely implicated as agents of expansionism and aggression.[31]

Understanding militarized men, despite their lack of control over military planning, tactics, or strategy, as agents of the empire, therefore, motivated the occupation force to abolish all institutions of militarism – real or perceived, as long as they spread an affirmative image of the military, as did veterans' associations – along with the places where their ideas had been spread. In addition to the banning of associations and societies connected to the military forces, this policy meant the revision of the school curriculum and textbooks. In the perception of the occupation power, the Japanese military forces, thus, constituted, on the one hand, the empire's fighting power and personified its militaristic existence; on the other, the training and indoctrination of those men and women drafted into the military during the war demonstrated their role as cogs in the machinery of empire and war. The policies of demilitarization that the SCAP sought to implement not only covered the physical dissolution of the military forces, disbanding the personnel of the Imperial Japanese Army and Navy, but also affected the structures of political power by removing high-ranking militarists from their political offices and positions of influence in the economy, society, and culture. The break with a past understood as militaristic was, thus,

---

[30] GHQ SCAP. »Memorandum for the Imperial Japanese Government (SCAPIN 550): Removal and Exclusion of Undesirable Personnel from Public Office,« in *Political Reorientation of Japan: September 1945 to September 1948: Report*, ed. by the Supreme Commander for the Allied Powers, Government Section (Washington, D.C.: U.S. Government Printing Office, 1949), 482–485.

[31] The indoctrination of the Japanese military in the service of the Japanese Empire is explored in Straus, Ulrich. *The Anguish of Surrender: Japanese POWs of World War II* (Seattle: University of Washington Press, 2003).

an essential step on the path to peace, stability, and ultimately democracy, on which Japan was being set by the occupation force.

The return of veterans, specifically the ones that arrived back in Japan in the late 1940s and into the 1950s, was celebrated in the media; newspapers reported family reunifications with long-lost husbands, fathers, sons, and brothers with enthusiasm. These reports only covered the very arrival of demobilized militarized men[32] though, and the long-term social and economic difficulties faced by veterans never became a significant part of public discourse. Only sporadically did Japanese newspapers pick up the economic destitution faced by veterans, particularly in terms of housing in large cities and securing employment.[33] The Japanese authorities were acutely aware of the difficulties faced by veterans, especially in finding work, because returning to prewar jobs was often not possible due to the economic disruptions of the war and the postwar and with industrial production stagnant in the first year of the occupation. One of the ways in which the Japanese government sought to facilitate employment was to encourage women to leave their workplaces and to return to their homes; while this was a makeshift solution and contradicted the principles of democratization and equality, it was also a social value in line with the conservative postwar Japanese political leadership.[34] Vocational training programs were established for veterans so they could be employed in various industries, such as agriculture, and in food and coal production; public investment in postwar reconstruction was used as a means to boost employment; and unemployment insurance was introduced in February 1946.[35] The mechanisms that the Japanese government established to help veterans recover their economic livelihood served the double goal of reviving the country economically and relieving public finance and welfare services; however, they were not exclusively aimed at veterans but also at the men who had been mobilized for industrial service and civilians returning from overseas.[36] These employment measures were, thus, geared toward a broader group than just veterans, but circumvented occupation policy by including them, since they were deemed acceptable relief measures at a time when military pensions, which could have helped veterans over a period of unemployment, were abolished.

## The Introduction of Welfare Legislation

The situation of disabled veterans was more difficult: traditionally, many of them had been relying on pensions and disability benefits as their primary source of income. Cutting these sources of income meant economic hardship in an economically

---

[32]  Igarashi, Yoshikuni. *Homecomings: The Belated Return of Japan's Lost Soldiers* (New York: Columbia University Press, 2016), Introduction.

[33]  For an example of an emblematic article about the cold reception and difficulties facing returning veterans, see »Haizan, Uraga ni Tsukeba, Tsurenai Bokoku no Kaze« [I Survived Defeat If I Arrived at Uraga: The Cold Wind of the Motherland], *Asahi Shimbun*, Nov 12, 1945.

[34]  Murakami, Kimiko. *Senryōki no Fukushi Seisaku* [Welfare Policies Under the Occupation] (Tokyo: Keisō Shobō, 1987), 48.

[35]  Murakami, *Senryōki no Fukushi Seisaku* (see note 34), 48–51.

[36]  Murakami, *Senryōki no Fukushi Seisaku* (see note 34), 47.

unstable situation even though the main motivation for it was political – putting members of the military and civilians on an equal footing – rather than economic. Hardship for roughly 500,000 disabled veterans stemmed from their reliance on military hospitals for treatment and convalescence, since these hospitals were transferred to the Ministry of Health and Welfare on December 1, 1945 and opened for civilians, meaning that fewer beds were available to veterans.[37] All government institutions that had been tasked with the care for veterans, such as the Department for Blind Soldiers or the Ministry of Health and Welfare, which provided artificial limbs and employment assistance to veterans,[38] were gradually opened to the general public. This meant that preferential treatment for veterans was abolished, but in a way in which their support was not taken away, but rather extended to the general population. The legislation that codified the egalitarian treatment of military and civilian casualties in the social system was the Livelihood Protection Law (生活保護法 *Seikatsu Hogo Hō*), enacted in November 1947.

This law abolished preferential treatment for veterans and represented the democratization of social welfare in Japan.[39] State support for disabled veterans had been established after the Russo-Japanese War and expanded after the First World War (1914–18), coming to match the status and recognition that members of the military were afforded in society.[40] Through the SCAP's ban on military associations, disabled veterans were deprived of their previous ample institutional support, their pensions, associations as a mouthpiece, and the ability to organize for political lobbying. The *Seikatsu Hogo Hō* provided better for war widows and their children than for veterans with disabilities or recurring diseases, and disabled veterans were additionally hit hard by rising hospital costs and fuel shortages. Of those veterans living in hospitals and sanatoriums for continued treatment, many found themselves forced to beg on the streets and trains to cover the costs of meals, daily rates, and medicine. Japanese society called them »white-gowns« (白衣 *hakui*), as they were wearing their white hospital gowns, a rather drastic change from the »white-robed heroes« that disabled veterans had been called during the war, when they had been a symbol of the sacrifices on behalf of the empire and commanded respect.[41] Their begging initially only had them stand at street corners quietly with their donation box in front of them, yet, their soliciting became louder over time, both figuratively and literally, with groups of them singing and playing music, explaining their plight

---

[37]  Ueda, Sakiko. »Shōwa Jūnendai no Rinji Rikugun Byōin ni Okeru Rihabiritēshon: Shōi Gunjin no Shūrō he no Michi« [Rehabilitation at Temporary Army Hospitals in the Shōwa 10s: The Path to Disabled Veterans' Employment], *Shitennōji University Bulletin*, 54, Sept 2012, 131–155.

[38]  Fujiwara, Tetsuya. »Disabled War Veterans during the Allied Occupation of Japan,« trans. Ruselle Meade, *SOAS Occasional Translations in Japanese Studies*, 3, 2012, 4–5, <http://web.archive.org/web/20220120112809/https://www.soas.ac.uk/jrc/translations/file76257.pdf> (last retrieved Oct 28, 2024).

[39]  Pennington, Lee. *Casualties of History: Wounded Japanese Servicemen and the Second World War* (Ithaca: Cornell University Press, 2016), 207.

[40]  Pennington, *Casualties of History* (see note 39), chapter 1.

[41]  For an analysis of the heroic wartime treatment of disabled militarized men, see Pennington, *Casualties of History* (see note 39), chapter 5.

to train passengers,[42] and staging demonstrations and a hunger strike in Tokyo in 1951.[43] The protests of the white-gowns were co-opted by the Japanese Socialist Party, which used the figures of disabled veterans to lobby against rearmament and Japan's involvement in the Korean War, albeit without supporting their quest for increased material support.[44] The Socialist Party also advocated for the establishment of a general national social security system in which disabled veterans would be included,[45] thus, rejecting legislation specifically supporting disabled veterans and inherently contradicting the party's support of white-gowns. A Mutual Help Foundation (財団法人共助会 *Zaidan Hōjin Kyōjokai*) was established in late 1945 with the aim of helping sick or wounded veterans financially in order to compensate for a lack of other sources of material support; however, since the majority of its 6500 members were former militarized men and its support aimed at veterans, the association was banned a year after its creation.[46]

Highlighting their continued precarious existence, disabled veterans served as a reminder to Japanese society and politicians that support for them was inadequate, particularly since public discourse was focused more on the suffering of civilian victims of war, such as bereaved families, widows, and orphans.[47] This situation underscored the contradictions concerning demobilized militarized men: they competed for societal recognition for their wartime service and postwar suffering with victims of war, such as bereaved families and victims of the atomic bombings, joining the narrative of victimhood irrespective of their own implication in the imperial and aggressive endeavor that had been the war effort. Their postwar suffering permitted disabled veterans to present themselves as victims alongside widows and orphans, even though their wartime roles in the military – which the occupation forces sought to portray invariably as militarism – squarely opposed this.

The Japanese government introduced the Law for the Welfare of Physically Disabled Persons (身体障害者福祉法 *Shintai Shōgaisha Fukushi Hō*) in 1949, which provided medical support and vocational opportunities to the disabled, abolishing distinctions between civilians and former members of the military and enabling disabled people to earn a livelihood. Combined with the 1952 Wounded Veteran and Bereaved Family Assistance Act (戦傷病者戦没者遺族等援護法 *Senshōbyōsha Senbotsusha Izokutō Engo Hō*), the government sought to come to terms with the two conjoined issues of wartime legacy and postwar livelihood. These laws deprived veterans of the grounds on which they had been able to lobby for more government support, i.e. on the basis of their service to the Japanese Empire.[48] That this law

---

42  Pennington, *Casualties of History* (see note 39), 220–221.
43  Ueno, Masumi. »Senryōka Nihon no Saigunbi Hantairon to Shōi Gunjin Mondai« [Anti-remilitarization Discourse and the Problem of Disabled Veterans], *The Journal of Ohara Institute for Social Research*, 550–551, Oct 2004, 6–7.
44  Ueno, »Senryōka Nihon no Saigunbi Hantairon« (see note 43), 4–5.
45  Akazawa, Shirō. »1950 Nendai no Gunjin Onkyū Mondai« [The Problems of the 1950s Veterans' Pensions Law], *Ritsumeikan Hōgaku*, 333–334/5–6, 2010, 9.
46  Tōkyōto. *Tosei Jūnenshi* [Ten Years of the Tokyo Metropolitan Government] (Tokyo: Tōkyōto, 1954), 236.
47  Pennington, *Casualties of History* (see note 39), 204–206.
48  Pennington, *Casualties of History* (see note 39), 217.

covered both the military and the civilian casualties was both a constraint of the occupation, since the SCAP had made no compromise with the policy of demilitarization, and an expression of the democratization that Japanese society and politics had undergone in this vein since 1945. Nevertheless, the Japanese Disabled Veterans' Association (日本傷痍軍人会 *Nihon Shōi Gunjin Kai*, JDVA) established itself in May 1953 out of a collection of local and province-based groups, seeking to amplify the voices of disabled veterans in politics. Specifically, the founding meeting claimed that many veterans were unable to receive adequate state support for medical care, prosthetics, employment, and rehabilitation under the current welfare system.[49] The JDVA, albeit small in scope, was vocal in calling for the reintroduction of military pensions, particularly for the middle ranks of the former military forces, and kept the topic alive in Japanese politics. The association, for example, sent a questionnaire to the main political parties in 1955 asking them to state their positions on the demands of the JDVA, such as the reintroduction of military pensions, the revision of welfare legislation, increased financial support for the cost of medical care and prosthetics, tax reductions, and reduced railway fares. The Democratic Party and the Socialist Party both supported the demand for pensions, as well as most of the other demands. The message of Prime Minister Hatoyama, which the newspaper of the JDVA, the *Nisshō Gekkan*, printed along with the parties' responses, echoed this sentiment of support.[50]

A consensus existed in postwar politics about the inadequacy of disabled veterans' treatment and about the need to reintroduce pensions; the law to revive military pensions was passed in the summer of 1953. Yet, the actual dilemma, both in politics and public discourse, was about balancing the financial needs of disabled veterans while avoiding the introduction of preferential treatment for former military personnel. In addition, a majority of Japanese rejected the reintroduction of the prewar pension system since it gave preference to career military men over drafted militarized men and, hence, would have led to an uneven distribution of benefits.[51] The focus on the livelihood of disabled veterans in postwar Japan was, thus, much more important as a motivation for reconstituting pensions and improving living conditions than nostalgia for Japan's expansionist wars or militarism. The gap between civilian society's attitudes towards the military and the nostalgia of some veterans' groups, with their focus on former militarized men's sacrifice for the empire, underscored the change of values that Japanese society was undergoing during the occupation.[52]

Nevertheless, the debates about the reintroduction of pensions and compensation for war-related damages also highlight the various discourses of victimhood that

---

49  »Nihon Shōi Gunjin Kai Naru« [Becoming the Japanese Disabled Veterans' Association], *Nisshō Gekkan*, May 20, 1953.

50  »Shōi Gunjin ni Kansuru 12shō« [Twelve Questions about Disabled Veterans], *Nisshō Gekkan*, Feb 1, 1955.

51  Fujiwara, Tetsuya. »Restoring Honor: Japanese Pacific War Disabled War Veterans from 1945 to 1963,« (PhD Dissertation, University of Iowa, 2011), 94.

52  Kimura, Takuji. »Gunjintachi no Sengo: Kyūgunjin Dantai to Sengo Nihon« [The Soldiers' Postwar: Former Soldiers' Associations and Postwar Japan], in *Senjo no Shosō* [Aspects of the Battlefield], ed. by Aiko Kurasawa et al., Iwanami Kōza Ajia, Taiheiyō Sensō 5 (Tokyo: Iwanami Shoten, 2006), 357–382, here 359.

existed in Japanese society, politics, and the media. These discourses were shaped by the experiences of different social groups, such as bereaved families, civilian returnees, former landlords, victims of the atomic bombings, and disabled veterans, all of whom were calling on the Japanese state to provide compensation for their war-related suffering. It was also tied to intense debates in print media about Japan's industrial development, economic viability, and the tax burden.[53] The gradual introduction of legislation on behalf of disabled veterans and bereaved families in the 1950s especially was made possible by the economic successes of postwar Japan and the Cold War. However, this legislation and the debates surrounding its introduction also contradicted the spirit of equalization that had pervaded the social system established under the occupation and which had sought to counter affording special treatment to specific social groups, particularly the military, since it was in its principle opposed to the ideas of democratization and demilitarization.[54]

## Demilitarized Men in Postwar Japan: Legacy and Discourse

The question of veterans in postwar Japanese society was much more than a question of whether and how to finance their medical treatment, rehabilitation, and economic relief; it was closely connected to the issues of addressing the wartime legacies of the Japanese empire and of the evolving Cold War, in which Japan was quickly emerging as an ally of the U.S. The Japanese Ministry of Education published a *Handbook for Returnees: A New Departure* (帰還者必携：新しき出発へ *Kikansha Hikkei: Atarashiki Shuppatsu e*), a booklet for distribution in the reception centers, on June 1, 1949. It was intended to educate returnees from the Asian continent – at this time, mostly from the Soviet Union – about the situations they would encounter in Japan, helping repatriates with their start into their new lives. The booklet covered practical issues, such as public holidays, household registration, legal matters, and social security; but it also introduced the character of postwar Japan as a modern and democratic country affording equal opportunities and securing a basic standard of living for all its citizens.[55] The handbook demonstrates not merely the significance of the returnees to the Japanese state and the necessity of helping and guiding their integration into society. Rather, it suggests that the Japanese state used this as an opportunity to educate returnees about its new character and orientation, i.e. about its alignment with the democratic values that the occupation had been implanting in the legal system since 1945. The positive, forward-looking outlook of the handbook represents a facet of the Cold War since it emphasizes the sweeping changes that the occupation had introduced: the dissolution of *zaibatsu*, land reform, and giving women the right to vote (and changes to women's legal status and household registration system) were presented as aspects of the modernization and democratization of the Japanese state

53   Akazawa, »1950 Nendai no Gunjin Onkyū Mondai« (see note 45), 1469–1471.
54   Orr, James Joseph. *The Victim as Hero: Ideologies of Peace and National Identity in Postwar Japan* (Honolulu: University of Hawai'i Press, 2001), 139–140.
55   Park, Yi-Jin. »Re-nationalizing Repatriated Japanese into Post-war Japan: From Imperial Subjects to Post-war Citizens,« *Sungkyun Journal of East Asian Studies*, 20/1, 2020, 113–138.

and society. The dissolution of the Japanese Army and Navy, and the abolition of the influence that the military had held over Japanese politics and society and to which policymaking simply referred as »militarism,« had been implemented in the same vein and with the same aim of democratizing Japan, thus, preventing the country from ever again threatening the peace of the world. However, while land reform, the dissolution of *zaibatsu*, and giving women the right to vote could be easily presented as parts of a greater modernization and liberalization project, demilitarization had immediate and tangible negative consequences, financial and in matters of health and welfare, for millions of former militarized men and bereaved families. In this sense, veterans were victims of the militaristic system for which they had sacrificed their manpower and health during the war but in which they had also been complicit; they had been unable to be victorious in a war that the empire had presented as heroic and indispensable for its very survival. Yet, the benefits that they might have had if the empire had persisted – pensions, treatment at national military hospitals, and the many tangible and intangible benefits of a »warfare state«[56] – were now withheld from them.

Their collective perception during the occupation is all but impossible to understand due to their inability to organize; however, once veterans' organizations were permitted after the occupation, they emphasized honoring dead comrades, sharing experiences, and celebrating camaraderie in their activities.[57] Veterans' difficulties in the immediate postwar years were primarily economic in nature, but resulted from the ideological policies of demilitarization, painting them mainly as victims of defeat and – to a lesser degree – of the war. They competed with groups of victims of the war for recognition and support; however, their relationship to these groups was also a complementary one, as can be observed through the Japanese Bereaved Families Association (一般財団法人日本遺族会 *Ippan Zaidan Hōjin Nihon Izokukai*, short *Izokukai*). The latter was established in 1953 by integrating two groups: the Federation of Bereaved War Victims (戦争犠牲者遺族同盟 *Sensō Giseisha Izoku Dōmei*), which focused on alleviating the material plight of war widows and bereaved families, centering on the women's experience, and the Japan League for the Welfare of the War Bereaved (日本遺族厚生連盟 *Nihon Izoku Kōsei Renmei*), which was established by fathers of war dead. Both emphasized the welfare aspect of their activities, although their work also had moral and political overtones, seeking to raise awareness in society of the circumstances of war-bereaved families but also to restore militarized men's honor and grant them recognition for their suffering.[58] For the duration of the occupation, recognition for the sacrifice of militarized men was out of the question; the SCAP's policies explicitly forbade it and did not differentiate

---

[56]   Ienaga, »The Glorification of War« (see note 8), 115.

[57]   Takahashi, Saburō. »Atogaki,« in *Kyōdō Kenkyū Senyūkai* [Joint Research: Comrades' Association], ed. by Saburō Takahashi, 2nd ed. (Tokyo: Tabata Shoten, 2005), 316. Kimura also explores veterans' associations with political aims, specifically in connection with Yasukuni Shrine and the reestablishment of pensions in his »Gunjintachi no Sengo« (see note 52).

[58]   These issues are explored in much depth in Seraphim, Franziska. *War Memory and Social Politics in Japan, 1945-2005* (Cambridge, MA: Harvard University Asia Center, Harvard University Press, 2006), chapter 2.

between former militarized men and bereaved family members in this. Once the occupation had ended, however, the conservative political landscape became more conducive to celebrating the sacrifice of the war dead and of former militarized men in
general. While veterans, and particularly disabled veterans, had been competing with
war-bereaved families for material support during the occupation, the nationalism
that emerged after its end enabled a discourse of heroism and recognition common
to both, which betrayed the principles of equality and democracy that the occupation had sought to instill. The *Senshōbyōsha Senbotsusha Izokutō Engo Hō* was passed
in 1952, and the Military Pensions Law (軍人恩給法 *Gunjin Onkyū Hō*) in 1953.
These laws demonstrate that the Japanese state took on the responsibility – economic
as well as moral and ideological – for the care of all those it considered victims of
war and defeat: bereaved families as well as (disabled) veterans.[59] They underscore
the simultaneous economic and ideological significance of ensuring material support
and official state recognition for bereaved families and veterans.

The debates surrounding the reinstatement of military pensions after the end
of the occupation and after the Treaty of San Francisco, thus, reveal that this was
not merely a matter of providing economic support to veterans or confirming the
Japanese state's commitment to supporting disabled veterans, since this support had
been put in place with the *Shintai Shōgaisha Fukushi Hō* in 1949. Rather, the groups
lobbying in favor of pensions also emphasized patriotism and a nostalgia for the
Japanese empire, understanding the economic aspect of the pensions as a manner
in which the state could – indeed should – confirm its commitment to those who
had represented and defended the empire on its behalf.[60] On the other hand, it was
not merely the occupation that understood veterans as representative of the military
power of the empire; the majority of postwar Japanese society, while of course not
deaf to the economic plight of destitute veterans, embraced the change of values that
characterized postwar Japan, rejecting militarism and embracing pacifism, but also
perceiving the divergence between the former military and civilian society.[61] The
creation of a universal national health system was among the projects that SCAP officials sought to implement in postwar Japan, and toward which they sought to nudge
officials at the Ministry of Health and Welfare. As a result, the previously existing
fragmentation of the Japanese health system was eliminated;[62] but more importantly, the spirit of democratization and equalization that characterized the occupation
overall was practically realized.

---

[59]  Orr, *The Victim as Hero* (see note 54), 139–140.
[60]  Akazawa, »1950 Nendai no Gunjin Onkyū Mondai« (see note 45).
[61]  Kimura, »Gunjintachi no Sengo« (see note 52), 357–359.
[62]  Sheingate, Adam D., and Takakazu, Yamagishi. »Occupation Politics: American Interests and
the Struggle over Health Insurance in Postwar Japan,« *Social Science History*, 30/1, Spring 2006,
137–164.

## Conclusion: Veterans and the Cold War

The treatment that former militarized men received at the hands of the SCAP and the Japanese authorities was not characterized by either political or economic motivations; instead, both were entangled in ways that do not permit any clear distinction. The political aspects may have been more important for the SCAP and the economic ones for the Japanese government in the early years of the occupation, which is attributable to their respective characters, with the occupation seeking to eradicate the threat of Japanese militarism and create a democratic Japan, and the Japanese government endeavoring to put postwar Japan on a solid economic footing. Yet, economic factors, and particularly the well-being of large parts of the Japanese population, were paramount in helping the occupation achieve its goals of democratization and demilitarization, while political considerations were by no means insignificant for the Japanese government. The increasing Cold War divisions further served to lessen the threat of a revival of Japanese militarism in the face of Soviet communism; with the establishment of the National Police Reserve in 1950, out of which the National Self-Defense Forces were created in 1954, a bulwark against communism was set up. Democratization and the equalizing of Japanese society through abolishing the distinctions between the former military and civilians became much less important than the protection from the communist threat in the late 1940s and early 1950s, creating an atmosphere that was more conducive to affording recognition to wartime service and sacrifice than directly after the end of the war. The integration of postwar Japan into the U.S.' orbit in the Cold War meant that the ideological support of former militarized men for the Japanese state was ensured through the material support with which the state provided them. This was made possible through the reversal of Japan's status from wartime enemy to Cold War ally, and through the accompanying shift in priorities of the U.S., in which members of the former military ceased to constitute the most immediate threat. The conservative policies of the Japanese government under the leadership of the Liberal Democratic Party (自由民主党 *Jiyū-Minshutō*, founded in 1955 through the merger of the Japan Democratic Party and the Liberal Party, and which ruled Japan until the 1990s) enabled more nationalistic policies than the occupation would have permitted earlier, creating a narrative of a new Japan that was at the same time modern and democratic, yet which celebrated the sacrifice of the war dead.[63]

The demobilization of former militarized men of the Imperial Japanese Army and Navy was part of the project of demilitarizing and democratizing Japanese society and the Japanese state undertaken by the occupation forces, with the aim of ensuring »that Japan will not again become a menace to the United States or to the peace and security of the world; [and to] bring about the eventual establishment of a peaceful and responsible government which will respect the rights of other states ... as reflected in the ideals and principles of the United Nations.«[64] The occupation's

---

[63]  Seraphim, *War Memory* (see note 58), 81; Orr, *The Victim as Hero* (see note 54), 140.
[64]  Department of State, Department of War, Navy Department. »United States Initial Post-Surrender Policy for Japan,« in *Occupation of Japan: Policy and Progress*, Far Eastern Series 17 (Washington, D.C.: United States Government Printing Office, 1949), 74.

initial policies of a strict equalization of society, abolishing the military forces as well as all distinction between members of the military and civilians, combined with the economic difficulties of the early postwar years, resulted in economic hardship for former militarized men, particularly for disabled veterans who were unable to earn a living or afford their much needed hospital or rehabilitation treatment. As the SCAP had abolished veterans' pensions and banned their associations, they were also deprived of the means of mutual support and political lobbying; however, this was a facet of the demilitarization policy rather than an aim in itself. In fact, other than the process of demobilization, encompassing only the return of military forces from overseas and their release within Japan, the occupation did not stipulate policy regarding former militarized men. Once they had been demobilized, they were not subject to any procedure or restrictions; not even reeducation programs were offered to ensure their support of the postwar Japanese state.

It was the task of the Japanese government to accommodate the economic and health needs of former militarized men in order to avoid their moving to the margins of society and, by extension, of the political spectrum. Devising avenues for their medical rehabilitation and vocational training, while offering these services to all of civilian society, serves to showcase that the Japanese state sought to meet its obligation to care for them despite their complicity in the war and the stigma of militarism that the SCAP attached to supporting them. The example of the support of white-gowns by the socialist opposition, which served to amplify the party's stance on the character of postwar Japan by using the visibility of disabled veterans, yet, without actually offering solutions to their difficulties, highlights the contradictions between the economic and ideological situations of veterans that characterized postwar Japan. Similarly, through banning military pensions, the SCAP sought to get rid of the system that rewarded military service financially; yet, the Japanese state needed to accommodate veterans as well as bereaved families economically to ensure minimal standards of living. The democratization of Japan is apparent in the creation of a uniform national health system, in which everyone enjoyed equal access to facilities and treatment, even though this equalization also entailed a loss of privilege for former militarized men; however, this equalization did not preclude the reinstitution of benefits for military service, as we can see in the reintroduction of military pensions as a means of recognition in 1953, after the end of the occupation, to ensure the political support of the postwar system of large swathes of society.

The historian's distinction between victims of war and victims of defeat[65] offers a useful analytical lens to explore the contradictions in the experience of veterans in postwar Japan. They were, at the same time, perpetrators and victims of the war – perpetrators as they had fought on behalf of the empire, in an aggressive and expansionist war; and victims since they had no choice about their participation in the war, at least not the many men who were drafted – but they were also victims of defeat as the occupation curtailed their pensions and benefits. Japanese society grappled with such questions of victimhood for decades, and the example of former militarized men offers an illustration of their inherent complexities and contradictions. Securing

---

[65] Seraphim, *War Memory* (see note 58), 81–85.

their material wellbeing, in the form of the ability to earn a living, professional development and medical rehabilitation, and disability benefits, constituted one way by which the Japanese government, both during and after the occupation, supported veterans and secured their political support for the new country as which it presented itself. The stronger conservatism that the developing Cold War permitted to flourish after the occupation enabled the reintroduction of military pensions, in the form of the *Gunjin Onkyū Hō* in 1953, and allowed the Japanese state a clearer material recognition of the military of the empire. The SCAP had abolished pensions and military benefits with the aim of eliminating militarism; however, they were reintroduced in 1953 under very different political and geopolitical circumstances, when Japanese militarism constituted much less of a threat to the global order, from an American perspective at least, than Soviet communism.

The abolition of pensions did not eliminate militarism; nor did their reintroduction cause a resurgence of militarism in Japanese society. Rather, pensions and other benefits were considered a symbol of the status that military personnel but also the ideology of empire enjoyed. Abolishing them did indeed achieve the demilitarization of Japanese society, but only in conjunction with removing ultra-nationalistic politicians and militarists from positions of power and influence in politics, the economy, society, and culture. Making Japanese society more equal encompassed equivalent access to medical care (removing privileged treatment in military hospitals and sanatoriums) as much as equal voting rights for women and men; in that sense, the double goal of the occupation – demilitarization and democratization – were two aspects of the same aim. The short-term hardship that disabled veterans faced was not an inherent characteristic of these policies but an effect that the Japanese government immediately sought to remedy by introducing welfare legislation that provided for equal benefits irrespective of former military status.

An examination of the ways in which former militarized men were treated by the occupation forces and the Japanese government reveals that this aspect of postwar Japanese history was not linear, nor was it straightforward or consistent. The abolition of militarism and the democratization of the national health system stood in stark contrast to the economic plight of disabled veterans, and the suspension of pensions and benefits did not only affect former military men but also bereaved families, especially widows and orphans. Japanese society embraced pacifism and adopted an anti-militarist stance after the war and during the occupation, but was not opposed to the reintroduction of pensions or benefits. The treatment that former militarized men received and demanded from both the Japanese government and the SCAP reflects the ways in which the political, economic, and social aspects of the development of postwar Japan were entangled with the geopolitics of the Cold War and the changing realities within Japan itself. The break with Japan's militaristic past that the occupation had initially sought to create was amended and partially reversed by the Japanese government. This occurred through welfare legislation, albeit not with the aim of reconstituting militarism, but to put veterans on an economically more secure footing, in turn, permitting them to become part of the new democratic Japan.

Matthias Uhl

# Die Veteranenorganisationen in der Sowjetunion nach 1945 und im heutigen Russland. Ein Überblick

In der Sowjetunion kursierte folgende Anekdote: »Bei uns haben fast alle Staatsbürger Vergünstigungen: Invaliden gewährt man kostenlose Fahrten im öffentlichen Nahverkehr; Blinden den unentgeltlichen Besuch von Kinos und Museen; Hinkenden und Menschen ohne Beine den freien Besuch von Tanzveranstaltungen und Diskotheken; Taubstumme bekommen ein kostenloses Telefon und unrechtmäßig Repressierte dürfen bei Rot über die Ampel gehen.«[1] Ein bissiger Hinweis darauf, dass in der UdSSR vor allem verwundeten Kriegsveteranen vermeintliche Vergünstigungen gewährt wurden, deren Nutzen sich für die Betroffenen jedoch oft nur als marginal erwies. Lange standen die ehemaligen Kriegsteilnehmer im Schatten des gesellschaftlichen, politischen und wirtschaftlichen Systems der Sowjetunion. Dieser Beitrag möchte einen kurzen Abriss über die Entwicklung der Veteranenorganisationen in der Sowjetunion nach 1945 und im heutigen Russland geben. Aufgezeigt werden soll dabei, wie sich die Veteranen zur Durchsetzung ihrer Interessen in Verbänden zusammenschlossen und in welcher Art und Weise es ihnen gelang, zentrale Fragen ihrer finanziellen und medizinischen Versorgung zu lösen. Zu diskutieren ist ferner, wo die Grenzen des Einflusses der Veteranenorganisationen lagen und liegen. Zugleich wird gezeigt, dass die Auflösung der Sowjetunion zu einer geradezu inflationären Neubildung von Veteranenverbänden führte, die insgesamt jedoch nur einen sehr begrenzten Einfluss auf die angemessene Versorgung von ehemaligen Angehörigen der Streitkräfte in der Russländischen Föderation ausüben.

## Die Versorgung von russländischen Veteranen und Kriegsinvaliden bis 1945

Bis zu den letzten Tagen der Zarenherrschaft existierte im Russischen Reich nur ein rudimentäres System zur Versorgung von ehemaligen Kriegsveteranen und Kriegsinvaliden. Für Letztere fühlten sich im Wesentlichen nur die Kirche und private Hilfsorganisationen verantwortlich. Erst am 25. Juni 1912 verabschiedete die Staatsduma ein Gesetz, das durch den Militärdienst versehrten Personen entsprechende Renten sowie kostenfreie Prothesen zusicherte, wobei sich die Höhe der

---

[1]   Ivan I. Pavlov, Poterjannye pokalenija, St. Peterburg 2005, S. 277.

Rentenzahlungen in fünf Rangstufen allein an dem Schweregrad der Verletzungen bzw. Verwundungen orientierte. Die jährlichen Zahlungen reichten von 30 Rubel bei leichteren Verletzungen und im Höchstfall bis zu 216 Rubel bei schwersten Verstümmlungen.[2] Obwohl die zweite Summe in etwa dem Jahresverdienst eines Arbeiters in der Nahrungsmittelindustrie entsprach, blieb die Masse der Kriegsversehrten auch weiterhin auf private Spenden und Hilfen angewiesen. Im Ersten Weltkrieg wurde das Problem der Kriegsinvaliden immer größer, da deren Zahl bis 1919 auf rund zwei Millionen anstieg. Um diese zahlreichen Versehrten besser versorgen zu können, kam es zur Gründung von Invalidenverbänden auf lokaler Ebene, die beispielsweise im Sommer 1917 im Gouvernement Tambow rund 13 000 Mitglieder zählten. Nach der Februarrevolution erhöhte die Provisorische Regierung den Kriegsinvaliden, deren Vertreter sich im Juni 1917 erstmals in Petrograd auf gesamtrussischer Ebene getroffen hatten, die Rentenbezüge um das Zweifache. Allerdings war dieser Beschluss nicht das Papier wert, auf dem er gedruckt war. Zum einen zehrte die Inflation die Rentenerhöhung mehr als auf, zum anderen musste die Provisorische Regierung Ende 1917 ihren Platz für die Bolschewiki räumen. Diese sprachen den Invaliden der Zarenarmee Anfang 1919 jährliche Renten zwischen 450 und 3000 Rubel zu, die sich gleichfalls nach dem Schweregrad der Behinderung richteten.[3]

Die Masse der nun rund 2,7 Millionen russischen Kriegsinvaliden, die ihre Verletzungen bzw. Verwundungen im Ersten Weltkrieg und dem nachfolgenden Bürgerkrieg erlitten hatten, blieb ohne ständige Rentenversorgung der jungen Sowjetregierung. Zugleich sicherte der sowjetische Staat den Kriegsinvaliden, die im Bürgerkrieg aufseiten der ›Roten‹ gekämpft hatten, eine Vorzugsbehandlung zu. Sie erhielten beispielsweise deutliche höhere Renten. Da für darüber hinausgehende Maßnahmen jedoch zumeist die nötigen Ressourcen fehlten, wurde staatlicherseits weiterhin auf die Unterstützung für die Versehrten durch private Initiativen gesetzt.[4]

Stalins Industrialisierungsprogramm sorgte schließlich ab den 1930er Jahren für eine Neubewertung kriegsbedingter Invalidität. Zu deren Anerkennung reichte

---

[2]  Vgl. Ludmila E. Mezit, Social'naja pomošč' naseleniju Sibiri v gody mirovych vojn XX veka, Krasnojarsk 2016, S. 18.

[3]  Vgl. Pavel P. Šerbinin, Osobennosti social'noj zaščity veteranov voennoj služby v Rossijskoj imperiiv XVIII-načale XX v. In: The Journal of Power Institutions in Post-Soviet Societies, H. 6/7, 2007, S. 24–28, <https://journals.openedition.org/pipss/973>; Manfred Hildermeier, Geschichte Russlands vom Mittelalter bis zur Oktoberrevolution, München 2013, S. 1196. Im Februar 1919 betrug das durchschnittliche Monatsgehalt 400–600 Rubel, für ein Pud (16 Kilogramm) Kartoffeln waren rund 20 Rubel zu zahlen. Die entsprechenden Rubel-Beträge wurden allerdings durch die damals grassierende Hyperinflation rasch entwertet. Im Oktober 1920 kostete ein Pud Kartoffel bereits 2000 Rubel.

[4]  Vgl. Beate Fieseler, Die Invaliden des »Großen Vaterländischen Krieges« in der Sowjetunion, 1945–1991. In: Erinnerung an Diktatur und Krieg. Brennpunkte des kulturellen Gedächtnisses zwischen Russland und Deutschland. Hrsg. von Andreas Wirsching [u.a.], München 2015 (= Quellen und Darstellungen zur Zeitgeschichte, 107), S. 168. Zum Problem der Versorgung von Veteranen, die gegen die Bolschewiki gekämpft hatten, außerhalb der UdSSR siehe beispielsweise Anastasia Ivanova, The Self-Organization of Ukrainian Soldiers Interned in Poland and Czechoslovakia in the Aftermath of the Great War. In: War and Veterans. Treatment and Reintegration of Soldiers in Post-War Societies. Hrsg. von Frank Jacob und Stefan Karner, Paderborn [u.a.] 2020, S. 21–52.

es nicht mehr aus, entsprechende Schäden an Körper und Geist erlitten zu haben. Vielmehr musste der Betroffene jetzt nachweisen, seine Arbeitsfähigkeit vollständig oder teilweise verloren zu haben. Wer trotz körperlichen Schäden immer noch seinen alten Beruf ausüben konnte, war kein Invalide mehr und verwirkte seinen Anspruch auf Rentenzahlungen und eine entsprechende medizinische Versorgung. Für die Neubestimmung der Invalidität wurde nun ein dreistufiges System eingeführt: Wer vollkommen arbeitsunfähig und zugleich pflegebedürftig war, gehörte der ersten Kategorie an; zur zweiten Kategorie zählten Personen, die arbeitsunfähig, jedoch nicht pflegebedürftig waren; in die dritte Kategorie wurden Versehrte eingestuft, die zumindest noch teilweise arbeiten konnten. Priorität der Invalidenversorgung hatte nunmehr die Rückführung der Versehrten in die Arbeitswelt.[5]

## Kriegsinvaliden und Veteranen in der Sowjetunion nach 1945

Im Sommer 1946 stellte sich dem Zentralkomitee (ZK) der Kommunistischen Partei der Sowjetunion erstmals die Frage der Gründung einer Veteranenorganisation. Der Journalist V. Barykin hatte sich an den für ideologische Fragen verantwortlichen Sekretär des ZK, Andrej A. Ždanov, mit einem Schreiben gewandt, in dem er die Gründung eines Veteranenverbandes nach westlichem Muster vorschlug. Damit griff der Journalist die Vorstellung einer gesellschaftlichen Bewegung auf, die in der Sowjetunion nach dem Sieg im Zweiten Weltkrieg weit verbreitet war. Ein zahlenmäßig starker, gut organisierter Verband sollte die Interessen der aus dem Zweiten Weltkrieg heimgekehrten Veteranen der Roten Armee wahrnehmen. Im Jahr 1953 erhielt der zum stellvertretenden Verteidigungsminister beförderte Weltkriegsheld Marschall Georgij K. Žukov sogar einen Brief von mehreren Weltkriegsveteranen, die endlich eine offizielle und gesellschaftliche Vertretung ihrer Interessen forderten. Diese sei so nötig wie »die Luft zum Atmen«[6].

Gleichwohl blieben in der UdSSR, anders als in den meisten anderen kriegführenden Staaten des Zweiten Weltkriegs, Veteranen- oder Versehrtenorganisationen verboten. Sämtliche unmittelbar nach Kriegsende in der Sowjetunion spontan und ohne Billigung der Partei- und Staatsführung gebildeten lokalen bzw. regionalen Vereinigungen von Kriegsheimkehrern hatten sich 1946 auf Weisung des ZK aufzulösen. Bis 1948 konnten die Veteranen und Kriegsinvaliden noch kleine, privat betriebene Kneipen und Lokale, im Volksmund ›Blaue Donau‹ genannt, aufsuchen. Doch auch diese letzten Refugien der Kriegsheimkehrer wurden von den Behörden geschlossen. Die Erfahrungen und Erinnerungen der sowjetischen Gesellschaft an die blutigen Säuberungen des Diktators, die in den 1930er Jahren ihren Höhepunkt

---

5    Vgl. Beate Fieseler, Soviet-style Welfare. The Disabled Soldiers of the »Great Patriotic War«. In: Disability in Eastern Europe and in the Former Soviet Union. History, Policy and Everyday Life. Hrsg. von Michael Rasell und Elena Iarskaia-Smirnova, London, New York 2014, S. 20–25.

6    Zitiert nach Mark Edele, Soviet Veterans of the Second World War. A Popular Movement in an Authoritarian Society 1941–1991, Oxford, New York 2008, S. 154.

erreicht hatten, sorgten dafür, dass sich gegen das Vorgehen des Staates kein kollektiver Protest regte.[7]

Zumindest die Zahlen belegen, dass es sich um kein Randphänomen der sowjetischen Gesellschaft handelte, gab es doch unter den vom Kriegsende bis zum Frühjahr 1947 rund 9,3 Millionen Demobilisierten mehr als zweieinhalb Millionen Kriegsversehrte, davon über 450 000 ehemalige Soldaten, die von Arm- bzw. Beinamputationen betroffen waren.[8] Die Kriegsinvaliden waren vom Staat in zwei Kategorien unterteilt worden, nach deren Zugehörigkeit sich entsprechende Pensionen, Beihilfen und Privilegien sowie Vergünstigungen richteten. Zur 1. Kategorie gehörten versehrte Generale, Offiziere und Berufsunteroffiziere. Zur 2. Kategorie zählte man Mannschaften und Unteroffiziere auf Zeit. Innerhalb dieser Kategorien differenzierten die Behörden dann noch zwischen den bereits erwähnten drei Gruppen entsprechend der Schwere der Verletzungen. Die Gruppen I und II galten als nicht arbeitsfähig, während die Versehrten der Gruppe III zumindest eingeschränkt als arbeitsfähig angesehen wurden. Für Letztere galt Arbeitspflicht. Die Einstufung in die jeweilige Invaliditätsstufe musste, selbst bei Arm- und Beinamputierten sowie bei Blinden, jährlich durch entsprechende medizinische Kommissionen überprüft werden. Wer sich dieser Prozedur entzog, die von nicht Wenigen als entwürdigend angesehen wurde, verlor seine Ansprüche auf staatliche Leistungen. Zugleich gingen die Einstufungskommissionen mit äußerster Härte vor, denn die Zahl der Versorgungsempfänger sollte möglichst klein gehalten werden. Prinzipiell galt: Wer seinen früheren Beruf noch ausüben konnte, besaß keinen Anspruch auf Anerkennung als Kriegsinvalider. So hatte beispielsweise ein Buchhalter, dem ein Arm oder ein Bein fehlte und der auf einem Auge blind war, keinerlei Aussichten, auch nur teilweise eine Versehrtenrente zu erlangen.[9]

Nur wer zur Gruppe I der Invaliden gehörte, hatte Anspruch auf eine Rente von 100 Prozent seines ehemaligen Gehaltes; allerdings waren die Auszahlungen in Höhe von bis zu 400 Rubel gedeckt. Versehrte der Gruppe II erhielten 75 Prozent ihrer früheren Bezüge, Invaliden der Gruppe III lediglich 50 Prozent. Diese Prozentsätze galten indes nur für Beschäftigte außerhalb der Landwirtschaft. Wer bis zu seiner dauerhaften Verletzung in den Kolchosen oder Sowchosen der UdSSR gearbeitet hatte, musste mit 80, 60 bzw. 40 Prozent seines Arbeitsentgeltes auskommen. Hatte der Schwerbeschädigte vor seinem Kriegsdienst nicht gearbeitet, so wurden fixe Summen ausgezahlt. Die monatlichen Sätze betrugen in diesen Fällen 150, 120 bzw.

7    Vgl. Beate Fieseler, Arme Sieger. Die Invaliden des »Großen Vaterländischen Krieges«. In: Osteuropa, 55 (2005), 4/6, S. 216; Guido Hausmann, Die unfriedliche Zeit. Politischer Totenkult im 20. Jahrhundert. In: Gefallengedenken im globalen Vergleich. Nationale Tradition, politische Legitimation und Individualisierung der Erinnerung. Hrsg. von Manfred Hettling und Jörg Echternkamp, München 2013, S. 425.

8    Vgl. Schreiben von Nikolaj A. Bulganin und Aleksandr M. Vasilevskij an Iosif V. Stalin über den Fortgang der Demobilisierungen des Personalbestandes der Streitkräfte der UdSSR, 2.4.1947, abgedr. in: Vestnik Archiva Prezidenta Rossijskoj Federacii. Sovetskaja Armija: gody reform i ispytanij, Bd 1. Hrsg. von Sergej V. Kudrjašov, Moskva 2018, S. 523; Elena Zubkova, Die sowjetische Gesellschaft nach dem Krieg. Lage und Stimmung der Bevölkerung 1945/46. In: Vierteljahrshefte für Zeitgeschichte, 47 (1999), 3, S. 370.

9    Vgl. Fieseler, Die Invaliden des »Großen Vaterländischen Krieges« (wie Anm. 4), S. 171 f.

90 Rubel. Die ländliche Bevölkerung wurde auch hier bei den Zahlungen benachteiligt, da sie bei 120, 96 und 72 Rubel im Monat lagen. Ehemalige Unteroffiziere erhielten Zuschläge in Höhe von 25 Prozent der Rentenbezüge. Wer in einem Invalidenheim untergebracht war, bekam lediglich ein Viertel seiner Rente ausbezahlt, der Rest wurde für die Begleichung der Wohn- und Versorgungskosten verwendet. Wenn man bedenkt, dass damals ein Liter Milch auf dem Schwarzmarkt 10 Rubel kostete und für ein Kilo Schweinefleisch mindestens 120 Rubel zu zahlen waren, wird rasch deutlich, dass selbst die nötigsten Lebenshaltungskosten durch die staatlichen Leistungen allein kaum bestritten werden konnten.[10]

Festzuhalten bleibt zudem, dass im April 1948 nur knapp zwei Prozent der Invaliden zur Gruppe I zählten. Zur Gruppe II gehörten etwas mehr als 21 Prozent, während 77 Prozent der Kriegsversehrten in die Gruppe III eingestuft worden waren. Wie gezeigt, gewährleisteten die niedrigen Rentenzahlungen nicht mehr als das nackte Überleben, sodass ihre Bezieher entweder eine Arbeit annehmen mussten oder aber auf Almosen angewiesen waren. So konnte es nicht verwundern, dass (nach offiziellen Zahlen) bereits vier Jahre nach Kriegsende über 90 Prozent aller Kriegsinvaliden wieder einer Arbeit nachgingen. Folglich ›verschwanden‹ die Invaliden aus der staatlichen Versorgung, und eine mögliche Debatte um deren Versorgungslage wurde ebenfalls im Keim erstickt. Damit wollte die sowjetische Führung das Problem der Kriegsversehrten aus der Welt schaffen und für die sowjetische Gesellschaft kaum mehr wahrnehmbar machen. Dass dies nicht bloß eine Metapher war, belegt das Faktum, dass staatliche Stellen nicht integrierbare und schwerstversehrte Kriegsinvaliden – nicht selten sogar gegen deren Willen – auf entlegene Inseln oder in weit von größeren Orten entfernte Gegenden verbrachten und damit aus dem öffentlichen Raum verbannten. Nicht selten hatte man hierfür ehemalige Klöster zu Invalidenheimen umfunktioniert. Die Einrichtungen, die zumeist für Totalamputierte, also Menschen ohne Arme und Beine vorgesehen waren, erhielten im Volksmund – angelehnt an den typisch russischen Teekocher – die Bezeichnung ›Samoware‹. So ließ beispielsweise die Leningrader Stadtregierung 1950 knapp 1000 Schwerstversehrte auf die Walaam-Inseln im nordöstlichen Teil des Ladogasees schaffen, wo diese bis 1984 vor der sowjetischen Gesellschaft ›weggesperrt‹ wurden. Ihr einziges ›Verbrechen‹ war gewesen, während des Krieges nicht gefallen zu sein, sondern entstellt und durch schwerste Verletzungen gezeichnet überlebt zu haben. Dieses Schicksal betraf in der Sowjetunion nach gegenwärtigen Schätzungen rund 100 000 bis 200 000 Menschen.[11] An den Verwahrungsorten war nicht nur die medizinische Versorgung der Kriegsversehrten mangelhaft, da beispielsweise nur jedes dritte Invalidenheim überhaupt über einen Arzt verfügte. Häufig klagten die dort untergebrachten Kriegsinvaliden, soweit sie dieses überhaupt konnten, über

---

10  Vgl. Beate Fieseler, The Soviet Union's »Great Patriotic War« Invalids. The Poverty of a New Status Group. In: Comparativ. Zeitschrift für Globalgeschichte und vergleichende Geschichtsforschung, 20 (2010), 5, S. 40–43.

11  Vgl. Aleksandr Lavrent'ev, »Samovary« Stalina. Kak sovetskie goroda »čistili« ot geroev-invalidov, <https://life.ru/p/1113810>.

fehlendes Mobiliar, mangelhafte Bekleidung und Bettwäsche sowie wenig schmackhaftes und kaum kalorienhaltiges Essen.[12]

Während der sowjetische Staat die schwerstversehrten Kriegsinvaliden einfach ›wegsperren‹ ließ, um sie für die Gesellschaft unsichtbar zu machen, wurde den noch zur Arbeit fähigen Invaliden verweigert, sich zu organisieren. Bis weit nach Stalins Tod existierte keine staatliche Organisation, die den rund 25 Millionen Veteranen des Zweiten Weltkrieges eine Stimme in der sowjetischen Gesellschaft gab. Das änderte sich erst im Herbst 1956. Am 29. September dieses Jahres wurde in Moskau das »Sowjetische Komitee der Kriegsveteranen« (Sovetskij komitet veteranov vojny) gegründet. Als erster Vorsitzender des Komitees fungierte Marschall der Sowjetunion Aleksandr M. Vasilevskij. Die Schaffung einer Organisation der Frontveteranen war zunächst dem Bemühen der sowjetischen Führung geschuldet, für die Zusammenarbeit mit internationalen und ausländischen Veteranenorganisationen einen Partner zu schaffen, mit dem dann wirksam Propaganda gegen die angeblichen ›imperialistischen‹ Kriegsplanungen der NATO betrieben werden konnte.[13]

Der Gründung des Verbandes ging die Initiative einer Gruppe von Kriegsveteranen voraus, die sich im Mai 1956 an die Parteiführung gewandt hatte. Am 31. Juli 1956 stimmte das Politbüro des Zentralkomitees der KPdSU schließlich einem Beschluss zu, mit dem die Vorbereitungen zur Schaffung eines Veteranenkomitees in Gang gesetzt wurden. Offenbar hielt die Staatsspitze nun den Zeitpunkt für gekommen, die Kriegsveteranen für die eigene Propaganda einzusetzen. Ende September 1956 tagte in Moskau die »Erste Allunionskonferenz der Kriegsveteranen«. Bezeichnend ist, dass an der Veranstaltung, die in die Gründung des Sowjetischen Komitees der Kriegsveteranen mündete, kein Mitglied des Zentralkomitees und kein Angehöriger der Regierung teilnahm. Für die Beteiligten war dadurch eindeutig wahrnehmbar, dass die sowjetische Führung dem Thema ›Veteranen‹ keine besondere Bedeutung beimaß und das Komitee als wohl nicht zu vermeidendes Übel betrachtete. Auf der Allunionskonferenz kam es schließlich auch zur ›Wahl‹ eines »Komitees der Kriegsveteranen«, dem 75 Personen angehörten. Es setzte sich überwiegend aus hohen Offizieren, einigen Schriftstellern, aber auch aus acht Frauen zusammen, die in den Reihen der Roten Armee am Krieg teilgenommen hatten. An seine Spitze wurde der bereits erwähnte Vasilevskij gesetzt. Der Marschall war zwar formell Mitglied des Zentralkomitees und gehörte damit zur politischen Nomenklatura der Sowjetunion, doch sein Einfluss war mehr als begrenzt. Obgleich offiziell immer noch stellvertretender Verteidigungsminister der UdSSR, erwies sich seine Position innerhalb der Streitkräfte als weitgehend unbedeutend, zeichnete er doch weder für eine der Teilstreitkräfte noch für ein einflussreiches Ressort direkt verantwortlich. Seit Mitte 1956 leitete er lediglich den Bereich innerhalb des Verteidigungsministeriums, der

---

[12] Vgl. Michail Suchorukov, Trudoustrojstvo invalidov vojny. Gladko bylo na bumage, <https://topwar.ru/141721-avtografy-voyny-zhizn-ne-po-uchebnikam.html>; Fieseler, Die Invaliden des »Großen Vaterländischen Krieges« (wie Anm. 4), S. 167–175; Aleksandr Dobrovol'skij, »Samovary« tovarišča Stalina. In: Moskovskij komsomolec, 1.9.2011; Nenužnye geroi. Rassekrečnnye dokumenty o sudbe invalidov vtoroj mirovoj, <https://gordonua.com/specprojects/invalidy.html>.

[13] Vgl. Beate Fieseler, Stimmen aus dem gesellschaftlichen Abseits. Die sowjetischen Kriegsinvaliden im »Tauwetter« der fünfziger Jahre. In: Osteuropa, 52 (2002), 7, S. 945 f.

militärwissenschaftliche Fragen bearbeitete. Bereits Ende 1957 wurde der Marschall in den Ruhestand verabschiedet, ein Jahr später musste er aus gesundheitlichen Gründen auch seinen Posten als Vorsitzender des Veteranenkomitees abgeben.[14]

Das Komitee setzte sich zunächst aus vier Sektionen zusammen: Frontkämpfer, Partisanen, Kriegsgefangene und Invaliden. Als deren Aufgaben waren zunächst die Pflege der Kontakte zu Veteranenverbänden im Ausland sowie die politische Erziehung und Indoktrinierung der eigenen Mitglieder und von Jugendlichen in der UdSSR vorgesehen. Wichtigste Aufgabe der Organisation sollte allerdings der Kampf gegen den ›aggressiven‹ Imperialismus und für den ›Weltfrieden‹ sein.[15]

Als Massenorganisation für Veteranen und ehemalige Angehörige der Streitkräfte hatte die sowjetische Partei- und Staatsführung das Komitee auf jeden Fall nicht geplant: »Individuelle Mitgliedschaften (Mitgliedsbeiträge, Mitgliedsausweise) waren ebenso wenig vorgesehen wie die Bildung regionaler und örtlicher Komitees.«[16] Bereits die erste Sitzung der Sektion für die Invaliden Ende Dezember 1956 in Moskau zeigte, dass diese Vorstellungen von einer sowjetischen Veteranenorganisation nicht mit dem großen Bedürfnis der ehemaligen Kriegsteilnehmer, sich zu organisieren, übereinzubringen war. Mehr als zwei Dutzend im Krieg versehrte ehemalige Soldaten der Roten Armee verschafften sich, obgleich sie keine offizielle Einladung vorweisen konnten, Zugang zu der als reine Repräsentationsveranstaltung parteitreuer Funktionäre geplanten Versammlung und sprengten den geplanten Ablauf. So drängten die anwesenden Veteranen auf ein demokratischeres Wahlverfahren und schafften es am Ende sogar, zwei ihrer Kandidaten bei der Abstimmung über die Sektionsspitze durchzubringen. Die Redebeiträge zahlreicher Anwesender wichen gleichfalls vom allgemein üblichen Schema derartiger Veranstaltungen in der Sowjetunion ab. Statt vorgefertigter und abgesprochener Diskussionsbeiträge gab es plötzlich Reden zur Realität des tristen und schwierigen Alltags der versehrten Kriegsveteranen, welche die stereotypen Idealvorstellungen und die vom Sowjetregime propagierte Wirklichkeit mit wenigen Sätzen dekonstruierten:

»Hinsichtlich der Ausbildung und Betreuung von Kriegsversehrten. Das Komitee existiert schon seit langem.[17] Warum gibt es noch immer keine Untersuchung über den Alltag und die Lebensbedingungen der Kriegsbeschädigten? Und warum gibt es immer noch keinen Bericht darüber an die leitenden Organe, d.h. den Moskauer Stadtsowjet? Warum wurde die Frage der Verbesserung des Alltags der Kriegsinvaliden nicht gestellt? Das ist auch der Grund, warum es kein Vertrauen gibt [...] Ich hoffe, dass unsere Sektion sich um die Kriegsinvaliden kümmert und in allen Fragen hilft – sowohl in Bezug auf die politischen als auch bei materiellen und alltäglichen Lebensfragen.«[18]

---

14    Vgl. ebd., S. 947. Zu Vasilevskij siehe Konstantin A. Zalesskij, Imperija Stalina. Biografičeskij ènciklopedičeskij slovar', Moskva 2000, S. 83 f.

15    Vgl. Edele, Soviet Veterans of the Second World War (wie Anm. 6), S. 163–165.

16    Fieseler, Stimmen aus dem gesellschaftlichen Abseits (wie Anm. 13), S. 948.

17    Tatsächlich existierte das Komitee gerade einmal drei Monate. Durch diese Aussage wird ersichtlich, dass die Gründung der Organisation nur einem kleinen, ausgewählten Kreis bekannt gewesen war.

18    Protokoll der Sitzung der Sektion der Kriegsversehrten des Sowjetischen Komitees der Kriegsveteranen, 26.12.1956, Staatsarchiv der Russländischen Föderation (künftig GARF), 9541/11/49, Bl. 17.

Auf der konstituierenden Sitzung der Sektion für Invaliden des Komitees der Kriegsveteranen lief die Veranstaltung ganz und gar nicht im Sinne der Organisatoren. Vielmehr ›kaperte‹ eine Gruppe von Invaliden die als Sprachrohr der Kommunistischen Partei konzipierte Sektion und wandelte diese kurzentschlossen in eine Interessenvertretung der Kriegsversehrten um – ein für die Sowjetunion damals geradezu sensationeller Vorgang. Auch in den nachfolgenden fünf Jahren konzentrierte sich die Sektion der Invaliden stärker auf die Lösung der sozialen Fragen der Kriegsversehrten als auf das Problem der ›Sicherung des Weltfriedens‹ – eine Orientierung, die innerhalb der Führung des Komitees der Kriegsveteranen immer wieder für Diskussionen sorgte. Gleichwohl gelang es jener nicht, den Kurs der sich als Interessenvertretung und nicht als Repräsentationsorgan begreifenden Invaliden-Sektion spürbar zu ändern.[19]

Dieses Beharrungsvermögen dürfte vor allem auf den Leiter der Sektion, Generaloberst Michail F. Lukin, zurückzuführen sein, der die Führung der Kriegsversehrten innerhalb des Veteranenverbandes bis 1962 übernahm. Lukin war bereits im Ersten Weltkrieg Soldat gewesen und dort bis zum Rang eines Leutnants und Kompanieführers aufgestiegen. 1917 trat er in die Rote Garde, eine Miliz der Bolschewiki, ein, die 1918 in den Reihen der Roten Armee aufging, ein Jahr später dann in die Kommunistische Partei der Bolschewiki. Im Bürgerkrieg diente er zumeist in verschiedenen Stabspositionen und stieg bis zum Stabschef einer Division auf. 1926 absolvierte er einen Generalstabskurs an der Frunze-Militärakademie, 1929 übernahm er schließlich die Führung der 23. Schützendivision der Roten Armee. Im April 1935 ernannte ihn die Militärführung zum Militärkommandanten von Moskau. Während der stalinistischen Säuberungen in den Streitkräften der UdSSR wurde Lukin im Juli 1937 von seinem Dienstposten abgelöst und in die Reserve versetzt. Anders als viele seiner Offizierkollegen endete er jedoch nicht vor den Gewehrläufen eines Erschießungskommandos, sondern wurde – nach einem schweren Verweis – als stellvertretender Stabschef des Militärbezirkes Sibirien nach Nowosibirsk versetzt. 1938 übernahm er dort den Posten des Stabschefs, Ende 1939 fungierte er schließlich als stellvertretender Kommandeur der Truppen des Militärbezirks Sibirien. Im Sommer 1940 übernahm er schließlich den Oberbefehl über die dort stationierte 16. Armee. Im Mai 1941 verlegten die Einheiten und Verbände seiner operativen Gruppierung aus Sibirien in die westliche Ukraine. Hier überraschte ihn der deutsche Angriff auf die Sowjetunion. Einer von ihm hastig aufgestellten Kampfgruppe gelang es, den Vormarsch der Panzergruppe von Kleist zu verzögern. Anfang Juli 1941 wurden die Reste seiner 16. Armee in die Schlacht um Smolensk kommandiert. Im August 1941 übernahm Lukin schließlich den Oberbefehl über die 20. Armee, einen Monat später das Kommando über die 19. Armee. Während der Abwehr des Unternehmens »Taifun« – der deutschen Offensive auf Moskau – geriet der inzwischen zum Generalleutnant beförderte Offizier am 14. Oktober 1941 schwer verwundet in deutsche Kriegsgefangenschaft. Dort wurde ihm das durch Granatsplitter schwerstverwundete rechte Bein amputiert. Zudem waren die Nervenbahnen seiner rechten Hand durchtrennt worden, als ein Ge-

---

[19] Vgl. Fieseler, Stimmen aus dem gesellschaftlichen Abseits (wie Anm. 13), S. 949.

wehrgeschoss seinen rechten Arm unterhalb des Ellbogens durchschlug. Obgleich er gegenüber den Deutschen erklärte, nicht mit allen politischen Positionen der Sowjetmacht einverstanden zu sein, lehnte der Offizier jede Zusammenarbeit mit der Wehrmacht ab.[20]

Nach dem Ende des Zweiten Weltkriegs repatriierten die Westalliierten den Generalleutnant über Paris nach Moskau. Dort wurde er zunächst im Gefängnis in der Zentrale des Geheimdienstes, des Volkskommissariats für Staatssicherheit (NKGB) in der berüchtigten Lubjanka, festgehalten. Trotz intensiver Ermittlungen und Befragungen wegen des Verdachts der Kollaboration mit dem Feind gelang es ihm, den Geheimdienst und Stalin von seiner Unschuld zu überzeugen. Ende 1945 konnte er schließlich, als einer der wenigen sowjetischen Generale, die in deutsche Kriegsgefangenschaft geraten waren, zu seiner Familie und auch in den Militärdienst zurückkehren. 1947 wurde er allerdings aus Krankheitsgründen aus der Sowjetarmee entlassen.[21] Vollständig rehabilitiert wurde der General erst nach 1956. Seine Parteimitgliedschaft stellte das ZK sogar erst Anfang 1957 wieder her.

Lukin selbst setzte sich in seiner Position als Sektionsvorsitzender mit Initiative und Unnachgiebigkeit für die Belange der Kriegsversehrten ein. Gleichwohl wurde sein Arbeitseifer durch zahlreiche praktische Probleme behindert. Die Führung der Sektion verfügte über nur wenig Personal sowie geringe finanzielle Mittel, und es mangelte zudem an geeigneten Räumlichkeiten. Ohne diese administrativen Ressourcen konnte die Sektion kaum den nötigen politischen Druck für die Durchsetzung ihrer Forderungen aufbauen. Immerhin machte sie sich aber daran, wenigstens die gröbsten Missstände bei der Versorgung und Betreuung der Kriegsversehrten zu benennen. Diese sollten, so der Plan, in Zusammenarbeit mit der Partei- und Staatsführung wenigstens in Teilbereichen behoben werden.[22]

Als besonders problematisch stellte sich die Versorgung der schwer verwundeten ehemaligen Soldaten mit brauchbaren Prothesen dar. Weder konnte der hohe

20    Vgl. Avtobiografija M.F. Lukina ot 20.10.1938. In: Voenno-istoričeskij žurnal, H. 8, 1989, S. 44 f.; Oleg F. Suvenirov, Tragedija RKKA 1937–1938, Moskva 1998, S. 73; Bericht des VII. Armeekorps über die Gefangennahme von Generalleutnant M.F. Lukin, 21.10.1941, NARA, T-314/348, Bl. 962–964; Schreiben der Ic-Abteilung des VII. Armeekorps zur Vernehmung und den Umständen der Gefangennahme von Generalleutnant Lukin, 16.12.1941, ebd., Bl. 960 f.; Mitteilung über das Verhör des Oberbefehlshabers der 19. Armee, Generalleutnant M.F. Lukin, über die Möglichkeit, Widerstand gegen das Stalin-Regime zu organisieren, 14.12.1941, abgedr. in: General Vlasov: istorija predatel'stva, T. 1. Nacistskij proekt »Aktion Wlassow«, Moskva 2015, S. 977–980 (das deutsche Original der Befragung befindet sich in den Unterlagen der Ic/AO-Abteilung der Heeresgruppe Mitte, NARA, T-311/R-288, Bl. 756–760); wöchentliche Meldung für die Wehrmachtauskunftstelle des Kriegsgefangenenlazaretts des Stammlagers III-A in Luckenwalde, 30.3.–5.4.1942, RGVA, 1367/2/21, Bl. 291; Karteikarten des Kriegsgefangenenlazaretts des Stammlagers III-A in Luckenwalde, 2.12.1941/6.3.1942, RGVA, 517/1/92225, Bl. 190 f.

21    Siehe z.B. Protokoll der Befragung von Andrej A. Vlasov durch die sowjetische Militärabwehr »Smerš«, 2.6.1945, abgedr. in: General Vlasov: Istorija predatel'stva, T. 2.1. Iz sledstvennogo dela A.A. Vlasova, Moskva 2015, S. 40–42; Generaly Velikoj Otečestvennoj. Iz nacistskich lagerej – v lubjanskie podvaly. In: Novaja gazeta, Specvypusk »Pravda GULAGa«, 16.6.2010, <https://novayagazeta.ru/articles/2010/06/16/2916-generaly-velikoy-otechestvennoy>; L.E. Rešin und V.S. Stepanov, Sud'by general'skie. In: Voenno-istoričeskij žurnal, Nr. 10, 1992, S. 24–32; Oleg Smyslov, Predateli i palači 1941–1945, Moskva 2013, S. 16–20.

22    Vgl. Fieseler, Stimmen aus dem gesellschaftlichen Abseits (wie Anm. 13), S. 951–953.

Bedarf gedeckt werden, noch befriedigte die Qualität der ausgelieferten Exemplare. Aus mangelhaften Rohstoffen hergestellt, nachlässig verarbeitet und in viel zu niedriger Stückzahl produziert, genügten sie weder den Ansprüchen der Veteranen noch der hohen Nachfrage. Für hunderttausende Kriegsversehrte blieben die Prothesen damit ein scheinbarer ›Luxusartikel‹, zumal weder Statistiken zum wirklichen Bedarf noch daran orientierte Produktionspläne existierten. Obgleich die Sektion der Kriegsinvaliden die höchste Partei- und Staatsführung immer wieder auf das Problem aufmerksam machte und der Vorsitzende des Komitees, Marschall Vasilevskij, dem Zentralkomitee der KPdSU sogar direkt Bericht erstattete, versandeten die Beschwerden innerhalb der sowjetischen Bürokratie. Weil sich niemand für die Prothesenversorgung wirklich zuständig fühlte, wurde die Verantwortung zwischen den verschiedenen staatlichen und politischen Instanzen immer wieder hin- und hergeschoben. Entsprechend fehlten Beschlüsse und Verfügungen, um die dringend benötigen Hilfsmittel in ausreichender Stückzahl herstellen zu können. Den kriegsversehrten Invaliden blieb es zumeist selbst überlassen, provisorische Lösungen im Umgang mit ihrer Behinderung zu finden. Von staatlicher Seite war hier kaum Hilfe zu erwarten.[23]

Auch der politische Einfluss der Veteranenorganisation war mehr als begrenzt. Das zeigte sich beispielsweise bei der Versorgung der Versehrten mit Rollstühlen und Behindertenfahrzeugen. Hierfür zeichnete eigentlich das Ministerium für Automobilbau verantwortlich, das diesem Bereich jedoch kaum Bedeutung zumaß. Mit der Entwicklung und dem Bau eines fahrbaren Krankenfahrzeuges wurde schließlich keines der bekannten sowjetischen Autowerke beauftragt, sondern das Motorradwerk im bei Moskau gelegenen Serpuchov. Das erste Modell mit der Bezeichnung SMZ S-1 war für den Alltagsgebrauch nicht besonders geeignet. Die dreirädrige Konstruktion erwies sich als überaus instabil, der Motor als zu leistungsschwach, um selbst kleine Steigungen zu bewältigen, die Bremsen waren so angebracht, dass sie für die Invaliden oft nicht zu erreichen waren, die Karosserie bot keinen Schutz vor Regen und Schmutz, der Unterhalt des Krankenfahrstuhls war unverhältnismäßig teuer und aufwendig. Immer wieder mussten Reparaturen erfolgen, da wichtige Teile des Gefährts regelmäßig den Dienst versagten. Zwischen 1953 und 1958 stellte das Werk in Serpuchov etwas mehr als 20 000 Exemplare des Invalidenfahrzeuges her, das im Volksmund den Spottnamen ›der Ruckler‹ erhalten hatte. Das Nachfolgemodell, der SMZ S-3A, besaß immerhin bereits vier Räder, übernahm aber, obgleich die Ingenieure zahlreiche Verbesserungen vorgenommen hatten, die Schwachpunkte seines Vorgängers. Der Motor war für die 425 Kilogramm schwere Konstruktion zu durchzugsschwach und somit nicht mehr als eine ›motorisierte Prothese‹, die den Ansprüchen der Invaliden nicht genügte. Hinzu kam, dass die Stückzahl der gefertigten Fahrzeuge nie den tatsächlichen Bedarf decken konnte. Während die Invaliden-Sektion des Veteranenkomitees von einem jährlichen Bedarf in Höhe von etwa 100 000 Stück ausging, produzierte das Serpuchover Fahrzeugwerk zwischen 1958 und 1970 gerade einmal 203 291 SMZ S-3A. Als nächstes Muster folgte der SMZ S-3D, der endlich zumindest über

---

[23]  Vgl. Fieseler, Arme Sieger (wie Anm. 7), S. 213 f.

eine geschlossene Karosserie verfügte und vor Witterungseinflüssen schützte. Als Schwachpunkte mussten weiter die fehlende Motorleistung, der unzureichende Fahrkomfort sowie die geringe Zuladung gelten. Bis zur Einstellung der Produktion im Jahr 1997 stellte man in Serpuchov insgesamt 223 051 dieser Fahrzeuge her. Da auch diese Produktionszahlen nie ausreichten, um den Bedarf zu decken, wurden die Fahrzeuge an die Invaliden durch entsprechende Kommissionen kostenlos verteilt. Der Besitzer durfte das Fahrzeug dann ausschließlich selbst nutzen und nicht weiterverkaufen. Erst nach weiteren fünf bis sieben Jahren Nutzungsdauer hatte er Anspruch auf ein neues Gefährt. Leider hielten die wenigsten Fahrzeuge über diese Zeitspanne, und nicht selten waren die Besitzer bereits nach zwei oder drei Jahren gezwungen, sich erneut menschenunwürdig auf Rollbrettern durch die Öffentlichkeit zu bewegen.[24] Da die Staats- und Parteiführung der Sowjetunion Anfang der 1960er Jahre schließlich bekennen musste, dass sich das Problem der Verkehrsbeförderung der Kriegsinvaliden durch den Einsatz individueller Kraftfahrzeuge nicht lösen ließ, erteilte Anfang Februar 1962 der Ministerrat der Russischen Sozialistischen Sowjetrepublik die Genehmigung, dass Kriegsinvaliden, die beide Beine verloren hatten, kostenlos öffentliche Verkehrsmittel nutzen durften. Auf diese Entscheidung dürfte die Veteranenorganisation allerdings kaum merklichen Einfluss gehabt haben, da der hierfür nötige politische Entscheidungsprozess keine entsprechenden Instrumente vorsah. Fast zwei Jahre später konnten dieses ›Privileg‹ auch Personen nutzen, deren Beine infolge des Krieges gelähmt waren oder die an der Front zwei Gliedmaßen, also auch ein Bein und einen Arm oder beide Arme, eingebüßt hatten – ein hilfloses Eingeständnis eines Staates, der seinen Kriegsinvaliden keine angemessene Versorgung anbieten konnte und zudem aus vermeintlichem Geld- und Ressourcenmangel die Kriegsopfer nach der Schwere ihrer Verwundung hierarchisieren musste.[25]

Damit wird deutlich, dass der Einfluss der sehr aktiven Sektion der Kriegsinvaliden des Veteranenkomitees mehr als begrenzt war. Ihre Vorstöße zur Beseitigung von Problemen bei der Versorgung von Invaliden scheiterten immer wieder am Beharrungsvermögen des sowjetischen Behördenapparates. An ihm prallte der politische Einfluss der wenigen Offiziere, die sich der Sache der Veteranen annahmen, weitgehend wirkungslos ab. Zudem sah auch die sowjetische Partei- und Staatsführung in den Veteranen eher eine Belastung, wohl auch deshalb standen sie nicht im Zentrum der sozialpolitischen Maßnahmen Nikita S. Chruščevs und Leonid I. Brežnevs. Die höchsten Instanzen von Staat und Partei ließen das Veteranenkomitee eine Zeitlang gewähren, schlugen sich jedoch bei den kräfteraubenden Auseinandersetzungen mit den sowjetischen Ministerien nie auf dessen Seite und brachten insgesamt der Veteranenbewegung – soweit sie sich nicht für propagandistische Zwecke instrumentalisieren ließ – weitgehendes Desinteresse entgegen. Daran sollte sich auch während der langen Regierungszeit von Partei- und Staatschef

24  Vgl. Andrej Minjuk, Deutsche Betriebsanlagen in der sowjetischen Automobilindustrie 1945–1950. In: Sowjetische Demontagen in Deutschland 1944–1949. Hintergründe, Ziele und Wirkungen. Hrsg. von Rainer Karlsch und Jochen Laufer, Berlin 2002, S. 173; SMZ-3A. In: Žurnal Avtolegendy SSSR, Nr. 24, 2010.
25  Vgl. Fieseler, Stimmen aus dem gesellschaftlichen Abseits (wie Anm. 13), S. 960.

Brežnev nichts ändern. Immerhin konnten die Kriegsinvaliden eine Erhöhung ihrer geringen Renten sowie eine Bevorzugung bei der Verteilung von Reisen, Telefonen, Fernsehern usw. erreichen. Später wurden diese Regelungen dann auch auf die restlichen ehemaligen Kriegsteilnehmer ausgeweitet.[26]

Dafür sorgte der dritte Vorsitzende des Veteranenkomitees, Marschall Semen K. Timošenko. Er hatte 1961 die Nachfolge von Marschall Kirill A. Mereckov angetreten, der wiederum 1958 Vasilevskij an der Spitze des Veteranenkomitees abgelöst hatte. Timošenko versuchte zunächst, den relativen Wildwuchs an lokalen Untergliederungen einzuhegen. Hierfür gründete er ein Organisationskomitee, das seine Arbeit allerdings erst Ende 1963 aufnehmen konnte. Die relative Unbestimmtheit der Phase des Machtwechsels von Chruščev zu Brežnev konnte die Veteranenorganisation im Frühjahr 1965 dafür nutzen, endlich auch lokale Vertretungen durchzusetzen. Diese sollten sowohl durch das Veteranenkomitee als auch durch die örtlichen Sowjets und gesellschaftlichen Organisationen kontrolliert werden. Als deren wichtigste Aufgaben galten nun die Umsetzung von Aufträgen der Spitze des Veteranenkomitees sowie die Unterstützung der örtlichen Behörden und Organe bei der Traditionspflege der Sowjetarmee, bei der Erziehung der Veteranen und der Jugend im Geist des sowjetischen Patriotismus, der Sammlung von Material zum Widerstand gegen die deutschen Besatzer und im Andenken an die Soldaten der Roten Armee und Partisanen, die bei den Kämpfen gegen Nationalsozialismus und Faschismus ums Leben gekommen waren.[27]

Der Beschluss zu den örtlichen Veteranenvertretungen sorgte für ein sprunghaftes Anwachsen der lokalen Organisationen des Verbandes. Gab es 1965 Vertretungen in achtzehn Großstädten der Sowjetunion, so waren es zehn Jahre später bereits 36. Bis 1981 stieg deren Zahl sogar auf mehr als 46 Untergliederungen, die mehr als eine Million Mitglieder in sich vereinten. Der Machtwechsel von Chruščev zu Brežnev hatte 1965 also die Möglichkeit geboten, die Tätigkeit des Veteranenkomitees auszubauen. Eine Zeitlang schien die Führung der Kommunistischen Partei der Sowjetunion bereit, ein solches Experiment zumindest zu tolerieren. Ein Jahrzehnt später zeigte sich aber, dass die Parteiführung die Veteranenvertretungen zunehmend als Konkurrenzorganisation verstand und nun darauf setzte, deren Einfluss auf die Millionen von ehemaligen Kriegsteilnehmern zurückzudrängen. In einem Beschluss des Zentralkomitees der Kommunistischen Partei vom 12. Oktober 1976 »Zur weiteren Verbesserung der Aktivitäten der örtlichen Organisationen der Kriegsveteranen« machte die Parteiführung gegenüber dem Veteranenkomitee nachdrücklich deutlich, dass dessen Hauptaufgabe in der Unterstützung der internationalen Friedenspropaganda der Sowjetunion bestand. Diese Verfügung der Partei führte nicht nur zur Reduzierung der lokalen Veteranenorganisationen und der Einschränkung ihrer Tätigkeit, sondern zur Übernahme direkter Kontrolle durch die Parteiorganisationen. Künftig durften die Veteranenvertretungen nur noch auf der Ebene der Gemeinden existieren, entsprechende Organisationen auf Kreis-,

---

[26]  Vgl. Hausmann, Die unfriedliche Zeit (wie Anm. 7), S. 428.
[27]  Vgl. Statut der lokalen Sektionen des Sowjetischen Komitees der Kriegsveteranen, 18.3.1965, GARF, 9541/1/906, Bl. 39; Edele, Soviet Veterans of the Second World War (wie Anm. 6), S. 174–176.

Bezirks- und Republikebene waren aufzulösen. Auch die Veteranenvertretungen bei aktiven Einheiten der Streitkräfte hatten ihre Tätigkeit einzustellen. Das Komitee konnte die Tätigkeit entsprechender Organisationen nur noch fortsetzen, wenn die Verbände oder Truppenteile nicht mehr existierten oder wenn diese im sozialistischen Ausland stationiert waren. In der Konsequenz führte der Beschluss des ZK vom Herbst 1976 allerdings – wie später noch gezeigt wird – zur Entstehung immer neuer Veteranenorganisationen durch ehemalige Soldaten, die sich durch das Komitee der Kriegsveteranen nicht mehr vertreten fühlten.[28]

Erst mit dem Machtantritt von Michail S. Gorbačev änderte sich die Rolle der Veteranenorganisation wieder. Von der kommunistischen Parteiführung wurden sie nun nicht mehr als ›Transmissionsriemen‹ zur Durchsetzung ihrer Beschlüsse betrachtet. Der neue Partei- und Staatschef der UdSSR sah in den Veteranenvertretungen vielmehr eine Massenorganisation, die in der Legislative repräsentiert sein sollte. Für den sowjetischen Reformer waren die Veteranen nicht mehr eine marginale Gruppe, sondern eine Schicht der sowjetischen Gesellschaft, die in den Umbau der Gesellschaft der UdSSR einbezogen werden sollte. Folglich forderte Gorbačev auf dem 27. Parteitag der Kommunistischen Partei im Februar 1986 einen organisatorischen Umbau der Veteranenvertretungen.[29] Die Umsetzung dieses Ansinnens führte am 17. Dezember 1986 zur Gründung der »Allunionsorganisation der Veteranen des Krieges, der Arbeit, der Streitkräfte und Justizorgane«. Diese vereinte sowohl die Kriegsveteranen als auch die Rentenbezieher, die sich im Ruhestand befanden – insgesamt eine Gruppe von mehr als 50 Millionen Personen. Das bisherige Komitee der Kriegsveteranen wurde in die neue Veteranenvertretung eingegliedert. Diese Entscheidung traf die sowjetische Führung, weil das Veteranenkomitee eine international anerkannte Organisation war, deren Auflösung zu Verwerfungen mit den Veteranenorganisationen im Ausland hätte führen können. Die neue Veteranen- und Rentnervertretung verfügte über einen territorial gegliederten Aufbau und besaß Organisationseinheiten auf Unions-, Republik-, Bezirks-, Kreis- und Gemeindeebene. Das Komitee der Kriegsveteranen war mit dieser Entwicklung wenig glücklich, entging jedoch aufgrund seiner Erfahrungen und der Einbindung auf der internationalen Ebene seiner Auflösung. Zugleich sorgte die Unterstellung unter den Verband der Kriegs- und Arbeitsveteranen für ständige Spannungen. Gleichwohl war es endlich gelungen, eine Organisation für Veteranen zu schaffen, die in der gesamten Sowjetunion vertreten war. 1991 verfügte die Allunionsorganisation der Veteranen des Krieges und der Arbeit über 180 Vertretungen auf Republik-, Gebiets- und Kreisebene, 5000 Gruppen in Städten und Gemeinden, mehr als 150 000 Organisationseinheiten in Brigaden der Werktätigen sowie 29 000 Gruppen in Wohnkollektiven. Erstmals konnten die Veteranen nun wirklichen politischen Einfluss ausüben. Für den 1989 zu wählenden neuen Kongress der Volksdeputierten durften gewerkschaftliche, aber auch gesellschaftliche Organisationen erstmals ein Drittel der insgesamt 2250 Abgeordneten stellen. Im neuen sowjetischen Parlament

28  Vgl. Edele, Soviet Veterans of the Second World War (wie Anm. 6), S. 178 f.
29  Vgl. Rede Grobačevs auf dem XXVII. Parteitag der KPdSU, 26.2.1986. In: Materialy XXVII s'ezda Kommunističeskoj partii Sovetskogo Sojuza, Moskva 1986, S. 52.

war die Allunionsorganisation der Veteranen des Krieges und der Arbeit schließlich mit insgesamt 75 Abgeordneten vertreten.[30] Nun konnte endlich auch offiziell politische Lobbyarbeit für die Sache der Kriegsveteranen geführt werden. Die Auflösung der Sowjetunion Ende Dezember 1991 beendete diese Tätigkeit jedoch abrupt.[31]

## Veteranenorganisationen in der Russländischen Föderation

Die Gründung der Allunionsorganisation der Veteranen des Krieges und der Arbeit war ein Meilenstein bei der Vertretung der Interessen von Kriegsveteranen in der Sowjetunion gewesen. Allerdings führte die Bildung dieser neuen Massenorganisation dazu, dass sich die ehemaligen Angehörigen der Roten Armee, die im Zweiten Weltkrieg gegen das Deutsche Reich gekämpft hatten, einer gewaltigen Zahl von Rentenbeziehern gegenüber sahen, die andere Interessen und Prioritäten verfolgten. Hinzu kam, dass tausende aus den sowjetischen Streitkräften entlassene Soldaten der Sowjetarmee, die in lokalen Kriegen und Konflikten nach 1945 für die Interessen der UdSSR gekämpft hatten, sich von diesem Veteranenverband überhaupt nicht vertreten fühlten. Die strenge Geheimhaltung der militärischen Einsätze der Sowjetarmee im Ausland hatte es bis zur Perestrojka Gorbačevs unmöglich gemacht, entsprechende eigene Interessenverbände zu bilden. Das änderte sich Ende der 1980er Jahre. Zum einen hatte der Afghanistan-Krieg seit 1979 dafür gesorgt, dass nunmehr hunderttausende sowjetische Soldaten erstmals nach 1945 wieder an Kampfhandlungen teilnahmen. Zum anderen war es unter dem neuen Generalsekretär der Kommunistischen Partei gelungen, das Schweigen über die militärischen Aktivitäten im Kalten Krieg aufzubrechen. Zuvor hatte es zwar bereits einzelne informelle Zusammenschlüsse gegeben, beispielsweise von in Vietnam eingesetzten Offizieren und Soldaten, doch einen offiziellen Status erhielten diese Verbände erst in den letzten Jahren der Sowjetunion.[32]

Die Afghanistan-Kämpfer schlossen sich 1990 schließlich zum »Russländischen Verband der Veteranen Afghanistans« zusammen. Der Organisation, die in Russland über Ableger in 76 Regionen verfügt, gehören rund 500 000 Mitglieder an.[33] Ende 1994 verabschiedete die russländische Staatsduma schließlich ein Gesetz, das den Afghanistan-Soldaten den Veteranenstatus auch rechtlich und sozial zuerkannte. Als »Veteranen von Kampfhandlungen auf den Territorien anderer Staaten« hatten sie nun, wie auch die Teilnehmer anderer lokaler Konflikte, an denen die Sowjetunion militärisch beteiligt gewesen war, endlich einen juristischen Anspruch auf Versehrtenrenten und medizinische Versorgung. Allerdings sind die Veteranen des Afghanistan-Krieges bis heute nicht denen des Großen Vaterländischen Krieges

---

[30]  Vgl. Edele, Soviet Veterans of the Second World War (wie Anm. 6), S. 181–185.
[31]  Vgl. Ethel Dunn, Disabled Russian War Veterans. Surviving the Collapse of the Soviet Union. In: Disabled Veterans in History. Hrsg. von David G. Gerber, Michigan 2012, S. 255.
[32]  Vgl. Informationen zur Geschichte des Verbandes der Veteranen des Krieges in Vietnam, <http://www.nhat-nam.ru/vietnamwar/spravka.html>.
[33]  Vgl. Auskunftsschreiben zum Russländischen Verband der Veteranen Afghanistans, <https://www.rsva.ru/sojuzinfo>.

gegen Nazi-Deutschland gleichgestellt, was sich vor allem in einer geringeren sozialen Absicherung und Versorgung ausdrückt. Zugleich lässt sich festhalten, dass es dem Russländischen Verband der Veteranen Afghanistans – bedingt durch seine Staatsnähe – gelungen ist, zumindest in Fragen der Veteranenversorgung politisch Einfluss zu nehmen. Dies lag vor allem in der Person seines Vorsitzenden, Oberst a.D. Franc A. Klincevič, begründet.

Klincevič hatte als Politoffizier in den Luftlandetruppen gedient und zwischen 1986 und 1988 mehrere Kampfeinsätze beim 345. Selbstständigen Luftsturm-Regiment der 40. Armee in Afghanistan absolviert. 1990 wurde er zum stellvertretenden Vorsitzenden des Verbandes der Afghanistan-Veteranen gewählt, dessen Leitung er 1995 übernahm. 1997 schied er aus den Streitkräften aus, zwei Jahre später zog er für die Volkspatriotische Partei Russlands in die Staatsduma ein. 2001 wurde er Mitglied des Präsidiums des Generalrates der Partei Einiges Russland. Für diese Partei verteidigte er 2003 seinen Sitz in der Staatsduma und übernahm dort den stellvertretenden Fraktionsvorsitz. Auch bei den nächsten Parlamentswahlen konnte er sein Mandat verteidigen und wurde nun 1. Stellvertretender Vorsitzender des Komitees für Veteranenangelegenheiten. Zwischen 2011 und 2016 gehörte er der nunmehr 6. Staatsduma an und fungierte als stellvertretender Vorsitzender des Komitees für Verteidigungsfragen. 2015 wechselte er als Senator in den Föderationsrat, auch hier übernahm er den stellvertretenden Vorsitz des Komitees für Verteidigung und Sicherheit. 2021 musste er diese Position auf Drängen des Verteidigungsministeriums wieder abgeben, unter anderem, weil er sich kritisch zur Eingliederung der Krim in die Russländische Föderation geäußert hatte. Immerhin gehört er noch heute dem Höchsten Parteirat von Einiges Russland an.[34]

Bei der Ende 1997 gegründeten ›Konkurrenzorganisation‹ des Verbands der Afghanistan-Veteranen, der »Kampfbruderschaft«, geführt von Generaloberst Boris V. Gromov, sieht die Situation bereits schwieriger aus. Der Karriereoffizier Gromov hatte seit 1980 mehrere Einsätze in Afghanistan absolviert und von 1987 bis zu deren Abzug 1989 den Oberbefehl über die dort eingesetzte 40. Armee innegehabt. Danach versuchte er sein Glück in der Politik und fungierte zwischen 1999 und 2011 als Gouverneur des Gebiets Moskau. Dort scheiterte er allerdings an den wirtschaftlichen und sozialen Schwierigkeiten in der Region, sodass er sich schließlich zu Beginn der 2010er Jahre weitestgehend aus der Politik zurückzog. Da die Kampfbruderschaft mit 90 000 Angehörigen rund fünfmal weniger Mitglieder hat als der Russländische Verband der Veteranen Afghanistans, ist ihr Einfluss auf den russländischen Staat und seine Behörden geringer. Deshalb versucht sie zur Stärkung ihrer Position innerhalb der zahlreichen Veteranenvereinigungen in der russländi-

---

[34] Vgl. Michael Galbas, Afghanistanveteranen, Veteranenverbände und die Geschichtspolitik im Putin-Russland. In: Sovietnam. Die UdSSR in Afghanistan 1979–1989. Hrsg. von Tanja Penter und Esther Meier, Paderborn [u.a.] 2017, S. 240–245; Felix Ackermann und Michael Galbas, Von der Sowjetunion lernen? 26 Jahre nach dem Abzug der sowjetischen Truppen aus Afghanistan, <https://zeitgeschichte-online.de/kommentar/von-der-sowjetunion-lernen#_ftnref13>; Rim Š. Mustaev, Organisacii voennoslužaščich i veteranov voennoh služby v sovremennoj Rossii kak sub'ekty politiki. In: Istoričeskie, filosofskie, političeskie i juridičeskie nauki, kul'turologija i iskusstvovedenie, Voprosy teorii i praktiki, 20 (2012), 6, S. 161 f.

schen Föderation, sich nicht auf die Afghanistan-Veteranen zu beschränken, sondern auch die Angehörigen von Soldaten zu unterstützen, die beispielsweise im Tschetschenien-Krieg gefallen sind.[35]

Darüber hinaus existieren zahlreiche weitere Verbände ehemaliger Angehöriger der Streitkräfte, die an anderen Schauplätzen lokaler Auseinandersetzungen des Kalten Krieges und auch danach gekämpft hatten, beispielsweise in Ägypten, Angola, Syrien und Vietnam.

Im Zusammenhang mit dem Zerfall der Sowjetunion erfolgte im November 1991 in der Russischen Sozialistischen Föderativen Sowjetrepublik die Umwandlung der »Allunionsorganisation der Veteranen des Krieges, der Arbeit, der Streitkräfte und Justizorgane« zur »Allrussländischen gesellschaftlichen Organisation der Veteranen (Pensionäre) des Krieges, der Arbeit, der Streitkräfte und der Justizorgane«. 1992 spaltete sich von dem erstgenannten Verband die »Allrussländische Organisation der Veteranen des Krieges« ab, die 1995 in »Allrussländische gesellschaftliche Organisation der Veteranen (Pensionäre) des Krieges« umbenannt wurde. Im Dezember 1998 erfolgte schließlich deren Umwandlung in die »Allrussländische gesellschaftliche Organisation der Veteranen des Krieges und des Militärdienstes«. Die Leitung des neuen Veteranenverbandes hatte bereits 1994 Armeegeneral Vladimir L. Govorov übernommen. Nach dessen Tod 2006 trat Luftmarschall Aleksandr N. Efimov an seine Stelle. Seit 2012 steht Armeegeneral Michail A. Moiseev an der Spitze des Verbandes, der sich 2013 schließlich in »Allrussländische gesellschaftliche Organisation – Russländischer Verband der Veteranen« umbenannte. Dieser Veteranenverband sieht sich als Nachfolger und in der Tradition des sowjetischen Komitees der Kriegsveteranen stehend. Damit existieren gegenwärtig in Russland zwei große, miteinander konkurrierende Veteranenorganisationen, die nahezu gleiche Ziele und Aufgaben verfolgen. Eine Vereinigung beider Verbände steht im Moment nicht zu erwarten.[36]

Die schiere Größe der Veteranenorganisationen und deren heterogene Zusammensetzung führte bereits vor dem Ende der Sowjetunion dazu, dass zahlreiche ehemalige Angehörige der Streitkräfte der UdSSR und nachfolgend der Russländischen Föderation ihre Interessen nach höheren Pensionen und besserer medizinischer Versorgung in diesen Verbänden nur ungenügend vertreten sahen. Nach dem Zerfall der UdSSR schlossen sich folglich die nicht mehr aktiv Dienst leistenden Angehörigen der wichtigsten Teilstreitkräfte zu selbstständigen Veteranenorganisationen zusammen. Seit Sommer 1992 existierte beispielweise der »Verband der Veteranen-Raketensoldaten«, der sich 2009 in »Verband der Veteranen der Strategischen Raketentruppen« umbenannte.[37] 1995 folgten dann

---

[35] Vgl. Ekaterina Bojko, Ubity, no ne zabyty. In: Nezavisimoe voennoe obozrenie, 22.9.2006, <https://nvo.ng.ru/notes/2006-09-22/8_killed.html>.

[36] Vgl. A.V. Ščepetin, Ėtapy stabovlenija obščestvennych organizacij voennych veteranov Rossijskoj Federacii. In: Srednerusskij Vestnik obščestvennych nauk, Nr. 2, 2010, S. 188–190; Jurij A. Reent, K jubileju Rossijskogo komiteta veteranov vojny i voennoj služby. In: Ugolovno-ispolnitel'noe pravo, 2016, S. 9 f.

[37] Vgl. 15 avgusta 2017 g. ispolnilos' 25 let so dnja sodanija Sojuza veteranov Raketnych vojsk strategičeskogo naznačenija. In: Obščestvenno-social'naja gazeta Veteran-Raketčik, Nr. 11/12, 2017, 1–3.

die Veteranen der Truppen der Luftverteidigung, 2002 die der Luftlandetruppen und 2012 sogar die der Einheiten der ABC-Truppen mit der Gründung eigener Veteranenorganisationen.[38] Auch die Angehörigen der zahlreichen Geheim- und Sicherheitsdienste der Russländischen Föderation wollten natürlich nicht abseits stehen und bauten – wie der Föderale Sicherheitsdienst, der Föderale Schutzdienst, die Auslandsaufklärung, der Militärnachrichtendienst, die militärische Spionageabwehr usw. – eigene Veteranenverbände auf. Eine Auswahl der gegenwärtig in Russland existierenden Veteranenorganisationen ist der nachfolgenden Tabelle zu entnehmen[39]:

| Bezeichnung | Gründung | Mitglieder | Vorsitzender |
| --- | --- | --- | --- |
| Interregionale gesellschaftliche Organisation Union der Veteranen der Kriege und des Militärdienstes der Luftstreitkräfte | k.A. | k.A. | Generalleutnant Petr Fedorovič Terechov |
| Rat der Veteranen des Föderalen Sicherheitsdienstes der Russländischen Föderation; https://veteran-fsb.ru/ | 1967 | k.A. | Generaloberst Aleksandr Ivanovič Ždan'kov |
| Interregionale Organisation der Veteranen des Kriegs in Vietnam; http://www.nhat-nam.ru/vietnamwar/ | 1970 | 215 | Nikolaj Nikolaevič Kolesnik |
| Regionale gesellschaftliche Organisation Union der Veteranen der Militäraufklärung | 1974 | 8000 | Generaloberst Vladimir Makarovič Izmajlov |
| Organisation der Veteranen des Kosmodroms Bajkonur; http://chast-26360.narod.ru/ | 1975 | 50 000 | Generalleutnant Nikolaj Andreevič Borisjuk |
| Russländischer Rat der Veteranen der Organe der inneren Angelegenheiten und der inneren Truppen des Innenministeriums Russlands; https://xn--80adja5bqm.xn--b1aew.xn--p1ai/ | 1985 | 625 000 | Generaloberst Ivan Fedorovič Šilov[40] |
| Interregionale gesellschaftliche Organisation Rat der Veteranen des Kriegs in Ägypten; http://www.hubara-rus.ru/ | 1988 | 498 | Oberst Jurij Faddeevič Mjakišev |
| Föderation der Veteranen der internationalistischen Kämpfer; http://fvvi.nikalogos.ru/ | 1990 | k.A. | Oberst a.D. Jurij Ivanovič Rjazancev |
| Russländischer Verband der Veteranen Afghanistans; https://www.rsva.ru/ | 1990 | 500 000 | Oberst Franc Adamovič Klincevič |

---

38  Vgl. Sojuz veteranov vojsk, specialistov I organizacij v sfere radiacionnoj, chimičeskoj I biologičeskoj zaščity. In: Journal of NBC Protection Corps, Nr. 4, 2017 S. 74–78.
39  Die hier aufgeführten Angaben entstammen dem Spravočnik obščestvennych organizacij i ob'eginenij veteranov vojn, truda i voennoj služby, detskich i molodežnych organizacii patriotičeskoj napravlennosti, Moskva 2019, und eigenen Recherchen.
40  Im Dezember 2021 verstorben, Posten im Moment unbesetzt.

| Bezeichnung | Gründung | Mitglieder | Vorsitzender |
|---|---|---|---|
| Gesellschaftliche Organisation der Veteranen des Departments und der Organe der militärischen Spionageabwehr; http://vkr-veteran.com/ | 1990 | 2500 | Generalmajor Aleksandr Igorevič Belousov |
| Allrussländische gesellschaftliche Organisation der Veteranen (Pensionäre) des Krieges, der Arbeit, der Streitkräfte und der Justizorgane; https://veteranorg.ru/ | 1991 | 27 Millionen | Vladimir A. Epifanov |
| Allrussländische gesellschaftliche Organisation Russländischer Verband der Veteranen; https://soyuzveteranov.ru/ | 1992 | 4 Millionen | Armeegeneral Michail A. Moiseev |
| Verband der Veteranen des Auslandsnachrichtendienstes der Russländischen Föderation (SWR) | 1992 | k.A. | Michail Vital'evič Pogudin |
| Interregionale gesellschaftliche Organisation Verband der Veteranen der Strategischen Raketentruppen | 1992 | 20 000 | Generaloberst a.D. Vladimir Aleksandrovič Murav'ev |
| Verband der Veteranen der Westgruppe der Truppen; http://svgvg.ru/ | 1994 | k.A. | Generaloberst Anton Vladimirovi Terent'ev |
| Internationale Union der gesellschaftlichen Vereinigungen der Veteranen des Grenzdienstes; http://www.skpw.ru/sections/veteran/veteran.html | 1994 | 70 000 | Generaloberst Aleksandr Michajlovič Eremin |
| Verband der Veteranen der Streitkräfte der Luftverteidigung; https://svvpvo.ru/ | 1995 | 200 000 | Generaloberst Gennadij Borisovič Vasil'ev |
| Allrussländische gesellschaftliche Organisation der Marineinfanterie Taifun; https://mptaifun.ru/ | 1996 | k.A. | Generaloberst Valentin Alekseevič Jakovlev |
| Allrussländische gesellschaftliche Organisation der Veteranen Kampfbruderschaft; https://bbratstvo.com/ | 1997 | 90 000 | Generaloberst Boris Vsevolodovič Gromov |
| Regionale gesellschaftliche Organisation der Veteranen der Pioniertruppen; http://centrcav.ru/regionalnaya-obshchestvennaya-organizaciya-veteranov-inzhenernyh-voysk | 1998 | k.A. | Generalleutnant Nikolaj Georgievič Topilin |
| Organisation der Veteranen der Spezialdienste für Informationsschutz Sphinx-79 | 2001 | k.A. | Aleksandr Petrovič Sozonenko |
| Allrussländische gesellschaftliche Organisation Assoziation der Veteranen und Mitarbeiter der Sicherheitsdienste; https://veteransb.ru/ | 2001 | 11 500 | Generalleutnant Aleksandr Vasil'evič Koržakov |
| Assoziation Veteranen des Militärdienstes | 2002 | k.A. | k.A. |

| Bezeichnung | Gründung | Mitglieder | Vorsitzender |
|---|---|---|---|
| Verband der Veteranen der Kosmischen Streitkräfte; http://cosmosinter.ru/ | 2002 | k.A. | Generalmajor Vladimir Andreevič Bajkin |
| Organisation der Veteranen der Hauptmilitärstaatsanwaltschaft; https://gvp.gov.ru/gvp/veterans | 2002 | k.A. | |
| Allrussländische gesellschaftliche Organisation Union der Veteranen der Luftlandetruppen Russlands; http://sdrvdv.ru/ | 2002 | k.A. | Generalmajor Vladimir Anan'evič Danil'čenko |
| Organisation der Veteranen des Krieges und des Militärdienstes im Nuklearwaffen-Komplex | 2004 | k.A. | Viktor Stepanovič Gudkov |
| Union der Veteranen Angolas; https://www.veteranangola.ru/ | 2004 | k.A. | Vadim Andreevič Sagačko |
| Interregionale gesellschaftliche Organisation der Veteranen der militärischen Spionageabwehr; http://vkr-veteran.com/ | 2008 | k.A. | Oberst Jachien Kasmin Ibragimovič |
| Allrussländische gesellschaftliche Organisation der Veteranen der Föderalen Organe des staatlichen Schutzes (FSO); http://fso.gov.ru/ssilki/veteran/ | 2011 | 15 000 | Generalleutnant der Justiz Jurij Viktorovič Tarasov |
| Rat der Veteranen der Friedenstruppen, lokaler Kriege und bewaffneter Konflikte Friedensstifter; http://mroo-mirotvorec.ru/ | 2012 | k.A. | Generalleutnant Aleksandr Nikolaevič Evteev |
| Union der Veteranen der Militärangehörigen, die ihren Dienst in Syrien absolviert haben; http://xn--b1atgapb.xn--p1ai/ | 2012 | k.A. | Oberst Sergej Sergeevič Timochin |
| Interregionale gesellschaftliche Organisation der Veteranen der Seestreitkräfte Russlands | 2015 | 33 000 | Konteradmiral Boris Evgen'evič Bogdanov |
| Union der Veteranen der Streitkräfte, Spezialisten und Organisationen im Bereich des Strahlungs-, chemischen und biologischen Schutzes; http://ofhim.ru/ | 2015 | k.A. | Generaloberst Stanislav Veniaminovič Petrov |
| Organisation der Veteranen der internationalistischen Kämpfer Kubaner; http://veterancuba.su/ | 2019 wegen finanzieller Probleme aufgelöst | k.A. | k.A. |

Gegenwärtig erhalten in der Russländischen Föderation alle Angehörigen der bewaffneten Organe, die mindestens 20 Jahre in der Armee oder ihr gleichgesetzten Organisationen gedient haben und zusätzlich über entsprechende Auszeichnungen, Orden und Medaillen verfügen, den Status eines Veteranen. Lediglich Invaliden von Kampfhandlungen oder Dienstunfällen müssen diese Wartedauer nicht erfüllen.[41] Nach 20 Dienstjahren beziehen die Veteranen eine Pension in Höhe von 50 Prozent der letzten Dienstbezüge. Für jedes weitere gediente Jahr wird diese Summe um drei Prozent angehoben; die Anhebung ist allerdings auf maximal 85 Prozent der früheren Bezüge gedeckelt. Für den Kommandeur eines Panzerbataillons im Rang eines Oberstleutnants würde die Pension nach 25 Dienstjahren also bei ca. 28 000 Rubel (etwas mehr als 350 Euro) liegen.[42] Hinzu kommen zahlreiche Vergünstigungen wie die Begrenzung der Wohnnebenkosten auf 50 Prozent der allgemeinen Summe. Zudem erhalten Angehörige der Streitkräfte nach zehn Dienstjahren eine kostenlose Wohnung. Ferner zählen zu den Privilegien Steuervergünstigungen, die kostenfreie Nutzung des öffentlichen Nahverkehrs, die kostenlose Bereitstellung von Zahnprothesen, 75 Prozent Preisnachlass bei Kuraufenthalten, kostenfreie medizinische Versorgung usw. Personen, die sich bei einem Kampfeinsatz dauerhafte körperliche Schäden der Gruppen I und II (nicht arbeitsfähig und pflegebedürftig) zugezogen haben, erhalten bis zu 85 Prozent ihrer früheren Dienstbezüge, Schwerbeschädigte der Gruppe III (bedingt arbeitsfähig) 50 Prozent. Sind die Schwerbeschädigungen auf Krankheiten während des Dienstes zurückzuführen, so werden diese Zahlungen auf 75 bzw. 40 Prozent gekürzt. Die noch im Jahr 2021 lebenden 30 000 Veteranen des Großen Vaterländischen Krieges haben neben erhöhten Renten und Vergünstigungen auch Ansprüche auf einmalige Sonderzahlungen – 2020 erhielten die Kriegsveteranen beispielsweise zum 75. Jahrestag des Sieges über das Deutsche Reich eine Prämie in Höhe von 75 000 Rubel (umgerechnet 1000 Euro). Ferner haben die Veteranen des Zweiten Weltkrieges Anspruch auf eine Erstattung der Wohnnebenkosten in Höhe von 50 Prozent, auf die kostenfreie Versorgung mit Prothesen, wobei Zahnersatz hierbei ausgeschlossen ist, die medizinische Versorgung in Einrichtungen der Streitkräfte und bewaffneten Organe, den bevorzugten Zugang zu Dienstleistungen der Behörden, zu Kultur- und Sozialeinrichtungen usw.[43] Obwohl im Rahmen der seit Ende Februar 2022 laufenden ›militärischen Spezialoperation‹ in der Ukraine für Verwundete im Fall

---

[41] Vgl. Föderales Gesetz »Über Veteranen«, 16.12.1994, abgedr. in: Sobranie zakonodatel'stva Rossijskoj Federacii, 1995, Nr. 3, S. 168; Aleksandr A. Golgin, Federal'nyj zakon RF »O veteranach«: spornye položenija, in: Vestnik Volžskogo universiteta im. V.N. Tatiščeva, 2014, Nr. 4, S. 74–79.

[42] Vgl. Vlad Smertin, Andrej Abramov, Julija Kočarovskaja, Pensija voennoslužaščich v 2022 godu, <https://www.kp.ru/putevoditel/lichnye-finansy/pensiya-voennosluzhashhikh/>.

[43] Vgl. Andreas Chandler, Veterans' Rights in the Russian Constitutional Court, 1992–2010. In: Canadian Slavonic Papers, 54 (2012), 3/4, S. 322–336; I.K. Syrnikov, Veterany vojny ni v čem ne dolžny čustvovat' nuždy. In: Regional'naja ėkonomika: meorija i praktika, 21 (2005), 6, S. 50–55; D.A. Bistjajkina, T.V. Solov'eva, N.N. Aziova, Adresnye mery social'noj podderžki veteranov Velikoj otečestvennoj vojny k 75-letiju pobedy. In: E-Scio, 2020, <https://cyberleninka.ru/article/n/adresnye-mery-sotsialnoy-podderzhki-veteranov-velikoy-otechestvennoy-voyny-k-75-letiyu-pobedy/viewer>.

einer Invalidität neben entsprechenden monatlichen Bezügen in Höhe von 4000 bis 10 000 Rubel (ca. 60–130 Euro) erstmals auch einmalige Zahlungen von föderalen Behörden in Höhe von bis zu drei Millionen Rubel (40 000 Euro) – je nach der Schwere der Verwundung – vorgesehen sind und auch die Regionen entsprechende Einmalzahlungen ausloben, bleibt die Versorgung der Kriegsinvaliden vor allem unter der Berücksichtigung der langfristigen Fürsorge weiter prekär.[44]

## Zusammenfassung und Fazit

Abschließend bleibt festzuhalten, dass der Einfluss der Veteranenverbände auf die Sozialpolitik der russländischen Regierung insgesamt nur gering ist. Dem Staat lag und liegt kaum etwas an einer organisierten Interessenvertretung dieser Personengruppe. Zwischen 1948 und den 1960er Jahren genossen die Kriegsveteranen und -invaliden kaum Vergünstigungen oder gar Privilegien. Erst mit dem Amtsantritt von Brežnev änderte sich die Situation allmählich. Zumindest ein Teil der Invaliden hatte nun Anspruch auf Vergünstigungen bei der Unterbringung, der Nutzung öffentlicher Verkehrsmittel, der medizinischen Versorgung usw. Gegen Ende der Sowjetunion und vor allem mit Gründung der Russländischen Föderation verschlechterte sich die Situation der Kriegsveteranen erneut, da dem Staat nun die Mittel für eine angemessene Versorgung dieser Bevölkerungskategorie fehlten.[45] Erst als nach der Jahrtausendwende die Zahl der Veteranen des Zweiten Weltkrieges merklich abnahm und der Große Vaterländische Krieg zu einer der bestimmenden Klammern des neuen russländischen Nationalbewusstseins erklärt wurde, nahm sich der Staat wieder dieser ›vergessenen‹ Klientel an, verbesserte allmählich deren Versorgung und räumte der Gruppe geringfügige Privilegien ein. Die Gewährung dieser Vorteile nutzten die staatlichen Stellen nicht selten für ihre propagandistischen Zwecke. Zwar genießen vor allem die Weltkriegsveteranen – im Vergleich zu den ›gewöhnlichen‹ Rentnern – einen bevorzugten Status und werden entsprechend hofiert, doch setzte diese Entwicklung erst ab 2010 ein, da den noch Überlebenden jetzt leichter entsprechende Sozialleistungen zugesprochen werden konnten.

Ansonsten bleibt – trotz der seit März 2022 eingeführten Einmalzahlung in Höhe von drei Millionen Rubel für den Fall der Verwundung; die Angehörigen von Gefallenen erhalten mindestens fünf Millionen Rubel – vor allem das

---

44  Vgl. Sverdlovskim voennym, ranennym na Ukraine, vyplatit kompesacii, 7.6.2020, <https://news.mail.ru/politics/51653309/>; Gruz 300. Kuda ėvakuierujut i kak lečat rossijskich voennych, na vojne v Ukraine, 30.5.2020, <https://www.bbc.com/russian/features-61628388>. Die regionalen Einmalzahlungen für Invaliden und Verwundete richten sich nach der Wirtschaftskraft der entsprechenden Gebiete. So werden im Raum Sverdlovsk 150 000 Rubel für eine Verletzung gezahlt, für eine daraus folgende Invalidität der Gruppe III 300 000 Rubel, der Gruppe II 400 000 Rubel, der Gruppe I 500 000 Rubel. In St. Petersburg betragen die entsprechenden Zahlungen 500 000 bei Verletzungen, Kriegsinvaliden der Gruppen III und II erhalten einmalig 750 000 Rubel, der Gruppe I 1 000 000 Rubel.
45  Vgl. Mark Edele, Veterans and the Welfare State. World War II in the Soviet Context. In: Comperativ. Zeitschrift für Globalgeschichte und vergleichende Gesellschaftsforschung, 20 (2010), 5, S. 23; Dunn, Disabled Russian War Veterans (wie Anm. 31), S. 255–260.

Grundproblem der langfristigen Versorgung der Kriegsinvaliden immer noch unzureichend gelöst. Die gegenwärtigen monatlichen Zahlungen (Stand Frühjahr 2024) von knapp 23 000 Rubel (umgerechnet rund 230 Euro) an nicht arbeitsfähige und pflegebedürftige Versehrte der Streitkräfte, die in die Invalidengruppe I eingestuft wurden, gestatten weiterhin, wie bereits vor mehr als 100 Jahren, nur ein Leben am Rande der Gesellschaft. Kriegsinvaliden der Gruppen II und III werden sogar monatlich mit nur knapp 11 500 bzw. 4581 Rubel ›abgespeist‹ (umgerechnet rund 45–110 Euro). Ein menschenwürdiges Dasein dieser ehemaligen Angehörigen der Streitkräfte, die ihre Gesundheit für den Staat im militärischen Einsatz geopfert haben, ist so nicht möglich. Da hilft auch die Lobbyarbeit der zahlreichen russländischen Veteranenorganisationen wenig. Noch immer werden diese vom Staat weniger als Vertreter der Veteranen gesehen, sondern vor allem zur Propagierung eigener politischer Interessen und zur Indoktrinierung der Bevölkerung, insbesondere der Jugend, genutzt.

Zur Wahrung der Ansprüche von sogenannten Veteranen der militärischen Spezialoperation wurde im April 2023 zudem der Fond »Verteidiger des Vaterlandes« geschaffen. Er soll die ehemaligen Militärangehörigen sowie die Angehörigen gegen die Ukraine eingesetzter bewaffneter Formationen (Wagner-Gruppe, BARS – Kampfreserve der Armee des Landes usw.) bei der Durchsetzung ihrer Ansprüche unterstützen. Dass die Einrichtung einer solchen Organisation nötig war, zeigt, dass die Frage der Veteranenversorgung allein durch staatliche Stellen offenbar Probleme bereitet, bearbeiteten seine Mitarbeiter binnen Jahresfrist doch rund eine Million Anfragen.[46] Dass es einen Monat zuvor zur Gründung des »Allrussischen Verbandes der Veteranen der militärischen Spezialoperation« durch eine Initiativgruppe aus russischen Offizieren kam, belegt nochmals, dass die staatlichen Strukturen zur Betreuung dieser ständig zunehmenden Sondergruppe der »Veteranen« – im Sommer 2023 hatten bereits 133 000 Personen diesen Status – von den Betroffenen als nicht ausreichend eingeschätzt werden. Sie sehen sich gezwungen, durch entsprechende Organisationen politischen Druck aufzubauen.[47]

---

[46] Vgl. Ukas des Präsidenten der Russischen Föderation zur Bildung des Staatlichen Fonds zur Unterstützung der Teilnehmer der militärischen Spezialoperation »Verteidiger des Vaterlands«, 3.4.2023, <https://zaschitniki-otechestva.ru/ukaz-prezidenta-03-04-2023-232/>.
[47] Vgl. M.A. Kalimatov (Oberhaupt der Republik Inguschetien) traf sich mit dem Präsidenten des »Allrussischen Verbandes der Veteranen der SVOA«, 14.11.2023, <https://ingushetia.ru/news/m_a_kalimatov_vstretilsya_s_prezidentom_vserossiyskogo_soyuza_veteranov_svo/>.

Johannes-Paul Kögler

# »Offenbar leiden die Oberen hier plötzlich an Charakterbronchitis.« Die problematische Beziehung der Bundeswehr zu Veteranenverbänden der Wehrmacht am Beispiel der Ordensgemeinschaft der Ritterkreuzträger

Beim Aufbau der Bundeswehr in den 1950er Jahren war die politische Führung der Bundesrepublik Deutschland darauf angewiesen, etwa 40 000 kriegsgediente vormalige Soldaten der Wehrmacht zu verpflichten. Auf der Ebene der Kommandeure und Truppenführer, aber auch in den Ämtern der Streitkräfte und Abteilungen des Bundesministeriums für Verteidigung (BMVg) benötigte man die Erfahrung und die Expertise von ehemaligen Stabsoffizieren und Generalen für die zügige und zielgerichtete Bildung neuer westdeutscher Streitkräfte. Unter den wiedereingestellten Veteranen der Wehrmacht waren 717 Ritterkreuzträger für den aktiven Dienst. Weitere 78 Soldaten der Reserve sowie 11 zivile Angestellte in der Bundeswehrverwaltung und im Militärischen Abschirmdienst waren ebenfalls mit dieser Auszeichnung beliehen, sodass insgesamt 806 Ritterkreuzträger in der Bundeswehr dienten.[1] Etwa zur selben Zeit, als diese Ritterkreuzträger ihren Dienst antraten, wurde die Veteranenvereinigung »Gemeinschaft der Ritterkreuzträger« (GdR)[2] gegründet und das Ordensgesetz von 1957 verabschiedet, wonach die Kriegsauszeichnungen der Wehrmacht wieder getragen werden durften, jedoch ohne verfassungswidrige Symbolik, so auch das Ritterkreuz des Eisernen Kreuzes[3]. Die Ritterkreuzträger machten also Karriere in den neuen Streitkräften; zugleich bildete sich ihr Rollenverständnis als Veteranen des Zweiten Weltkrieg heraus; schließlich setzte sich parallel dazu auch die Symbolgeschichte des Eisernen Kreuzes

---

[1]  Vgl. Clemens Range, Wiederaufbau. Ritterkreuzträger im Nachkriegs-Deutschland, Müllheim-Britzingen 2015, S. 21.

[2]  Dabei handelt es sich um die Vorläuferbezeichnung der Ordensgemeinschaft der Ritterkreuzträger.

[3]  Das Eiserne Kreuz wurde mit der zusätzlichen Stufe des Ritterkreuzes am 1.9.1939 von Hitler gestiftet bzw. erneuert. Dabei wurde das Ritterkreuz »für weit herausragende persönliche Tapferkeit, erfolgreiche Operationsplanung, Schlachten beeinflussende Taten und für besonders gelungene Truppenführung« verliehen; Range, Wiederaufbau (wie Anm. 1), S. 26. Die Verleihungszahlen für das Ritterkreuz werden von Veit Scherzer, Das Auszeichnungssystem der Wehrmacht, Bayreuth 2015, S. 38, mit 4639 angegeben. Folgende weitere Stufen zum Ritterkreuz wurden während des Krieges von Hitler gestiftet (inklusive Verleihungszahlen): Ritterkreuz des Eisernen Kreuzes mit Eichenlaub – 857, Ritterkreuz des Eisernen Kreuzes mit Eichenlaub und Schwertern – 150, Ritterkreuz des Eisernen Kreuzes mit Eichenlaub, Schwertern und Brillanten – 27, Ritterkreuz des Eisernen Kreuzes mit dem Goldenen Eichenlaub, Schwertern und Brillanten – 1; ebd., S. 73, 102, 108, 222.

fort. Biographische Überschneidungen bedingten schließlich, dass einige Träger
des Ritterkreuzes auch Angehörige der Bundeswehr und gleichzeitig Mitglieder
in der Ordensgemeinschaft waren, so etwa Generalleutnant Heinz-Georg Lemm[4],
General Hans Speidel[5] oder Oberstleutnant der Reserve (d.R.) Philipp Freiherr von
Boeselager[6].

Bereits kurz nach Aufstellung der Streitkräfte folgten erste offizielle Kontakte
zwischen der Gemeinschaft der Ritterkreuzträger und der Bundeswehr, wie zum
Beispiel die Einladung der Landesgruppe Nordrhein-Westfalen an den damaligen
Bundesminister der Verteidigung Franz-Josef Strauß durch die GdR im Jahr 1958
zeigt.[7] Auf der Jahreshauptversammlung der GdR im darauffolgenden Jahr trat
der Befehlshaber des II. Korps, Generalleutnant und Ritterkreuzträger Max-Josef
Pemsel, als Gastredner auf, und ein Musikkorps der Bundeswehr umrahmte mit
seinen Musikstücken die Veranstaltung.[8]

Bisher fehlt eine systematische Darstellung der Ordensgemeinschaft der Ritterkreuzträger (OdR), ihrer Bedeutung in der bundesdeutschen Nachkriegsgesellschaft
und insbesondere ihres Verhältnisses zur Bundeswehr. Anknüpfungspunkte innerhalb der Veteranenforschung bietet die Darstellung Bert-Oliver Manigs zur Rolle
der Berufssoldaten in der frühen Bundesrepublik[9], insbesondere über die gesellschaftliche Einbindung sowie die Interessen und Erwartungen des ehemaligen
Berufsoffizierkorps der Wehrmacht noch vor Aufstellung der Bundeswehr. Christian
Weber setzt sich in seiner Arbeit zur Veteranenpolitik in Deutschland aus soziologi-
scher und politikwissenschaftlicher Perspektive mit dem Veteranenbegriff auseinander und ordnet ihn in die aktuelle Debatte um die Einsatzveteranen der Bundeswehr
sowie in den internationalen Kontext ein.[10] Am Rande thematisiert Weber auch die
Veteranenkultur in Deutschland nach den beiden Weltkriegen. Jörg Echternkamp
beschreibt in seiner Studie zu den »Soldaten im Nachkrieg« den Deutungskampf der
deutschen Veteranen nach dem Zweiten Weltkrieg und die verschiedenen Formen
ihrer Selbstorganisation und Repräsentation. Die OdR reiht sich nicht nur in die
dabei beschriebene »Selbstdeutung und Positionierung« der Veteranen und ihrer
Verbände ein, sondern auch in das öffentliche Auftreten und die Interpretation
der Vergangenheit, wie sie für diese soziale Gruppe typischerweise zu finden ist.[11]
Den mit der Ordensgemeinschaft der Ritterkreuzträger vergleichbaren Verein »Der
Stahlhelm – Bund der Frontsoldaten« betrachtet Dennis Werberg in seiner gleich-

---

4    Vgl. Das Ritterkreuz. Mitteilungsblatt der Ordensgemeinschaft der Ritterkreuzträger, 4/1971, S. 3.
5    Vgl. Das Ritterkreuz, 3/1964, S. 15.
6    Vgl. Das Ritterkreuz, 2/1989, S. 3.
7    Minister Strauß war für das Treffen der Landesgruppe aus dienstlichen Gründen verhindert
     und schickte einen Vertreter, den Divisionskommandeur der 1. Grenadierdivision in Hannover,
     Generalmajor Reichelt. Vgl. Das Ritterkreuz, 5/1958, S. 43 f.
8    Vgl. Das Ritterkreuz, 12/1959, S. 122 f.
9    Bert-Oliver Manig, Die Politik der Ehre. Die Rehabilitierung der Berufssoldaten in der frühen
     Bundesrepublik, Göttingen 2004.
10   Christian Weber, Veteranenpolitik in Deutschland. Die neuen Bande in den zivil-militärischen
     Beziehungen? Hrsg. vom Bildungswerk des Deutschen BundeswehrVerbandes Karl-Theodor-
     Molinari-Stiftung, Baden-Baden 2017 (= Forum Innere Führung, 40).
11   Vgl. Jörg Echternkamp, Soldaten im Nachkrieg. Historische Deutungskonflikte und westdeutsche
     Demokratisierung 1945–1955, München 2014 (= Beiträge zur Militärgeschichte, 76), S. 189–195.

namigen Studie ebenfalls für die Zeit nach dem Zweiten Weltkrieg. Werberg wirft auch einen kritischen Blick auf die Kontaktpflege der Bundeswehr zum Stahlhelm in den 1950er und 1960er Jahren.[12]

Der nachfolgende Beitrag untersucht einerseits Strukturen, Selbstverständnis und Handlungsfelder der Ordensgemeinschaft als Veteranenorganisation und andererseits die Kontaktpflege der Bundeswehr zur OdR sowie deren öffentliche Wahrnehmung im Wandel der Zeit. Beleuchtet werden dabei sowohl die politischen Forderungen und gesellschaftlichen Erwartungen, welche die Mitglieder nach außen kommunizierten, als auch die Mittel und Institutionen, die sie innerhalb ihres Verbandes dafür abbildeten. Ergänzt werden diese Perspektiven durch die Darstellung einzelner Biographien und Karrieren von Ritterkreuzträgern und Mitgliedern der OdR und durch die Art und Weise, wie sie gegebenenfalls ihren Einfluss für die Interessengemeinschaft der Veteranen geltend machten. Die Quellengrundlage für den folgenden Aufsatz bilden das vereinseigene Mitteilungsblatt der OdR und die öffentliche Berichterstattung über die Ordensgemeinschaft durch Tagespresse und Nachrichtenmagazine. Dadurch lassen sich die eigenen Ziele und Absichten des Vereins sowie die inhaltlichen Diskurse und die Kontaktpflege zur Bundeswehr, über die regelmäßig berichtet wurde, nachvollziehen. Die Medienberichterstattung eröffnet darüber hinaus Perspektiven auf die öffentliche Wahrnehmung des Auftretens der OdR und ihrer Mitglieder und zu den von der Ordensgemeinschaft kommunizierten Inhalten.

## Die Ordensgemeinschaft der Ritterkreuzträger

Die Ordensgemeinschaft der Ritterkreuzträger wurde am 24. September 1955 zunächst als Gemeinschaft der Ritterkreuzträger in Köln-Wahn gegründet.[13] Zuvor hatte sich bereits 1952 der Verein Gemeinschaft Deutscher Ritterkreuzträger (GDR) unter der Führung des früheren Jagdfliegers Adolf Dickfeld konstituiert, der jedoch schon drei Jahre später wieder aufgelöst wurde.[14] Die Umbenennung von »Gemeinschaft« in »Ordensgemeinschaft« erfolgte 1960 bei der Jahreshauptversammlung in Warendorf.[15] Initiator der Gründung von 1955 war Generaloberst a.D. Alfred Keller, der im Zweiten Weltkrieg in der ersten Kriegshälfte als Kommandierender General und Befehlshaber der Luftflotte 1 an der Ostfront eingesetzt war[16], bevor er aufgrund ausbleibender operativer Erfolge ab 1943 zum Korpsführer des

---

12  Vgl. Dennis Werberg, Der Stahlhelm – Bund der Frontsoldaten. Eine Veteranenorganisation und ihr Verhältnis zum Nationalsozialismus, Berlin 2023 (= Zeitalter der Weltkriege, 25), S. 303–339.

13  Vgl. Das Ritterkreuz, 2/1994, S. 3.

14  Vgl. Veit Scherzer, Die Ritterkreuzträger 1939–1945. Die Inhaber des Ritterkreuzes des Eisernen Kreuzes 1939 von Heer, Luftwaffe, Kriegsmarine, Waffen-SS, Volkssturm sowie mit Deutschland verbündeter Streitkräfte nach den Unterlagen des Bundesarchivs, Ranis 2007, S. 22.

15  Vgl. Das Ritterkreuz, 4/1988, S. 2.

16  Vgl. Karl Friedrich Hildebrand, Die Generale der deutschen Luftwaffe 1935–1945. Die militärischen Werdegänge der Flieger-, Flakartillerie-, Fallschirmjäger-, Luftnachrichten- und Ingenieur-Offiziere einschl. der Ärzte, Richter, Intendanten und Ministerialbeamten im Generalsrang. Hrsg. von Dermot Bradley in Verb. mit Markus Brockmann, S. 164.

Nationalsozialistischen Fliegerkorps (NSFK)[17] abstieg und jegliche Relevanz als militärischer Truppenführer verlor.

Die Gründung der Ordensgemeinschaft fiel in eine Zeit, in der die Rehabilitierung der ehemaligen Wehrmachtsoldaten in der Bundesrepublik Deutschland bereits nennenswert vorangeschritten war. Sowohl CDU als auch SPD hatten in innerparteilichen Diskursen den Weg freigemacht für den Artikel 131 des Grundgesetzes und der damit verbundenen Wiederbewilligung von Militärpensionen.[18] Bundespräsident und Bundeskanzler hatten in diesem Kontext erste Ehrenerklärungen abgegeben, um die ehemaligen Offiziere der Wehrmacht gegenüber einer kritischen Öffentlichkeit abzuschirmen.[19] Zur selben Zeit sorgten die Debatten über eine mögliche militärische Bedrohung durch die Sowjetunion in Europa und eine westdeutsche Wiederbewaffnung für die Gründung etlicher Soldatenvereinigungen, die die Hoffnung hegten, am Aufbau deutscher Streitkräfte mitwirken zu können.[20] Im Gegensatz zur Nachkriegszeit nach dem Ersten Weltkrieg achteten die in der Bundesrepublik entstandenen Veteranenverbände auf eine formale parteipolitische Neutralität. Sie konzentrierten sich in ihrer Verbandsarbeit auf das Gedenken an die Gefallenen des Zweiten Weltkriegs und die oftmals wenig kritisch reflektierte Erinnerung an gemeinsame Kriegserlebnisse.[21]

Zweck der OdR war die Pflege der Kameradschaft unter den Beliehenen des Ritterkreuzes, die Pflege und Förderung soldatischer Tradition, insbesondere in Anlehnung an die Bundeswehr, sowie die gegenseitige Unterstützung der Mitglieder.[22] Die Besonderheit an der Ordensgemeinschaft war der Umstand, dass sich ihre Mitglieder nicht durch die Zugehörigkeit zu einem Verband, einer Truppengattung oder einem Kriegsschauplatz definierten, wie es für fast alle der 2000 Traditionsverbände in der frühen Bundesrepublik der Fall gewesen war, sondern in erster Linie durch die Inhaberschaft einer Tapferkeitsauszeichnung. Die Erfahrung dieser Veteranengemeinschaft beinhaltete also nicht nur die Erlebnisse von militärischer Gemeinschaft, Gewalt, Niederlage und Kriegsgefangenschaft, sondern auch die besondere Herausstellung der Individuen innerhalb der Wehrmacht und Kriegsgesellschaft durch die Verleihung des Ritterkreuzes. In vielen Fällen war damit eine aktive Einbindung in die nationalsozialistische Propaganda verbunden.

Seit Gründung des Vereines wurden die Voraussetzungen für eine Mitgliedschaft maßgeblich geändert. Ursprünglich waren nur die Träger des Ritterkreuzes des

---

[17]  Hierbei handelte es sich nicht einmal um einen Bestandteil der Luftwaffe. Das NSFK war Rechtsnachfolger des Deutschen Luftsportverbands (DLV) und formaljuristisch eine Körperschaft des öffentlichen Rechts, jedoch keine Untergliederung der NSDAP. Generaloberst Keller war als Korpsführer für die Ausbildung künftiger Piloten im Bereich der Gleit- und Segelfliegerei zuständig.

[18]  Vgl. Manig, Die Politik der Ehre (wie Anm. 9), S. 587–589.

[19]  Vgl. ebd.

[20]  Vgl. Werberg, Der Stahlhelm (wie Anm. 12), S. 305; Alaric Searle, Veterans' Associations and Political Radicalism in West Germany 1951–54. A Case Study of the Traditionsgemeinschaft Großdeutschland. In: Canadian Journal of History/Annales canadiennes d'histoire, 34 (1999), S. 221–248.

[21]  Vgl. Weber, Veteranenpolitik in Deutschland (wie Anm. 10), S. 158.

[22]  Vgl. Satzung der Ordensgemeinschaft der Ritterkreuzträger des Eisernen Kreuzes und der Träger des Militär-Verdienst-Kreuzes e.V. In: Das Ritterkreuz, 2/1978, S. 9.

Eisernen Kreuzes selbst berechtigt, Mitglieder zu werden.[23] Aufgrund der schwindenden Mitgliederzahlen und der Überalterung im Verein führte man Anfang der 1990er Jahre die sogenannte Nachfolgemitgliedschaft ein. Nun konnten die Witwen, Söhne und Töchter der Träger in die OdR eintreten, »um ihnen das Zusammensein im kameradschaftlichen Kreis und bei gesellschaftlichen Anlässen zu ermöglichen.«[24] Des Weiteren konnten Personen, die selbst keine Träger des Ritterkreuzes waren, sich jedoch um die OdR verdient gemacht hatten, als außerordentliche Mitglieder ohne Stimmrecht gewählt werden.[25] Im Jahr 1971 betrug die Zahl der Mitglieder in der Ordensgemeinschaft 1231 (inklusive 165 Witwen und Angehörige verstorbener Ritterkreuzträger).[26] Nach dem Fall der Berliner Mauer und der deutschen Wiedervereinigung kamen bis 1994 noch weitere 26 Ritterkreuzträger aus der ehemaligen DDR als Mitglieder sowie 20 Nachfolgemitglieder hinzu. Für das Jahr 1994 gab der Verein 746 aktive, acht außerordentliche und 269 Nachfolgemitglieder an.[27] Anfang der 1970er Jahre fusionierte die OdR mit dem »Orden vom Militär-Verdienst-Kreuz«. Eine weitere Personengruppe, die der Ordensgemeinschaft sehr nahestand, aber keine ordentlichen Mitglieder generierte, waren die sogenannten Sammler. Bereits während des Zweiten Weltkriegs waren signierte Porträtfotos von Ritterkreuzträgern beliebte Sammelobjekte. Die Beliehenen wurden für solche Autogrammkarten direkt angeschrieben und sie sandten die signierten Karten zurück oder verteilten die Karten selbst, beispielweise wenn sie zu Propagandazwecken Vorträge über ihre Kriegserlebnisse hielten oder als Ausbilder in den Wehrertüchtigungslagern der Hitlerjugend fungierten[28]. Auch in der Nachkriegszeit blieb die Nachfrage nach Autogrammen von Ritterkreuzträgern bestehen. Die Sammler bewegten sich im Umfeld der Ordensgemeinschaft und ihrer Sektionen und mussten vom Verein anerkannt werden. Die Namen dieser Sammler wurden dann im Mitteilungsblatt bekanntgegeben.[29]

Neben den vereinstypischen Organen und Untergliederungen wie der Mitgliederversammlung, dem Vorstand, dem Ehrenrat, den Landesgruppen und Sektionen gab es darüber hinaus das Hilfswerk Ritterkreuz e.V. der Ordensgemeinschaft der Ritterkreuzträger. Dieser Verein wurde 1959 gegründet und sollte kriegsgeschädigte Ritterkreuzträger sowie deren Angehörige unterstützen.[30] Der soziale Aspekt wurde auch durch die stetige Forderung der Ordensgemeinschaft nach einem sogenannten Ehrensold betont. Die Bundesrepublik Deutschland zahlte den noch leben-

23  Vgl. ebd.
24  Das Ritterkreuz, 2/1984, S. 5.
25  Vgl. Satzung der Ordensgemeinschaft der Ritterkreuzträger des Eisernen Kreuzes und der Träger des Militär-Verdienst-Kreuzes e.V. In: Das Ritterkreuz, 2/1978, S. 9.
26  Vgl. Das Ritterkreuz, 4/1971, S. 3.
27  Vgl. Das Ritterkreuz, 3/1994, S. 3.
28  Das unter dem nachfolgenden Link abgebildete Foto zeigt einen Ritterkreuzträger bei der Ausbildung von Angehörigen der Hitlerjugend im Jahr 1942. Die Bildunterschrift lautet: »Auf Befehl des Oberbefehlshabers der Wehrmacht Wilhelm Keitel besuchten 15 Ritterkreuzträger während eines Fronturlaubes das Wehrertüchtigungslager der Hitlerjugend in Wirchensee. Auf dem Bild zu sehen Oberleutnant Becker und drei Hitlerjungen«, <https://www.sz-photo.de/?6004430961812082914 0> (letzter Zugriff 2.9.2024).
29  Eine Liste von Sammlern befindet sich beispielsweise in: Das Ritterkreuz, 1/1965, S. 16.
30  Vgl. Das Ritterkreuz, 3/1989, S. 5.

den Trägern höchster Tapferkeitsauszeichnungen des Ersten Weltkriegs eine lebens-
lange monatliche Vergütung in Höhe von 50 DM.[31] Die OdR regte die Einführung
eines solchen Ehrensolds auch für die Träger von Tapferkeitsauszeichnungen des
Zweiten Weltkriegs an, jedoch ohne Erfolg. Diskutiert wurde das Thema allerdings
regelmäßig im vereinseigenen Mitteilungsblatt. Ein Vereinsmitglied schrieb hierzu:

> »Regierungskreise in Bayern erwägen, Mandatsträgern vom Landrat aufwärts nach 10 Jahren
> Dienst einen Ehrensold zu zahlen. Was ist mit unserem Ehrensold als Ritterkreuzträger?
> Selbst die Weimarer Regierung hat den Trägern höchster Tapferkeitsauszeichnungen aus
> dem Ersten Weltkrieg Ehrensold bis zu deren Tod ausgesetzt und bezahlt ihn den leben-
> den Ordensträgern bis zum heutigen Tage.«[32]

In der bayerischen CSU scheint die OdR mit ihren Forderungen durchaus Gehör
gefunden zu haben. Der dortige Wehrpolitische Ausschuss wandte sich 1965, nach
einem Schreiben des Ritterkreuzträgers und Leiters der Sektion Oberbayern der
OdR, General der Kavallerie a.D. Gustav Harteneck, an Verteidigungsminister Kai-
Uwe von Hassel. Die öffentliche Wahrnehmung der Ritterkreuzträger erachtete der
Ausschuss als nachteilig im Vergleich zu den Trägern der Tapferkeitsauszeichnungen
aus dem Ersten Weltkrieg.[33] Wesentliche Änderungen erreichte die Ordensgemeinschaft im öffentlichen Umgang mit den Ritterkreuzträgern jedoch trotz zahlreicher
Anträge, Leserbriefe und Petitionen nicht.

OdR-Mitglieder waren in einigen Fällen politisch und gesellschaftlich sehr
engagiert und erfolgreich, so etwa Friedrich August Freiherr von der Heydte als
Mitglied des Landtages in Bayern, der vormalige General der Panzertruppe Hasso
von Manteuffel als Mitglied des Bundestages, ebenso wie Major a.D. Erich Mende
als Bundesminister für gesamtdeutsche Fragen und gleichzeitig Vizekanzler.[34]

Neben der Lokal- und Landespolitik engagierten sich Mitglieder der OdR vor
allem im Netzwerk deutscher und europäischer Veteranenvereinigungen, was dazu
führte, dass einige Mitglieder führende Funktionen sowohl in der OdR als auch in
einflussreichen Dachverbänden innehatten. Im Jahr 1966 wurden die zwei OdR-
Mitglieder General der Kavallerie a.D. Siegfried Westphal und Generalmajor der
Luftwaffe a.D. Carl-Alfred Schumacher in das Präsidium des Dachverbands Ring
deutscher Soldatenverbände (RdS) gewählt.[35] Im Jahr 1976 folgte OdR-Präsident
Horst Niemack als Vizepräsident des RdS.[36] Im selben Jahr wurde das OdR-Mitglied
Friedrich Ferdinand Prinz zu Schleswig-Holstein zum Präsidenten des Deutschen
Soldatenbundes Kyffhäuser e.V. gewählt, nicht ohne ausdrückliche Erwähnung im

---

[31]  Dazu gehörten u.a. Träger des preußischen Militärverdienstkreuzes und des Pour le Mérite, der
      bayerischen Tapferkeitsmedaille, des bayerischen Militär-Max-Joseph-Ordens, des sächsischen
      Militär-St. Heinrichs-Ordens, der österreichischen Tapferkeitsmedaille. Vgl. Johannes-Paul Kögler,
      Ehre als tragbares Zeichen. Zur politischen, sozialen und kulturellen Bedeutung von Orden und
      Ehrenzeichen am Beispiel des Königreichs Hannover 1814–1866, Baden-Baden 2018, S. 95–97.
[32]  Das Ritterkreuz, 4/1985, S. 10.
[33]  Vgl. Das Ritterkreuz, 2/1965, S. 15.
[34]  Vgl. Range, Wiederaufbau (wie Anm. 1), S. 14 f.
[35]  Vgl. Das Ritterkreuz, 4/1966, S. 20.
[36]  Vgl. Das Ritterkreuz, 2/1976, S. 5.

Mitteilungsblatt, dass er für seine Bewerbung ein eindrucksvolles Plädoyer des OdR-Vereinskameraden Ernst Grunau aus Lübeck erhalten hatte.[37]

Über solche personellen Verflechtungen wurde dieser exklusive Kreis fest in ein überregionales Veteranennetzwerk eingebettet und sicherte sich somit an entscheidenden Stellen Einfluss. Die Führungspositionen, die zahlreiche Ritterkreuzträger im Krieg innegehabt hatten, spiegelten sich auf diese Weise in der Veteranenkultur der Nachkriegszeit wider. Bis weit in die 1980er Jahre hinein konnten sich Vereinsmitglieder der OdR einflussreiche Positionen in der Bundeswehr, im öffentlichen Dienst, in der Politik oder in der freien Wirtschaft sichern. Das Vereinsleben der OdR profitierte zweifelsohne von diesem Netzwerk nationaler und internationaler Beziehungen.

Eine weitere Institution in der OdR war die sogenannte Ordenskommission. Sie wurde über viele Jahre von Walther-Peer Fellgiebel geleitet und hatte die Aufgabe, auf der Grundlage von Quellen festzustellen, wem das Ritterkreuz tatsächlich verliehen wurde. Dies erwies sich insbesondere für das Kriegsende als sehr problematisch. Denn wegen der unübersichtlichen Lage gab es zwar für etliche Soldaten unterschriebene Verleihungsurkunden, jedoch hatte die Verleihung an sich oftmals nicht mehr vorgenommen werden können. In anderen Fällen befanden sich die Vorschläge zur Verleihung noch zur Prüfung auf dem Dienstweg, und den Vorgeschlagenen war nicht klar, ob Hitler der Verleihung zustimmen würde oder ob – nach dessen Selbstmord – der stellvertretende Chef des Heerespersonalamts Generalleutnant Ernst Maisel darüber bestimmen würde.[38] Fellgiebel machte sich solche Unklarheiten zunutze, um Spielraum für die Entscheidung zu schaffen, ob ein Antragsteller bei Kriegsende noch das Ritterkreuz erhalten hatte und damit Mitglied in der OdR werden konnte (oder nicht). Seiner Meinung nach »können wir als OdR genau wie jeder Karnickel-Verein sagen, den erkennen wir an und den nicht«.[39] Auf dieser Grundlage ließ Fellgiebel in den 1970er Jahren ein Verzeichnis mit Verleihungsbestimmungen und Statistiken zu den Ritterkreuzträgern erstellen, das lange Zeit als Standardwerk galt, aber keinen amtlichen oder offiziellen Charakter hatte. Über die Forschungsergebnisse der Ordenskommission informierte man bei den jährlichen Jahreshauptversammlungen und im Mitteilungsblatt. In einer Ausgabe von 1977 heißt es beispielsweise:

»Der Vorsitzende der Ordenskommission, unser Kamerad Peer Fellgiebel, gibt bekannt, daß ein gewisser Otto Nolte, geb. 13.6.1916, wohnhaft Jahnstr. 2, 3221 Almstedt, aufgrund eingehender Prüfung kein Träger des Ritterkreuzes des Eisernen Kreuzes ist, auch wenn er es bis heute noch immer wieder behauptet. Herr Nolte ist ein Unbelehrbarer, dem leider nicht zu helfen ist.«[40]

Die Ordenskommission berichtete jährlich über ihre Tätigkeit und bemühte sich bei genehmen Antragstellern um den Nachweis einer Ritterkreuzverleihung, wäh-

---

[37]  Vgl. ebd.
[38]  Maisel wurde am 28. April 1945 von der Präsidialkanzlei beauftragt, das Ritterkreuz zu verleihen, was er in 33 Fällen auch getan hat. Siehe dazu Scherzer, Die Ritterkreuzträger 1939–1945 (wie Anm. 14), S. 62.
[39]  Ebd., S. 8.
[40]  Das Ritterkreuz, 4/1977, S. 5.

rend es gleichzeitig galt, andere »dubiose Fälle vom Eintritt abzuhalten.«[41] Noch 1992 wurden 52 Fälle einer möglichen Verleihung des Ritterkreuzes überprüft, wovon nur neun »bewilligt« und deren Träger als Neumitglieder aufgenommen wurden.[42] Zwei Ritterkreuzträger wurden im selben Jahr aus dem Fellgiebel-Verzeichnis gestrichen, nämlich Günther Nowak und Heinrich Scherhorn.[43]

Abschließend sei auf die Biographien dreier weiterer Ritterkreuzträger aus der Vereinsführung eingegangen, die über Jahrzehnte die Geschicke der Ordensgemeinschaft geführt und entscheidend mitgeprägt haben. Langjähriger Präsident der OdR war der vormalige Generalmajor der Wehrmacht Horst Niemack. Dieser hatte sich im Zweiten Weltkrieg in mehreren Führungsverwendungen der Kavallerie und gepanzerten Kampftruppen bewährt, war mehrfach schwer verwundet worden und hatte die Schwerter und das Eichenlaub zum Ritterkreuz erhalten. Bei Kriegsende war er Kommandeur der Panzer-Lehr-Division und geriet im Ruhrkessel 1945 in Kriegsgefangenschaft[44]. Nach dem Krieg soll sich Niemack im Kreis der sogenannten Bruderschaft bewegt haben[45], zu der zahlreiche hochrangige ehemalige Offiziere der Wehrmacht und Waffen-SS gehörten und die den Aufbau einer illegalen Kampftruppe geplant haben soll, um im Kriegsfall gegen den Ostblock einen eigenständigen deutschen Kampfbeitrag leisten zu können.[46] Niemack, der auch als Reservist in der Bundeswehr diente und dort den Dienstgrad Brigadegeneral d.R. führte, war nach dem Tod des Gründers der OdR Alfred Keller die graue Eminenz und eine bedeutende Autorität in der Ordensgemeinschaft. Bemerkenswert ist, dass Niemack bis zu seinem Lebensende ausschließlich seinen in der Wehrmacht erlangten Dienstgrad Generalmajor a.D. und nicht Brigadegeneral d.R. (Bw) führte. In biographischen Artikeln im Mitteilungsblatt findet seine Dienstzeit in der Bundeswehr mit keinem Wort Erwähnung.[47] Die Kernforderung Niemacks war Zeit seines Lebens die Betrachtung und Bewertung der militärischen Leistungen der Wehrmacht und insbesondere auch die der Ritterkreuzträger – losgelöst von jeglicher Nähe und Verbindung zum Nationalsozialismus. Diese Haltung unterstützten die anderen Mitglieder des Präsidiums, wie etwa der 1. Vorsitzende Martin

---

[41]  Das Ritterkreuz, 4/1971, S. 3.
[42]  Vgl. Das Ritterkreuz, 4/1993, S. 2.
[43]  Vgl. ebd. Heinrich Scherhorn erhielt im März 1945 in Abwesenheit das Ritterkreuz verliehen, in der Annahme, er sei der Führer der Kampfgruppe Scherhorn, welche 1944 und 1945 weit im sowjetischen Hinterland einen Partisanenkrieg gegen die Rote Armee führen würde. In Wirklichkeit hatte der NKWD in einem »Funkspiel« mithilfe des in Kriegsgefangenschaft geratenen Scherhorn die deutsche Abwehr über die Kampfgruppe Scherhorn, die es niemals gegeben hatte, getäuscht; vgl. Magnus Pahl, Fremde Heere Ost. Hitlers militärische Feindaufklärung, Berlin 2012, S. 221. Die Person Günther Nowak, der für mehrere vernichtete sowjetische Panzer am Ende des Krieges das Ritterkreuz erhielt, hat es nachweislich nicht gegeben. Beide Namen wurden schließlich aus dem Verzeichnis gestrichen.
[44]  Vgl. BArch, PERS 6/300298, Bl. 1–3.
[45]  Vgl. Agilolf Keßelring, Die Organisation Gehlen und die Verteidigung Westdeutschlands. Alte Elitedivisionen und neue Militärstrukturen 1949–1953, Marburg 2014, S. 34. Weitere Anhänger der Bruderschaft sollen der General der Panzertruppen Hasso von Manteuffel, SS-Obergruppenführer Otto Gille sowie Generalleutnant Oldwig von Natzmer gewesen sein.
[46]  Vgl. Bruderschaft. Ergebenster v. Manteuffel. In: Der Spiegel, 1.3.1950, S. 5–8.
[47]  Vgl. Das Ritterkreuz, 1/1989, S. 1.

Steglich, konsequent. Steglich war Major in der Wehrmacht gewesen und hatte über Reserveübungen in der Bundeswehr den Dienstgrad Oberst d.R. erreicht. In einem Glückwunschartikel zu seinem Geburtstag 1970 wurde besonders hervorgehoben, dass er »sein Wissen an die jungen Soldaten der Bundeswehr« weitergebe. Das in einem Zuge geäußerte Lob, dass sich Steglich »für die Kameraden der Waffen-SS einsetzt und für ihre Rehabilitierung unermüdlich eintritt«, stellte bereits damals ein aus Sicht der Bundeswehr problematisches Engagement dar.[48] In den 1980er Jahren und endgültig mit dem Tode Niemacks 1992 übernahm Wolfram Kertz die Führung der Ordensgemeinschaft. Auch er war bereits in der Wehrmacht Offizier gewesen und leistete ebenfalls Dienst in der Bundeswehr, zuletzt als Oberst d.R. Kertz, »ein aufbrausender Managertyp«[49], der nach dem Krieg Karriere im Flick-Konzern gemacht hatte, sah sich seit den 1990er Jahren einer umfassenden, vornehmlich kritischen Medienberichterstattung über sich und die Ordensgemeinschaft ausgesetzt. Am Ende seines Lebens hatte er zudem das Verbot der Bundeswehr über die Pflege der Kontakte zur OdR im Jahr 1999 zu verkraften. In zahlreichen Interviews und Artikeln im Mitteilungsblatt setzte Kertz die These Niemacks von der Abspaltung des militärischen Handwerks von der Ideologie des Nationalsozialismus fort. Der Ordensgemeinschaft sei es letztlich nur um die »Pflege des echten Soldatentums« und um die »ideellen Werte der höchsten Auszeichnung des Zweiten Weltkriegs« gegangen.[50]

## Der Umgang der Bundeswehr mit Traditionsverbänden der Wehrmacht

In den Aufbaujahren der Bundeswehr ab 1955 war der Umgang mit Traditionsgemeinschaften von Verbänden und Großverbänden der deutschen Wehrmacht offiziell nicht geregelt. Eine entsprechende Weisung fehlte bis in das Jahr 1965, als der damalige Verteidigungsminister Kai-Uwe von Hassel den Erlass »Bundeswehr und Tradition« verabschiedete. Darin wurde den Einheiten und Verbänden der Bundeswehr die Aufnahme und Pflege von Kontakten zu Traditionsgemeinschaften ehemaliger deutscher Streitkräfte förmlich erlaubt, die Verleihung einer Tradition ehemaliger Truppenteile, wie dies in Reichswehr und Wehrmacht noch üblich war, war allerdings nicht vorgesehen.[51] Anders als in späteren Erlassen wurden Verbindungen zu Veteranenorganisationen der Waffen-SS noch nicht ausdrücklich untersagt. Traditionspflege »sollte in erster Linie die in der Umgebung der Garnisonen wohnenden ehemaligen Soldaten einbeziehen. Sie soll niemanden ausschließen, weder

---

48  Vgl. Das Ritterkreuz, 3/1970, S. 7, Zitate ebd.
49  Susanne Koelbl, Greise Popstars mit dem Ritterkreuz. In: Der Spiegel, 26.10.1997, <https://www.spiegel.de/politik/greise-popstars-mit-ritterkreuz-a-43dd4a30-0002-0001-0000-000008809678> (letzter Zugriff 2.9.2024).
50  Bernd Siegler, Alte Weltkriegskämpfer treffen den Nachwuchs. In: taz, 16.10.1997, <https://taz.de/Alte-Weltkriegskaempfer-treffen-den-Nachwuchs/!1377979/> (letzter Zugriff 2.9.2024).
51  Bundeswehr und Tradition. Der Bundesminister der Verteidigung Fü B I 4 – Az 35-08-07, Bonn 1965, Abschnitt 26.

örtliche Kameradschafts- und Traditionsvereine der ehemaligen Wehrmacht noch einzelne ehemalige Soldaten, die nicht organisiert sind.«[52]

Dieses Prinzip der Regionalität hatte Oberst Hans Meier-Welcker, der damalige Leiter der militärgeschichtlichen Forschungsstelle, entwickelt.[53] Meier-Welcker zufolge sollte sich die Tradition aus den Elementen Erinnerung in der Bevölkerung, Gebäude und Denkmäler begründen und sich dann aus sich selbst heraus weiterentwickeln.[54] Trotz der Verbindungen, die sich durch diese Regionalität zu den Veteranen vormaliger deutscher Streitkräfte entwickeln würden, wird in der schließlich gezeichneten Weisung mehrfach auf die gebotene Zurückhaltung der Bundeswehr hingewiesen. Diese unterscheide sich »in ihrer politischen Einordnung, ihrer Aufgabe und ihrer Struktur von den Streitkräften früherer Wehrverfassungen.«[55] Bei gemeinsamen Veranstaltungen, bei denen übrigens das Begleiten der Fahnen ehemaliger Truppenteile durch Soldaten der Bundeswehr statthaft war[56], waren der jeweilige Kommandeur und der Einheitsführer für ein zurückhaltendes Auftreten der Abordnungen verantwortlich.[57]

Bei dieser Vorschriftenlage war es naheliegend, dass Verbände der Bundeswehr flächendeckend mit Traditionsgemeinschaften ehemaliger deutscher Streitkräfte Verbindung hielten und Traditionspflege betrieben.[58] Da es in den ersten zehn Jahren des Bestehens der Bundeswehr keinen offiziellen Erlass gab, sondern nur einen internen Entwurf zur Traditionspflege, der vom Führungsstab der Streitkräfte in Auftrag gegeben worden war, nutzten Kommandeure und Verbände diese Lücke in den Vorgaben aus. Durch die kriegsgediente Aufbaugeneration waren vielfach persönliche Beziehungen ausschlaggebend, auch wenn Minister von Hassel in seiner späteren Weisung darauf hinweist, dass »solche zufälligen Kontakte erlöschen«[59], wenn die betreffende Person den Standort wechselte.

## Kontaktpflege der Bundeswehr zur Ordensgemeinschaft der Ritterkreuzträger

Die Pflege der Kontakte zwischen der OdR und der Bundeswehr beschränkte sich nicht auf eine bestimmte Dienststelle oder einen Standort; die OdR richtete ihr Hauptaugenmerk vielmehr auf den Ort der jeweiligen Jahreshauptversammlung aus, der jährlich wechselte. Im Vorfeld einer solchen Versammlung nahm der Vorstand Kontakt zu einer örtlichen Dienststelle der Bundeswehr auf, üblicherweise auf der Ebene einer Truppenschule, Division oder eines Wehrbereichskommandos.

[52]  Ebd., Abschnitt 27.
[53]  Vgl. Donald Abenheim, Bundeswehr und Tradition. Die Suche nach dem gültigen Erbe der deutschen Soldaten, München 1989 (= Beiträge zur Militärgeschichte, 27), S. 122.
[54]  Vgl. ebd., S. 123.
[55]  Ebd.
[56]  Vgl. Bundeswehr und Tradition (wie Anm. 51), Abschnitt 25.
[57]  Vgl. ebd., Abschnitt 30.
[58]  Vgl. Weber, Veteranenpolitik (wie Anm. 10), S. 158, sowie Detlef Bald, Die Bundeswehr. Eine kritische Geschichte 1955–2005, München 2005, S. 60–69.
[59]  Bundeswehr und Tradition (wie Anm. 51), Abschnitt 28.

Daraufhin verfasste ein Brigadegeneral oder ein Generalmajor als eine Art Schirmherr ein Grußwort, welches im Mitteilungsblatt veröffentlicht wurde. Häufig traten die Kommandeure, die ein Grußwort geschrieben hatten, als Redner auf der Jahreshauptversammlung auf, so der Kommandeur der 5. Panzergrenadierdivision, Generalmajor Lemm. Das Thema seines Vortrages auf der Jahreshauptversammlung 1971 lautete: »Die Bundeswehr zwischen Kriegsgeneration und heutiger Jugend«[60], womit er den westdeutschen Streitkräften eine Art Vermittlerrolle zwischen den Veteranen der Wehrmacht und der Nachkriegsjugend zuwies.

Zivile Schirmherren der Veranstaltungen waren in den meisten Fällen die Bürgermeister der Städte, in denen das jeweilige Zusammentreffen stattfand, oder sogar die Ministerpräsidenten der betroffenen Bundesländer. Noch 1997 richtete der bayerische Ministerpräsident Edmund Stoiber sein Grußwort an die Ordensgemeinschaft und bescheinigte ihr »auf dem Boden unserer freiheitlich-demokratischen Grundordnung zu stehen«.[61] Lothar Späth attestierte als Ministerpräsident Baden-Württembergs der Ordensgemeinschaft, dass sie »die Pflege ihrer über Jahrzehnte erhaltenen Kameradschaft unter das Banner der Verständigung und der partnerschaftlichen Gemeinsamkeit gestellt«[62] habe, obwohl in derselben Ausgabe des Mitteilungsblattes, die seine Rede enthielt, die Existenz der Oder-Neiße-Grenze zu Polen bedauert wurde.[63] Der Bürgermeister der Stadt Wetzlar, Walter Froneberg, hieß die Gemeinschaft »Herzlich willkommen« und der CDU-Stadtverbandsvorsitzende aus derselben Stadt warf als Reaktion auf zunehmend kritische Stimmen zum Treffen der OdR in einer Tageszeitung die Frage auf: »Bestimmen nur noch Linke und Ausländer, wen der Magistrat einladen darf?«[64] Die Teilnahme kommunaler oder prominenter Politiker an den Jahresversammlungen versprach zwar keinen direkten Einfluss der Veteranen auf politische Entscheidungsprozesse, wie es die Soldatenverbände nach dem Ersten Weltkrieg geschafft hatten, jedoch zeigte sie, dass die west- und später dann die gesamtdeutsche Gesellschaft ihre sozialen und wirtschaftlichen Bedürfnisse wahrnahm.[65]

Der Vorstand der OdR suchte die öffentlichkeitswirksame Nähe zu politischen und militärischen Funktionsträgern, um Aufmerksamkeit zu erregen und auf die angebliche gesellschaftliche Nichtakzeptanz ihrer Auszeichnung und ihrer militärischen Vergangenheit im Zweiten Weltkrieg hinzuweisen, wie bereits ein offener Brief an den Bundespräsidenten aus dem Jahr 1966 erahnen lässt:

> »Wir verwahren uns gegen die ständige Verächtlichmachung soldatischer Tugenden und bitten Sie […], gegen dieses organisierte Beschmutzen des Ansehens gefallener Kameraden und deren wehrlosen Angehörigen, um Ihre Unterstützung […] Wir erbitten von unserem Staatsoberhaupt Schutz und Hilfe, damit der Auflösung aller staatlichen, sittlichen und moralischen Ordnung Einhalt geboten wird.«[66]

---

60    Das Ritterkreuz, 4/1971, S. 4.
61    Siegler, Alte Weltkriegskämpfer (wie Anm. 50).
62    Das Ritterkreuz, 3/1990, S. 1.
63    Vgl. ebd.
64    Das Ritterkreuz, 4/1987, S. 11.
65    Vgl. Echternkamp, Soldaten im Nachkrieg (wie Anm. 11), S. 199.
66    Das Ritterkreuz, 4/1966, S. 11.

Die Bundeswehr blieb über Jahrzehnte ein verlässlicher Unterstützer für die Ordensgemeinschaft der Ritterkreuzträger. Die Truppe begleitete annähernd jede Veranstaltung, sei es durch Vortragende, Militärmusiker oder das Vorführen von Material und Fahrzeugen. Die Veteranen des Vereins waren häufige Gäste in den Kasernen verschiedener Truppenteile. Auch hier waren zumindest bis in die 1970er Jahre persönliche Kontakte ausschlaggebend. So hatte 1964 etwa »[d]er Kommandeur des Panzer-Grenadier-Bataillons 23, Oberstleutnant Baron von Heyking, Mitglied der Sektion der OdR, [...] die Mitglieder der Ordensgemeinschaften zwischen Harz und Heide und andere alte Soldaten zu ganztägigen Vorführungen seines Bataillons geladen.«[67] Es wurde dabei »den staunenden Teilnehmern gezeigt, welche praktischen Dinge des ›Lebens im Felde‹ im Gegensatz zu der früheren vorwiegend formalen Exerzierausbildung heute der Rekrut der Bundeswehr vorwiegend während der dreimonatigen Grundausbildung bereits lernt.«[68]

Die OdR genoss in der Bundeswehr offenbar eine höhere Akzeptanz als andere, überregional ausgerichtete Veteranenverbände. So kam es zwar bis in die 1960er Jahre regelmäßig zur Teilnahme von Bundeswehrangehörigen (auch in Uniform) an Veranstaltungen des Verbands »Der Stahlhelm – Bund der Frontsoldaten«, der bereits nach dem Ersten Weltkrieg existierte und 1951 neu gegründet wurde, jedoch lehnte das BMVg eine weitergehende Zusammenarbeit mit dem Stahlhelm ab, da man die politischen Tendenzen in einigen Landesverbänden für sehr bedenklich hielt.[69]

Die Nähe von Bundeswehr und Ordensgemeinschaft war in Teilen sogar durch die Vorschriftenlage bedingt: Die Zentrale Dienstvorschrift (ZDv) 10/8 »Militärische Formen und Feiern«, die 1962 in Kraft trat, regelte die Gestellung eines Ehrengeleits oder einer Ehrenabordnung für die Beisetzung von Trägern des Ritterkreuzes. Die OdR war wichtigster organisatorischer Ansprechpartner für die Kommandeure der Verteidigungsbezirke (VBK) und Verteidigungskreiskommandos (VKK), wenn es um die zeitnahe Verfügbarkeit einer solchen Abstellung ging. Einige Kommandeure hätten das Präsidium 1985 sogar um die namentliche Auflistung der Ritterkreuzträger gebeten, damit der jeweils zuständige Kommandeur bei einem Todesfall die zeitgerechte Gestellung von Abordnungen veranlassen könne.[70] Gemäß der Antwort der Bundesregierung auf eine kleine Anfrage der Bundestagsfraktion Die Linke vom 19. November 2012 war es noch 13 Jahre nach dem offiziellen Kontaktverbot der Bundeswehr zur OdR von 1999 nach Vorschriftenlage möglich, zu Trauerfeierlichkeiten für Träger des Ritterkreuzes ein Kleines oder Großes Ehrengeleit zu stellen.[71] Der Hinweis auf das Ehrengeleit wurde regelmäßig auch im Mitteilungsblatt der Ordensgemeinschaft bekanntgegeben.

Insgesamt zeigte die OdR ein reges Interesse an den Entwicklungen der Bundeswehr. Es reichte von Personalveränderungen auf Spitzendienstposten

---

[67]  Das Ritterkreuz, 3/1964, S. 16.
[68]  Ebd.
[69]  Vgl. Werberg, Der Stahlhelm (wie Anm. 12), S. 329.
[70]  Vgl. Das Ritterkreuz, 4/1985, S. 15.
[71]  Vgl. Antwort der Bundesregierung auf die Kleine Anfrage der Abgeordneten Ulla Jelpke, Harald Koch, Niema Movassat, Frank Tempel und der Fraktion Die Linke. Drucksache 17/11594 vom 19.11.2012, S. 7.

in den Streitkräften über Sicherheitspolitik im Rahmen der NATO bis hin zum Traditionsverständnis, wobei dieses Thema den Schwerpunkt darstellt. So heißt es etwa zum 30-jährigen Bestehen der Bundeswehr im Jahr 1985 im Mitteilungsblatt: »Es wird also wieder von Tradition geredet; ›Erlaß und Änderungen‹ hin und her, die Einheitsführer und Kommandeure waren und sind immer noch unserer alten Meinung: Ohne die Besinnung auf die ethischen Werte, ohne den Bezug auf Haus und Hof, Familie und Heimat, ist das Ansinnen auf deren Verteidigung wirkungslos.«[72]

Die Ordensgemeinschaft schrieb sich ein Traditionsverständnis deutscher Streitkräfte zu, das auch Angehörige der Bundeswehr und insbesondere das Führungspersonal abseits der Vorschrift teilen würden. Gemäß dem Motto »Wer Soldat war, weiß, daß eine uralte Regimentsfahne und ein überkommenes militärisches Zeremoniell nachhaltiger wirken als eine lange Rede«,[73] lehnte man eine wertgebundene, aktive Auseinandersetzung mit deutscher Militärgeschichte zugunsten der Bewahrung und kritiklosen Verehrung des Vergangenen ab. In diesem Sinne befürwortete man 1965 die Wiedereinführung von Truppenfahnen durch Bundespräsident Heinrich Lübke. Die Abwesenheit eines solchen Symbols in der Truppe im ersten Jahrzehnt nach Gründung der Bundeswehr bezeichnete man im Mitteilungsblatt als »Schweben im freien Raum«, das »auf die Dauer nicht gut gehen konnte«.[74] Nach Ansicht der Redaktion habe nicht die politische Führung, sondern die Truppe selbst solche Symbole gefordert. Die Vermittlung idealer Werte sollte »frei von jeder engstirnigen Tagespolitik« sein.[75] Neben der stetigen Kritik an der Konzeption der Inneren Führung waren es vor allem die Umbenennungen von Kasernen und Liegenschaften in den 1990er Jahren, die die OdR anprangerte: Die Benennungen nach Wehrmachtangehörigen seien der »Kritik bestimmter Gruppierungen«[76] ausgesetzt und Umbenennungen würden grundsätzlich gegen den Willen der Truppe oder der Kommunalpolitik erfolgen. Damals waren die Dietl-Kaserne[77] und die Kübler-Kaserne[78] umbenannt worden, nachdem es eine öffentliche Debatte um die Verstrickungen der Namensgeber in den Nationalsozialismus

---

[72]  Das Ritterkreuz, 4/1985, S. 10.
[73]  Das Ritterkreuz, 3/1977, S. 14.
[74]  Das Ritterkreuz, 1/1965, S. 13.
[75]  Vgl. ebd, hier auch das Zitat.
[76]  Das Ritterkreuz, 2/1994, S. 1.
[77]  Eduard Dietl (1890–1944) war Generaloberst der Wehrmacht und überzeugter Nationalsozialist. Er setzte für den Bereich der 20. Gebirgsarmee den Kommissarbefehl um und formulierte in zahlreichen Tagesbefehlen an die Truppe sein rassistisches Gedankengut, wenn er genau aus diesen Gründen die Ehen zwischen deutschen Soldaten und Norwegerinnen untersagte. In Dietls Verantwortungsbereich fiel auch die unmenschliche Behandlung von Wehrmachtsoldaten in den sogenannten Feldstraflagern in Finnland und Nordnorwegen. Die Wehrmachtangehörigen, die hier inhaftiert waren, wurden systematisch unterernährt und es kam zu willkürlichen Hinrichtungen durch das Wachpersonal; vgl. Manfred Messerschmidt, Die Wehrmachtsjustiz 1933–1945, Paderborn [u.a.] 2005, S. 357–364.
[78]  Ludwig Kübler (1889–1947) war ein deutscher General der Gebirgstruppe, der für seine rücksichtslose Kriegführung gegenüber der eigenen Truppe sowie für unzählige Kriegsverbrechen an der Ostfront und im Adriatischen Küstenland verantwortlich war. Hierfür wurde er 1947 von einem jugoslawischen Militärtribunal zum Tode verurteilt und hingerichtet. Dennoch erhielt eine Kaserne der Bundeswehr in Mittenwald seinen Namen. In einem späteren Gutachten des Militärgeschichtlichen Forschungsamtes wurde die explizite Nähe Küblers zur nationalsozia-

und in Kriegsverbrechen gegeben hatte. In der Meinungsbildung der OdR fanden diese belastenden Umstände in den Biographien der Generale keinerlei Erwähnung.

Scheinbar wurde die gegenseitige Kontaktpflege seitens der Bundeswehr sehr wohlwollend wahrgenommen und auch symbolisch gewürdigt: Vertreter der Ordensgemeinschaft wurden etwa mit dem Ehrenkreuz der Bundeswehr, üblicherweise in der Stufe Gold, ausgezeichnet. Ebendiese Auszeichnung ließ der Kommandierende General des III. Korps und spätere Inspekteur des Heeres Helge Hansen 1989 dem langjährigen Vorsitzenden der OdR Wolfram Kertz mit der Begründung angedeihen, dass der Beliehene »durch regelmäßige Truppenbesuche mit Vorträgen und Diskussionen für die übertragenswerten Traditionen deutscher Heere geworben habe und gerade bei jungen Soldaten das geschichtliche Interesse zu wecken vermochte«.[79] Ein Jahr später erfolgte die Verleihung des Ehrenkreuzes in Gold an den Landesgruppenleiter Niedersachsen Hans Michaelis[80] und knapp zwei Jahre später erhielt der Landesgruppenleiter Rheinland-Pfalz/Saarland der OdR Gerhard Benack das an Zivilisten vergleichsweise selten verliehene Ehrenzeichen der Bundeswehr aus der Hand des Brigadegenerals Dietrich Rogler.[81]

## Skandalisierung und Öffentlichkeitswahrnehmung in den 1990er Jahren

Bis in die 1980er Jahre führte die Ordensgemeinschaft der Ritterkreuzträger in der öffentlichen Wahrnehmung ein vergleichsweise unauffälliges Dasein. Zwar gab es eine gelegentliche Berichterstattung, vornehmlich in der Regionalpresse, über die Jahreshauptversammlungen, über Gedenkveranstaltungen oder gemeinsame Veranstaltungen mit der Bundeswehr, im politischen Kontext wurden die Aktivitäten der Gemeinschaft jedoch nicht hinterfragt. Veteranenverbände von Wehrmachtsoldaten verloren bereits zu dieser Zeit an Einfluss auf die Kriegserinnerung, zogen sich weitgehend aus der Öffentlichkeit zurück, verblieben aber in der militärischen Subkultur der Bundeswehr.[82] Dort, wo sich organisierte Veteranen der Öffentlichkeit stellten, begann sich ein erheblicher zivilgesellschaftlicher und politischer Widerstand zu bilden, da das Bild von der sauberen Wehrmacht zunehmend hinterfragt und kritisiert wurde.

Ein Beispiel hierfür ist die 39. Jahreshauptversammlung der OdR in Celle im Jahr 1993. Dort hatten sich zahlreiche Demonstranten eines Aktionsbündnisses zu einer offiziellen Kranzniederlegung der Ordensgemeinschaft mit Beteiligung einer Ehrenformation der Bundeswehr am Ehrenmahl für die Gefallenen beider Weltkriege angemeldet. Auch die Fernsehsendung »Spiegel TV« berichtete

---

listischen Ideologie festgestellt; Klaus Schönherr, General der Gebirgstruppe Ludwig Kübler. Wissenschaftliche Studie, maschinenschriftl. vervielf., Potsdam 1995, S. 20 f.

79   Das Ritterkreuz, 3/1989, S. 6.
80   Vgl. Das Ritterkreuz, 4/1990, S. 14.
81   Vgl. Das Ritterkreuz, 1/1992, S. 9.
82   Vgl. Weber, Veteranenpolitik (wie Anm. 10), S. 159.

über die Veranstaltung und das Verhältnis zwischen OdR und Bundeswehr.[83] Am 15. Oktober 1993 absolvierten die Ordensmitglieder zunächst einen Truppenbesuch beim Panzerlehrbataillon 334 in Celle-Scheuen mit der Besichtigung von Waffen und Großgerät, Gesprächen mit Soldaten und Offizieren und einem anschließenden gemeinsamen Mittagessen.[84] Auf der Jahreshauptversammlung lobte der Vorsitzende Wolfram Kertz die Unterstützung des Treffens durch Bundeswehr und Stadtverwaltung. Die Waffenvorführung des Panzerlehrbataillons 334 sei »kein Ereignis, sondern ein Erlebnis« gewesen. Dagegen habe es im Vorfeld der Jahreshauptversammlung Angriffe gegen ihn aus dem Deutschen Bundestag gegeben: »Erst dadurch sind die linken Chaoten in Bewegung gesetzt worden. Das OdR-Treffen interessierte plötzlich alle Fernsehsender.«[85] Im Zuge der Berichterstattung durch »Spiegel TV« geriet auch die Bundeswehr durch ihre Zusammenarbeit mit der OdR in die öffentliche Kritik. Der im selben Fernsehbericht befragte Presseoffizier des Wehrbereichskommandos II in Hannover, Oberstleutnant Claus-Peter Müller, geriet sichtlich in Erklärungsnot und antwortete auf die Frage des Journalisten, ob es seitens der Bundeswehr keine Bedenken gäbe, die Ritterkreuzträger als Elite der deutschen Wehrmacht zu empfangen, nur ausweichend.[86] Gleichzeitig verteidigten Ritterkreuzträger und Mitglieder der OdR in dem erwähnten Fernsehbeitrag die Präventivkriegsthese zur Rechtfertigung des Überfalls auf die Sowjetunion 1941.[87]

Medial und politisch hatte das Treffen ein spürbares Nachspiel. Kurz darauf folgte eine Kleine Anfrage der Partei Bündnis 90/Die Grünen an den niedersächsischen Landtag sowie eine Kleine Anfrage der Gruppe PDS/Linke Liste an die Bundesregierung, bei der es auch um die Zusammenarbeit der Ordensgemeinschaft mit der Bundeswehr ging.[88] Die Bundesregierung bewertete die Kooperation als unproblematisch: »Derartige Begegnungen sind Ausdruck eines gelebten Traditionsverständnisses.«[89] Im gleichen Kontext lägen der Bundesregierung auch keine verfassungsschutzrelevanten Kenntnisse über die OdR vor. Zudem sei nicht bekannt, dass im Mitteilungsblatt für rechtsextremes Schriftgut geworben würde.[90] Die damalige Bundesregierung wies diese offensichtlichen Hinweise konsequent zurück. Dabei lagen alle problematischen Ansichten und Positionen der OdR und ihre Nähe zum Rechtsextremismus in Form des Mitteilungsblattes und der Fernsehinterviews offen zutage. Die Ordensgemeinschaft pflegte ein revisionistisches, verharmlosendes und verleumderisches Weltbild hinsichtlich des Zweiten Weltkriegs und der Rolle der deutschen Wehrmacht darin. Wolfram Kertz bezeichnete die Machtübernahme Hitlers als »2. Revolution von 1933 [...] ohne Gewalt

---

83   Vgl. Spiegel TV, Vor 20 Jahren. Treffen der Ritterkreuzträger, <https://www.spiegel.de/video/vor-20-jahren-1993-trifft-sich-der-orden-der-ritterkreuztraeger-video-1301683.html> (letzter Zugriff 2.9.2024).
84   Vgl. ebd.
85   Vgl. Das Ritterkreuz, 4/1993, S. 2, Zitate ebd.
86   Vgl. Spiegel TV (wie Anm. 87).
87   Vgl. ebd.
88   Vgl. Das Ritterkreuz, 4/1993, S. 11 f. Im Mitteilungsblatt ist die Kleine Anfrage der PDS/Linke Liste mit den Antworten der Bundesregierung abgedruckt.
89   Das Ritterkreuz, 4/1993, S. 12.
90   Vgl. ebd.

und Schuß«, die »doch ein unglaublicher Volksaufbruch, in dem die Menschen eine Wende in Wirtschaft und Politik erhofften«[91], gewesen sei. Im selben Artikel setzt er ganz unverhohlen die Rufe der SA »Deutschland erwache!« aus dem Sturmlied des Nationalsozialisten Dietrich Eckart mit den Rufen »Wir sind das Volk« der Montagsdemonstranten in der DDR gleich.[92] Die Ordensgemeinschaft verharmloste in ihrem Mitteilungsblatt überdies Kriegsverbrechen, etwa wenn sie die unterschiedslose Bombardierung von Zivilisten im Spanischen Bürgerkrieg als »Guernica-Geschwätz« oder »Jahrhundertlüge Guernica« abtat, die »ein relativ kleiner Angriff« gewesen sei »mit bedauerlichen Fehlwürfen, aber weder luftkriegsgeschichtlich noch strategisch von nennenswerter Bedeutung«.[93]

Den in Italien verurteilten Kriegsverbrecher und Ritterkreuzträger Walter Reder[94] bezeichnete man 1984 noch als den »letzte[n] Kriegsgefangene[n] des Zweiten Weltkrieges«[95] und widmete ihm in der Weihnachtsausgabe ein Gedicht. Diese Umdeutung einer Haftstrafe aufgrund einer rechtmäßigen Verurteilung wegen begangener Kriegsverbrechen zur Kriegsgefangenschaft war ein gängiges Motiv in Veteranenorganisationen, um sich einerseits an der negativen alliierten Außenwahrnehmung abzuarbeiten und den Westalliierten andererseits einen »Schlußstrich unter die Vergangenheit« anzubieten.[96]

Im Mitteilungsblatt der OdR wurde regelmäßig für rechtsextreme Verlage und Zeitungen geworben, so etwa für die Zeitung »Schlesier« oder den Kalender der vormaligen Hilfsgemeinschaft auf Gegenseitigkeit der Angehörigen der ehemaligen Waffen-SS e.V. (HIAG).[97] Namhafte Rechtsextremisten wie Max Klüver[98], der einst bei der neonazistischen Hetendorfer Tagungswoche[99] referiert hatte, oder Otto Riehs, Spitzenkandidat der verbotenen Freiheitlichen Deutschen Arbeiterpartei

---

[91]   Das Ritterkreuz, 1/1990, S. 4.
[92]   Vgl. ebd.
[93]   Das Ritterkreuz, 2/1991, S. 4.
[94]   Der vormalige Sturmbannführer Walter Reder (1915–1991) war 1944 als Kommandeur einer Aufklärungseinheit der 16. SS-Panzerdivision »Reichsführer SS« bei der Verfolgung von Partisanen in Italien für zahlreiche Kriegsverbrechen verantwortlich und verübte mit den ihm unterstellten Soldaten das Massaker von Marzabotto. Dabei wurden 771 Menschen von der SS ermordet, die Ortschaft vollständig zerstört und 500 Männer deportiert. Nur zwei Kinder überlebten das Massaker. Walter Reder wurde 1951 vor ein italienisches Gericht gestellt und zu lebenslanger Haft verurteilt, von der er 33 Jahre verbüßte, <https://www.gedenkorte-europa.eu/content/list/166/> (letzter Zugriff 2.9.2024).
[95]   Das Ritterkreuz, 4/1984, S. 19.
[96]   Vgl. Echternkamp, Soldaten im Nachkrieg (wie Anm. 11), S. 222 f. In den 1950er Jahren habe die Sowjetunion behauptet, nur noch verurteilte deutsche Kriegsverbrecher zurückzuhalten und keine Kriegsgefangenen mehr. Daher folgte in der Deutung der Veteranenverbände in den folgenden Jahrzehnten stets die Gleichsetzung von verurteilten Kriegsverbrechern mit Kriegsgefangenen.
[97]   Das Ritterkreuz, 4/1993, S. 11.
[98]   Max Klüver wird in Das Ritterkreuz, 1/1989, S. 16, mit seinem Buch »Präventivschlag 1941. Zur Vorgeschichte des Rußland-Feldzuges« (Leoni am Starnberger See 1986; 2., erw. Aufl. 1989) beworben und dabei als Ordenskamerad und somit als Mitglied der OdR bezeichnet.
[99]   Die Hetendorfer Tagungswoche war eine in den 1990er Jahren regelmäßig stattfindende Veranstaltung im Hetendorfer »Heide-Heim«, bei der führende rechte Ideologen Vorträge und Veranstaltungen zu rassistischen und neonazistischen Themen abhielten. Initiator war der Anwalt und bekennende Rassist Jürgen Rieger.

(FAP), waren bei Jahrestreffen der OdR zugegen gewesen.[100] Aufgrund solcher Verbindungen und Äußerungen von OdR-Mitgliedern kam es nicht nur zu den bereits genannten parlamentarischen Anfragen, sondern auch zu einer zunehmend kritischen und überregionalen Berichterstattung über die Ordensgemeinschaft, wenn etwa die Frankfurter Allgemeine Zeitung am 16. Oktober 1993 titelte: »Zuviel Ehre für Ritterkreuzträger?«[101]

In den folgenden Jahren hatte es die OdR deutlich schwerer, von offizieller Seite empfangen und hofiert zu werden. Bereits 1996 weigerte sich der damalige Dresdner Oberbürgermeister Herbert Wagner, die Ritterkreuzträger zu begrüßen[102], und auch der Bürgermeister von Bad Wimpfen, Claus Brechter, äußerte sich öffentlich mit großem Bedauern über das Treffen der OdR in seiner Stadt im Jahr 2014[103]. Der Bürgermeister von Hammelburg, Arnold Zeller, empfing zwar 1997 die Ordensgemeinschaft noch, doch schrieb er ihnen nachdenkliche Worte in ihr Stammbuch, denn sie hätten »ihr Leben für ein verbrecherisches System« riskiert und »ihr Kampf sei ›sinnlos‹ gewesen«.[104]

## Kontaktverbot und Loslösung

Bereits Mitte der 1990er Jahre hatte der damalige Verteidigungsminister Volker Rühe eine Debatte um das Wehrmachterbe der Bundeswehr in Gang gebracht und entschieden, jene Kasernen umzubenennen, die die Namen von Generaloberst Eduard Dietl und General der Gebirgstruppe Ludwig Kübler trugen.[105] Auch äußerte Rühe mehrfach seine Ansicht, dass die Wehrmacht als Institution keine Tradition für die Bundeswehr begründen könne[106], ohne dabei eine konsequente Traditionsdebatte mit einer zugehörigen Novellierung der Richtlinien für das Traditionsverständnis in der Bundeswehr zu fordern. Als jedoch sowohl zahlreiche parlamentarische Anfragen auf Länder- und Bundesebene als auch die mediale Berichterstattung die Zusammenarbeit der Bundeswehr mit der OdR zunehmend hinterfragten und kritisierten, geriet die politische Leitung des BMVg unter Druck. Hinzu kam ein Bericht des Magazins »Der Spiegel«, wonach die Ordensgemeinschaft von »Militaria-Liebhabern und unbelehrbaren Rechten«[107] unterwandert würde. Bereits unter Rühe folgte 1997 eine kurzfristige Absage der Beteiligung der Bundeswehr am 43. Bundestreffen der OdR in Hammelburg, obwohl die Vorbereitungen voll im Gange wa-

---

[100]  Vgl. Siegler, Alte Weltkriegskämpfer (wie Anm. 50).
[101]  Das Ritterkreuz, 4/1993, S. 12.
[102]  Vgl. Siegler, Alte Weltkriegskämpfer (wie Anm. 50).
[103]  Vgl. Daniel Stahl, Bürgermeister unglücklich über Ritterkreuz-Treffen. In: Heilbronner Stimme vom 29.10.2014, <https://www.stimme.de/archiv/region-hn/region/Buergermeister-ungluecklich-ueber-Ritterkreuz-Treffen;art87698,3224327> (letzter Zugriff 2.9.2024).
[104]  Siegler, Alte Weltkriegskämpfer (wie Anm. 50).
[105]  Vgl. Der Spiegel, 21.1.1996, <https://www.spiegel.de/politik/csu-gegen-ruehe-a-ccc9c1ad-0002-0001-0000-000008870304> (letzter Zugriff 2.9.2024).
[106]  Vgl. Koelbl, Greise Popstars (wie Anm. 49).
[107]  Ebd.

ren.[108] Nach Jahrzehnten gemeinsamer Veranstaltungen und der Aufwartung durch die Bundeswehr, die man bei jeder Gelegenheit dankbar entgegennahm, war der Vorsitzende Kertz sichtbar verärgert über diese Entscheidung: »Offenbar leiden die Oberen hier plötzlich an Charakterbronchitis.«[109] Obwohl das Kölner Heeresamt der Infanterieschule in Hammelburg die Unterstützung des 43. Bundestreffens der OdR untersagt hatte, scheint es dennoch zu einer Zusammenarbeit gekommen zu sein, die noch im selben Jahr Gegenstand einer Kleinen Anfrage der Gruppe der PDS im Bundestag wurde. Demnach sei am 18. Oktober 1997, zwei Tage nach der dienstlichen Anweisung, in der örtlichen Presse zu lesen gewesen, »daß die Bundeswehr, trotz ihrer zuvor angekündigten Absage, die Ritterkreuzträger in Hammelburg empfangen hatte. Nach Angaben des Standortsprechers hätten die Veteranen mit ›[...] vier Bussen vor der Tür gestanden [...] Da haben wir uns an unser ursprüngliches Angebot erinnert.‹«[110]

Unter dem sozialdemokratischen Verteidigungsminister Rudolf Scharping folgte bald nach dessen Amtsübernahme im Jahr 1999 ein umfassendes Kontaktverbot, da Äußerungen und Verhalten des Vorstands der OdR nicht mehr hinnehmbar seien.[111] Das bis heute gültige Verbot beinhaltet Truppenbesuche der OdR und die Bereitstellung von Räumlichkeiten in Liegenschaften der Bundeswehr. Vertreter der Ordensgemeinschaften dürfen nicht mehr zu dienstlichen Veranstaltungen eingeladen werden und aktive sowie ehemalige Soldaten dürfen nicht in Uniform an Veranstaltungen der OdR teilnehmen.[112] Damit endeten die offiziellen Kontakte der Bundeswehr zur Ordensgemeinschaft der Ritterkreuzträger nach über vier Jahrzehnten. Die OdR ist in den 2018 erlassenen Richtlinien zum Traditionsverständnis und zur Traditionspflege in der Bundeswehr die einzige namentlich genannte Veteranenorganisation, zu der dienstliche Kontakte ausdrücklich verboten sind.[113] Dementsprechend feierte die OdR 2004 ihr 50-jähriges Bestehen ohne offizielle Beteiligung der Bundeswehr, auch wenn namhafte Generale im Ruhestand anwesend waren. In einem Fernsehbericht der ARD-Sendung »Kontraste« zu dieser Veranstaltung ist ein Soldat der Bundeswehr im Dienstgrad Stabsunteroffizier im Dienstanzug zu sehen, obwohl dies nach dem Kontaktverbot ausdrücklich untersagt war.[114] Der ein Jahr zuvor aufgrund der sogenannten »Hohmann-Affäre«

---

[108] Vgl. ebd.

[109] Ebd.

[110] Antwort der Bundesregierung auf die Kleine Anfrage der Abgeordneten Ulla Jelpke, Gerhard Zwerenz und der Gruppe der PDS. Drucksache 13/8947 vom 4.12.1997, S. 3.

[111] Vgl. BMVg, Fü S I 4, Information für die Truppe zum Umgang mit der Ordensgemeinschaft der Ritterkreuzträger (OdR) vom 5. März 1999.

[112] Ebd.

[113] Vgl. Tradition der Bundeswehr – Richtlinien zum Traditionsverständnis und zur Traditionspflege in der Bundeswehr, S. 9, <https://www.bmvg.de/de/aktuelles/der-neue-traditionserlass-23232> (letzter Zugriff 2.9.2024).

[114] Vgl. Treffen der Ritterkreuzträger 2004, <https://www.youtube.com/watch?v=AkE7qEJG2AU> (letzter Zugriff 2.9.2024). Der folgende Link enthält die Transkription des verfügbaren Videobeitrages: <https://www.rbb-online.de/kontraste/ueber_den_tag_hinaus/diktaturen/armes_deutschland.html> (letzter Zugriff 2.9.2024).

in den vorzeitigen Ruhestand verabschiedete Brigadegeneral a.D. und vormalige Kommandeur des Kommando Spezialkräfte (KSK) Reinhard Günzel war in zivil anwesend und wurde seitens der OdR offiziell begrüßt. Im Gespräch mit den anwesenden Journalisten äußerte er seine Anerkennung für die Ritterkreuzträger und betonte Gemeinsamkeiten mit den ihm vormals unterstellten Soldaten: »Mich verbindet in erster Linie das besondere soldatische Element, die Opferbereitschaft, die Tapferkeit, das was auch das Kommando-Spezialkräfte, deren Kommandeur ich war, in besonderer Weise ausgezeichnet hat.«[115] Gastredner an diesem Abend war Generalmajor a.D. Gerd Schultze-Rhonhof, der ebenfalls trotz des Uniformverbots für Veranstaltungen der Ordensgemeinschaft, das auch für ehemalige Soldaten gilt, im Gesellschaftsanzug der Bundeswehr seine Aufwartung machte:

»Sie, die Träger des Ritterkreuzes, waren nach Leistung, Erfolg und Haltung im Gefecht die Elite der Wehrmacht und der Waffen-SS. Und das Gefühl, dies gewesen zu sein, darf Ihnen kein Neid, keine Schmähung und kein politisch-historischer Vorbehalt nehmen. Ich verneige mich vor Ihrer Lebensleistung.«[116]

Die Ordensgemeinschaft der Ritterkreuzträger existiert bis zum heutigen Tage. Obwohl es wahrscheinlich nur noch zwei lebende Ritterkreuzträger gibt[117], ist die OdR laut eines Auszuges aus dem Vereinsregister Wiesbaden weiterhin aktiv, wobei die heutigen Mitglieder des Vorstandes in den 1960er Jahren geboren wurden und der Verein sogar über eine jüngere Satzung aus dem Jahr 2019 verfügt.[118] Demnach dürfte sich die Entwicklung fortgesetzt haben, dass Sammler und Rechtsextremisten der OdR beitreten und den Verein weiter am Leben halten. Am 24. Oktober 2020 legten zehn bis zwölf Mitglieder der Ordensgemeinschaft am Grab des 2017 verstorbenen Ritterkreuzträgers und ehemaligen Vorsitzenden der OdR Günther Halm in Bad Münder Kränze nieder. Der Bürgermeister bedauerte die Anwesenheit der Ordensgemeinschaft, die sogar zur Auseinandersetzung mit einer »antifaschistischen Aktion« führte und einen Polizeieinsatz auslöste, und ließ über die Stadtverwaltung rechtliche Schritte prüfen – ohne Erfolg. Zwar betonte der Bürgermeister die Bemühungen seiner Stadt zu einer differenzierten und konstruktiven Auseinandersetzung mit dem Zweiten Weltkrieg und der Gewaltherrschaft des Nationalsozialismus im Rahmen der örtlichen Erinnerungskultur, jedoch dürfte er die heutigen Mitglieder der Ordensgemeinschaft der Ritterkreuzträger damit kaum erreichen.[119]

---

[115]  Treffen der Ritterkreuzträger 2004 (wie Anm. 114).
[116]  Ebd.
[117]  Mit Stand 11.10.2024 sind dies der Leutnant und Jagdflieger Hugo Broch (geb. 1922) und der vormalige Oberst a.D. der Bundeswehr Heinz Rafoth (geb. 1923).
[118]  Auszug aus dem Vereinsregister Wiesbaden vom 30.8.2021. Der Auszug liegt dem Autor vor.
[119]  Pressemitteilung der Stadt Bad Münder vom 28.10.2020, Örtliche Erinnerungskultur muss weiterentwickelt werden, <https://webcache.googleusercontent.com/search?q=cache:pKShLmT9uIAJ:https://www.bad-muender.de/component/jdownloads/send/32-sonstiges/1161-pressemitteilung.html+&cd=4&hl=de&ct=clnk&gl=de> (letzter Zugriff 8.11.2021).

## Fazit

Die Ordensgemeinschaft der Ritterkreuzträger war, solange die Gesamtheit ihrer Mitglieder auch tatsächlich durch Veteranen repräsentiert wurde, eine Veteranenorganisation, die sich nach der Kategorisierung von Helmut König[120] als Träger eines politischen Gedächtnisses deuten lässt, das darauf abzielt, vor dem Hintergrund vergangener Leistungen und Erfahrungen auch künftige Entwicklungen politisch mitgestalten zu können. Den Mitgliedern der hier betrachteten Veteranenorganisation ging es vorrangig um die gesellschaftliche Anerkennung ihres Kriegsdienstes im Zweiten Weltkrieg. Sie wollten sich »nicht nur als passives Opfer, sondern auch als (potenziell) aktiven Leistungsträger im ›heißen‹ wie im Kalten Krieg«[121] darstellen. Die Zurschaustellung des Ritterkreuzes als hohe militärische Tapferkeitsauszeichnung in der Bezeichnung des Vereins oder als tragbare Dekoration durch die Mitglieder bot sich in diesem Sinne geradezu an.

Gleichzeitig argumentierte die OdR gedächtnispolitisch im Sinne einer Loslösung der Wehrmacht als Institution aus der nationalsozialistischen Ideologie und ihrer Rolle im Vernichtungskrieg. Mitglieder der Ordensgemeinschaft engagierten sich in Dachverbänden und internationalen Veteranenorganisationen in führenden Positionen und verschafften sich somit Einfluss für die Belange ihrer Gemeinschaft. Als Vertreter in politischen Ausschüssen und Gremien konnte die OdR ihre Interessen und Anträge für einen Ehrensold oder die Änderung für Bekleidungsvorschriften bis auf die ministerielle Ebene lancieren. Mitglieder der OdR konnten als politische Funktionsträger auf kommunaler Ebene ihre Rolle als Ritterkreuzträger nach außen hin darstellen, und der Verein hielt nachhaltig Verbindungen zu Bürgermeistern traditionsreicher Heeresstandorte, um die eigenen Veranstaltungen durchführen zu können und gesellschaftlich wahrgenommen zu werden.

Die Bundeswehr pflegte ihrerseits über Jahrzehnte hinweg kontinuierliche und weitreichende Kontakte zur Ordensgemeinschaft der Ritterkreuzträger. Sie basierten in den ersten Jahren zunächst auf biographischen Überschneidungen und Netzwerken: Ritterkreuzträger, die sich in der OdR organisierten und gleichzeitig eine militärische Laufbahn als aktive Soldaten oder Reservisten in der Bundeswehr fortführten, stellten den Kontakt zwischen den Veteranen und der Truppe her. Die Vorschriftenlage in der Bundeswehr begünstigte die Zusammenarbeit, indem der erste Traditionserlass von 1965 eine Orientierung an vorherigen deutschen Streitkräften zuließ und verstorbene Ritterkreuzträger mit einem Ehrengeleit der Bundeswehr beigesetzt werden konnten. Bis Anfang der 1990er Jahre bestand somit eine feste, sich jährlich wiederholende Kooperation, die von höchsten Dienststellen unterstützt wurde. Nach der Wiedervereinigung wurde das öffentliche Auftreten und die Rolle der OdR in der Gedenkkultur zum Zweiten Weltkrieg jedoch zunehmend kritisch hinterfragt. Als problematisch erwies sich das revisionistische Geschichtsbild, das im vereinseigenen Mitteilungsblatt und in Interviews und Vorträgen vermittelt wurde, sowie die Relativierung von Kriegsverbrechen und die versuchte Trennung

---

[120] Helmut König, Politik und Gedächtnis, Weilerswist 2008, S. 182.
[121] Echternkamp, Soldaten im Nachkrieg (wie Anm. 11), S. 215.

der Wehrmacht vom Nationalsozialismus. Die Bundeswehr rückte insbesondere während des Jahrestreffens der OdR in Celle 1993 in den öffentlichen Fokus, und ihre Abordnung zur Kranzniederlegung geriet inmitten des Protestes eines »linken Aktionsbündnisses«. Der Kontakt zur Ordensgemeinschaft war ab diesem Zeitpunkt aufgrund der gewandelten gesellschaftlichen Sicht auf die NS-Vergangenheit und die Rolle der Wehrmacht für die Bundeswehr untragbar geworden und eine ministeriell angeordnete Loslösung die logische Konsequenz, die von zahlreichen anderen Maßnahmen der kritischen Auseinandersetzung mit dem Wehrmachterbe der Bundeswehr begleitet wurde, wie etwa der Umbenennung von Kasernen oder der entsprechenden verbalen Distanzierung des Ministers Rühe. Das Verhältnis der Bundeswehr zu Veteranenvereinigungen ist sehr vielschichtig und bietet umfangreiche Forschungsperspektiven, da hierbei Traditions- und Ordensgemeinschaften beider Weltkriege in Betracht kommen und die Traditionspflege zum Teil über Jahrzehnte hinweg bis zur Auflösung der Veteranenvereinigung aus Altersgründen betrieben wurde.

Lucky Igohosa Ugbudian

# The Veterans in Nigerian Political Space

Many Nigerians joined the military in the 20th century and participated in missions and armed conflicts. They had served as soldiers in the British colonial troops in the two World Wars as well as members of the armed forces of the independent state of Nigeria in several internal security and global peacekeeping missions.[1] Nigeria also witnessed the formation of numerous veterans' associations. The discharge of personnel from service, especially after the Second World War, led to the formation of associations of former soldiers to protect their interests in the country. These were able to coordinate the political ambitions of ex-servicemen. Nigeria has witnessed the emergence of veterans actively participating in the political space since the 1980s. These veterans‹ became entrenched in contesting for political office using their background in the military as a springboard. In this period, several veterans contested and won political offices, including presidential, gubernatorial, and legislative seats while others were appointed to the state and federal cabinets. In this manner, veterans took positions of influence in the most populous state of Africa with currently over 200 million inhabitants.

This contribution focuses on these veterans' participation in Nigerian politics since the 1980s and relies on archives, newspapers, journals, and books. It, therefore, interrogates the dynamics of veterans engaging in political activities in Nigeria. This should provide insights into the role of ex-servicemen in the Nigerian political landscape. In the same vein, some selected ex-servicemen, namely, General Samuel Osaigbovo Ogbemudia, Shehu Musa Yar'Adua, Olusegun Obasanjo, and Muhammadu Buhari, are used to illustrate the increasing political participation of Nigerian veterans. Given the trajectories in the colonial and postcolonial eras, political participation of veterans also witnessed diverse processes and outcomes. The paper will look at the role ethnicity, and religious and political partisanship played within and outside the military as well as the issue of human rights and the discharge

---

1 Killingray, David. »The Maintenance of Law and Order in British Colonial Africa,« in *African Affairs*, 85, 1986, 340, 411–437, 420; Killingray, David. »British Racial Attitudes towards Black People during the Two World Wars 1914–1945,« in *Colonial Soldiers in Europe, 1914–1945. ›Aliens in Uniform‹ in Wartime Societies*, ed. by Eric Storm and Ali Al Tuma (New York, NY: Routledge, 2016), 97–118; Mordi, Emmanuel Nwafor. »Sufficient Reinforcements Overseas. British Post War Troops' Recruiting Policy in Nigeria 1945–53,« in *Journal of Contemporary History*, 55/4, 2020, 823–844.

of their constitutional responsibilities. These factors, in no small measure, contribute to the Nigerian public perception of both serving and retired military personnel.

## Nigeria, the Military and Its Veterans. Historical Background

Several kingdoms and states had existed for centuries on the territory of modern-day Nigeria before the emergence of British colonial rule in 1861. The British, however, wielded the numerous countries into a single entity. Some of the kingdoms – such as the Oyo Empire, the Benin Empire, the Hausa States, and the Borno Empire – represented very modern and well-run systems of government.[2] These kingdoms and others were led by central governments headed by monarchs. On the other hand, there were several non-centralized »states« due to a lack of well-organized central government, such as those in the Benue Valley and Igboland. As a consequence of the unification of several different territories with different cultural traditions, Nigeria became a multiethnic and diverse country which now includes more than 250 ethnic groups. However, there are three major groups: the Igbo in the East, the Hausa-Fulani in the North, and the Yoruba in the West. Some other ethnic groups with a huge share of the population are the Edo in the region of the ancient Benin Kingdom, the Kanuri in Borno state, the Ibibio and Efik in Cross Rive and Akwa Ibom, the Tiv, Igala, and Ebira in the Benue Valley, and the Itsekiri, Ijaw, and Urhobo in the Niger Delta.[3] Additionally, there are three major religions represented: traditional African religion, Christianity, and Islam.

The British also initiated the creation of the first Nigerian armed forces. The history of the Nigerian military can be traced back to the 1860s, when Britain began its conquest of the territories that later formed Nigeria. After the major city of Lagos was conquered in 1861, Captain John Glover inaugurated the first military unit that was later known as »Glover's Hausa/the Lagos Constabulary« in 1862 and charged it with the responsibility of defending Lagos. The inclusion of Hausa in the military unit was due to the fact that most of the recruits were from the Northern part of Nigeria that had Hausa as a dominant language. The second unit, the »Royal Niger Company Constabulary« was formed in 1888 to protect Northern Nigeria. The personnel of Royal Niger Company Constabulary were also recruited from the Northern region. And finally, the »Oil Rivers Irregulars«, military arm, later renamed the »Niger Coast Constabulary«, was created in 1891. It was formed to serve the security and expansion drive of the British in the South, especially in the Niger delta and the Eastern part of the country. The Niger Coast Constabulary was dominated by personnel from the Igbo ethic group, which called the Eastern region its home.[4]

The military forces under the early years of colonial rule were geared toward suppressing any attempt by Nigerians to shake off the British yoke. While the ethnic groups in the Northern part of the country dominated the early armed forces until

---

[2]   *Groundwork of Nigerian History*, ed. by Obaro Ikime, Historical Society of Nigeria (Ibidan: HEBN Publishers, 1999).
[3]   *Groundwork* (see note 2).
[4]   Killingray, »Maintenance of Law« (see note 1), 420.

the late 19th century, other ethnic groups began to join the military. The subsequent conquest and control of Lagos led to further expansion to the different parts of the country. Consequently, by 1900, formal colonization of Nigeria began in earnest. The imposition of imperial rule in the country with acts of repression and segregation spurred a lot of Nigerians to agitate initially for political inclusion and, eventually, demands for independence.

The military was reorganized 1914 and made part of the »West African Frontier Force« (WAFF). The Nigerian Regiment of the WAFF comprised the Niger Coast Constabulary, the Glover's Hausa/the Lagos Constabulary, and the Royal Niger Company Constabulary. The WAFF became the focal point of the Nigerian military and participated in the First World War. The WAFF was re-christened the »Royal West African Frontier Force« in 1928 to demonstrate the increasing involvement of the British government in the affairs of the body. The Nigerian regiment of the Royal West African Frontier Force had six battalions in the 1930s, and after the Second World War, it counted 28 battalions. At the same time, the British upheld a very small number of British soldiers in their colony with the sole objective of maintaining and promoting law and order.[5] There were only 12,000 British soldiers stationed in Africa in 1930. After the Second World War, the numbers were increased to more than 16,000.[6]

The massive recruitment and deployment of personnel in the colony led to an upsurge in the numbers and memberships of veterans' associations during and especially after the World Wars. In this context, Sheehan has argued that the First World War created an opportunity for the employment of millions of people for compulsory military service. In other words, Sheehan averred that »it made military service an experience shared by millions; and it made the nation's armed forces an inescapable political and social presence.«[7] The army was personified not only by professional soldiers in fancy uniforms, but by crowds of excited young men on their way to basic training, village boys coming home on leave, and veterans who gathered on Saturday nights to talk about their common military experiences. A similar scenario played out in a broader form during the Second World War.[8] The unprecedented recruitment of millions of men and women into the armed forces of warring countries invariably created its own challenges of how to manage and sustain these people. This culminated in the demobilization of millions of soldiers and, in some cases, of up to 60 percent of the numbers in wartime.[9] The demobilization led ex-servicemen to organize and mobilize themselves, hence veterans' associations were formed to protect and promote their interests. This formation of associations, Sheehan has submitted, was to continue their comradeship: »On the battlefield, the nation seemed far away,

---

[5]   See also Fogarty, Richard, and David Killingray. »Demobilization in British and French Africa at the End of the First World War,« in *Journal of Contemporary History,* 50/1, 2014, 100–123.

[6]   Fogart and Killingray, »Demobilization« (see note 5), 110.

[7]   Sheehan, James J. *Where Have All the Soldiers Gone? The Transformation of Modern Europe* (Boston: Houghton Mifflin, 2008), 10.

[8]   Killingray, David. *Fighting for Britain. African Soldiers in the Second World War* (Woodbridge, UK: James Curry, 2010), 151.

[9]   Sheehan, *Where Have All the Soldiers Gone?* (see note 7).

and patriotism empty and abstract; what mattered most were the men with whom a soldier fought, on whom he depended, and for whom he would, if necessary, suffer and die.«[10] In other words, the aftermath of the two World Wars laid the foundation for the emergence of veterans' associations. These were formed to protect and further the interests of its members, including questions of welfare.[11]

The »Supreme Council of Ex-servicemen« was established by 1948, followed by the »Lagos Ex-servicemen« and the »National Federation of Ex-servicemen« the next year. These served as the major associations in colonial Nigeria and later became part of the larger struggles for the liberation of the country from British rule. Indeed, the associations participated in the numerous protests and agitations for the abolition of colonial discriminatory and segregation policies. Nigeria became independent on October 1, 1960, after almost 100 years of British colonial presence in the country.[12] Accordingly, veterans and their associations played a more significant role in the socioeconomic and political space in postcolonial Nigeria. Their increasing importance could be seen from the intrusion of the military in the countries' governance between the 1960s and the 1990s. The military was at the forefront in political transitions and nation-building. Veterans were vying for political positions with the massive support of their former comrades. The heritage of almost 100 years of foreign rule turned out to be consequential.

The British colonial government had granted self-government to the Eastern, Northern and Western regions of the country by the 1950s. This had set not only the ground for independence in 1960,[13] but also for struggles within the military for political power. When Nigeria became independent, Major General Johnson Thomas Umunakwe Aguiyi-Ironsi was the most senior Nigerian military officer and the General Officer Commanding the Nigerian army. Most of the strategic officers' positions were occupied by members of the ethnic groups living in Southern Nigeria, due to their generally higher level of education, while the noncommissioned ranks were populated by the ethnic groups from the North. A coup d'état on January 15, 1966, led to the collapse of the young democracy in Nigeria.[14] The military operation was led by five radical nationalist majors including Chukwuma Kaduna Nzeogwu. Several high-ranking military officers from the Northern and Western parts of the country were murdered in the bloody uprising. Top political leaders from the Northern and Western regions were also killed, while no political leaders from the Eastern region were harmed. The seeming isolation of the Eastern region from the killing sprees, orchestrated by some officers who had cultural and language affinity with it, led to the coup d'état being described as an Igbo takeover.

---

[10] Sheehan, *Where Have All the Soldiers Gone?* (see note 7), 12.

[11] See also Geyer, Michael. »Ein Vorbote des Wohlfahrtsstaates. Die Kriegsopferfürsorge in Frankreich, Deutschland und Großbritannien nach dem Ersten Weltkrieg,« in *Geschichte und Gesellschaft*, 9, 1983, 230–277.

[12] Osaghae, Eghosa E. *Crippled Giant: Nigeria since Independence* (Bloomington, IN: Indiana University Press, 1998).

[13] Ugbudian, Lucky Igohosa. »A History of Electoral Violence in Nigeria (1964–2011),« PhD thesis, Department of History and International Studies, Postgraduate School, University of Uyo, Nigeria, 2019.

[14] Ugbudian, »A History« (see note 13).

However, Major Kaduna Nzeogwu averred that the major objectives of the group were nationalistic and aimed to put an end to endless electoral and ethnic violence and corruption in Nigerian politics.[15] Despite the altruistic and nationalistic claims of the putschists, the manner and nature of the killings, which excluded an ethnic group in the country, apparently caused the intervention to be regarded as ethnically based. Despite the failure of the coup, consequently, the Nigerian military and the veterans cannot be seen as a monolithic bloc. They were separated, especially along ethnic lines and, to a lesser extent, by religion. More so, General Aguiyi-Ironsi, who took over the mantle of leadership by virtue of being the most senior officer following the failure of the putsch, was of Igbo ethnic origin as well. In addition, the policy direction of the Aguiyi-Ironsi regime was viewed with suspicion. Some of the policies included the adoption of the unitary system of governance, the promotion of officers that seemingly favored officers of Igbo background, and the non-prosecution of the rebels. This further exacerbated the crisis within the military and led to demonstrations in the Northern part of the country. The ethnic disaffection within the armed forces led to another coup d'état on July 29, 1966. The putsch led by Colonel Mutala Mohammed witnessed the killing of the head of state Aguiyi-Ironsi, his host, and the military governor of Western Nigeria, Colonel Adekunle Fajuyi, in Ibadan. At the same time, a systematic killing of officers of Igbo origin began and lasted for several days.[16] The initial intention of the leaders of the putsch was to separate the Northern Region from Nigeria, but the success of the action and pressure from foreign diplomats – especially Britain – changed their minds. Consequently, Colonel Yakubu Gowon from the Ngas, a minority ethnic group in the Northern Region, was appointed as the head of state. The appointment of Colonel Gowon was, however, rejected by the military governor of the Eastern Region, Colonel Odumegwu Ojukwu from the Igbo ethnic group because, according to him, Gowon was not the most senior officer. After General Babafemi Olatunde Ogundipe, deputy to General Aguiyi-Ironsi, had fled to Britain, more than ten officers were still senior to Gowon, but Gowon was the Chief of Army Staff. The rivalry between both officers and the factionalization of the military along ethnic lines further deepened the political crisis. The nonrecognition of Gowon by Ojukwu as the commander-in-chief, the unprecedented rise of ethnic sentiments within the military, and the killing of people of Igbo extraction contributed to the Nigerian Civil War (1967–1970).

It is pertinent to note that religion was a relatively minor factor in the recruitment or appointment of head of the state. A good example is the aforementioned Yakubu Gowon, a Christian who was nominated by officers from the Northern region, where Muslims were in the majority.

The military regime of Gowon had been overthrown by 1975, which brought in the regime of Murtala Mohammed and Olusegun Obasanjo.[17] The major reason for the intervention was the alleged large-scale corruption of the officials and the un-

---

[15]  Siollun, Max. *Oil, Politics and Violence: Nigeria's Military Coup Culture 1966–1976* (New York, NY: Algora Publishing, 2009).

[16]  Siollun, *Oil, Politics and Violence* (see note 15).

[17]  Adeolu, Adebayo. *Olusegun Obasanjo. Nigeria's Most Successful Ruler* (Ibadan: Safari Books Ltd., 2017).

willingness of General Gowon to adhere to the designated transition to a democratic governance program.[18] Although General Mohammed was killed in another failed takeover in 1976, General Obasanjo succeeded him and the military high command appointed Colonel Musa Yar'Adua as his deputy. Yar'Adua was promoted to the rank of a major general and now stood far above his seniors.[19] This action was seen as an attempt to placate the Northern establishment. The Buhari-Idiagbon regime took over on December 31, 1983, and started a »War Against Indiscipline« in 1984. This was the first time the two highest ranking positions were occupied by Muslims. The deputy, General Babatunde Idiagbon, belonged to the Yoruba ethnic group. It is instructive to state that the Gowon regime had Christians occupying most of the high-ranking positions, including the head of state and the deputy.

The military regimes between 1985 and 1999 were conscious of the ethnic and religious diversity of the Nigerian state. In this context, while the head of states were Muslims and from the Northern parts of the country, their deputies were from the Southern half and Christians. Ibrahim Babangida, for example, president of Nigeria from 1985 to 1993, who was a Muslim, initially had Commodore Ebitu Ukiwe, a Christian, as his deputy.[20] Disagreements on policies, however, especially on Nigerians joining the »Organizations of Islamic Cooperation,« led to Ukiwe's resignation. Several liberal and faith-based organizations protested against the attempt of the regime to co-opt them into the Organizations of Islamic Cooperation. The regime of Sani Abacha, head of state between 1993 and 1998, was a Muslim, had the Christian General Oladippo Diya as his deputy, while the last military regime led by Abdulsalami Abubakar (Muslim) had Admiral Okhai Michael Akhigbe (Christian) between 1998 and 1999.[21]

## Military-civilian Relations, Sociocultural Issues, and Veterans

The primary objective of the armed forces is to protect the borders and maintain the safety of the country. The military is generally conceived of as a platform that promotes patriotic and nationalistic postures through defense. This is aptly captured by Finer, who argued that:

> The military being a positive instrument and coming into existence by order or decree and with the sole aim of fighting to win wars has certain peculiar organizational characteristics. Their features are: (1) centralized command (2) hierarchy (3) discipline (4)

18 Pardoe, G.R. »Nigeria's Return to Civilian Rule. An Assessment of Corrective Military Government,« in *Scientia Militaria. South African Journal of Military Studies*, 10, 1980, 28–39.

19 Ogunmupe, Bayode. *Nigerian Politics in the Age of Yar'Adua* (Horsham: Strategic Insight, 2011), 30.

20 *Transition without End: Nigerian Politics and Civil Society under Babangida*, ed. by Larry Diamond, Anthony Kirk-Greene, and Oyeleye Oyediran (Boulder, CO: Lynne Riener Publishers 1997), 235–237.

21 Osaghae, *Crippled Giant* (see note 12); Ugbudian, Lucky Igohosa, Immaculata N. Enwo-Irem, Okonkwo C. Eze, Bright E. Nwamuo, Jude U. Eke, Emmanuel C. Alaku, and Uchenna S. Ani. »2015 General Elections in Nigeria: The Role of Abuja Peace Accord,« in *Palarch's Journal of Archeology of Egypt/Egyptology*, 18, 2021, 8.

internal communication and (5) espirit de corps with a corresponding isolation and self-sufficiency.[22]

These features let the military stand out as a national asset that promotes collectiveness and national unity. The civilian-military relations in Nigeria, however, have undergone diverse historical trajectories. These changes influenced the perception of both serving and retired personnel of the armed forces and the outcomes in the sociopolitical space. Given the long years of military rule in postcolonial Nigeria, the existing literature on civil-military relations is largely far from being positive that the military could fulfill its substantial function reliably. There is no gainsaying that the Nigerian military was largely confined to the barracks and poorly paid. The personnel largely dropped their duties and responsibilities of defending territorial integrity, although participating, in some cases, in internal security functions during uprisings and protests. At this junction, it should be noted that ethnicity under British colonial rule had not been a factor within or outside the military. In other words, the resort to ethnic or religious factors in the recruitment or perception of the military was largely nonexistent. The performance of the Nigerian military during the colonial era has made the Nigerian public proud and the soldiers have left a positive impact on society. This good perception of the military rubbed off on the veterans who were honored in their communities and towns for diligent service and making both of them proud. This led nationalists and the media to agitate for improvements of the conditions of military service and welfare for veterans.

The year 1966, however, marked a turning point in civil-military relations, as the military became prominent in the political sphere of the country. Put differently, the following period led to a cycle of military rule that terminated in May 1999, with a few years break. Within this period, the military controlled the sociopolitical and, to some extent, the economic life of the country. The military regimes generally infringed on the fundamental rights of the Nigerian people. The truncation of democratic rule itself was the first act of illegality that breached the rights of Nigerians to vote and, thus, to participate in governance. The military despots militarized the Nigerian political space through suspension of the citizen's rights – leading to repressions of independent media, arbitrary arrests of people with opposing political opinions, and detentions of some Nigerians without trial. Many media outlets for instance, including *The Guardian*, *Punch*, and *National Concord*, were shut down by the regime. In addition, journalists, and human rights and prodemocracy activists were arrested, detained, and some were even killed. There is also the notion that the military regime engaged in state-sponsored terrorism against its own people.[23] This denial of basic rights and repression made the majority of Nigerians develop negative perceptions of the military. But the crisis that led to the reemergence of democratic rule in 1993 and the nationalistic postures of the military influenced most Nigerians, nevertheless, to vote for those (former) officers, who performed well.

---

[22] Finer, Samuel. *The Man on Horseback. The Role of the Military in Politics* (London: Routledge, 1962).

[23] Osaghae, *Crippled Giant* (see note 12).

After the end of military regimes and the transition to democratic rule, the networks soldiers had built from 1966 onwards remained intact. A very important factor that had entrenched and expanded the political influence of former soldiers is the strong relationship they built in the decades when the military was in power. Not only military personnel participated in military rule, but also groups of civilians from the political, economic, and academic spheres. As Bienen argues:

> The military which rules, but a group, or groups within the military, … can always be challenged by different factions. Thus, for particular military leaders in any military government, civilian cooperation is not with the military at large, although the issue is often stated in that fashion, but cooperation is between sets of elites. Lack of elite support and mass apathy may not be dangerous for military rule, but for the rule of a particular group within the military. Thus, from the military leaders' own perspectives, the finding of a successful formula for civilian-military cooperation is a political necessity.[24]

The same group of military personnel involved in the counter-coup d'état of July 1966 was also involved in the successful coups in December 1983, August 1985, and November 1993. By appointing and supporting civilians, including influential politicians, in their governments they built up powerful networks for furthering their political careers after retirement. Indeed, most of these veterans that have been involved in politics occupied strategic positions in the military regimes. Their backgrounds and careers, coupled with their involvement in governance while serving in the armed forces, created a platform for them to build a network of friends across the country that became fruitful when they left the military service – until today. There is a special department in today's Ministry of Defence which is charged with handling veterans' issues.[25] Through this desk, the veterans have been engaging with the ministry either as a group or individuals, and this further strengthen relations between serving and retired personnel. The Chief of Army Staff, Lieutenant-General Faruk Yahaya, reiterated in 2021 that veterans of the Nigerian Army have major roles to play toward tackling current security challenges in the country. The Chief of Army Staff, Farouk Yahaya, held a lecture on »The Role of Nigerian Army Veterans in the Nigeria's National Security Architecture« during the second quarterly seminar in 2021. General Yahaya also submitted that the veterans, in view of the challenges confronting the country, have special roles to play in security and political stability. In addition, he pledged that the welfare of the veterans will continue to receive his utmost attention and support.

## Nigerian Veterans and Veteran Associations

The terms »veteran« or »ex-servicemen« are used interchangeably to represent men and women that have served and retired from the armed forces of a country. The sev-

---

[24]   *The Military and Modernization*, ed. by Henry Bienen (Abingdon, UK: Routledge, 2009).
[25]   For the formation of the ministry, see Erunke, Joseph. »Create Ministry of Veterans Affairs for Us: Retired Military Personnel Tell FG,« in *Vanguard*, online, October 12, 2019, <https://www.vanguardngr.com/2019/10/create-ministry-of-veterans-affairs-for-usretired-military-personnel-tell-fg/> (retrieved, May 15, 2024).

eral years of service have given them significant knowledge and expertise in warfare, security, and defense. Burdett and colleagues describe veterans as a group of people who have served in the military and been discharged under favorable or honorable conditions. They further stress that the years of service are immaterial in categorizing veterans. In this context, it does not matter if a soldier served for one day or many years. At this same time, those who served part-time, full-time reservists, are also regarded as veterans. Furthermore, they point out that identification with military service is common among the veterans, including the area of warfare. This has led to the invention of »combat veterans.« This view is quite common, for example, within the United States of America's veteran community.[26] By contrast, the »Nigerian Legion,« an organization funded by the government to provide support, employment, and advice to veterans, define a »veteran« as an ex-serviceman who served in the Nigerian Army, Navy or Air Force and are either retired or have been discharged or demobilized from service, whether as a commissioned officer, a soldier, rating, or airman.[27] This implies that veterans include those who were conscripted during hostilities and served in the military within an appreciable time period. Furthermore, Nigeria does not distinguish between veterans with and without combat experience. The Nigerian system generally operates an inclusion system without recourse to any significant activities of the veterans while in service. In addition, the Nigerian definition of a »veteran« does not include women because, until the 1960s, women were not recruited into the military. This is reflected within the Nigerian veterans' community, where the share of women lies well below one percent.[28] At this juncture, veterans in the Nigerian context can be described as groups of people or individuals that spent a considerable period in the military and have been discharged, demobilized, or retired. In other words, veterans are classified as those who joined and served in the armed forces of a country. It also includes those who were in the reserves and/or conscripted during hostilities.

Several scholars, such as Mokwugo Okoye, Emmanuel Nwafor Mordi, Richard Fogarty and David Killingray, argue that ex-servicemen in colonial Nigeria played an important role in the political activities of the country. These scholars cite the support the ex-servicemen gave to the political struggles of the nationalists to buttress their assertion.[29] However, Gabriel Olusanya averred that although the ex-servicemen were in an advantageous position based on their exposure to soldiers from

---

[26] Burdett, Howard, Charlotte Woodhead, Amy C. Iversen, Simon Wessely, Christopher Dandeker, and Nicola T. Fear. »Are You a Veteran? Understanding of the Term ›Veteran‹ Among UK Exservicemen Personnel. A Research Note,« in *Armed Forces and Society*, 394, 2012, 751–759.

[27] For the Nigerian Legion Act, see the Supplement to Official Gazette No. 60, Vol. 53, June 16, 1966 – Part B, <https://archive.gazettes.africa/archive/ng/1966/ng-government-gazette-supplement-dated-1966-06-16-no-60-part-b.pdf> (retrieved May 15, 2024). The Nigerian Legion was established after Nigeria had become independent to take over the functions of the »Nigeria Ex servicemen Welfare Association,« established by the colonial government in 1946.

[28] For a study about the role of women in the veterans' community in the US, see Clever, Molly, and Kelly L. Fisher. »Women as Veterans,« in *The Civilian Lives of U.S. Veterans. Issues and Identities*, Vol. 1, ed. by Louis Hicks, Eugenia L. Weiss, and Jose E. Coll (Westport, CT: Praeger, 2017), 553–576.

[29] See Okoye, Mokwugo. *Storms on the Niger. A Story of Nigeria's Struggle* (Enugu: Eastern Nigeria Printing Corporation, 1965), 123–124; Mordi, »Sufficient Reinforcements« (see note 1).

other parts of the world and education during the wars, their lack of unity and sense of direction contributed to their inactiveness in the political scene in the colonial era. Olusanya comments on a similar situation in Ghana, where only two ex-servicemen organizations existed. According to Olusanya, these two associations, the »Gold Coast Legion« with 30,246 members and the »Gold Coast Ex-servicemen's Union« with a reputed membership of 6,650, were able to form an alliance with the major nationalist movements in Ghana: the »United Gold Coast Convention« and the »Convention People's Party,« which further intensified the struggles against British colonial rule. With respect to the case of Nigeria, Olusanya observed that the existence of many ex-servicemen coupled with ethno-centric and regional interests affected their performance in the political sphere as they could not pressure the colonial government or provide strong support to the nationalist movements.[30]

However, it is pertinent to note that despite the ex-servicemen's suffering, the challenges created by the leaders of the nationalist government that led to ethno-regional tensions among the various ethnic groups in the country were able to make an appreciable impact. One of the most significant actions taken by ex-servicemen in colonial Nigeria was the mass protest in Umuahia, the capital of the federal state of Abia in the South, in 1951. The Umuahia protest was caused by the attempt of the colonial government to collect taxes from the poor, unemployed, unwaged, and disillusioned ex-servicemen. The protest culminated when veterans drove away colonial officials and assumed control over the town for days. Although the colonial government quelled the protest and regained control over Umuahia after some days, the ex-servicemen demonstrated their capacity to potentially effect political changes, at least by force.

After the declaration of independence, Nigeria witnessed, as mentioned previously, the emergence of numerous veterans' organizations. These became a platform for furthering the interests of their members. In addition to the »Nigerian Legion,« a body funded by the government, there were other ex-servicemen associations founded to protect and promote the welfare of the ex-servicemen. Up to 2019, no less than 14 veterans' associations, including the »Retired Officers of Nigerian Armed Forces Organization,« the »Ex-servicemen and Family Welfare Association,« and the »Ex-servicemen Welfare Association,« had been created.

## Nigerian Veterans in the Political Sphere

The numerous veterans' associations in Nigeria served as platforms for ex-servicemen to relate, interact, and ensure their interests have been protected and furthered in the country.[31] Two of the most popular veterans' associations in the colonial era were the »Nigeria Ex-Servicemen Welfare Association,« created by the British, and the Supreme Council of Ex-Servicemen. At this time, however, Nigeria did not largely

---

[30]   Olusanya, Gabriel O. »The Role of Ex-servicemen in Nigerian Politics,« in *The Journal of Modern African Studies*, 6/2, 1968, 221–232.

[31]   For an overview on the topic, see *Warlord Democrats in Africa. Ex-Military Leaders and Electoral Politics*, ed. by Anders Themnér (London: Zed Books, 2017).

witness ex-servicemen actively contesting in the political process. The veterans' associations collaborated with the nationalists and trade unions to protest against inhuman policies by the colonial government and claim independence for Nigeria. Some ex-servicemen joined political parties, including the National Council of Nigerian and Cameroun, the Action Group, and the Northern Peoples' Congress, and ran for political office. Most of them were unsuccessful. The paradigm shift in the relevancy of the veterans' associations could be traced back to the two military coups d'états and the removal of the elected Nigerian government in January 1966. These interventions revealed the increasing appetite of the military to usurp political power and led to the emergence of the military in government.[32] In fact, the military ruled Nigeria from 1966 to October 1979 and from December 1983 to May 1999. The years of military rule were dominated by personal enrichment and the building of networks within military circles that became useful after the retirement of the participating soldiers. This laid the groundwork for the establishment of veterans as a formidable force in Nigerian political space. The veterans continued their friendships and *esprit de corps*.

By 1999, however, there was an increase in the level of participation of veterans in the political sphere. The major reason for the limited participation in previous years was that a greater part of the veterans was largely poor, their influence was low, and civilians had strong control over politics. In a nutshell, most of the veterans lacked the capacity and wherewithal to mount strong political campaigns in the electoral process. Additionally, there was a lack of consensus and synergy between serving and retired military personnel. One of the ex-servicemen who became influential and powerful in the Nigerian political space at that time was General Musa Yar'Adua. He was appointed Chief of General Staff, Supreme Headquarters and Second in Command to the Head of State in 1976. As the Deputy of General Olusegun Obasanjo, he was very powerful and used the position to kickstart his political career. On his retirement in 1979, he was able to galvanize a crop of veterans and politicians to form a political platform: the »People's Front of Nigeria« in 1987. It was integrated into the Social Democratic Party, which became the dominant political force between 1991 and 1993 in Nigeria. The Social Democratic Party presidential candidate, Moshood Kolawole Kashimawo Abiola, emerged victorious in the presidential election in June 1993 – but the election results were later cancelled by the military regime of General Ibrahim Babangida. Although Yar'Adua attempted to become president, he was among the politicians who were banned by Babangida from contesting in the electoral process. Despite these hurdles, he was able to build a powerful political group: the »Peoples' Democratic Movement« (PDM), that continues to have an impact on the nation's political process even after his death. The PDM comprises both retired military men and civilians, taking advantage of the broad connections of the founders in the ex-servicemen community and beyond to form a formidable platform in the Nigerian political sphere. In this sense, the veterans have been able to build a strong organization. It included those civilians who served in the military regimes, intellectual groups, and economic leaders. The ex-servicemen have

---

[32] Osaghae, *Crippled Giant* (see note 12).

been very vocal in projecting and promoting the political aspirations of their former comrades. In this context, some of the veterans have been very active in giving press statements, interviews, and campaigns in support of their colleagues. Today, the PDM is a significant block in the People's Democratic Party (PDP).

After 1999, veterans became increasingly entangled in the Nigerian democratic process in supporting their colleagues vying for political offices. Ex-servicemen contested, won, and occupied the offices of governors, members of parliament, and even president. This development can be traced to the fallout of the crisis that followed the annulment of the presidential election on June 12, 1993. The election won by Abiola was declared null and void by the military regime of Ibrahim Babangida. This led to widespread protests and violence that almost culminated in the breakup of the country between 1993 and 1998.[33] The violence assumed a different dimension when the regime of Sani Abacha engaged in a ruthless repression of prodemocracy activists and the media, leading to the killing of hundreds of people. Ibrahim Babangida was succeeded by an Interim National Government in August 1993. The latter was then overthrown by Sani Abacha in November 1993.[34]

The obvious inner division and the need to preserve the unity of the state largely influenced the military and most Nigerians to elect veterans for political offices. Ex-servicemen supported their candidates and deployed their networks within the veterans' community to reach out to the larger Nigerian public. In 1999, more than 130 ex-servicemen ran for political office and became members of the PDP. Most of them were wealthy and influential, more than 30 of them had been of the rank of Major General and above, many had been colonels.[35] Some of the ex-servicemen that were elected included former president Olusegun Obasanjo, current President Muhammadu Buhari, and Senator Jeremiah Useni.

The veterans were very active and influential during the process that culminated in the election of a democratic government in May 1999. The transition to democratic governance was initiated by the military regime of Abdulsalami Abubakar, that terminated in May 1999. More importantly, the process for the return to democratic rule in 1999 was driven by active military personnel and ex-servicemen. The veterans, led by Ibrahim Babangida and Theophilus Danjuma, played pivotal roles in the drafting and eventual victory of General Olusegun Obasanjo in the presidential elections.[36] Theophilus Danjuma was one of the most prominent ex-servicemen who campaigned for Obasanjo on the basis of his national outlook and the capacity to promote national unity, development, and security. In this era of Nigerian political life, the veterans and their groupings coordinated and organized themselves in the projection, campaigning, and promoting of their colleagues in elections. From transferring the 1999 presidential election to the Southwest through the presidential primaries up to the main election, decisions regarding who got what, and from where, were taken by the former military elite. Chief Olusegun Obasanjo later emerged as

---

[33] *Transition without End* (see note 20), 235–237.
[34] Ugbudian et al., »2015 General Elections« (see note 21).
[35] Nmodu, Danlami. »PDP Army Arrangement«, in *Tell Magazine*, January 11, 1999, 27.
[36] Adekanye, J. Bayo. *The Retired Military as Emergent Power Factor in Nigeria* (Ibadan: Heinemann Educational Books (Nigeria) Ltd., 1999).

the president of the Fourth Republic.[37] The retired military officers were critical in the emergence of Obasanjo as the Nigerian president. Additionally, the ex-service-men offered a more united front and political base in projecting him to the Nigerian electorate.

## Case Studies

At this juncture, the study will take a look at some of the veterans who have occupied and played pivotal roles in the Nigerian democratic electoral process. These veterans are the generals Samuel Osaigbovo Ogbemudia, Shehu Musa Yar'Adua, Olusegun Obasanjo and Muhammadu Buhari, who will be examined in the following section. *General Osaigbovo Ogbemudia* was the first ex-serviceman to be elected in the Nigerian democratic process. With the National Party of Nigeria he became the governor of Bendel State in 1983. Ogbemudia's foray into politics can be traced back to the transformative chasm he brought into the development of the state while he was military governor. The Bendel State, formerly known as the Mid-West Region, had been created by the military regime from the Western region in 1963. Under the rule of General Gowon, Ogbemudia had been appointed military governor in 1967.[38] He was, however, sacked as governor and retired – based on corruption charges after the Gowon regime was overthrown in a palace coup d'état. Despite the accusations, he was elected democratically in 1983 under the Mohammed-Obasanjo regime. In his time as military governor he had been able to establish civilian contacts across the various ethnic groups within the state. More importantly, the majority of the people in the state praised his performance based on infrastructural development. In this regard, several developmental ventures in many sectors including health, education, industries, and sports were ascribed to his efforts. Given this, it was easy for him to defeat the incumbent governor of the state, Professor Ambrose Alli of the Unity Party of Nigeria. In the 2000s, Ogbemudia became entrenched in the politics of the country, at the same time, protecting the veterans.

*General Shehu Musa Yar'Adua* was the first retired military officer to set up a political movement that played a significant role in Nigerian politics. He set up the »Peoples' Front of Nigeria,« which later metamorphized into the PDM. The PDM draws members from different parts of the country and is one of the major blocks in the political party of the PDP. In fact, the PDM galvanized and canvassed votes for its members that contested elections under the PDP and most of them emerged victorious.[39] Among them were the former President Umaru Yar'Adua and former

---

[37]  Sobechi, Leo, Kelvin Ebiri, Lawrence Njoku, John Akubo, Msugh Ityokura, and Rotimi Agboluaje. »Retired Generals' Waning Influence in Nigeria's Political landscape,« in *The Guardian (Nigeria)*, online, March 26, 2019, <https://guardian.ng/politics/retired-generals-waning-influence-in-nigerias-political-landscape/> (retrieved May 15, 2024).

[38]  »Samuel Ogbemudia (1932–2017),« in: *The Guardian (Nigeria)*, online, March 24, 2017, <https://guardian.ng/opinion/samuel-osaigbovo-ogbemudia-1932-2017/> (retrieved May 16, 2024).

[39]  Shehu Musa Yar'Adua Foundation. »Shehu Musa Yar'Adua,« <https://web.archive.org/web/20150719171025/http://www.yaraduacentre.org/overview/the-centre-2/biography> (retrieved on May 15, 2024).

Vice-President Atiku Abubakar. Yar'Adua was the Chief of State of the Supreme
Headquarters and second-in-command during the military regime of General
Olusegun Obasanjo.[40] He was given this position based on his reputation and networks, while also an attempt to accommodate the ethnic group of the Hausa-Fulani
in the administration. It must be said that Yar'Adua was a colonel before he was appointed as second-in-command to Obasanjo, hence, promoted above his superiors.
Although Yar'Adua was only able to contest and win the election for delegates to the
controversial constitutional conference of 1995, he was able to exploit on his military background to build a powerful and influential political body.

General Matthew Okikiola Olusegun Obasanjo has been described as the most
famous and influential ex-serviceman in Nigeria. At the same time, he is .the first
ex-military ruler to be democratically elected as president of the Federal Republic
of Nigeria. Obasanjo was initially distrusted and obviously regarded as a conspirator
by most of the Northern officers in the January 15 coup d'état – despite the fact that
he had just returned from a mission abroad.[41] The basis for the accusations was that
Obasanjo was the best friend of the radical and revolutionary officer Major Kaduna
Nzeogwu, who was the face of the putsch, hence, to most of the Northern officers,
he cannot deny cognizance. However, the submissions of the players in the coup
d'état revealed that Obasanjo was not included in the planned action. In the same
vein, Obasanjo took an active part in the Nigerian Civil War and received the flag of
surrendered from the leaders of the breakaway Biafra Republic on January 15, 1970.
This act placed him in the limelight within the military and the Nigerian public.
Obasanjo became more conscious in the public sphere when he was appointed the
military head of state in 1976, following the killing of his superior, General Murtala
Mohammed, in a failed putsch attempt. The successful conclusion of the transition
to democratic rule on October 1, 1979 further endeared him to the Nigerian public
that longed for civil governance. Despite shortcomings in the presidential elections,
which were marred by the cruel interpretation of the provision of the electoral acts,
the election was conducted relatively peacefully, credibly and fairly. The nationalist
disposition of Obasanjo was demonstrated in 1979 when he handed over power to
Shehu Shagari from the Fulani ethnic group, despite a strong case of a miscarriage of
justice by Obafemi Awolowo from the same Yoruba ethnic group as Obasanjo, who
came second in the election.

Obasanjo was inaugurated as president of Nigeria on May 29, 1999.[42] The attempt to rebuild the country in the aftermath of the crisis that bedeviled Nigeria due
to public protests in the wake of the annulment of the 1993 presidential election had
led serving and retired military personnel to nominate Obasanjo as a presidential
candidate to the PDP in the run-up to elections in 2009. Most of the stakehold-
ers in the PDP from the Northern part of the country were able to persuade and
convince the delegates during the presidential primary to vote for Obasanjo. His
election strengthened the stronghold of ex-servicemen in Nigerian politics because

---

[40]   Transition without End (see note 20), 235–237.
[41]   Siollun, Oil, Politics and Violence (see note 15).
[42]   Adeolu, Olusegun Obasanjo (see note 17).

he then appointed them into strategic positions, including in defense and the police service. In the same vein, Obasanjo projected and supported many ex-servicemen in the competition for political power, such as Tunde Ogbeha and David Mark. This had a mirror effect, leading to several veterans participating in the political process. At the same time, Obasanjo, along with his cohorts, influenced by old military ties, galvanized his colleagues to support the candidacy of Umaru Musa Yar'Adua in 2017. He was Obasanjo's younger brother and second-in-command while a military leader in the 1970s.[43] And Obasanjo was quick to point to the credentials of Yar'Adua as a fighter against corruption. There was the perception in the public that his relationship with his former military colleague was the major reason for the support he gave him. The various veterans' associations backed and supported Umaru Musa Yar'Adua by volunteering and deploying their resources: financial and political networks. Although the victory of President Yar'Adua in the 2007 general election was often ascribed to Olusegun Obasanjo due to incumbency power, the role of his former military colleagues was also crucial and vital.

*General Muhammadu Buhari* was elected Nigerian president in 2015 and 2019, respectively. He is the second ex-servicemen to have been elected to the presidency, but was also a former military head of state. General Buhari had served in the Nigerian military since 1962 and became the military head of state in December 1983.[44] Buhari had been well respected and regarded in the military by his colleagues and peers. The period of the Buhari regime witnessed the launch of the »War Against Indiscipline« in 1984. The measures taken were aimed at making Nigerians responsible and responsive in the development of the country. In fact, the program commenced on March 20, 1984 in order to correct »the perceived lack of public morality and civic responsibility of Nigerian society. Unruly Nigerians were ordered to form neat queues at bus stops, under the eyes of whip-wielding soldiers.«[45] The attempt to implement measures against indiscipline and corruption culminated in the infringement of the rights of the Nigerians, leading to mass arrests and detentions without trial. The anti-corruption disposition of General Muhammadu Buhari was appreciated by most Nigerians. This became the selling point of Buhari during his electoral campaigns. Given the endless complaints in the public about the high level of corruption among the political class, the majority of Nigerians elected him in 2015. In the process, he defeated the incumbent president Goodluck Jonathan. Buhari had contested in 2003, 2007, and 2011 before emerging victorious in 2015. In this year, he received massive support from Nigerian veterans, including Obasanjo. The support offered by the veterans was helpful in mobilizing the people and presented Buhari as a competent and ideal president to tackle the insecurity in the country. The 2019 presidential election, however, witnessed breaks in the ranks of the ex-service-

---

43    Adeolu, *Olusegun Obasanjo* (see note 17).
44    Ogbebor, Paul Osakpamwan. »The Nigerian Defence Academy – A Pioneer Cadet's Memoir,« in *Vanguard (Nigeria)*, November 26, 2012, <https://www.vanguardngr.com/2012/11/the-nigerian-defence-academy-a-pioneer-cadets-memoir/#sthash.Oo9A0qMO.dpuf> (retrieved May 16, 2024).
45    Ojeifo, Emmanuel. »Values and Ethos. A New Nigeria Is Possible,« in *The Guardian (Nigeria)*, online, October 6, 2015, <https://guardian.ng/features/values-and-ethos-a-new-nigeria-is-possible/> (retrieved September 23, 2024).

men, following the apparent political disillusion among them. The division became obvious when some veterans' groups led by Obasanjo opposed the candidature of Buhari. The Buhari group however emerged victorious in the election because most ex-servicemen still supported Buhari. General Buba Marwa, for instance, led 70 other retired military personnel to express support for Buhari prior to the election.

> [We are here] to say that you have represented your constituency very well … We the retired armed forces officers, representing 99.9% of our colleagues say that we are proud of you; proud to be associated with your administration; and proud to witness this era of Nigeria rising again under your able leadership. We support you fully and totally in the presidential elections next week and will do whatever we can within the law to contribute to your emergence as the victor in the election in order to take Nigeria to the next level.[46]

The administration has given more appointments in the political sphere, thereby encouraging others to join politics. At this juncture, it is imperative to submit that many veterans, with the support of their former comrades, participated as candidates, party leaders, and policy advisors in elections. Most of them contested for positions of governors and lawmakers in the Senate and House of Assembly.[47] This was buttressed by Adekanye, who argues that the

> 1999 transition threw up its first ex-military officer turned quasi-civilian as the governor of Kwara State (retired Rear Admiral Mohammed Lawal). Election results of the national and state House of assemblies produced retired Generals Ike Nwachukwu, Tunde Ogbeha, David Mark, Nuhu Aliyu, Brimo Yusuf among others as legislators.[48]

In the same vein, Ọlagunsoye Oyinlọla, Jonah David Jang, Murtala Hamman-Yero Nyako, Mohammed Alabi Lawal, and Diepreye Solomon Peter Alamieyeseigha have been elected governors in the states of Osun, Plateau, Adamawa, Kwara, and Beyelsa, respectively, since 1999. Among those elected into the Nigerian federal legislative body were David Mark, Ike Omar Sanda Nwachukwu, Mohammed Magoro, and Tunde Ogbeha. A number of veterans were also elected as leaders of major political parties. Olabode George was elected as vice-chairman of the, while Yohanna Anteyan Madaki was elected as a legal advisor of the same party.

There has been a debate recently on the relevance and role of military veterans in Nigerian politics. There was, however, no consensus on their continued impact in the Nigerian political scene. William Aliwo observed that »the initial dominance of the ex-servicemen of the Nigeria politics was short-lived by the continued and unbroken democratic rule that has given the civilian political class longer opportunity to get exposed in the political circles.« He further posited that the involvement of ex-servicemen in politics over the years has made many of the civilians more financially endowed:

---

[46]  »Elections. 71 Retired Military Generals Endorse Buhari,« in *Premium Times Online Newspaper*, February 4, 2019, <https://www.premiumtimesng.com/news/top-news/309950-elections-71-retired-military-generals-endorse-buhari.html> (retrieved September 23, 2024).

[47]  See, for instance, David Mark, Tunde Ogbeha, Jeremiah Useni, Air Commodore Jonah David Jang, Vice Admiral Murtala Hamman-Yero Nyako, Rear Admiral (retired) Mohammed Alabi Lawal, Diepreye Solomon Peter Alamieyeseigha, Brigadier Ọlagunsoye Oyinlọla, General Ike Omar Sanda Nwachukwu, General Mohammed Magoro, David Medayese Jemibewon, and Colonel Yohanna Anteyan Madaki.

[48]  Adekanye, *The Retired Military* (see note 36), 21.

Don't forget that most of the endowments of the Nigerian millionaires and finance gurus are derived from their relationships with government. So, it has offered civilians a bigger opportunity to get more acquainted to management of public institutions and politics, knowing fully well that for almost 20 years the military had been disengaged.[49]

The point to emphasize is that most of the governance of the country provided an opportunity for the ruling class to enrich itself and their supporters. The implication of the foregoing is that the military has been largely cut off from access to the nation's finances which were used to support their civilian associates. William Aliwo buttressed this position by arguing that

the retired military officers are now somehow subservient to civilian structures. So, it is not out of place that more and more civilians are getting more involved in politics as against the military that is already being shoved aside in the management of Nigerian affairs' The consequence is that most of the ex-servicemen are gradually be side-lined in the political contestation and the military are now under the control of civil authorities while more civilians are getting involved.[50]

In a nutshell, the inauguration of the civilian government in 1999 marked the beginning of a period when the military began and indeed lost a lot of influence in politics. It must be said that the military governed Nigeria between December 1983 and May 1999. This gradual decline of power has now lasted for over 23 years. While this could be true, to a certain degree, due to the dominance of civilians, the election of ex-servicemen into vital political positions, including the office of the president, nonetheless, points to the continued influence of ex-servicemen and their groups. This view has been reinforced by Williams Wodi ,who argued that

Beyond a shadow of doubt, military generals belonged to the gladiatorial class in the nation's political firmament, especially during the military junta. Even after the exit of the military government, their influence cannot be wished away as they are regarded as power brokers. However, the just-concluded general elections, it appears that the retired generals are no more calling the shots and holding the ace as they used to. Even some of them who contested lost in the election with that of General Jeremiah Useni of Plateau State being the latest.[51]

The point William Wodi is making is that the numbers of retired military officers wielding influence in the Nigerian political space has waned compared to the first decade following re-democratization in 1999. In other words, the rate of electoral success of veterans in Nigerian political space has reduced in recent years.

There is no doubt that the ex-servicemen are not as potent as they were at the beginning of democratic rule in 1999, however, some of them who have been able to aggregate and promote the interest of the majority still emerged victorious in the election. On the other hand, Olaleken Ige blamed the fractionalization of the ex-servicemen as a major cause of their waning role in Nigerian politics.

It is just the nature of politics. Buhari is a core member of the military order. What happened was that they were clearly divided. In 2015, for instance, it was easy for them to

---

[49]  Sobechi et al., »Retired Generals« (see note 37).
[50]  Sobechi et al., »Retired Generals« (see note 37).
[51]  Sobechi et al., »Retired Generals« (see note 37).

choose between Buhari and President Goodluck Jonathan, who was a civilian. In 2019, it was different because they were divided between their own, Buhari and Atiku who is a friend of that order. Atiku has mingled with a lot of the generals and it was on this basis that he sought to be presidential candidate of SDP [Social Democratic Party]. He was very close to late General Musa Yar'Adua. It was this factor that brought him in as the vice president to President Olusegun Obasanjo. The military is still a force to reckon with.[52]

This view also expanded the level of support which ex-servicemen offered not only to their members but also civilians who have worked with them in the past. This was demonstrated in the support some segments of the veterans gave to Atiku Abubakar in 1999 and 2019. It is instructive to state that Atiku Abubakar is a political protégé of the late General Musa Yar'Adua and largely inherited the political structures of the latter. This made many ex-servicemen regard Atiku Abubakar as a member of the ex-serviceman community.

The foregoing views demonstrate the seeming quest by the majority of Nigerians for leaders to govern the country through adherence to democratic values and principles. The failure or perceived failure of elected veterans to manifest such credentials has contributed to the disjuncture between the Nigerian public and the veterans. Coupled with this is the tension within the ranks of the veterans on political choices that often polarize the ex-servicemen.

## Conclusion

This chapter has revealed the dynamics in veterans' participation in Nigerian politics. While the ex-servicemen were largely unrecognizable, except on a few occasions, during the colonial era, they became more ambitious and dominated the political landscape of independent Nigeria. Put differently, there is no doubt that the Nigerian veterans have been involved in the political trajectories of the country, leading to its members occupying the highest political positions. In fact, two former officers, Olusegun Obasanjo and Muhammadu Buhari, were elected president, while numerous veterans were also elected to the office of governor, and members of the Senate and House of Representatives. That points to the trust the Nigerian people have placed in veterans. This trust flows from their nationalist fervor and capacity to address insecurity and disunity in the country. Given the need for nationalistic leaders who have the capacity to tackle a rising wave of ethnic discord, violence, and terrorism, the Nigerian public was swayed by their military backgrounds.

In other words, most Nigerians believed that veterans would deploy their military training in tackling violence and disunity and, thereby, promote security, unity, and development. Despite the strategic role the veterans played in the new wave of democratization that began on May 29, 1999, their role is gradually slowing down. This was demonstrated by some popular members of its ranks losing elections in recent years. The reason for this can be seen in the apparent disunity among the veterans, lack of tact, and awareness of democratic principles. This paper argues that

---

[52]   Ige cited Sobechi et al., »Retired Generals« (see note 37).

for the veterans to be more relevant and forward-looking in the political life of the country, they need to reinvent and reposit themselves through the consolidation of the many veterans' associations into a single powerful body and promote consensus building. This would also provide a formidable platform for networking and supporting their candidates. At the same time, the veterans should engage in a massive rebuilding of their image, because a large segment of the Nigerian public perceive that the character and behavior of veterans has been dictatorial and autocratic, and, therefore, unhelpful in the democratic consolidation and strengthening of the country.

# III. Veteranenpolitik in der Gegenwart

Christian Weber

# Veteranenpolitik für wen? Die deutsche Debatte über den Umgang mit Veteranen

Am Volkstrauertag 2018 wurden elf Millionen Deutsche zu Veteranen – die meisten wahrscheinlich, ohne es zu merken. Nur die Leser der »Bild am Sonntag« erfuhren von der neuen Definition, die bildzeitungstypisch wie folgt formuliert wurde: »Beschlossen! Wer beim Bund ist oder war, ist ab heute Veteran.«[1] Die damalige Verteidigungsministerin Ursula von der Leyen (2013–2019) wird in der »Bild am Sonntag« vom 18. November 2018 mit den Worten zitiert, dass »alle Veteranen eint, ob sie in Auslandseinsätzen, im Kalten Krieg oder im Grundbetrieb gedient haben, dass sie sich in der Uniform der Bundeswehr für Frieden und Freiheit eingesetzt haben«. Die Anzahl aller aktiven und ehemaligen Bundeswehrsoldaten, einschließlich der Generationen von Grundwehrdienstleistenden, beläuft sich auf rund elf Millionen. Die meisten Menschen im deutschen Sprachraum dürften mit dem Begriff »Veteran« jedoch fremdeln. Schließlich bezeichnet das lateinische Wort »veteranus« einen altgedienten und erprobten Soldaten. Dass nun auch ein 17-jähriger Rekrut vom ersten Tag, an dem er eine Kaserne betritt, als Veteran gelten soll, entzieht sich zumindest einer intuitiven Definition des Begriffs.

Erst eine Woche nach dem Bericht der Bild-Zeitung folgte ein Tagesbefehl der Verteidigungsministerin, in dem die Aussagen des Zeitungsberichts präzisiert wurden. Mit dem Befehl stellte die Ministerin klar, dass von nun an »Veteranin oder Veteran der Bundeswehr ist, wer als Soldatin oder Soldat der Bundeswehr im aktiven Dienst steht oder aus diesem Dienstverhältnis ehrenhaft ausgeschieden ist, also den Dienstgrad nicht verloren hat.«[2] Von dieser Definition ausgehend, wies sie ihr Ministerium an, Vorschläge für eine weitere Würdigung der Veteranen zu erarbeiten. Dabei sollte insbesondere an die zahlreichen Initiativen angeknüpft werden, die sich auf die Verbesserung der Versorgung von einsatzgeschädigten Soldaten bezogen. Zudem wurde die »Anerkennung und Wertschätzung der Veteraninnen und Veteranen« als wichtiges Anliegen formuliert, weshalb sich Deutschland auch um die Ausrichtung der »Invictus Games«, einer Sportveranstaltung für versehrte Einsatzsoldaten, bemühen solle. Zumindest dieses Anliegen konnte durch die erfolgreiche Durchführung

---

[1]  <https://www.bild.de/bild-plus/politik/inland/politik-inland/anerkennung-fuer-soldaten-wer-beim-bund-ist-ist-ab-heute-veteran-58496518,view=conversionToLogin.bild.html> (letzter Zugriff 5.9.2024).

[2]  <https://www.bmvg.de/de/aktuelles/tagesbefehl-zum-veteranenbegriff-29316> (letzter Zugriff 5.9.2024).

der Invictus Games 2023 in Düsseldorf erfüllt werden. Darüber hinaus wird seit dem 15. Juni 2019 ein Veteranenabzeichen in Form eines Ansteckers, der am zivilen Anzug getragen werden kann, auf postalischen Antrag an alle Veteranen verliehen, die die Kriterien der Definition vom 18. November 2018 erfüllen. Weitere Entscheidungen gingen mit der Veteranendefinition zunächst nicht einher. Auch in der Amtszeit von Annegret Kramp-Karrenbauer als Verteidigungsministerin (2019–2021) gab es keine weiteren Initiativen, abgesehen von einem sehr offen gehaltenen »Leitfaden für die Ausgestaltung der Veteranenarbeit der Bundeswehr«, der im November 2019 durch das Bundesministerium (BMVg) veröffentlicht wurde. Darin wird als Grundsatz für die Veteranenarbeit des Ministeriums formuliert: »Veteranin oder Veteran ist, wer sich als Veteranin oder Veteran fühlt.«[3] In der Amtszeit von Christine Lambrecht wurde das Thema »Veteranenpolitik« ebenfalls nicht weiterverfolgt. Erst mit Boris Pistorius scheint wieder Bewegung in die Veteranenpolitik zu kommen. Seit dem Beginn des russischen Angriffskrieges gegen die Ukraine sind sicherheitspolitische Themen stärker in den Blick der Öffentlichkeit gerückt. Im April 2024 wurde mit den Stimmen der Ampelkoalition und der CDU/ CSU die Einführung eines Veteranentages beschlossen. Dieser soll ein Ausdruck gesellschaftlicher »Dankbarkeit und Anerkennung« gegenüber Veteranen sein und »das Verständnis und Bewusstsein in der Gesellschaft für die Leistungen, Entbehrungen und Opfer, die mit dem Militärdienst verbunden sind«, schärfen, um die Bindungen zwischen Bundeswehr und Gesellschaft zu stärken.[4] Eine weitere Maßnahme ist zudem die Gründung eines Veteranenbüros als zentrale Anlaufstelle für Veteranen in Berlin im Januar 2024. Eine Auswertung der Anfragen, die an dieses Büro gestellt werden, könnte ein guter Indikator sein, welche Zielgruppen sich tatsächlich als Veteranen definieren und sich durch ein Veteranenbüro angesprochen fühlen.

Die deutsche Veteranenpolitik drückt sich damit in Form des Veteranenabzeichens und eines Veteranentages zur Mitte des Jahres 2024 vorrangig in symbolischen Maßnahmen und ersten Pilotprojekten auf Basis einer Veteranendefinition aus, die so allgemein gehalten ist, dass sie auch im internationalen Vergleich mit westlichen Armeen einzigartig ist.

Vor diesem Hintergrund stellt sich die Frage, warum das BMVg eine Dekade lang mit sehr viel Aufwand eine Definition des Begriffs »Veteran« erarbeitet hat, wenn im Vagen bleibt, was mit dieser umfassenden Definition erreicht werden soll. Denn die Debatte darüber, wer ein Veteran respektive eine Veteranin der Bundeswehr ist, geht auf die Amtszeit des Vorgängers von Ursula von der Leyen, Thomas de Maizière (2011–2013), zurück, der als erster Minister dieses Thema aufgriff, das zunächst unter anderen Vorzeichen diskutiert worden war. Zu Beginn der 2010er Jahre identifizierten sich nämlich vor allem jene Soldaten und Soldatinnen als Veteranen, die aus den Auslandseinsätzen der Bundeswehr zurückgekehrt und auch in Kampfsituationen Erfahrungen gemacht hatten, die sich diametral von der Erlebniswelt der Heimatgesellschaft unterschieden. Aus dieser Gruppe heraus wur-

---

[3]    Leitfaden für die Ausgestaltung der Veteranenarbeit der Bundeswehr vom 18. November 2019, BMVg, Berlin, S. 4.
[4]    Deutscher Bundestag, Drucksache 20/11138, 23.4.2024, S. 2.

den vehement politische Maßnahmen und Versorgungsleistungen für einsatzversehrte und traumatisierte Soldaten und Soldatinnen eingefordert, was von Minister
de Maizière aufgegriffen wurde, indem er eine Politik für den Umgang und die
Versorgung von Veteranen sogar zu einem »Schwerpunkt« seiner Arbeit machen
wollte.[5]

Dieser Beitrag stellt die jüngere Debatte um eine deutsche Veteranenpolitik in
den Mittelpunkt, die mit der Eskalation in den Auslandseinsätzen, insbesondere in
Afghanistan, an Bedeutung gewann.[6] Darauf aufbauend soll eine Bewertung der aktuell für die Bundeswehr gültigen Veteranendefinition vorgenommen werden, um
zu erklären, warum sich das Verteidigungsministerium am Ende einer langen politischen Debatte für eine sehr allgemein gehaltene Definition des Veteranenbegriffs
entschieden hat, ohne diese mit politischen Maßnahmen zu unterfüttern.

## Posttraumatische Belastungsstörung:
## Einsatzrückkehrer im Fokus

Die Diskussion um den Veteranenbegriff hat eine lange Vorgeschichte. Bereits
2011 kündigte Verteidigungsminister Thomas de Maizière vor dem Deutschen
Bundestag an, in der Bundeswehr eine Politik für den Umgang mit Veteranen
und für ihre Versorgung zu formulieren.[7] Dabei verwendete de Maizière als erster Verteidigungsminister überhaupt den Begriff »Veteran« für die Soldaten und
Soldatinnen, die an einem Auslandseinsatz teilgenommen hatten und bis dahin etwas sperrig als »Einsatzrückkehrer« bezeichnet wurden. Getrieben wurde diese politische Initiative von der gestiegenen öffentlichen Aufmerksamkeit gegenüber Soldaten
und Soldatinnen, die an einer Posttraumatischen Belastungsstörung (PTBS) litten.
Dabei tat sich die deutsche Politik mit dieser Gruppe von Soldaten und Soldatinnen
lange schwer. Für ein Verständnis der deutschen Veteranenpolitik soll deshalb zunächst die Debatte über PTBS nachvollzogen werden, bevor die Initiative des
Ministers rekapituliert wird.

Auf die politische Bühne wurde das Thema PTBS vor allem durch die Berichte
des Wehrbeauftragten gehoben. Seit 2005 sind drei Phasen der politischen
Wahrnehmung dieser Thematik durch den Deutschen Bundestag erkennbar, die
sich in den Berichten der Wehrbeauftragten widerspiegeln.[8] In der ersten Phase der

---

5   Deutscher Bundestag, Stenografischer Bericht, 127. Sitzung vom 22.9.2011, S. 15050.
6   Die nachfolgenden Ausführungen stellen eine gekürzte und aktualisierte Zusammenfassung der
    Dissertation des Autors dar: Christian Weber, Veteranenpolitik in Deutschland. Die neuen Bande
    in den zivil-militärischen Beziehungen?, Baden-Baden 2017. Zudem wurde der folgende und eben-
    falls bereits veröffentlichte Aufsatz in Auszügen übernommen: Christian Weber, Ist jeder Soldat ein
    Veteran? Arbeitspapier Sicherheitspolitik, Nr. 32/2018, <https://www.baks.bund.de/sites/baks010/
    files/arbeitspapier_sicherheitspolitik_2018_32.pdf> (letzter Zugriff 5.9.2024).
7   Deutscher Bundestag Verantwortung gegenüber Veteranen angemahnt, 2011, <https://www.bun
    destag.de/dokumente/textarchiv/2011/35765218_kw38_de_wehrbeauftragter/206286> (letzter
    Zugriff 5.9.2024).
8   Berthold Meyer, Mit schlechtem Gewissen. Das Parlament und die Wahrnehmung posttraumati-
    scher Belastungsstörungen. In: Wie Bundeswehr, Politik und Gesellschaft mit posttraumatischen

Berichtsjahre 2005–2007 war vonseiten der Politik noch die Tendenz erkennbar, die bekannt gewordenen Fälle von PTBS als Randphänomen der Einsätze zu werten, das vorrangig in den Verantwortungsbereich des Zentralen Sanitätsdienstes der Bundeswehr gehöre. Einen Anlass, sich verstärkt mit PTBS auseinanderzusetzen, wurde in dieser Zeit von politischer Seite noch nicht gesehen.

In einer zweiten Phase ab dem Herbst des Jahres 2007 bis zum Februar 2009 griff das Thema die politische Opposition auf und brachte es in Form von Entschließungsanträgen in den Deutschen Bundestag ein. So forderte die FDP ein PTBS-Kompetenzzentrum, und sogar die Linkspartei, die der Bundeswehr traditionell kritisch gegenübersteht, sprach sich für die Schaffung angemessener Kapazitäten für die Behandlung traumatisierter Soldaten und Soldatinnen aus. Die Linkspartei war es dann auch, die als erste Partei überhaupt in einer Bundestagsdebatte im Zusammenhang mit PTBS von »Kriegsveteranen« im Kontext der Bundeswehreinsätze sprach. So äußerte sich die Bundestagsabgeordnete der Linkspartei Inge Höger 2008 wie folgt:

> »Während in US-Fachzeitschriften davon ausgegangen wird, dass Kriegsveteranen mit Stresssyndrom bis zu dreimal so häufig zu Gewalt in der Familie neigen und das Syndrom lebenslang anhalten kann, sieht die Bundesregierung wenig Handlungsbedarf.«[9]

Tatsächlich wurden trotz des Bekanntwerdens einer steigenden Anzahl traumatisierter Streitkräfteangehöriger und eines überlasteten Sanitätsdienstes die Anträge der Opposition durch die große Koalition aus CDU/ CSU und SPD abgelehnt. Eine Rolle mag hierbei der Umstand gespielt haben, dass sich die Regierungsparteien mit einem eigenen Antrag profilieren wollten. Eine breite öffentliche Aufmerksamkeit erhielt das Thema PTBS durch die Ausstrahlung des ARD-Fernsehfilms »Willkommen Zuhause« im Februar 2009. Bereits zehn Tage nach der Sendung folgte eine Debatte im Deutschen Bundestag über die Verbesserung der Behandlung von an PTBS erkrankten Soldaten und Soldatinnen. Nach einer konsensorientierten und durch die mediale Aufarbeitung beschleunigten Debatte beschlossen die Fraktionen des Deutschen Bundestages, wie bereits von der FDP gefordert, ein entsprechendes Kompetenz- und Forschungszentrum zu errichten. Zudem wurde eine Studie in Auftrag gegeben, um Erkenntnisse zur Dunkelziffer PTBS-erkrankter Soldaten und Soldatinnen zu gewinnen, die sich nicht in medizinische Betreuung begaben. In der Aussprache im Deutschen Bundestag wurde erneut der Begriff des Veteranen verwendet, diesmal mit einem eindeutigen Bezug zu Bundeswehrangehörigen. So argumentierte der Bundestagsabgeordnete der Partei Bündnis 90/Die Grünen Winfried Nachtwei:

> »Des Weiteren sind in diesem Bereich die persönliche Begleitung der Betroffenen und – das wurde bisher zu wenig angesprochen – eine völlig andere Berücksichtigung der Veteranen von sehr großer Bedeutung. Ich kenne Leute, die 1999 etwa im Kosovo oder in Bosnien Fürchterliches erlebt haben. Diese Gruppe meldet sich jetzt auch etwas stärker zu Wort [...] Inzwischen gibt es eine enorme Kluft zwischen der Einsatzerfahrung und dem

---

Belastungsstörungen umgehen. Hrsg. von Detlef Bald [u.a.], Hamburg 2012 (= Hamburger Beiträge zur Friedensforschung und Sicherheitspolitik, 159), S. 57.

9    Deutscher Bundestag, Plenarprotokoll 16/194, Stenografischer Bericht der 194. Sitzung vom 5.12.2008.

zivilen Alltagsleben hierzulande. Sprachlosigkeit auf der einen Seite und Gleichgültigkeit auf der anderen Seite wirken regelrecht als Stress- und Verwundungsverstärker.«[10]

Dieses Zitat ist in zweierlei Hinsicht interessant: Erstens spiegelt es die Problematik der unterschiedlichen Erfahrungswelten zwischen Einsatzsoldaten und Zivilbevölkerung sowie deren Auswirkungen auf das Phänomen steigender PTBS-Raten wider. Zweitens wird durch den Hinweis auf die Soldaten mit Einsatzerfahrung auf dem Balkan deutlich, dass es bereits in der Vergangenheit Fälle traumatisierter Soldaten gegeben hat. Allerdings rückten diese erst durch den deutlichen Anstieg entsprechender Erkrankungen im Zuge des Afghanistaneinsatzes in das öffentliche Bewusstsein.

Die gewachsene mediale Aufmerksamkeit für das Phänomen PTBS markiert den Beginn einer dritten Phase ab Februar 2009, in der sich Abgeordnete des Deutschen Bundestages stärker zugunsten der PTBS-Erkrankten engagierten. Hierzu zählte die kritische Überprüfung der Einrichtung des beschlossenen Traumazentrums, dessen Einsatzfähigkeit sich trotz zunehmenden Problemdrucks verzögerte. Weiterhin führten die Unzulänglichkeiten bei der Betreuung traumatisierter Einsatzsoldaten und -soldatinnen dazu, dass die ärztliche und therapeutische Betreuung stärker ins Blickfeld geriet.[11] Dies betraf auch die Verfahrensweisen bei der Anerkennung von »Wehrdienstbeschädigungen«, anhand derer versehrte Soldaten und Soldatinnen Versorgungsansprüche geltend machen konnten. Aufgrund ihrer negativen Erfahrungen gründeten traumatisierte Soldaten und Soldatinnen mit der Deutschen Kriegsopferfürsorge (DKOF) Ende des Jahres 2009 eine Selbsthilfegruppe, um sich gegenseitig im Umgang mit Behörden und Bundeswehrverwaltung zu unterstützen.[12] Im August 2010 wurde der Bund Deutscher Veteranen (2016 umbenannt in Bund Deutscher EinsatzVeteranen, BDV) ins Leben gerufen, in dem die DKOF später aufging und welcher sich seitdem als von der Bundeswehr unabhängige Interessenvertretung aller Veteraninnen und Veteranen der Bundeswehr versteht. Im gleichen Zeitraum entstand zudem der Deutsche Veteranenverband, der in der Folgezeit jedoch nicht weiter in Erscheinung trat und sich bereits nach kurzer Zeit wieder auflöste.

Im Juli 2010 wurde zum ersten Mal von prominenter politischer Seite der Vorschlag eines Veteranentages geäußert. Gegenüber der Zeitung »Die Welt« forderte der ehemalige Wehrbeauftragte Reinhold Robbe (SPD) einen Tag, »an dem unsere Veteranen der Bundeswehr im Mittelpunkt stehen«.[13] Dies verband er mit einer Reihe von Vorschlägen, bei denen »keine Heldenverklärung nach amerikanischem Vorbild«, sondern ein pragmatisches Verständnis für die Belange von Veteranen und Veteraninnen nach dem Vorbild der Niederlande gewählt werden sollte. Eine weitere öffentliche Diskussion zu diesen Vorschlägen fand zu diesem Zeitpunkt nicht statt.

---

[10] Deutscher Bundestag, Plenarprotokoll 16/205, Stenografischer Bericht der 205. Sitzung vom 12.2.2009, Berlin.

[11] Meyer, Mit schlechtem Gewissen (wie Anm. 8), S. 58.

[12] Andreas Timmerman-Levanas und Andrea Richter, Die Reden – Wir sterben. Wie unsere Soldaten zu Opfern der deutschen Politik werden, Bonn 2010, S. 197.

[13] <http://www.welt.de/politik/deutschland/article8455371/Robbe-will-Veteranentag-ohne-Heldenverklaerung.html> (letzter Zugriff 5.9.2024).

Die Klagen der Betroffenen hatten bis dahin den Weg in den Bundestag gefunden. Dort wurde im Oktober 2010 über einen Entschließungsantrag zur Verbesserung der Regelungen zur Einsatzversorgung beraten, den die nun regierenden Fraktionen der Koalition von CDU/ CSU und FDP im Juli 2010 einbrachten. Über diesen Antrag, der das Ziel verfolgte, die Versorgungssituation insbesondere von Zeitsoldaten und -soldatinnen zu verbessern, wurde am 7. Oktober 2010 im Plenum des Bundestages diskutiert.

Überschattet wurde die Debatte von der Nachricht eines erneuten Anschlags auf deutsche Bundeswehrangehörige in Afghanistan, bei dem ein Oberfeldwebel getötet und sechs weitere Soldaten verletzt wurden. Dennoch verging bis zur Vorlage des Gesetzes ein weiteres Jahr. Verkompliziert wurde der Gesetzgebungsprozess durch den Umstand, dass durch das zu beschließende Einsatzversorgungsverbesserungsgesetz (EinsatzVVerbG) mehrere Gesetze geändert werden mussten und verschiedene Ressorts an diesem Prozess beteiligt waren. Eine erste Version des EinsatzVVerbG, über das am 30. September 2011 im Bundestag in erster Lesung beraten wurde, konnte die Erwartungen des Parlaments noch nicht erfüllen. Vor der zweiten Lesung folgte am 17. Oktober 2011 eine Expertenanhörung, an der sich neben dem Deutschen BundeswehrVerband (DBwV) und dem Reservistenverband auch der BDV mit einer Stellungnahme beteiligte.

Die Verbände kritisierten, dass das Gesetz nicht die Forderungen des Parlaments von 2010 erfülle. Am 28. Oktober 2011 wurde das Gesetz dennoch einstimmig beschlossen und am 5. Dezember 2011 verkündet. Durch das Gesetz wurden unter anderem die einmaligen Entschädigungszahlungen deutlich erhöht und versehrten Zeitsoldaten und -soldatinnen die Übernahme als Berufssoldat bzw. -soldatin erleichtert.

## Offizielles Bekenntnis zum Begriff »Veteran«

Unter dem Eindruck der Debatte um das EinsatzVVerbG überrascht es, dass in der parlamentarischen Aussprache zum Bericht des Wehrbeauftragten für das Berichtsjahr 2010 am 22. September 2011 die PTBS-Problematik nicht stärker thematisiert wurde. Im Bericht selbst hingegen wurde dem Thema »Einsatzbedingte psychische Erkrankungen« ein eigenes Kapitel gewidmet.[14] Darin beschreibt der Wehrbeauftragte einen dramatischen Anstieg traumatisiert zurückkehrender Soldaten. Die höhere Gefährdung, insbesondere in Afghanistan, aber auch die wachsende Bereitschaft der Soldaten und Soldatinnen, sich in therapeutische Behandlung zu begeben, hätten dazu geführt, dass die Zahl der registrierten PTBS-Fälle um rund 40 Prozent gestiegen sei.

Die Aussprache wurde stattdessen vom erstmaligen Bekenntnis des Bundesverteidigungsministers zum Veteranenbegriff dominiert. Damit löste sich die bisherige Debatte über die gesundheitlichen und sozialen Folgen der Auslandseinsätze für

---

[14]   Deutscher Bundestag, Unterrichtung durch den Wehrbeauftragten, Jahresbericht 2011, 53. Bericht, Drucksache/4400, Berlin.

die zurückgekehrten Soldaten von dem bisherigen Fokus auf PTBS und erweitere sich hin zu einer umfassenderen Perspektive. In seiner Rede ging de Maizière explizit auf die unterschiedlichen Erfahrungswelten von Einsatzsoldaten und -soldatinnen einerseits und Zivilisten und Zivilistinnen andererseits ein.

>>Es ist kaum ein größerer Kontrast vorstellbar als der zwischen mancher Einsatzrealität unserer Soldaten und unserem zivilen, weitestgehend gewaltfreien Leben in Deutschland. Zu dieser Einsatzrealität gehört auch, dass es in Deutschland seit einigen Jahren wieder Veteranen gibt, Veteranen der Bundeswehr. Ich bekenne mich heute zu diesem Begriff. Die Bundeswehr ist eine Armee im Einsatz. Wie andere Nationen sollten auch wir deshalb von unseren Veteranen sprechen.<<[15]

Mit dieser Formulierung wurde der Veteranenbegriff von ministerieller Seite nicht nur zum ersten Mal in der Öffentlichkeit verwendet. Hier findet sich auch die Ankündigung des Ministers wieder, einen Schwerpunkt seiner künftigen Arbeit auf die Gestaltung einer Veteranenpolitik zu setzen:

>>Ich werde es daher zu einem Schwerpunkt meiner künftigen Arbeit machen, in der Bundeswehr eine Politik für den Umgang mit unseren Veteranen und ihre Versorgung zu formulieren und auf den Weg zu bringen.<<[16]

Abgesehen von dieser Ankündigung ließ de Maizière den Veteranenbegriff bewusst offen. Eine Definition erfolgte zu diesem Zeitpunkt nicht. In der Folgezeit gab der Minister in Interviews zu erkennen, dass er hierzu noch keine Entscheidung getroffen habe. Vielmehr seien seine Äußerungen als ein Signal für eine tiefergehende Debatte zu verstehen, die nicht nur im Bundestag, sondern in und mit Teilen der Bevölkerung geführt werden müsse. In einem Interview mit der >>Zeitschrift für Internationale Politik<< bestätigte de Maizière, dass >>Berührungspunkte zwischen Bundeswehr und Gesellschaft<< aufgrund des Überganges zu einer Freiwilligenarmee wegfielen, und formulierte es als Anliegen, neue Berührungspunkte zu schaffen, wobei eine >>engagierte Veteranenpolitik<< eine >>wichtige Rolle<< spielen könnte.[17] In weiteren Interviews äußerte er die Absicht, dass er hierbei die Aufmerksamkeit auch auf solche Soldaten und Soldatinnen lenken wolle, >>die – nicht nur zu Ausbildungszwecken oder als Militärattaché – im Ausland gewesen sind, sondern in einem kämpfenden Einsatz eine herausragende Leistung im Gefecht erbracht haben<<. Diese Menschen verdienten >>Würdigung, Anerkennung und besondere Fürsorge<<. Um die Frage zu beantworten, welche Gruppe von Soldaten und Soldatinnen nun genau für diese Würdigung in Frage komme, forderte er allerdings >>noch etwas Zeit, um das zu überdenken<<.[18]

---

[15]  Deutscher Bundestag, Verantwortung gegenüber Veteranen angemahnt, 2011, <https://www.bundestag.de/dokumente/textarchiv/2011/35765218_kw38_de_wehrbeauftragter/206286> (letzter Zugriff 5.9.2024).

[16]  Ebd.

[17]  >>Die Armee ist kein gepanzertes Technisches Hilfswerk.<< Interview mit Verteidigungsminister Thomas de Maizière. In: Internationale Politik, 6/2011, <https://internationalepolitik.de/de/die-armee-ist-kein-gepanzertes-technisches-hilfswerk> (letzter Zugriff 5.9.2024).

[18]  >>Ich möchte den Geist der alten Bundeswehr beleben.<< Interview mit Thomas de Maizière. In: Die Welt, 28.10.2011, <http://www.welt.de/politik/deutschland/article13684491/Ich-moechte-den-alten-Geist-der-Bundeswehr-beleben.html> (letzter Zugriff 5.9.2024).

Die hier deutlich werdende Zurückhaltung von Minister de Maizière mochte damit zusammenhängen, dass sich das innere Gefüge der Bundeswehr durch die unterschiedlichen Erfahrungswelten der Soldaten und Soldatinnen in den Einsätzen verändert hatte. Die unterschiedlichen Erfahrungen der hauptsächlich inner- oder außerhalb der Feldlager eingesetzten Soldaten und Soldatinnen spiegelte sich in der Einteilung in sogenannte »Drinnies« und »Draußies« wider, wie sie umgangssprachlich von einsatzerfahrenen Soldaten vorgenommen wurde.[19] Die unterschiedlichen Belastungen bargen ein nicht unerhebliches Konfliktpotenzial, wie der Bericht des Wehrbeauftragten von 2011 zeigt:

> »Die aus Sicht der Soldaten bestehende Diskrepanz zwischen einem Einsatz ›drinnen‹, das heißt innerhalb eines Feldlagers, gegenüber dem Einsatz ›draußen‹, zum Beispiel im OP North oder gar ›draußen draußen‹ in den ›Combat Outposts‹ oder in den oftmals mehrwöchigen Operationen führt zu erheblichem Unmut und einem Gefühl massiver Ungleichbehandlung angesichts gleicher Vergütung aller Kontingentangehörigen für ungleiche Belastungssituationen.«[20]

Das hiermit angesprochene Spannungsfeld verdeutlicht die Schwierigkeiten, für eine Veteranenpolitik einen Veteranenbegriff zu definieren, der den unterschiedlichen Einsatzerfahrungen gerecht werden konnte.

Während es streitkräfteintern diesbezüglich noch viele offene Fragen gab, bekam die öffentliche Diskussion Auftrieb durch die Ankündigung des Verteidigungsministers während einer Dienstreise in die USA, einen Ehrentag für Bundeswehrveteranen einzuführen. Als möglicher Termin wurde bei dieser Gelegenheit eine Anbindung an den Volkstrauertag ins Spiel gebracht. Bei der Opposition in Deutschland stieß der Minister mit diesem Vorstoß auf Kritik. Der grüne Verteidigungspolitiker Omid Nouripour bezweifelte öffentlich, dass sich ein Gedenktag von oben herab »par Ordre du Mufti« einführen ließe. Ähnlich äußerte sich der damalige sicherheitspolitische Sprecher der SPD, Rainer Arnold, der einen solchen Tag als »künstlich aufgepfropft« empfand. Auf Zustimmung stieß die Idee eines Veteranentages hingegen beim Wehrbeauftragten Hellmut Königshaus (FDP) und dem damaligen Vorsitzenden des Deutschen BundeswehrVerbandes Ulrich Kirsch.[21]

Nach diesem Vorschlag de Maizières mündete die weitere Phase des ministeriellen Überdenkens schließlich in ein Thesenpapier, welches das BMVg am 30. März 2012 veröffentlichte.

In der Zwischenzeit tat sich vor allem der Koalitionspartner FDP mit weiteren Vorschlägen hervor. Bereits im Dezember 2011 wurde fraktionsintern ein Konzeptpapier innerhalb der liberalen Bundestagsfraktion diskutiert. Auf diesem aufbauend veröffentlichte noch vor dem Ministerium der Bundestagsabgeordnete

---

[19]  Marcel Bohnert und Friedrich Schröder, Gleiches Recht für alle? Von »Drinnies« und »Draussies« in Afghanistan. In: Univok. Zeitschrift des Studentischen Konvents an der Helmut-Schmidt-Universität, 2/2011, S. 38.

[20]  Deutscher Bundestag, Unterrichtung durch den Wehrbeauftragten, Jahresbericht 2011, 53. Bericht, Drucksache/4400, S. 21.

[21]  De Maizières Veteranentag sorgt für Wirbel. In: Der Spiegel, 16.2.2012, <http://www.spiegel.de/politik/deutschland/bundeswehr-de-maizieres-veteranentag-sorgt-fuer-wirbel-a-815704.html> (letzter Zugriff am 5.9.2024).

Burkhardt Müller-Sönksen ein Diskussionspapier zur Verbesserung der öffentlichen Wahrnehmung der Veteranen der Bundeswehr. In dieser Vorlage stechen die Einrichtung eines jährlichen Gedenktages am 2. April als Jahrestag der »Karfreitagsgefechte« von April 2010 und die Einführung einer »Veteranenkarte« hervor, mit der bestimmte Bonifikationen verbunden sein sollten. Des Weiteren findet sich in dem Positionspapier der FDP ein erster Definitionsvorschlag, wonach »alle Soldatinnen und Soldaten, die an einem Auslandseinsatz der Bundeswehr teilgenommen haben, unabhängig von ihrer jeweiligen Funktion innerhalb der Streitkräfte und ihrer konkreten Aufgabe im Einsatz, als Veteran« gelten sollten.[22]

Im Gegensatz dazu blieb das erwähnte Diskussionspapier des BMVg, das dem Verteidigungsausschuss am 2. April 2012 übergeben und anschließend veröffentlicht wurde, eher vage. Den Bedarf für eine Veteranenpolitik begründen die Verfasser mit der »Notwendigkeit, die Bande zwischen Bundeswehr und Gesellschaft auch künftig belastbar und lebendig zu erhalten«, da dies eine der »vorrangigen Aufgaben der Neuausrichtung«[23] darstellen würde. Eine Definition des Veteranenbegriffs erfolgte hingegen zu diesem Zeitpunkt nicht. Stattdessen wurde auf die Möglichkeit eines »skandinavischen Modells« verwiesen, bei dem jeder als Veteran gelte, der an einem Auslandseinsatz teilgenommen hat. Ein alternatives Modell wurde als »angelsächsische Variante« bezeichnet, nach der jeder ehemalige Soldat im Anschluss an seine Entlassung aus den Streitkräften als Veteran gilt.[24] Als mögliche Maßnahmen wurden ein Gedenktag, die Gründung von Veteranenheimen, Abzeichen, Veteranentreffen und die Einführung eines Sonderbeauftragten genannt. Eine Festlegung auf konkrete Maßnahmen erfolgte ebenfalls nicht. Stattdessen kündigte das Papier an zu überlegen, »wie substanzielle, strukturelle und organisatorische Verbesserungen sowie eine Intensivierung der Betreuung von Veteranen und ihren Familien erreicht werden können«.[25]

Insgesamt stieß das Thesenpapier im April 2012 auf eine breite Resonanz im politischen, militärischen und gesellschaftlichen Bereich. Politiker und Politikerinnen aller im Bundestag vertretenen Parteien äußerten sich in der Folgezeit zu den Vorschlägen des Ministeriums. Dabei folgten die Meinungen im weitesten Sinne den bereits in der Diskussion um den Veteranentag kurz aufgeflammten Standpunkten. SPD und Grüne äußerten sich zurückhaltend zu den angedeuteten praktischen Maßnahmen wie dem Veteranentag. Grundsätzlich kritisch positionierte sich die Linke, die in einer Veteranenpolitik einen weiteren Schritt zur Akzeptanzsteigerung

---

22  Burkhardt Müller-Sönksen, Diskussionspapier. Verbesserung der öffentlichen Wahrnehmung der Veteranen der Bundeswehr, <http://augengeradeaus.net/wp-content/uploads/2012/04/2012-03-07-Diskussionspapier-Verbesserung-der-Wahrnehmung-für-die-Veteranen-der-Bundeswehr.pdf> (letzter Zugriff 10.9.2014).

23  BMVg, Eine Veteranenpolitik für die Bundeswehr. Diskussionspapier, 2012, <https://augengeradeaus.net/wp-content/uploads/2012/04/Diskussionspapier_Veteranenpolitik_apr2012.pdf> (letzter Zugriff 5.9.2024).

24  Ebd., S. 2.

25  Ebd., S. 4.

von Kampfeinsätzen und zur Kriegführung sah und besondere »Ehrenbezeugungen für Veteranen« ablehnte.[26]

Mit der Veröffentlichung verfolgte Minister de Maizière das erklärte Ziel, eine öffentliche Debatte über die Gestaltung einer Veteranenpolitik anzustoßen. Flankiert wurde diese Absicht von einer Reihe an Projekten und Maßnahmen, mit denen die öffentliche Aufmerksamkeit für diese Thematik gesteigert werden sollte. So wurde eine Diskussion in sozialen Medien wie Facebook und auf dem bundeswehreigenen Internetauftritt wirdienendeutschland.de (die Website ist mittlerweile nicht mehr aktiv) vorbereitet. Über eine Begleitstudie des damaligen Sozialwissenschaftlichen Instituts der Bundeswehr (SOWI)[27] sollten zudem wissenschaftlich verwertbare Erkenntnisse über die Einstellungen der Bevölkerung gegenüber Veteranen gewonnen werden.

## Zwischenbilanz des Ministers:
## Eine Debatte unter den üblichen Verdächtigen?

Tatsächlich blieb die öffentliche Diskussion über die Gestaltung einer Veteranenpolitik hinter den Erwartungen des Verteidigungsministers zurück. Auch die Veröffentlichung des Films »Schutzengel« im Juni 2012 mit Til Schweiger in der Hauptrolle steigerte trotz intensiver Unterstützung vonseiten der Bundeswehr nur für einen kurzen Zeitraum das öffentliche Interesse für das Schicksal traumatisierter Veteranen und Veteraninnen.

Eine erste Bilanz über die öffentlichen Reaktionen zu der von ihm angestoßenen Debatte zog de Maizière auf einer Podiumsdiskussion am 8. Oktober 2012 in Dresden. Die Debatte sei »von den üblichen Verdächtigen« und eher »abgeklärt« geführt worden. Dennoch hielt er zum damaligen Zeitpunkt an der Absicht fest, seine »Ideen zu dem Thema nach einer Weile der gemeinsamen Diskussion vorzustellen«, da er mit der Eröffnung der Diskussion eine »Bringschuld« erfüllen müsse.[28]

Diese Einschätzung wurde durch erste Ergebnisse einer Bevölkerungsumfrage des SOWI zum Thema Veteranen bestätigt. Darin gab mit 28 Prozent nur etwa ein Viertel der Befragten an, von der Diskussion über die Gestaltung einer Veteranenpolitik gehört zu haben bzw. in diesem Kontext überhaupt den Begriff »Veteran« vernommen zu haben. Dem stand eine Zahl von 71 Prozent der Befragten gegenüber, an denen die Debatte bisher »vorbeigegangen« sei.[29]

---

[26]  Die Linke, Veteranenpolitik: Soziale Absicherung statt wohlfeiler Würdigung, Pressemitteilung vom 3.4.2012.

[27]  Mit dem Militärgeschichtlichen Forschungsamt 2013 vereinigt zum Zentrum für Militärgeschichte und Sozialwissenschaften der Bundeswehr.

[28]  BMVg, Veteranendiskussion: Es geht um besondere Wertschätzung, 2012, <http://www.bmvg.de/portal/a/bmvg/!ut/p/c4/NYuxDsIwDET_yE4WCmxUXVgRahu2tI0ioyapjNMufDzJwJ30hns-6fGFptDt5K5SiXXFEM9N1OmAKu4d3ylxWCBTpI44pBxzqZ3Ewp-ikUlwUKvRsJTFsiWWtJjMXA7SgUbprlVb_6O_Z9JfheWqa7t4-cAvh9gN9_UvO/> (letzter Zugriff 11.9.2014).

[29]  Thomas Bulmahn, Wahrnehmung und Bewertung des Claims »Wir.Dienen.Deutschland.« Image der Bundeswehr sowie Haltungen zum Umgang mit Veteranen. Ergebnisse der Bevölkerungsumfrage 2012. Kurzbericht, Strausberg 2012, S. 35.

Am 17. Oktober 2012 äußerte sich de Maizière im Rahmen des Jahresempfangs des Wehrbeauftragten erstmals hinsichtlich einer möglichen Definition des Veteranenbegriffes. In seiner Rede regte der Minister an, ehemalige Soldatinnen und Soldaten mit Einsatzbezug, denen in der Regel eine Einsatzmedaille verliehen wird, als Veteranen zu bezeichnen. Die Beschränkung auf die ehemaligen Soldaten und Soldatinnen begründete der Minister mit dem Wunsch, eine Spaltung der Armee in Veteranen und Nichtveteranen zu verhinden.

Allerdings galt auch diese erste Definition de Maizières nicht abschließend und ist rückblickend als weiterer Debattenbeitrag zu verstehen. Am 18. Januar 2013 verkündete der Minister seine Begriffsbestimmung vor angetretenen Soldaten der 10. Panzerdivision im Rahmen eines Abschiedsappells in Bad Reichenhall, die abschließende Gültigkeit haben sollte:

> »Veteran der Bundeswehr ist, wer ehrenhaft aus dem aktiven Dienst in der Bundeswehr ausgeschieden ist und als Angehöriger der Bundeswehr im Ausland an mindestens einem Einsatz oder einer besonderen Verwendung im Rahmen von humanitären, friedenserhaltenden oder friedensschaffenden Maßnahmen teilgenommen hat. Gleiches gilt für die Teilnahme an mindestens einer Ausbildungsmission der NATO oder der EU außerhalb des NATO-Bündnisgebietes. Schließlich halte ich mir die Möglichkeit offen, den Status eines Veteranen der Bundeswehr aktiv zuzuerkennen, sollte dies angemessen und geboten sein.«[30]

Mit dieser Bad Reichenhaller Definition wich de Maizière insofern von seinem ersten Definitionsansatz ab, als dass er in dieser Version den Veteranenstatus nicht mehr zwangsläufig an die Verleihung der Einsatzmedaille koppelte. Da diese eine Mindestdauer von 30 Tagen im Einsatz voraussetzt, wären Offiziere in bestimmten NATO-Verwendungen von dieser Definition ebenso ausgeschlossen wie Spezialisten und Ärzte, deren Stehzeit im Einsatz auch unter 30 Tagen liegen kann. Die Festlegung auf diese Definition wurde abermals vonseiten des Ministeriums als Etappe eines schrittweisen Vorgehens dargestellt. Kriterien hierfür seien der Anspruch gewesen, einen einfachen und eindeutigen Veteranenbegriff zu formulieren, der sich durch Trennschärfe und Transparenz auszeichne. Eine Ausweitung der Begriffsverwendung auf Veteranen der Nationalen Volksarmee (NVA) der DDR oder der Wehrmacht wurde ausdrücklich abgelehnt. Die Definition beschränkte sich exklusiv auf Veteranen und Veteraninnen der Bundeswehr mit dem Ziel, damit auf Akzeptanz innerhalb der Bundeswehr selbst zu stoßen und keine Spaltung der Truppe herbeizuführen.

Der letztgenannte Aspekt veranlasste kurze Zeit nach der Verlautbarung des Ministers den damaligen Generalinspekteur der Bundeswehr Volker Wieker, sich mit einem Generalinspekteurbrief[31] direkt an die Soldaten und Soldatinnen zu wenden. Darin betonte er den Zusammenhalt in der Bundeswehr, unabhängig von der jeweiligen Tätigkeit des und der Einzelnen. Eine besondere Anerkennung für die Leistung von Soldaten und Soldatinnen im Auslandseinsatz wollte der höchste deutsche General als einen »Dank an die ganze Truppe« verstanden wissen. Er forderte die

---

30  Rede von Verteidigungsminister Thomas de Maizière beim Verabschiedungsappell in Bad Reichenhall, Pressemitteilung vom 17.1.2013, <https://trendkraft.io/politik-soziales/minister-liefert-definition-des-veteranenbegriffs/> (letzter Zugriff 5.9.2024).
31  Volker Wieker, Generalinspekteurbrief I/2013, Berlin.

Angehörigen der Bundeswehr auf, sich aktiv in die Debatte einzubringen und einen Beitrag dazu zu leisten, das »Band zwischen der aktiven Truppe und den Veteranen« zu stärken. Erfolgreich könne die Initiative allerdings nur dann sein, wenn sie von politischer und gesellschaftlicher Seite getragen werde[32].

Wie die hier angesprochene Resonanz auf die offizielle Definition des Veteranenbegriffs indes realiter ausfiel, wurde bei einem Fachgespräch sichtbar, zu dem die Bundestagsfraktion von Bündnis 90/Die Grünen am 18. Februar 2013 einlud. Sowohl die ministerielle Definition als auch die Notwendigkeit einer Veteranenpolitik war unter den Mitgliedern verschiedener militärischer und ziviler Interessengruppen umstritten. Teilnehmer wie der schon erwähnte ehemalige Verteidigungspolitische Sprecher von Bündnis 90/ Die Grünen, Winfried Nachtwei, forderten, den Veteranenbegriff auch auf in Krisenregionen tätige Zivilisten und Zivilistinnen auszuweiten. Vertreter der betroffenen Organisationen selbst sahen hierfür keinen Bedarf. Auch bei militärischen Interessenvertretern wie dem BDV fand dieser Vorschlag keine Zustimmung. Der BDV forderte hingegen einen Veteranenstatus unabhängig vom Status als aktiver oder ehemaliger Soldat. Der Deutsche BundeswehrVerband wiederum sah die Definition mit der Beschränkung auf die Teilnehmer eines Auslandseinsatzes als zu eng bemessen an: Schließlich hätten während des Kalten Krieges auch in der Heimat eingesetzte Soldaten »Einsatzerlebnisse« gehabt. Ein Konsens über die Bedeutung und den Stellenwert des Veteranenbegriffs war zum Zeitpunkt dieser Tagung nicht erkennbar.[33]

## Ein Ende der Debatte?

Zu Beginn des Jahres 2013 revidierte Verteidigungsminister de Maizière seine Position hinsichtlich der Einführung eines Veteranentages. In einem Interview mit der »Neuen Presse Hannover« äußerte er die Überlegung, am deutschen Nationalfeiertag einen »Akzent« anstelle eines eigenen Gedenktages für die Veteranen und Veteraninnen zu setzen. Mit dieser Absage an einen der am stärksten öffentlich diskutierten Kernpunkte einer möglichen Veteranenpolitik deutete sich ein Umdenken bei de Maizière an, das in einem Interview mit der »Frankfurter Allgemeinen Zeitung« am 24. Februar 2013 noch deutlicher zutage trat. Auf die Frage, ob es an öffentlichem Zuspruch für die Bundeswehr mangele, antwortet de Maizière, dass er »lange so gedacht und geredet«, inzwischen jedoch seine Meinung geändert habe. Tatsächlich sei das Interesse an der Bundeswehr durch die Auslandseinsätze gewachsen und die Einstellung der Bevölkerung gegenüber den Streitkräften größtenteils positiv. Die Soldaten und Soldatinnen selbst würden hingegen glauben, dass »sie viel weniger anerkannt werden, als es in Wirklichkeit der Fall« sei. Der Wunsch nach Anerkennung sei für den Minister zwar verständlich, aber oft übertrieben und gleiche gar einer

---

[32]   Ebd., S. 2.
[33]   Johannes Leithäuser, Neue Deutsche Veteranen. In: Frankfurter Allgemeine Zeitung, 21.2.2013, <http://www.faz.net/aktuell/politik/ausland/asien/bundeswehr-neue-deutsche-veteranen-12088272.html?printPagedArticle=true#pageIndex_2> (letzter Zugriff 5.9.2024).

Sucht, wie er es in Richtung der Soldaten formulierte: »Hört einfach auf, dauernd nach Anerkennung zu gieren.«[34]

Von politischer und militärischer Seite wurde diese Äußerung des Ministers scharf kritisiert. Daraufhin bekundete de Maizière eine Woche nach Erscheinen des Interviews öffentlich sein Bedauern über seine Wortwahl. Gleichzeitig hielt er an der Aussage fest, »dass die hohe Wertschätzung von außen in der Bundeswehr selbst nicht so richtig wahrgenommen werde«.[35] Diese Bewertung stand allerdings in Kontrast zu der ursprünglichen Intention des Ministers, mittels einer Veteranenpolitik die Wertschätzung für Soldaten und Soldatinnen der Bundeswehr zu erhöhen. Diese Absicht wurde nochmals mit der Veröffentlichung eines Berichts am 8. Mai 2013 zum Stand der Neuausrichtung der Bundeswehr betont, also zu der zum damaligen Zeitpunkt aktuellen Bundeswehrreform. Demnach solle der gesellschaftliche Diskurs über die Gestaltung einer Veteranenpolitik fortgeführt werden, da eine stärkere gesellschaftliche Anerkennung von einer breiten Mehrheit in der Bevölkerung getragen werden müsse.[36] Darüber hinaus wurde die weitere Vorgehensweise des Ministeriums für die Realisierung der Veteranenpolitik beschrieben:

»Die Erarbeitung ministerieller Leitlinien einer Veteranenpolitik der Bundeswehr, ergänzt durch Mittel der Öffentlichkeitsarbeit, wird im Sinne eines behutsamen und schrittweisen Vorgehens bis zum Sommer 2013 folgen. Daran schließt sich die praktische Umsetzung der Veteranenpolitik an.«[37]

Über diese offizielle ministerielle Ankündigung hinaus äußerte sich der Minister selbst immer seltener öffentlich zur Veteranenpolitik. Für die Opposition bot dies weiteren Anlass zu einer kritischen Auseinandersetzung mit dem Vorgehen de Maizières. In einer Aussprache vor dem Parlament über den Stand und die Perspektiven der Neuausrichtung sah die Opposition aus den Reihen der SPD die Initiative bereits zum Scheitern verurteilt. Der SPD-Politiker Rainer Arnold prognostizierte in seiner Rede, dass das Projekt der Veteranendebatte »eher im Sande verlaufen wird«, und warf dem Minister vor, »Luftlöcher« zu bohren[38]. Ähnlich äußerte sich sein Fraktionskollege Hans-Peter Bartels, der der Veteranendebatte »etwas sehr künstliches« attestierte und es in seiner Rede vor dem Bundestag an den Minister gewandt begrüßte, dass dieser »keine allzu hohen Erwartungen« mehr wecke.[39]

Neben der Ankündigung de Maizières, das Thema Veteranen aus dem Bundestagswahlkampf herauszuhalten, wurde seine Amtszeit in den Monaten bis zur Bundestagswahl im Jahr 2013 zunehmend von der Debatte um die Beschaffung der Drohne Euro Hawk überschattet. Das Thema Veteranenpolitik fand hingegen immer seltener Beachtung.

---

[34]  <https://www.faz.net/aktuell/politik/inland/thomas-de-maiziere-im-gespraech-giert-nicht-nach-anerkennung-12092201.html> (letzter Zugriff 5.9.2024).

[35]  <https://www.n-tv.de/politik/De-Maiziere-bedauert-den-Ton-article10223371.html> (letzter Zugriff 5.9.2024).

[36]  BMVg, Bericht zum Stand der Neuausrichtung der Bundeswehr vom 8. Mai 2013, S. 57.

[37]  Ebd.

[38]  Deutscher Bundestag, Plenarprotokoll 17/240, Stenografischer Bericht der 240. Sitzung vom 16.5.2013, S. 30128.

[39]  Ebd., S. 30139.

Die angekündigte Veröffentlichung ministerieller Leitlinien blieb ebenfalls aus. Mit dem Ministerwechsel und Amtsantritt von Ursula von der Leyen im Oktober 2013 wurde es zumindest auf der ministeriellen Ebene zunächst ruhig um das Thema. Eine Erwähnung fand sich noch im Koalitionsvertrag zwischen CDU/CSU und SPD, ohne dass dies mit konkreten politischen Maßnahmen verknüpft wurde:

> »Die Koalition unterstützt den fortgesetzten Dialog der Bundeswehr in und mit der Gesellschaft. Die Verantwortung für unsere Veteranen wollen wir gemeinsam tragen. Dies gilt auch für die Fürsorge für Verwundete und Versehrte und die würdige Gestaltung der Erinnerung an unsere Gefallenen und Toten.«[40]

Schließlich würdigte von der Leyen in ihrer Rede zum Abschied ihres Vorgängers die Debatte über die Veteranenpolitik, deren Ziel es gewesen sei, »die Erfahrungen und die Folgen der Einsätze in der Gesellschaft zu tragen«.[41]

Ursula von der Leyen selbst hielt sich in den ersten drei Jahren ihrer Amtszeit mit öffentlichen Äußerungen zum Veteranenthema zurück. Gegenüber der Öffentlichkeit schien sie kein Interesse daran zu haben, die Initiative ihres Vorgängers aufzugreifen. Intern wurde hingegen eine Überarbeitung der bisher im BMVg getroffenen Überlegungen durchgeführt. Dieser Prozess beinhaltete auch die Einladung zu einem Runden Tisch, die an die einschlägig mit dem Veteranenthema befassten Interessenvertretungen, wie dem BDV, dem DBwV, dem Verband der Reservisten der Bundeswehr (VdRBw) und dem Beirat im Reservistenverband erging. Am Ende dieses Treffens wurde ein Kompromiss in Form einer Tischvorlage erzielt, die jedoch keinen offiziellen, verbindlichen Charakter aufwies. Darin wurde die folgende »Zwei-Veteranen-Lösung« vorgeschlagen:

> »Veteranin oder Veteran der Bundeswehr sind alle früheren Soldatinnen und Soldaten der Bundeswehr, die seit Gründung der Bundeswehr ehrenhaft aus dem aktiven Dienst der Bundeswehr ausgeschieden sind. Der Veteranenstatus ist an keine Altersgrenze gebunden. Veteraninnen und Veteranen gemäß vorgenannter Definition, die in den Einsatzgebieten der Bundeswehr Dienst geleistet haben, sind nach ihrem ehrenhaften Ausscheiden aus der Bundeswehr Einsatzveteraninnen bzw. Einsatzveteranen.«[42]

Zum Kreis der früheren Soldaten wurden bei dieser Vorlage auch ehemalige Wehrdienstleistende und Zivilisten mit vorübergehenden Soldatenstatus gezählt. Als Dienst in den Einsatzgebieten wurden Auslandseinsätze und besondere Verwendungen im Rahmen von humanitären, friedenserhaltenden oder friedensschaffenden Maßnahmen sowie bei Ausbildungsmissionen von NATO und EU außerhalb des jeweiligen Bündnisgebietes verstanden. Offizielle Gültigkeit erlangte diese Definition nie. Bis dato stellte sie jedoch einen Kompromiss dar, der die größtmögliche Schnittmenge zwischen den Positionen der einzelnen Verbände bildete, die im nächsten Kapitel vorgestellt werden.

---

[40]　CDU/CSU und SPD, Deutschlands Zukunft gestalten. Koalitionsvertrag zwischen CDU, CSU und SPD, 2013, S. 123.

[41]　Rede der Verteidigungsministerin Ursula von der Leyen zum Abschied von Thomas de Maizière vom 8.1.2014, Mitschnitt verfügbar auf <https://augengeradeaus.net/2014/01/service-abschied-von-de-maiziere-zum-nachhoren/> (letzter Zugriff 24.2.2025).

[42]　Björn Müller, Verteidigungsministerium präsentiert »Zwei-Veteranen-Modell«, <http://www.pivotarea.eu/2015/12/02/bmvg-stellt/> (letzter Zugriff 5.9.2024).

## Der Einfluss der Verbände auf die deutsche Veteranenpolitik

Die für eine Veteranenpolitik relevante Verbändelandschaft zeichnet sich in Deutschland durch ein breites Spektrum unterschiedlicher Interessen und Zielsetzungen aus. Die großen und etablierten Verbände vertreten zunächst einmal unterschiedliche Zielgruppen. Der Deutsche BundeswehrVerband nimmt für sich in Anspruch, die Interessenvertretung »aller Menschen der Bundeswehr« zu sein und sowohl aktive als auch ehemalige Soldatinnen und Soldaten sowie die zivilen Mitarbeiter und Mitarbeiterinnen im Geschäftsbereich des Bundesministeriums der Verteidigung zu vertreten. Aus diesem Selbstverständnis heraus hatte sich der DBwV bereits 2013 durch einen Beschluss seiner Hauptversammlung darauf festgelegt, dass es keiner Veteranendefinition bedürfe:

»1. Mitglieder des Deutschen BundeswehrVerbandes werden nicht kategorisiert. Jeder hat die gleichen Rechte und erfährt die gleiche persönliche und politische Unterstützung. Für die Betreuung der Mitglieder braucht der Deutsche BundeswehrVerband keine Definition der Veteranen.

2. Für eine gesellschaftliche Anerkennung in Deutschland bedarf es keiner Definition des Veteranen – im Gegenteil: Eine Definition mit diesem Ziel spaltet. Der Deutsche BundeswehrVerband spricht sich für eine Verbesserung der gesellschaftlichen Anerkennung aller aktiven und ehemaligen Soldaten der Bundeswehr aus. Grundlage für eine gesellschaftliche Anerkennung ist der Eid, den Soldaten leisten bzw. geleistet haben.

3. Wenn es erforderlich ist, eine Definition zu finden, um zusätzliche/neue Regelungen der Fürsorge/Nachsorge/Hilfestellung für ehemalige Soldaten der Bundeswehr und deren Familien zu gestalten, dann kann die Definition eines Veteranenbegriffs hilfreich sein. Diese Linie ist offensiv in den Bereich der politischen Leitung und der übrigen an der Diskussion beteiligten Interessenvertretungen zu transportieren.«[43]

Hinter dieser Beschlusslage stand die Sorge, dass eine Veteranendefinition zu einer Spaltung der eigenen Mitgliedschaft führen könnte, wenn eine größere Gruppe zusätzlich privilegiert würde.

Eine ähnliche Sorge teilte der Reservistenverband, der vor allem die ehemaligen Soldaten im Status Reservist vertritt. Auch wenn die Anzahl der einsatzerfahrenen Reservisten stetig zunimmt, hat ein wesentlicher Anteil der heutzutage im VdRBw organisierten ehemaligen Soldaten seinen Dienst zu Zeiten des Kalten Krieges absolviert. Viele dieser Reservisten hatten somit gar keine Möglichkeit, an einem Auslandseinsatz der Bundeswehr teilzunehmen. Selbst wenn sich der VdRBw als Vereinigung von Reservisten und Veteranen qua Satzung versteht, wurde auch seitens des Reservistenverbandes vermieden, eine Definition einzuführen, die aus seiner Sicht das Potenzial gehabt hätte, die eigene Mitgliedschaft zu spalten.

Anders sieht dies bei den jüngeren Veteranenverbänden wie dem BDV sowie den Combat Veterans aus. Beide wurden maßgeblich von Einsatzrückkehrern und -rückkehrerinnen aufgebaut, die zum Teil selbst Einsatzschädigungen erlitten haben und diese auch offensiv in der Öffentlichkeit thematisier(t)en. Diese Verbände sind ein Beleg dafür, dass sich durch eine neue Generation von Soldaten

---

43    DBwV, Beschlüsse, 19. Hauptversammlung, Berlin, 18.–22.11.2013, S. 17 f.

und Soldatinnen mit Einsatzerfahrung wieder eine Veteranenkultur formiert hat, die nach dem Ende des Zweiten Weltkrieges in Deutschland ausgestorben schien. Diese Verbände verstehen sich explizit als Vertreter einsatzerfahrener Soldaten und Soldatinnen und verbinden ihre Veteranendefinition mit der Teilnahme an einem Auslandseinsatz. Vor allem mit der Entstehung des BDV zog ein neuer Akteur in die Verbändelandschaft ein, der sich in seiner Anfangszeit vor allem als politischer Agendasetter profilierte und die öffentliche Aufmerksamkeit für einsatzversehrte Soldaten und Soldatinnen und das Thema PTBS durch hohe mediale Präsenz steigern konnte. Hierzu gehörte die Veröffentlichung von Erfahrungsberichten genauso wie die Teilnahme von Mitgliedern des BDV in Reportagen und Diskussionsrunden. Innerhalb kürzester Zeit gelang es dem BDV, sich als anerkannten Gesprächspartner auf dem von der Politik und den etablierten Verbänden lange Zeit vernachlässigten Feld der Veteranenpolitik zu etablieren.[44] Der BDV vertritt seitdem vor allem eine jüngere Generation von Soldaten und Soldatinnen, die durch die Auslandseinsätze und insbesondere durch den Einsatz in Afghanistan geprägt wurde. Seit seiner Entstehung hat sich der BDV über seine Aufgabe als Interessenvertretung ehemaliger Einsatzsoldaten zu einer Hilfsorganisation für versehrte und traumatisierte Soldaten und Soldatinnen entwickelt und feste Strukturen eingenommen.

Eng verbunden mit dem BDV sind die Combat Veterans, die sich zum Teil aus ehemaligen BDV-Mitgliedern gegründet haben. Der Name soll auf den Kampf im Einsatz, aber auch in der Heimat im Umgang mit Politik, Verwaltung und Öffentlichkeit aufmerksam machen. Während sich beide Veteranenverbände in ihren Forderungen ähneln, weisen die Combat Veterans eine hierarchischere Struktur auf. Die ursprüngliche Organisation als Club, die teilweise in die Vereinsstruktur übernommen wurde, lässt eine Mentalität erkennen, die stark ans Militärische angelehnt ist. Hierzu gehört die hierarchische Fokussierung auf den Vorsitzenden des Vereins bzw. »Präsidenten« und die enge Anlehnung an Begriffe und Funktionsprinzipien der Bundeswehr. Diese scheinen den Veteranen ein besonderes Maß an Orientierung zu geben. Dabei verschwimmen die Grenzen zwischen einem zivilen Verein und einem militärisch organisierten Club. Auch optisch zeigen sich die Angehörigen der Combat Veterans regelmäßig in einer Bekleidung, die stilistisch den Motorradclubs entlehnt ist und Uniformteile integriert. Desgleichen werden im Vereinsleben Motive aus der Motorradszene zum Beispiel durch die Teilnahme an einer als »Memorial-Run« bezeichneten Motorradsternfahrt zum Ehrenmal der Bundeswehr aufgegriffen.

Noch weiter gehen die Recondo-Vets (RV), die gleichzeitig ein Beispiel dafür sind, dass sich ehemalige Soldaten auch jenseits herkömmlicher Strukturen organisieren. Bei den Recondo-Vets handelt es sich um einen »Military Motorcycle Club«. Hier steht weniger die Interessenvertretung ehemaliger Soldatinnen und Soldaten, sondern vor allem das Zusammengehörigkeitsgefühl als Veteranen im Vordergrund. Die Bezeichnung »Recondo« stammt aus dem militärischen Sprachgebrauch und bezieht sich auf Aufklärungs- und Spezialeinheiten. In ihrer Selbstdarstellung beschrei-

---

[44]  Sascha Stoltenow, Heldenlos. Soldatische Identität in der Mediengesellschaft. In: Soldatentum. Auf der Suche nach Identität und Berufung der Bundeswehr heute. Hrsg. von Martin Böcker, Larsen Kempf und Felix Springer, München 2013, S. 103.

ben sich die Recondo-Veteranen als »eine Bruder- und Kameradschaft von aktiven und ehemaligen Soldaten, die sich schon lange kennen und gemeinsam Motorrad fahren«. Auch die Recondo-Vets haben sich in der Vergangenheit am bereits erwähnten Memorial-Run beteiligt. Da dieser eine der wenigen öffentlichkeitswirksamen Veranstaltungen von Veteranen darstellt, führt dies dazu, dass selbst eine zahlenmäßig kleine Gruppe wie die Recondo-Veteranen das Potenzial hat, das Bild einer sich in Deutschland langsam entwickelnden Veteranenkultur maßgeblich zu prägen.

Rückblickend stellt sich der Einfluss der Verbände und Veteranenorganisationen in der Debatte um eine Veteranenpolitik folgendermaßen dar: Zu Beginn war es vollkommen offen, inwiefern eine mögliche Veteranenpolitik mit materiellen Leistungen verknüpft sein könnte. Entsprechend konnte in dieser Anfangsphase der Debatte allen Verbänden unterstellt werden, ein Interesse daran zu haben, sich als legitime Interessenvertretung der Veteranen zu profilieren, um später von möglichen Leistungen für ihre Mitglieder zu profitieren. Auch wenn alle Verbände in unterschiedlichem Umfang vonseiten des BMVg in die Debatte einbezogen wurden, stieß die von de Maizière in Bad Reichenhall verkündete offizielle Veteranendefinition vom Januar 2013 bei keinem der Verbände auf volle Zustimmung. Für den Deutschen BundeswehrVerband war die Eingrenzung auf ehemalige Soldaten und Soldatinnen nicht konsensfähig, da dieser eine große Anzahl aktiver Militärangehöriger vertritt. Für den Reservistenverband hingegen war der Einsatzbezug der Definition problematisch. Schließlich grenzte sie einen Großteil der Mitglieder aus, die im Kalten Krieg gedient und keine Möglichkeit hatten, an einem Auslandseinsatz teilzunehmen. Entsprechend betonte der Reservistenverband die Gefahr einer Spaltung. Der BDV wiederum schloss bei seinen Mitgliedern auch aktive Soldaten und Soldatinnen ein, was ebenfalls problematisch ist, da diese von der Bad Reichenhaller Definition ebenfalls ausgeschlossen wären. In der Summe hatte de Maizière eine Definition gewählt, die sich mit keinem der von den Verbänden jeweils vertretenen Verständnis bzw. mit den Interessen ihrer Mitglieder deckte. Dies schloss die Combat Veterans mit ein, deren Veteranenverständnis der Auffassung des Bundes Deutscher EinsatzVeteranen weitestgehend glich. Aus diesem Grund hatte keiner der Verbände ein Interesse daran, dass sich die Reichenhaller Veteranendefinition langfristig etablierte. Zudem wurde in dieser Zeit offensichtlich, dass sich eine mögliche Veteranenpolitik, wenn überhaupt, auf ideelle Aspekte beschränken würde. Konkrete Leistungen oder zusätzliche Haushaltsmittel waren hingegen nicht vorgesehen, sodass keiner der Verbände in materieller Hinsicht hiervon hätte profitieren können. Unter Berücksichtigung dieser Faktoren wird plausibel, warum keiner der Verbände weiteren politischen Druck auf das BMVg ausübte, als das angekündigte Veteranenkonzept ausblieb. Hinzu kommt, dass mit dem Auslaufen des NATO-Einsatzes in Afghanistan und der Krim-Annexion das öffentliche Interesse am Thema Veteranenpolitik abebbte. Auch der Ministerwechsel führte dazu, dass die Thematik nach 2013 öffentlich nicht weiterverfolgt wurde.

Erst in jüngerer Zeit scheinen die Veteranenverbände bestrebt zu sein, sich stärker einander anzunähern. Mit der Wahl des in der »Veteranencommunity« bekannten Oberstleutnants Marcel Bohnert zum Stellvertretenden Bundesvorsitzenden des

Deutschen BundeswehrVerbands Ende 2021 trat der DBwV auch in Fragen der Veteranenpolitik verstärkt in Erscheinung. Mit Tagungen und Positionspapieren hat der DBwV zusammen mit weiteren Verbänden begonnen, die unterschiedlichen Sichtweisen zusammenzuführen. Dazu gehören mittlerweile auch Vereine, die sich im Umfeld der politischen Parteien gegründet haben, wie »BundeswehrGrün« oder die »Liberalen Soldaten e. V.«, was zeigt, dass sich Veteranen stärker organisieren und sich die Veteranenkultur in Deutschland weiterentwickelt. Noch bleibt abzuwarten, ob ein geschlossenes Auftreten der Veteranenbewegung dazu führt, dass diese künftig stärker als Agendasetter wirken kann.

## Weitere Einflussfaktoren

Die Debatte um eine deutsche Veteranenpolitik war von Beginn an auch aus historischen Gründen vorbelastet und konnte sich von diesem Erbe bislang nicht vollständig befreien. So äußerten führende Politiker wie der frühere verteidigungspolitische Sprecher der SPD Rainer Arnold in einem Positionspapier 2012, eine Politik speziell für Veteranen habe in der Bundesrepublik »keine Tradition und würde an dunkle Zeiten erinnern«.[45] Dies gilt umso mehr aufgrund der Tatsache, dass in Deutschland zu Beginn der Debatte laut den Ergebnissen einer Meinungsumfrage von 2012 Begriffe wie »ehemalig«, »alt«, »Krieg« und »altgedient« mit dem Veteranenbegriff assoziiert wurden, nicht jedoch die Rückkehrer und Rückkehrerinnen der heutigen Auslandseinsätze.[46] Das historische Bild von Veteranen ist in Deutschland weiterhin durch die Erfahrungen zweier Weltkriege und durch die starke Präsenz der historischen Veteranenverbände in den Lagerkämpfen der Weimarer Republik geprägt. Dabei wird oft übersehen, dass in der Weimarer Zeit bestimmte Veteranenverbände eine wichtige soziale Funktion für die Kriegsheimkehrer übernahmen und Veteranen, die sich beispielsweise im Reichsbanner Schwarz-Rot-Gold organisierten, sich für den Erhalt der Republik einsetzten.[47] Hier ließe sich an positiv besetzte historische Traditionen anknüpfen.

Ein weiterer Grund, warum die Veteranendebatte an Schwung verlor, dürfte auch das nachlassende Interesse des parlamentarischen Raums gewesen sein. Nachdem der Bundestag Fortschritte bei der Versorgung einsatzversehrter Soldaten und Soldatinnen erzielt hatte und hierfür eine gesetzliche Grundlage geschaffen wurde, blieben weitere Initiativen für eine umfassende Veteranenpolitik aus. Der Begriff »Veteranen« wird zwar regelmäßig von Parlamentariern benutzt und hat sogar Eingang in den Koalitionsvertrag der Regierungsparteien von CDU/ CSU und SPD in der 18. Wahlperiode gefunden. Allerdings wird er abhängig von der politischen Interessenlage und nicht einheitlich verwendet. Im Koalitionsvertrag zwischen SPD, Bündnis 90/Die Grünen und FDP, der Ende November 2021 und damit nach Verabschiedung der offiziellen Veteranendefinition durch Ministerin von der Leyen

---

[45]   Rainer Arnold, Eine Veteranenpolitik für die Bundeswehr?, <https://pivotarea.eu/wp-content/uploads/2015/11/Veteranenpolitik.pdf> (letzter Zugriff 5.9.2024).
[46]   Bulmahn, Wahrnehmung und Bewertung (wie Anm. 29), S. 35.
[47]   Siehe hierzu den Beitrag von Sebastian Elsbach in diesem Band.

veröffentlicht wurde, findet sich der Begriff gar nicht mehr. Ein überparteilicher Konsens besteht hauptsächlich über die staatliche Verantwortung für die Versorgung versehrter Soldaten und Soldatinnen. Das scheint der Wählerschaft leichter zu vermitteln zu sein. Maßnahmen zur Steigerung der gesellschaftlichen Anerkennung speziell für Veteranen werden hingegen kaum noch öffentlich diskutiert. Zwar wurden Angebote, wie beispielsweise das seit dem 1. Januar 2020 kostenlose Bahnfahren für Soldaten und Soldatinnen in Uniform, auch mit dem Ziel der Steigerung der Sichtbarkeit der Bundeswehr in der Gesellschaft begründet. Dieses gilt aber nur für aktive Soldaten und ist damit unabhängig vom Status »Veteran«.

Die Veteranendefinition vom Volkstrauertag 2018 kann damit insgesamt auch als ein Versuch gesehen werden, seitens des Verteidigungsministeriums einen Schlusspunkt unter eine unbeliebte Debatte zu setzen. Schließlich lassen sich durch die umfassende Veteranendefinition nun alle politischen Maßnahmen, die aktive und ehemalige Soldaten betreffen, im weitesten Sinne als »Veteranenpolitik« betrachten. In der Praxis profitiert davon jedoch nur eine Teilmenge, etwa durch Maßnahmen zur Verbesserung der Versorgung einsatzgeschädigter Soldaten, das eben erwähnte Bahnfahren für aktive Soldaten oder Zuschläge für Reservisten. Ein 2019 erarbeiteter Leitfaden für die Ausgestaltung der Veteranenarbeit kündigt zwar an, dass Vorschläge erarbeitet werden sollen, wie die Würdigung der Veteranen weiter ausgestaltet werden kann[48]. Konkrete Leistungen und Ansprüche, die sich aus der Veteranendefinition ableiten ließen, finden sich in dem Leitfaden nicht. Es bleibt abzuwarten, wie sich die symbolischen Maßnahmen in Form des Veteranenabzeichens und des Veteranentages auf Basis des vagen Veteranenbegriffs tatsächlich auf die Verbindung zwischen Gesellschaft und Veteranen auswirken und welche Zielgruppen durch das Veteranenbüro angesprochen werden. Dies sollte zu einem passenden Zeitpunkt wissenschaftlich evaluiert werden.

## Fazit

Über den Begriff des Veteranen lässt sich leidenschaftlich streiten. Eine Veteranenpolitik eröffnet viel Raum für Ideen und Spekulationen. Dies zeigen eindrucksvoll die Auseinandersetzungen zwischen den Verbänden und der Politik seit dem Beginn der Debatte im Jahr 2012. Der Vorschlag eines Veteranentages war ein medienwirksamer Paukenschlag, auf den wenig Konkretes folgte. Bislang getroffene Maßnahmen waren lediglich politisches Stückwerk. Dabei wandelte sich die Ausrichtung der Debatte im Laufe der Zeit. Zu Beginn und in der »heißen Phase« des Afghanistaneinsatzes stand die Frage der Versorgung einsatzgeschädigter Soldaten im Vordergrund. Hier konnten wichtige Verbesserungen in der Versehrtenfürsorge erzielt werden. Im weiteren Verlauf löste sich der Fokus von den Einsatzrückkehrern und die komplexe Frage der allgemeinen Anerkennung des Dienstes in der Bundeswehr rückte in den Vordergrund.

---

48   BMVg, Leitfaden für die Ausgestaltung der Veteranenarbeit der Bundeswehr, Berlin 2019, S. 4.

Drei Gründe lassen sich vorrangig für das nachlassende Interesse an einer deutschen Veteranenpolitik, wie sie Thomas de Maizère damals in das Gespräch brachte, anführen:

Erstens stellt die deutsche Geschichte eine Hypothek für die Entwicklung einer modernen Veteranenpolitik dar. Bis heute steht die Mehrheit der deutschen Bevölkerung Auslandseinsätzen der Bundeswehr kritisch gegenüber und insbesondere Kampfeinsätze finden keine Mehrheit in Bevölkerungsumfragen.[49] Es bleibt abzuwarten, wie sich die Kehrtwende in der deutschen Sicherheitspolitik durch die Ampel-Regierung von Olaf Scholz als Reaktion auf den im Frühjahr 2022 begonnenen russischen Angriffskrieg gegen die Ukraine langfristig auch auf die zivil-militärischen Beziehungen in Deutschland und auf die Akzeptanz des Einsatzes militärischer Gewalt in der deutschen Bevölkerung auswirken wird.

Der zweite Grund, warum sich die Politik lange Zeit schwergetan hat, den Begriff Veteran zu definieren, liegt im Selbstverständnis und im Agieren der beteiligten Verbände begründet, die unterschiedliche Zielgruppen vertreten. Eine Definition zugunsten eines bestimmten Verbandes könnte Nachteile für andere Verbände mit sich ziehen. Dies gilt insbesondere für den Fall, dass eine Definition mit konkreten Leistungen verknüpft wird.

Rückblickend war drittens die Vorgehensweise des BMVg selbst nicht sehr geschickt, um eine Einigung zu erzielen. Der Verzicht auf einen Definitionsvorschlag seitens des Verteidigungsministeriums sollte eine offene Debatte ermöglichen. Sie blieb aber aus, wie selbst Minister de Maizère konsterniert feststellen musste, als er darüber klagte, dies sei eine Diskussion »unter den üblichen Verdächtigen« gewesen. Am Ende konnte sich selbst die Definition von Bad Reichenhall auf der politischen Ebene nicht durchsetzen und andere Themen rückten in den Vordergrund.

Auch wenn viele Maßnahmen beschlossen wurden, um die soziale Situation von versehrten Einsatzrückkehrern zu verbessern, bleibt die grundsätzliche Frage, wie eine Veteranenpolitik weiter ausgestaltet werden soll, ungelöst. Die aktuell gültige Veteranendefinition will allen gerecht werden. Geholfen hat sie bislang niemanden. Der Mehrwert eines solchen maximal inklusiven Ansatzes erscheint fraglich. Auch im internationalen Vergleich ist die deutsche Definition einmalig. Es wäre deshalb sinnvoller, den Veteranenbegriff mit der Verwendung in einem mandatierten Auslandseinsatz oder, sofern es einmal notwendig sein sollte, mit dem Einsatz für die Landes- und Bündnisverteidigung zu verknüpfen, wie es in vielen anderen europäischen Ländern üblich ist. Implizit klingt dies auch im Tagesbefehl zur Veteranendefinition an, der Maßnahmen für einsatzgeschädigte Soldaten betont und die Invictus Games mit einem Einsatzbezug als Beispiel für mögliche Maßnahmen aufführt. Der Sinn einer Veteranendefinition würde dann darin bestehen, einer neuen Gruppe von Soldaten Aufmerksamkeit zu schenken, die sich erst durch die Auslandseinsätze gebildet hat und die viele Jahre mit dem sperrigen Begriff »Einsatzrückkehrer« bezeichnet wurde.

---

49   Timo Graf, Sicherheits- und verteidigungspolitisches Meinungsbild in Deutschland 2021. Forschungsbericht 132, ZMSBw, Potsdam 2021, S. 3.

Ignorieren lassen sich die Veteranen nicht. Im Gegensatz zu ihrem eigenen Empfinden sind sie schon lange nicht mehr »unsichtbar«[50]. Sie sind gesellschaftliche Realität in einem Land, das sich mit seiner Armee seit Jahrzehnten im Einsatz befindet.

Bei dieser Gruppe geht es gerade nicht nur um gesellschaftliche Anerkennung, die zweifelsohne allen Einsatzkräften und Berufsgruppen zuteilwerden sollte, die sich im besonderen Maße für das Allgemeinwohl einsetzen. Die Vorstellung, dass die Hinwendung zu einer Gruppe mit einer Abwertung einer anderen einhergehen würde, ist ohnehin nicht plausibel, schließlich stellt gesellschaftliche Anerkennung kein begrenztes Gut dar. Vorrangig sind die besonderen Bedürfnisse einer Gruppe von Soldaten, die grundsätzlich in militärischen Einsätzen stärker körperlichen und seelischen Gefahren ausgesetzt sind als diejenigen im Heimatbetrieb. Bis heute ist vollkommen unklar, wie viele Veteranen es in diesem Sinne überhaupt gibt. Dies wäre jedoch ein wichtiger Schritt, um empirisch zu erfassen, wie es ehemaligen Einsatzsoldaten nach dem Ende ihrer Dienstzeit geht. Viele Maßnahmen zur Verbesserung der Situation Einsatzgeschädigter zeichnen sich dadurch aus, dass diese Soldaten und Soldatinnen wieder in die Streitkräfte integriert und dort versorgt werden. Dieser Ansatz übersieht jedoch, dass viele durch Auslandseinsätze geschädigte Soldaten nach ihrem Dienstzeitende bewusst auf Distanz zu ihrem ehemaligen Dienstherrn gehen. Dies gilt umso mehr für die Familien, die oft gerade in der Bundeswehr den Schuldigen für erfahrenes Leid sehen.

Die Evaluation des Afghanistaneinsatzes durch die Enquete-Kommission des Deutschen Bundestages wäre eine passende Gelegenheit, um diejenigen in den Blick zu nehmen, die diesen Einsatz durchgeführt haben. Dabei müsste noch nicht einmal der Veteranenbegriff pauschal verändert werden. Es würde ausreichen, ihn um den Begriff des Einsatzveteranen zu erweitern, um eine Erfassung einsatzerfahrener Soldaten vornehmen zu können. Damit würde die Veteranenpolitik wieder zu ihrem Ausgangspunkt zurückkehren, nämlich zur Frage, was eine demokratische Gesellschaft den Menschen schuldet, die für sie ihr Leben und ihre seelische und physische Unversehrtheit in einem militärischen Einsatz riskiert haben.

---

[50] Die unsichtbaren Veteranen. Kriegsheimkehrer in der deutschen Gesellschaft. Hrsg. von Marcel Bohnert und Björn Schreiber, Berlin 2016.

Yvon de Reuver

# Undertaking Action Versus »Talk, Talk, Talk«.
## How Dutch Veterans React to Public Stereotypes by Using a Grammar of Reverse Mirror Imaging

Most of them [other recruits of the police training, YR] … the worst that ever happened to them is that their goldfish lay on its back in the fishbowl, and yes, well, I had been through worse, of course. So that was a culture shock. … Soft crowd, the police. [He puts on a squeaky voice] »Are you okay? I see you are having a tough time.« And I think to myself: I just want to catch bad guys. … It is just talking, talking, talking, no action. While at Defence it was: »This is what we are going to do!« – »Okay!« And here, there are always some people who say: »Yes, well, but …« It is a civil organisation.[1]

In this quote, former corporal and veteran Robin, who was deployed in the International Security Assistance Force (ISAF) mission, reflects on the cultural differences between the military and his new workplace, the civil police. Although the job of a policeman bears a resemblance to that of a soldier – wearing a uniform, acting as an instrument of the state, carrying a gun and being allowed to use it in self-defence – and these resemblances are reasons why Robin chose to enter the police academy, in reality, he perceived the police academy to be a huge cultural shift in comparison to his military service. He contrasted what he had seen of the world and went through during military service with the little that, according to his view, had affected other police recruits during their lives. Instead of the mental endurance and decisiveness he knew from working in the military, Robin found much talk about emotions within police training. And while he »wanted to catch the bad guys«, in other words, undertake action, he perceived that talking was of much more importance in the police. All of which he declared with a simple: »It is a civil organisation.«

In this chapter, I describe how the articulation of differences between civilians and veterans illustrates the way in which veterans identify, and that articulating these differences is a reaction to public perceptions of the occupation of the soldier. In my case study, Dutch veterans felt that the wider society looked at them in a way that fits into the theories on infamous occupations[2] or dirty work.[3] I demonstrate in the

---

[1]  Interview with »Robin« (pseudonym) on 11 Sept 2017.
[2]  Cf. Blok, Anton. *Honour and Violence* (Cambridge, UK: Polity, 2001).
[3]  Ashforth, Blake E., and Glen E. Kreiner. »›How can you do it?‹ Dirty Work and the Challenge of Constructing a Positive Identity,« in *Academy of Management Review*, 24/3, 1999, 413–434; Ashforth, Blake E., and Glen E. Kreiner. »Contextualizing Dirty Work. The Neglected Role of Cultural, Historical, and Demographic Context,« in *Journal of Management and Organisation*,

following pages how veterans in my study reacted to these perceptions by contrasting their own characteristics with those of civilians – using the grammar of reverse mirror imaging[4] to mark differences between »us« and »them«. I argue how the use of this grammar emerges from military culture and becomes relevant for veterans who have left the service when they feel neglected, misunderstood or even judged by civilians. I then discuss how the use of this grammar can create a vicious circle of »otherness« and fosters perceptions of being ignored and misunderstood.

## Studying Veteran Identification

While the Netherlands knows numerous initiatives that all address veterans as such, little is known about what it means to be a veteran for veterans themselves. Formally, it is obvious whom these initiatives are addressing: everyone who falls under the official definition. But informally, there is a lot of variation regarding how veterans view themselves and whether identifying as a veteran matters in their current life.[5] An annual survey among Dutch veterans, for instance, sent out by the Netherlands Veterans Institute from 2014 to 2018, demonstrated that while three-quarters of respondents said they felt proud to be a veteran, only two-thirds of them answered affirmatively when asked whether they felt like a veteran. However, just over half of the veterans declared that they feel connected to other veterans, and no more than a quarter said that they actively expressed their veteran status in their daily lives.[6] This implies that there are veterans who feel proud of their status, yet, do not ac-

---

20/4, 2014, 423–440, here 423; Ashforth, Blake E., and Glen E. Kreiner. »Dirty Work and Dirtier Work. Differences in Countering Physical, Social, and Moral Stigma,« in *Management and Organisation Review*, 10/1, 2014, 81–108.

[4]   See Baumann, Gerd. »Grammars of Identity/Alterity. A Structural Approach,« in *Grammars of Identity/Alterity: A Structural Approach*, ed. by Gerd Baumann and Andre Gingrich (New York/ Oxford: Berghahn, 2004), 18–52.

[5]   See also de Reuver, Yvon. »Veteran under Construction. Identification Processes among Dutch Veterans Who Served in Military Missions in Lebanon, Srebrenica, and Uruzgan,« PhD dissertation, Radboud Universiteit Nijmegen. May 2022, <https://www.nlveteraneninstituut.nl/content/ uploads/2022/05/PDF-Veteran-Under-Construction-Yvon-de-Reuver.pdf> (retrieved 2 July 2024).

[6]   Cozzi, Jessica, Melanie Dirksen, Jacco Duel and Yvon de Reuver. *Kerngegevens Veteranen 2018* [Core data Veterans 2018] (Doorn: Veteraneninstituut, 2018), <https://www.nlveteraneninstituut. nl/content/uploads/2018/11/Kerngegevens-veteranen-2018.pdf> (retrieved 2 July 2024); Dirksen, Melanie. *Kerngegevens Veteranen 2015* [Core data Veterans 2015] (Doorn: Veteraneninstituut, 2015), <https://www.nlveteraneninstituut.nl/content/uploads/2016/03/160324-Kerngegevens-veteranen-2015.pdf> (retrieved 2 July 2024); Duel, Jacco, and Yvon de Reuver. *Kerngegevens Veteranen 2014* [Core data Veterans 2014] (Doorn: Veteraneninstituut, 2014), <https://www.nlve-teraneninstituut.nl/content/uploads/2015/07/duel-de-reuver-2014-kerngegevens-veteranen-2014. pdf> (retrieved 2 July 2024); Duel, Jacco, and Melanie Dirksen. *Kerngegevens Veteranen 2016* [Core data Veterans 2016] (Doorn: Veteraneninstituut, 2016), <https://www.nlveteraneninstituut.nl/ content/uploads/2017/02/Kerngegevens-veteranen-2016.pdf> (retrieved 2 July 2024); Veterans Institute. *Kerngegevens Veteranen 2017* [Core data Veterans 2017] (Doorn: Veteraneninstituut, 2017), <https://www.nlveteraneninstituut.nl/content/uploads/2017/09/Kerngegevens-veteranen-2017.pdf> (retrieved 2 July 2024).

tively disclose that they are veterans. It also shows that identifying as a veteran is not equal to feeling a connection to other veterans.

The complexity of the »veteran identity« is further illustrated by the numerous Dutch veterans' associations, based on unit, country of deployment, hobby (such as riding a motorcycle or scuba-diving), being injured or of a particular age (i.e. »young«). In addition, there are several Facebook communities and forums online in which veterans can meet digitally. In most cases, partners and (surviving) relatives can also participate in the association's activities. The Veterans Platform, which was meant to function as an umbrella arrangement for various veteran organisations – 67 at the time of writing – was founded in 1989. It often organises reunions and meetings, and also represent veterans' interests. Within these organisations are »buddies« whom veterans – when they feel the need to talk about their experiences and/or their mental health – can contact. These buddies can refer veterans who are in need of professional care to professional carers. Besides these veterans' organisations, hundreds of reunion groups exist, which organise (yearly) reunions. These are often connected to military units.[7]

Both the survey results and the numerous veteran organisations mentioned above show that being a veteran matters to veterans themselves, be it in varying degrees and ways. Based on the literature,[8] I distinguished four elements that are of importance when studying identification processes. Firstly, identification processes are characterised by social interaction. In interaction, ideas about who one is, to which group they belong and why, are shaped, negotiated and exchanged. Identification only has meaning when shared with others. Therefore, identifying is always a social process. Secondly, one can construct multiple ways of identifying – how one identifies differs along context. Thirdly, ideas of similarity and difference play a crucial role in identification processes. These ideas develop simultaneously, as similarity only has value in

---

[7]   Scheffer, H. J., and R. P. F. Bijkerk. »Veteranenorganisaties en belangenbehartiging [Veteran Associations and Advocacy],« in *Veteranen: Veteranen en veteranenbeleid in Nederland* [Veterans and Veteran Policy-making in the Netherlands], ed. by M. Van der Giessen, P. H. Kamphuis, E. R. Muller, U. Rosenthal, G. Valk and H. J. G. M. Vermetten (Deventer: Wolters Kluwer Nederland B.V., 2019), 277–299; *Veteranen Platform*. »Het Veteranen Platform, van voor en door veteranen [The Veterans Platform, of, for and by Veterans],« Veteranen Platform, 2020, <https://veteranen-platform.nl/het-veteranen-platform-van-voor-en-door-veteranen/> (retrieved 10 Nov 2021).

[8]   Barth, Fredrik. »Introduction,« in *Ethnic Groups and Boundaries. The Social Organization of Culture Difference*, ed. by Fredrik Barth (Long Grove, IL: Waveland Press, Inc., 1969), 9–38; Brekhus, Wayne H. »Trends in the Qualitative Study of Social Identities,« in *Sociology Compass*, 2/3, 2008, 1059–1078; Brubaker, Rogers, and Frederick Cooper. »Beyond ›Identity‹,« *Theory and Society*, 29/1, 2000, 1–47; Eriksen, Thomas H. *Ethnicity and Nationalism. Anthropological Perspectives*, 2nd Edition (London: Pluto Press, 2002); Erikson, Erik H. »The Problem of Ego Identity,« *Journal of the American Psychoanalytic Association*, 4/1, 1956, 56–121; Goffman, Erving. *Presentation of Self in Everyday Life*. (Edinburgh: Anchor, 1956); Hall, Stuart. »Who Needs Identity,« in *Questions of Cultural Identity*, ed. by Stuart Hall and Paul du Gay (Los Angeles, CA: Sage Publications Inc.,1996), 1–17; Jenkins, Richard. *Social Identity* (London: Routledge, 2014); Van Meijl, A. H. M. »Culture and Identity in Anthropology. Reflections on ›Unity‹ and ›Uuncertainty‹ in the Dialogical Self,« in *International Journal for Dialogical Science*, 3/1, 2008, 165–190; Van Meijl, A. H. M. »Anthropological Perspectives on Identity. From Sameness to Difference,« in *The SAGE Handbook of Identities*, ed. by Margaret Wetherell and Chandra Talpade Mohanty (London: Sage, 2010), 63–81; Walker, Benjamin W. »A Dynamic Reframing of the Social/Personal Identity Dichotomy,« in *Organizational Psychology Review*, 12/1, 2022, 73–104.

the presence of difference and vice versa. The fourth element, namely, that identity is constructed by the ones doing the identifying, results from these three elements. This construction is a never-ending process, as contexts will continue to shift, and with these contexts, the circumstances of social interaction and the relevant similarities and differences will change.

In order to gain insight into how former soldiers identified as veterans, I used semi-structured interviews in which we talked about the veterans' lives and their perceptions in a chronological order – starting with their youth, then moving on to their military service, the deployment, their return to the Netherlands and, finally, to transitioning as a civilian into society. We then discussed their contemporary situation: What was important to them; how they viewed themselves; what being a veteran meant to them, and how they thought others perceived them? Forty-seven interviews were conducted between November 2016 and March 2018. The ages of the veterans ranged from 26–70 years. Twenty-seven veterans had the rank of corporal when they left service. Ten were non-commissioned officers, and another ten were officers by the time they left the service. I recorded and later transcribed the interviews with the permission of the informants. The data were coded in the programme Atlas Ti. Writing, theory formation and coding progressed at the same time, one element constantly feeding the others.[9]

The study was conducted among veterans who participated in UNIFIL (Dutchbatt and Dutchcoy 1979–1985), UNPROFOR (Dutchbat I, II and III 1994–1995) or ISAF (Task Force Uruzgan 2006–2010). All participants of the study had left the armed forces at the time of the interview. I chose these three missions as they symbolise three generations of Dutch veterans, while also marking a development in the Netherlands' armed forces. UNIFIL was the first United Nations (UN) mission in which the Netherlands participated proportionally regarding the number of soldiers, most of whom were conscripts. UNPROFOR was the first UN mission in which a largely professionalised Dutch army participated, as conscription was postponed. Part of the Dutch contribution to UNPROFOR was safeguarding the area of Srebrenica. The horrific ending of this mission – the genocide of the Muslim male population by militant Serbs – meant a turnaround in governmental decision-making regarding participating in international missions. This was visible in the Dutch contribution to ISAF: instead of operating alone in a particular area, the Netherlands chose powerful partners to cooperate with, such as Australia, in the Afghan province of Uruzgan. In addition, care for soldiers during and after deployment was further developed and systemised. However, independent of the circumstances and the spirit of the time during deployment, all the soldiers who participated in one or more of these missions fall under the same definition: veteran.[10]

---

9    De Reuver, »Veteran under Construction« (see note 5).
10   De Reuver, »Veteran under Construction« (see note 5).

## Veterans in Dutch Politics and Society

Internationally, the definition of what constitutes a veteran differs from country to country, and even within countries. The definition in the Netherlands is the following:

> The serviceman or servicewoman, former serviceman or servicewoman, or former conscript of the Netherlands Armed Forces, or the Royal Netherlands Indies Army, as well as any former conscripted members of the Merchant Navy who served the Kingdom of the Netherlands in time of war or who took part in a mission to maintain or promote the international rule of law insofar as that mission was designated by order of Our Minister.[11]

Servicemen in the Netherlands formally become veterans as soon as they arrive at the location of deployment. It does not matter whether or not they have left the armed forces, how long they stay on deployment, whether they are in combat or have been wounded – as long as they went on deployment, they are veterans. This also means that soldiers who leave the service while not having been on deployment, are not formally veterans. Current estimates state that 105,350 people with Dutch nationality fall under the definition of veteran. The majority of them – 86,100 veterans – participated in international peace missions of the UN or NATO (the North Atlantic Treaty Organisation). A declining minority participated in World War Two, the war of independence in the Dutch East Indies (1945–1949) and in the conflict with Indonesia on the territory of New Guinea (1950–1962).[12]

There has been formal policy-making for veterans in the Netherlands since 1990. This policy-making was catalysed by Dutch veterans, who were deployed to the Dutch East Indies in the years between 1945 and 1949 to restore the colonial rule of the Netherlands over Indonesia. This led to a bloody conflict, with many more deaths on the Indonesian side than on the Dutch side, and the Dutch only gave up their colony eventually due to external pressure from the United States and UN. When the war ended, the deployed veterans were demobilised and expected to reintegrate into society.[13] In the 1980s, when many of these veterans retired, they found time to reunite and found that their mission in the Dutch East Indies had impacted them more severely than they had thought during the decades before. Veterans themselves said that retirement gave them the peace and quiet to look back at their lives and see what had impacted them the most, while also having the time and opportunity to face possible mental health issues resulting from deployment. A societal development that encouraged facing these problems was the rise in prominence of the concept of post-traumatic stress disorder during the 1980s, which was a result, in turn, of the return of traumatised Vietnam veterans into American society. Dutch

---

11   »Kamerstuk 32 414: Wet van 11 februari 2012 tot vaststelling van regels omtrent de bijzondere zorgplicht voor veteranen (Veteranenwet)« [Law of 11 February 2012 for the Decree on Regulations Surrounding the Extraordinary Duty to Provide Care for Veterans (Veterans Act)], § stb-2012-133 (Overheid.nl, 2012), <https://zoek.officielebekendmakingen.nl/stb-2012-133.html> (retrieved 24 Sep 2024).

12   Dutch Ministry of Defence. *De veteranennota*. (Reiksoverheid: Ministerie van Defensie, 2021), <https://www.rijksoverheid.nl/documenten/jaarverslagen/2021/06/07/veteranennota-2020-2021> (retrieved 9 Nov 2021).

13   See also de Reuver, »Veteran under Construction« (see note 5).

East Indies veterans recognised the symptoms of post-traumatic stress disorder in their behaviour or the behaviour of their former buddies. Besides that, they had always felt that their experiences were ignored by society. Therefore, in the 1980s, Dutch East Indies veterans campaigned for a veteran policy in the Netherlands, as they wished to be acknowledged for their deployment and desired recognition for the effects this deployment had had on the rest of their lives. This resulted, as said, in the first formal policy-making directed at veterans.

Decades later, the Veterans Act (2012) and the Veterans Decree (2014) further formalized this policy. Veteran policy in the Netherlands is directed at two main objectives: 1) to provide support and care to veterans and their relatives in need; and 2) to stimulate recognition and appreciation for veterans in general, and in particular for the (health) sacrifices veterans made to serve the Kingdom of the Netherlands. The Netherlands Veterans Institute is the implementer of veteran policy. The Institute includes a central point of contact, which every veteran can consult for all types of questions, from accessing health care to finding former buddies. Furthermore, the Netherlands Veterans Institute facilitates reunions and commemorations as well as the award of grants and decorations. In addition, it co-ordinates and is part of a National Health Care System for Veterans, which is a comprehensive network of care facilities. The Netherlands Veterans Institute also has a department for the co-ordination of care for veterans and a Social Work Department. Taking care of the second objective of veteran policy-making is the Department of Recognition & Appreciation, which organises the Netherlands Veterans Day, advises municipalities regarding local editions of Veterans Day, and co-ordinates a programme called »Veterans in the Classroom«, which provides the opportunity for schools to invite a veteran to give a guest lecture. Lastly, the institute comprises an Expertise Centre that supports and conducts studies on veterans.[14]

Research conducted by the Expertise Centre demonstrated that veterans support the policy efforts made for them, and nine out of ten Dutch veterans find it important to be appreciated. The respondents found providing care for veterans equally as important. They indicated that they find appreciation from society crucial, even more so than appreciation in the media and slightly more important than appreciation from close acquaintances. The only part of veteran policy the respondents found more important than the encouragement of societal appreciation and the provision of care was the facilitation of commemorations. There seems to be quite a potential for improvement when it comes to veterans actually feeling appreciated by society, since only about a third of the respondents the latter was so, which was the lowest score when compared to appreciation felt from other actors, such as the state, the media and close acquaintances (see Table 1).[15]

---

[14]   The Netherlands Veterans Institute. »Organisatie,« in *Nederlands Veteranen Instituut*, 2021, <https://www.nlveteraneninstituut.nl/over-ons/organisatie/> (retrieved 9 Nov 2021).

[15]   Cozzi et al., *Kerngegevens* (see note 6); Dirksen, *Kerngegevens* (see note 6); Duel and de Reuver, *Kerngegevens* (see note 6); Duel and Dirksen, *Kerngegevens* (see note 6); Veterans Institute, *Kerngegevens* (see note 6).

Table 1: *Veterans' sense of feeling appreciated*[16]

|  | I feel (very) appreciated by... | Neutral / I don't know | I do not feel appreciated (at all) by... |
|---|---|---|---|
| ... the state / Ministry of Defence | 41–49 % | 31–39 % | 15–21 % |
| ... the media | 30–38 % | 44–59 % | 9–25 % |
| ... society | 24–30 % | 47–53 % | 18–28 % |
| ... close acquaintances | 45–52 % | 34–46 % | 9–14 % |

## Being a Veteran in a »Non-martial Nation«

The data from my interviews support the general image portrayed by the surveys. Most of the veterans I interviewed felt, at least at some level, neglected, misunderstood and sometimes even condemned by the general public. In the interviews I conducted, veterans expressed the sentiment that the general public in the Netherlands does not know, understand or care about the work veterans have done and the armed forces still do today. They substantiated this with the reactions they received when people discovered they had been on deployment, observations about cutbacks that have been made in the last decade concerning the Department of Defence, and the one-sided attention in the media regarding scandals within the armed forces, things that went wrong during deployments and mentally ill veterans. Most did not think the armed forces were highly regarded. Former NCO Emiel, an UNPROFOR veteran, observed how a friend of his son, who joined the military, was mocked by his friends:

> Nowadays, when you talk about the armed forces, well, they don't think much of it. They showed the picture of their friend in uniform and said: »Look at him, in his fancy dress, standing up all tall, hahaha!« I was like: be grateful that you have a friend who wants to join the armed forces and will serve the Netherlands during difficult times. Be proud of him![17]

Not every veteran felt the same way: some of them, mainly former soldiers who served in UNIFIL, said that the public attitude towards the armed forces and veterans had improved over the years. Former officer Jan described how, after a World War Two commemoration, a little girl approached him to ask him about his medals and some other citizens gathered around to hear his answer:

> And then we managed to have a really good conversation about veterans, deployments and World War Two with the children and adults who were standing there. So different from twenty or thirty years ago, how society views all this. ... it was looked down upon then, that you were a soldier. That has completely changed, and I think that is good. Positive change.[18]

---

[16]　Cozzi et al., *Kerngegevens* (see note 6); Dirksen, *Kerngegevens* (see note 6); Duel and de Reuver, *Kerngegevens* (see note 6); Duel and Dirksen, *Kerngegevens* (see note 6); Veterans Institute, *Kerngegevens* (see note 6).

[17]　Interview with »Emiel« (pseudonym) on 16 Nov 2017.

[18]　Interview with »Jan« (pseudonym) on 20 Mar 2017.

Of course, the context of a World War Two commemoration matters in this case: it is a more obvious opportunity for civilians to encounter a veteran and be interested in his story than in regular daily life. As former corporal Freddy, UNIFIL veteran, said:

> If I were to go to my neighbours and say: »I am a veteran« – then they would joke and say: »I always knew you were the Prince of Carnival!« There are many people like them, or you get to hear something like: »Oh I don't like war« – well, me neither. … A lot of people of these generations do not know what it means, a veteran.[19]

Most of the veterans interviewed shared Freddy's view and thought that civilians still do not or barely know who falls under the definition of a veteran.

When it comes to their military mission in particular, veterans expressed similar sentiments concerning public ignorance. They felt misunderstood and even judged for partaking in a particular mission and saw incorrect media reports as a cause of this public attitude. Veterans often referred to the United States, where veterans are less criticised or held responsible for their participation in the conflict to which they were sent. Similarly, the general public in the United States appeared to appreciate their veterans more spontaneously, at least, according to the veterans in my study. They mentioned people coming up to veterans to thank them for their service, or applaud them at collective events, such as prior to sport events or a show. However, when I asked my respondents whether they thought it would be desirable to have the same expressions of appreciation for veterans in the Netherlands, most hesitated or declined. They stated that that would be »too much« or »a bit weird« as they thought »Dutch culture« is not characterised by appreciating the military or outstanding people in general. Some phrased the Dutch sayings »Act normally, that is weird enough« (*Doe maar gewoon, dan doe je gek genoeg*) or »Above the ground your head is off« (*Niet boven het maaiveld uitsteken*) to illustrate the self-image of the Dutch as sober people, who would generally rather go unnoticed than to brag about the heroic things they have done.

Others also mentioned that »Dutch culture« has more aversion to war and the armed forces than »US culture«. Indeed, scholars have previously described how the Dutch cherish a self-image of a non-violent nation, more concerned with trade than with warfare. The Dutch even sometimes portray themselves as a cowardly nation. The quick defeat by Germany in May 1940 as well as the fall of Srebrenica decades later both illustrate this cowardly self-perception of the Dutch, not knowing how to fight when it comes to it.[20] This self-image is more of a myth than reality: by cherishing the past as international traders, the violence that accompanied that »trade« is often forgotten or downplayed. The Netherlands' colonial past especially proves that »the Dutch« being non-violent is, first and foremost, a narrative, and not supported by historical facts.[21] However, as William I and Dorothy S. Thomas once put it: »If

---

[19] Interview with »Freddy« (pseudonym) on 25 Mar 2017.

[20] Klep, Christ. »Een slagveld van meningen. Visies op onze militaire identiteit [A Battlefield of Opinions: Visions of our Military Identity],« in *Van Wereldmacht tot ›braafste jongetje‹. Onze militaire identiteit door de eeuwen heen* [From World Power to ›Good Little Boy‹. Our Military Identity through the Ages], ed. by Christ Klep. (Amsterdam: Athenaeum, 2019), 31–96.

[21] Elands, M., J. T. W. H. Van Woensel and G. Valk. »Militaire inzet en beleidsontwikkeling in vogelvlucht. 1940–2016 [A Brief Sketch of Military Deployment and Policy Development: 1940–2016],«

men define situations as real, they are real in their consequences.«[22] Within a society that prefers to view itself as non-martial, the armed forces are the odd one out, and veterans symbolising past warfare may be ignored or looked upon with suspicion – or, at least, are not viewed as representing the national identity.

## The Infamous Occupation of the Soldier

The fact that veterans were mostly deployed in conflicts on non-territorial soil far away adds to this estrangement. Furthermore, conscription was abolished in the Netherlands in 1995. Both of these aspects contribute to the »civil-military gap«, a distance between the armed forces and society that scholars from other Western nations have also expressed their concerns about.[23] It has become less clear for a regular civilian what working in the armed forces entails. Military culture, with its specific rules and regulations, discourse and physical separation from society through bases and uniforms, adds to the distance between soldiers and civilians and makes working in the military even more mysterious for people who have never been employed there.

In 1966, anthropologist Mary Douglas argued how mystery nurtures impurity.[24] She described how societies are continuously searching to separate the »unclean«

in *Veteranen: Veteranen en veteranenbeleid in Nederland*, (see note 7), 19–48; Klep, »Een Slagveld« (see note 20); Klep, Christ. »Geen geeuwende natie, het braafste jongetje en ›goed doen in den vreemde‹ [Not a Yawning Nation, the Good Little Boy and ›Doing Good Abroad‹],« *Van Wereldmacht tot ›braafste jongetje‹*, (see note 20), 203–250; Klinkert, W. »Van Waterloo tot Uruzgan. De militaire identiteit van Nederland (Oratiereeks) [From Waterloo to Uruzgan: The Military Identity of the Netherlands (Lecture series)],« *Militaire Spectator*, 177/7/8, 2008, 436–448; Molendijk, T. *Soldiers in Conflict. Moral Injury, Political Practices and Public Perceptions* (Nijmegen: Routledge, 2020); van der Meulen, J., and J. Soeters. »Dutch Courage. The Politics of Acceptable Risks,« in *Armed Forces & Society*, 31/4, 2005, 537–558.

22  Thomas, William Isaac, and Dorothy Swaine Thomas. *The Child in America. Behavior Problems and Programs* (New York: A. A. Knopf, 1928), 572.

23  Caforio, Giuseppe. »The Cultural Gap between the Military and the Parent Society in Italy,« in *Cultural Differences between the Military and Parent Society in Democratic Countries*, ed. by Giuseppe Caforio, (Bingley 2005), 127–149; Feaver, Peter D., and Richard H. Kohn. *Soldiers and Civilians. The Civil-Military Gap and American National Security.* (Cambridge, MA: MIT Press, 2001); Hines, Lindsey A., Rachael Gribble, Simon Wessely, Christopher Dandeker and Nicola T. Fear. »Are the Armed Forces Understood and Supported by the Public? A View from the United Kingdom,« in *Armed Forces & Society*, 41/4, 2015, 688–713; Strachan, Hew. »The Civil-Military ›Gap‹ in Britain,« in *Journal of Strategic Studies*, 26/2, 2003, 43–63; Thompson, James M., Wendy Lockhart, Mary Beth Roach, Hazel Atuel, Stéphanie Bélanger, Tim Black, Carl A. Castro, Alex Cooper, Daniel W. Cox, and Catherine de Boer. »Veterans' Identities and Well-being in Transition to Civilian Life – A Resource for Policy Analysts, Program Designers, Service Providers and Researchers,« Report of the Veterans' Identities Research Theme Working Group, Veterans Affairs Canada, 1 June 2017, <ht tps://cimvhr.ca/documents/Thompson%202017%20Veterans%20Identities%20Technical%20 Report.pdf> http://www.cimvhr.org/documents (retrieved 24 Sept 2024); Weibull, Alise. »Is There a Cultural Gap in Civil-Military Relations in Sweden?,« in *Military Missions and Their Implications Reconsidered. The Aftermath of September 11th*, ed. by Giuseppe Caforio and Gerhard Kümmel (Bingley: Elsevier Ltd., 2005), 249–263.

24  Douglas, Mary. *Purity and Danger. An Analysis of Concepts of Pollution and Taboo.* (London/New York: Routledge, 2003).

from the »clean« and, by this, define what they as a community stand for, value as important and find to be true. In that context, certain activities, people, places and occupations are viewed as shady. Decades later, anthropologist Anton Blok defined shady occupations as »infamous occupations«.[25] These are occupations that constrain what is considered to be the right way of living in society and force the workers into operating in an ambiguous field. He referred to occupations in the Middle Ages, such as butchers and prostitutes but also soldiers. So, already in the Middle Ages, soldiers had an infamous occupation because they moved around a lot, without a roof over their head, which was considered impure. They were also viewed by society as having different moral values than an average citizen, illustrated by alcohol abuse or looting. In modern times, organisational psychologists Blake E. Ashforth and Glen E. Kreiner mentioned soldiers – amongst others – to have a »dirty job« as they run high physical risks and cross moral boundaries others without this occupation are not allowed to cross, i.e. using violence to kill or wound their enemies.[26] Ashforth and Kreiner based themselves on sociologist Everett Hughes,[27] who argued that occupations can be judged to be tainted, due to either physical, social or moral reasons. This dirt can be »sticky« – it can stick to a person even when he or she has left the occupation.[28] Indeed, veterans in my study described how they encountered stereotypes and judgements based on their former occupation within the armed forces.

The first stereotype respondents described was that of soldiers being violent killers. Civilians wondered about whether veterans had killed, »how many« they had shot or assumed that veterans liked violence. This is what Ashforth and Kreiner defined as »voyeuristic scrutiny«,[29] namely, people being curious about the »dirty details« of a tainted occupation. A former corporal, Willem, deployed in UNIFIL, described an encounter:

> After a veteran gathering, I walked into the supermarket wearing my veteran uniform. Other customers said: »Ooh, you like fighting, hah. How many have you killed?« And so on. I walked away; I was really annoyed. You can expect this kind of behaviour from a child, but from a grown adult … I mean, I went to Lebanon. It was a *peacekeeping* mission.[30]

The association with violence was closer to reality for veterans deployed to Afghanistan, as firefights were more common than in Lebanon or former Yugoslavia. However, most of them still did not appreciate seeing their combat experience simplified to »the number of people we killed«. Moreover, they perceived their conversation partners to assume that a veteran who had experienced combat during his or her deployment must be suffering mentally afterwards. Here, we come to the second stereotype with which veterans in my study saw themselves confronted: that of a suf-

---

[25]   Blok, *Honour and Violence* (see note 2).

[26]   Ashforth and Kreiner, »How can you do it?« (see note 3); Ashforth and Kreiner, »Contextualizing Dirty Work« (see note 3); Ashforth and Kreiner, »Dirty Work and Dirtier Work« (see note 3).

[27]   Hughes, Everett C. *Men and Their Work.* (Glencoe: Free Press, 1958).

[28]   Bergman, Mindy E., and Katherine M. Chalkley. »Ex' Marks a Spot. The Stickiness of Dirty Work and Other Removed Stigmas,« in *Journal of Occupational Health Psychology*, 12/3, 2007, 251–265.

[29]   Ashforth and Kreiner, »Dirty Work and Dirtier Work« (see note 3), 91.

[30]   Interview with »Willem« (pseudonym) on 29 Nov 2016.

fering human being, with mental health problems. Former NCO Thomas described how he used to be honest about his combat experiences in Uruzgan, which led to the following type of conversation:

People always ask: »Doesn't it bother you, what you did?«
– »No, I don't mind.«
»But *that* is weird, isn't it?«
– »No, it is not weird at all.«
Then you get those types of conversations, and these are not pleasant talks. Or people say: »Yeah but sometimes, I do notice *something* about you.«[31]

The reactions of others made the veterans feel that they had to defend themselves, either in terms of morality or sanity. Both interrelate and point to moral stigma. The soldier is associated with violence, something that is forbidden by law in society. Soldiers cross a moral boundary civilians are not allowed to cross, and while civilians may be curious about the dirty details, it also means veterans can be perceived as a threat to the moral purity of society. This is causing the taint that »sticks« to them even after they have left the service. Psychological issues resulting from deployment, thus, in a way, »prove« that the veteran has the same moral values as a civilian – as he or she now suffers from the violence he or she witnessed, suffered or perpetuated. The suffering veteran is, therefore, no longer – or, at least, less of – a threat to the purity of society. Therefore, Thomas' audience became uncomfortable when he stated that having used violence in Afghanistan did not bother him at all. His audience was reluctant to view him as a »bad« person, and, therefore, almost insisted that he should be bothered about having used violence, at least at some level, even if he was not aware of this himself.

As Thomas put it: »These are not pleasant talks.« He described how he constructed a deployment story farther from his true experiences, but more appealing to his audience, leaving out or downplaying the parts about combat. He mentioned this story to be like an advertising brochure, an expurgated version of the truth. Note that »expurgation« means removing parts that might be taken as offensive; it can also refer to cleansing. In other words, Thomas filtered the dirt from his story to make it more appealing and understandable to his civilian audience. This is a common trend among the veterans I interviewed: they either adjust their stories or stop talking about their deployment to civilians altogether.

Instead of talking to civilians about their experiences, veterans then turned to each other to share the real version of their experiences, as they knew fellow veterans would not be astonished by violence and were simultaneously aware of the differences in violence levels in each mission. In this way, veterans used a strategy that Ashforth and Kreiner define as »finding social buffers«[32]: they found fellow ex-comrades that had done the same job and could validate it as being something worthy and exciting instead of shady and impure. They shared their deployment experiences amongst themselves, as well as the incomprehensible reaction of civilians to these stories. Former corporal Erik, who was deployed in ISAF, put it like this:

---

31  Interview with »Thomas« (pseudonym) on 14 Sept 2017.
32  Ashforth and Kreiner, »Dirty and Dirtier Work« (see note 3), 92.

At first you are still full of enthusiasm, and you want … to tell it all, at least I did, but I noticed that it was not much appreciated. Then you realize that and then you give it a place and you find your way. I had a few guys from the deployment live here in the area and so I would regularly meet with them. And then we could relive our story again and it was good again. I noticed then that I was not the only one who thought about it [attitudes in society, YR] that way.

Those civilians who appeared to judge veterans on behalf of their former occupation or their specific military mission are rejected in the veterans' narratives, a defensive strategy that Ashforth and Kreiner define as »condemn the condemners«.[33] In this reaction, I abstracted the grammar of reverse mirror imaging, a grammar of identity and alterity defined by Baumann,[34] who relied for this grammar on Said's work on Orientalism.[35]

## The Grammar of Reverse Mirror Imaging and the Military Workplace

Edward Said[36] analysed in 1978 how, in a historical perspective, Westerners (»the Occident«) had created a representation of non-Westerners (»the Orient«) by contrasting their own cultural characteristics with them. While most of these contrasts were to the benefit of the Westerners, such as rational versus irrational and technological versus backward, the comparison also implied a certain loss on the Western side, as the »backwardness« of the Orient also allowed them to stand closer to nature than Westerners.[37] Thus, Orientalism was not only directed at feeling superior to non-Westerners, it also implied some critique of Western culture.

Baumann renamed this discourse as a grammar of Orientalisation or reverse mirror imaging[38] when he defined three grammars of identity and alterity.[39] He pointed to the importance of time in the discourse: the Orient is *still* able to believe in supernatural powers, while the Occident is *no longer* capable of doing so due to scientific *progress*. At the same time, this progress has made Westerners more individualistic and anxious, while non-Westerners are still able to trust in supernatural powers watching over them. As Baumann put it: »What is good in us is [still] bad in them,

---

33   Ashforth and Kreiner, »How can you do it?« (see note 3), 424.
34   Baumann, »Grammars« (see note 4).
35   Said, Edward W. *Orientalism* (London: Routledge, 1978).
36   Said, *Orientalism* (see note 35).
37   Baumann, »Grammars« (see note 4), 20.
38   Baumann, »Grammars« (see note 4), 20.
39   The other two grammars are the segmentary grammar and the grammar of encompassment. The segmentary grammar is basically a grammar of levels and context. Two groups can be perceived as very different, until a third group appears on stage which is even more different, whose presence unites the two groups against the third group. This process can repeat itself. Hence, this grammar knows several layers. The grammar of encompassment is about power. It means that a powerful group argues that another group is actually the same as they are, while the subordinate group sees itself as different from the dominant group (Baumann, »Grammars« [see note 4]).

but what got twisted in us [still] remains straight in them.«[40] The grammar also implies that the ones using it are more complicated than the others.

I argue that this grammar is very relevant in military culture, even if the opposition does not concern geographical locality but is about soldiers versus civilians. From here on, I use the term grammar of reverse mirror imaging instead of Orientalisation, since this term refers to a non-geographical opposition. Literature on military culture has emphasised how this culture relies on mutual bonding or creating high social cohesion. The latter is needed for military groups to function properly as a collective when fighting the enemy and fostered through practices such as hazing, completing severe training, living on military bases, wearing uniforms and using certain expressions and abbreviations amongst each other. In order to have these practices lead to a sense of social cohesion, others are needed who did not go through the hazing rituals, did not complete training, are not allowed on military bases, do not wear military uniforms and do not understand certain expressions and abbreviations. These others are civilians. Scholars have described in the literature on military culture how soldiers use a discourse to compare themselves with these others. Based on these findings, I drew the following table (2).

Table 2: *Grammar of reverse mirror imaging*[41] *among servicemen*[42]

| Military | Civilian |
| --- | --- |
| Physical endurance and toughness | Lazy, weak |
| Mental endurance and toughness | Emotional / Quick to give up |
| Action-oriented | Preference for talking |
| Team spirit | Individually minded |
| Exposed to extreme circumstances | Not having to deal with extreme circumstances |
| Willing to run a high risk | Not having to run a high risk |

---

[40]  Baumann, »Grammars« (see note 4), 20.
[41]  Baumann (see note 4) specifying the idea of Said (see note 35).
[42]  Based on: Binks, E., and Siobhan Cambridge. »The Transition Experiences of British Military Veterans,« in *Political Psychology*, 39/1, 2018, 125–142; Bogaers, Rebecca, Elbert Geuze, Jaap van Weeghel, Fenna Leijten, Dike van de Mheen, Piia Varis, Andrea Rozema and Evelien Brouwers. »Barriers and Facilitators for Treatment-seeking for Mental Health Conditions and Substance Misuse. Multi-perspective Focus Group Study within the Military,« *BJPsych Open*, 6/6, 2020, e146; Cooper, Linda, Nick Caddick, Lauren Godier, Alex Cooper and Matt Fossey. »Transition from the Military into Civilian Life: An Exploration of Cultural Competence,« *Armed Forces & Society*, 44/1, 2018, 156–177; Demers, Anne. »When Veterans Return. The Role of Community in Reintegration,« *Journal of Loss and Trauma*, 16/2, 2011, 160–179; Hale, Hannah C. »The Development of British Military Masculinities through Symbolic Resources,« in *Culture & Psychology*, 14/3, 2008, 305–332; Mouthaan, Joanne, Martin C. Euwema and Jos M. Weerts. »Band of Brothers in U.N. Peacekeeping. Social Bonding among Dutch Peacekeeping Veterans,« *Military Psychology*, 17/2, 2005, 101–114; Smith, R. Tyson, and Gala True. »Warring Identities. Identity Conflict and the Mental Distress of American Veterans of the Wars in Iraq and Afghanistan,« in *Society and Mental Health*, 4/2, 2014, 147–161; Soeters, J., D. J. Winslow and A. Weibull. »Military Culture,« in *Handbook of the Sociology of the Military*, ed. by Giuseppe Caforio (Boston, MA: Springer, 2006), 237–254; Thompson et al., »Veterans' Identities« (see note 23); Wilson, Peter H. »Defining Military Culture,« in *The Journal of Military History*, 72/1, 2008, 11–41.

In the grammar, soldiers are depicted as hands-on, tough, calm individuals working together under pressure, while civilians are portrayed as weaker, more passive and egocentric individuals living a rather safe life. What became »twisted« in soldiers, namely, leaving the safe civilian life to run high risks and work under extreme circumstances, is something civilians still do not have to endure – their lives are less complicated than those of soldiers.

When veterans leave the armed forces, they still perceive these differences, particularly in the workplace. A study among Dutch soldiers described how veterans indicated that civil work culture was much more directed at the individual than they were used to in the military. They missed the connection amongst fellow soldiers and also the decisiveness and willingness to take action. They found it hard to cope with the amount of talk that preceded decision-making in their new workplace, and missed the physical challenges.[43] Studies in other Western countries presented similar findings. Former soldiers defined transitioning to society as a »culture shock«, and even described an identity crisis.[44] Hence, military culture remains relevant even after veterans have left the service

## Grammar of Reverse Mirror Imaging among Veterans

I found in my study that even when someone has left military service decades ago, some of the grammar of reverse mirror imaging continues to persist. It remains relevant, especially when veterans feel neglected, misunderstood and judged by the general public. That this grammar stems from military service is also shown by my finding that this grammar was most articulated among veterans deployed in ISAF, who left the service generally more recently than veterans deployed in UNIFIL and UNPROFOR. Veterans deployed in ISAF experienced the differences in Table 3, for instance, in their regular (work) life, while veterans who served in UNIFIL and generally speaking left the service a longer time ago did not notice these differences much in daily life. The contrasts between veterans and civilians only became relevant when UNIFIL veterans talked about civilians who judged the military, its missions and veterans. During the interview, I always asked whether my respondents saw differences between veterans, on the one hand, and non-veterans, on the other. While veterans could answer this direct question negatively, they articulated differences between veterans and non-veterans when talking about civilians who criticised the work of the armed forces, deployments and/or its veterans. This shows that the gram-

---

[43]  Duel, *Kerngegevens* (see note 6).
[44]  Binks and Cambridge, »The Transition Experiences« (see note 42); Cooper et al., »Transition from the Military« (see note 42); Hale, »Development of British Military« (see note 42); Smith and True, »Warring Identities« (see note 42); Truusa, Tiia-Triin, and Carl A. Castro. »Definition of a Veteran. The Military Viewed as a Culture,« *Military Veteran Reintegration. Approach, Management, and Assessment of Military Veterans Transitioning to Civilian Life*, ed. by Carl A. Castro and Sanela Dursun (London: Academic Press, 2019), 5–19.

mar of reverse mirror imaging was a reaction to feeling misunderstood by the wider public. Table 3 shows how different characteristics are contrasted with each other when veterans compare themselves with civilians.

Table 3: *Grammar of reverse mirror imaging among veterans*

| Veterans | Civilians |
|---|---|
| Decisiveness | Laziness / passiveness |
| Action-oriented | Preference for talking |
| Socially minded | Individually minded |
| Acting for the greater good | Acting out of self-interest |
| Have seen the world | Ignorant about the world |
| Aware of the harshness of the world | Innocent and carefree |

A characteristic such as being lazy or passive opposed a more positive connotation such as being decisive and action-oriented in the following quotation of former corporal Gerrit, who served in UNIFIL:

> You notice the difference between veterans and civilians when something has to get done. Veterans are like: »Okay, let's go« – they roll up their sleeves, start immediately. While civilians are like: »Okay, sit down first, let's drink a cup of coffee …«[45]

Former Corporal Reinier, who served in UNPROFOR, contrasted the tendency to act for the greater good among veterans with the individualistic mindset of civilians:

> Most civilians, nowadays, they are really self-centred. They only think about themselves. They may do something for somebody else, but they always want something in return. While veterans are more like: I am doing this for you because you are my brother. It is not about me; I do this for you. And maybe you return the favour one day, and maybe not, and that is okay too. … Although some veterans can be pretty selfish too, haha.[46]

Former NCO Maarten (ISAF veteran) contrasted veterans' willingness to act to the more passive attitude of civilians at his civil workplace:

> You notice a difference in mentality. People [his colleagues] are not intrinsically motivated. They only do something because they are told to do it. While in the military, of course, your superiors also tell you what to do, but still, you feel that everyone is there because they want to be. They do the work because they want to. While over here [at the civil workplace] people do not really care. They leave the place instantly when it is 5 o'clock.[47]

As we can see in these quotes, the grammar knows its gradations. While veterans point out that there are existential differences between them and regular civilians, they may also acknowledge that these differences are fluid rather than static. Maarten, for instance, indicated that the differences are less about character than about mo-

---

45    Interview with »Gerrit« (pseudonym) on 12 Dec 2016.
46    Interview with »Reinier« (pseudonym) on 29 Jan 2018.
47    Interview with »Maarten« (pseudonym) on 4 Sept 2017.

tivation for the job. And Reinier acknowledged that not every veteran is altruistic – they can be self-centred too. These distinctions reveal the relevance of continuing identification with the military for the respondents. Indeed, Gerrit did not make a remark about the relativity of the contrasts, and during the interview, he described how he never found his place in society, which urged him to re-enter the military. After leaving the military for the second time, he returned to seek treatment for his mental health issues, as the military base and his psychiatrist wearing a uniform made him feel »relaxed, at home again«. The way a veteran applies the grammar in the narratives – how strongly the contrasts are distinguished and pronounced by the veteran – shows the relevance and meaning of the military past in the respondent's daily life.

When comparing the grammar of soldiers in the military with veterans who have left the service, five differences stand out (see Table 4). Firstly, the physical endurance and toughness of soldiers was no longer present in the discourse of veterans, as the latter themselves also admitted to »having aged a little bit«. Secondly, mental toughness transformed into decisiveness. In other words, although the topic of mental health issues was not part of my remit, it seemed impossible to study what it means to be a veteran without discussing mental health issues with the respondents. Veterans were either suffering from these themselves, had suffered from them in the past, knew other veterans who suffered, criticised the public image of the veteran as a suffering human being, or held themselves in an image of the veteran as an injured person. It often came down to multiples of the above. Logically, mental endurance and toughness were no longer associated with veterans – instead, respondents ascribed the characteristic of being mentally decisive to veterans. Thirdly, veterans distinguished themselves from soldiers because veterans act for the greater good. This shows that acting for the greater good might be added to the narrative later, after deployment. In other words, the presentation of acting for the greater good as a motive to go on deployment does not mean that it, indeed, was a motive to go on deployment, it can be added later to make sense of why one volunteered for deployment decades ago. This conclusion is further strengthened as the discourse of having sacrificed oneself for the greater good is more present in the narratives of veterans deployed in UNIFIL and UNPROFOR than in those deployed in ISAF, whose deployment took place more recently. Fourthly, the aspect of veterans having seen the world, as opposed to civilians, is also related to the deployment, which often changed the world view of veterans. Fifthly, the same is true for the transformation of the last aspect in the grammar: willing to run a high risk is transformed into awareness of the harshness of the world because of the experience of deployment. Hence, the differences in the grammar are related to both time and deployment. By using this grammar, veterans express and create what it means to be a veteran.

Table 4: *Grammar of reverse mirror imaging based on literature on the military and the interviews with veterans*

| Soldiers during service | Veterans on themselves | Veterans on civilians |
|---|---|---|
| Physical endurance and toughness | | Laziness |
| Mental endurance and toughness | Decisiveness | Emotional / Quick to give up |
| Action-oriented | Action-oriented | Preference for talking |
| Team spirit | Socially minded | Individually minded |
| | Acting for the greater good | Acting out of self-interest |
| | Have seen the world | Ignorant about the world |
| Willing to run a high risk | Aware of the harshness of the world | Not having to run a high risk / Innocent and carefree |

The characteristics veterans generally attributed to civilians also point to their possibility to live innocent and carefree lives, as civilians are allegedly free to do as they please, portrayed as not responsible for a greater good and perceived to be able to hold on to their naive world view. Former corporal Danny, ISAF veteran, for instance, described how he saw himself being confronted with »leftist« civilians who judged him because he was enthusiastic about his time in Uruzgan and called his work as a sniper »fun«:

Yes, Groen Links [a Dutch left-wing political party, YR], those sorts of people. I have nothing against them, not at all. I find them all very friendly. That's what we fight for, you know, and that's what we're here for so they don't have to. They don't see it …, but you also do it for those people. Because you know when those planes flew into that tower, then everyone said: we have to do something about it. Yes, of course, we were in Afghanistan, because we had to do something about it. … Yes, you know, those people with Mohawk haircuts can step on our flag while smoking some weed. Yes, I also think that is all perfect, they can all enjoy it, but that is why I entered service.[48]

The portrayal of Dutch civilians as carefree, naive kids was painted by other veterans. They often implied that civilians do not know or see the world as it really is.

Here, veterans expressed the sentiment of what Baumann described as »what is good in us is [still] bad in them, but what got twisted in us [still] remains straight in them«.[49] Veterans depicted themselves as no longer being able to ignore the rest of the world, nor to be innocent or carefree once they became aware of the harshness of the world. Meanwhile, regular civilians live »in the safe little country called the Netherlands«, where people do not have to be vigilant, and can worry about things that are often less life-threatening. In other words, the othering of civilians also means »a distancing from an uncomplicated idea of the self«.[50]

It is important to stress here that these differences were not always present in the narratives. Veterans who have left the service are, after all, civilians themselves

48 Interview with »Danny« (pseudonym) on 4 Oct 2017.
49 Baumann, »Grammars« (see note 4), 20.
50 Baumann, »Grammars« (see note 4), 20.

and, therefore, a civilian is not always necessarily the other. The othering seemed to decrease when the deployment is longer in the past, and increased in relevance when veterans felt judged or underestimated by civilians. The crossing of the boundary of the group, as Barth[51] described it, is visible here. Namely, veterans can be first and foremost Dutch citizens, until they feel addressed as veterans by media reports or conversations about their military past. Then, they cross the boundary to belong to the group of Dutch veterans: their identification as such becomes relevant. And when they feel their identification is misunderstood or judged, they can use the grammar of reverse mirror imaging.

While using the grammar of reverse mirror imaging as a response to feeling ignored, misunderstood and judged is comprehensible, at the same time, the othering works as a self-fulfilling prophecy. By dismissing civilians as having a different world view, being individually minded and acting out of self-interest, they are not perceived as a willing audience for veterans' experiences. The following passage from the interview with former officer Ferdinand, UNPROFOR veteran, with myself in the role of the civilian, illustrates this:

> They [civilians] do not get that anyway. I could tell you, but you would not understand, I do not blame you for that by the way, but you cannot comprehend what it is like to have nothing, that is a concept you do not get.
>
> Me: Because I did not go through that myself.
>
> Ferdinand: But you cannot go through that, since this does not happen in the Netherlands, if you turn the switch there is light, there is water, there is everything, but over there is nothing. The concept of »nothing« and always a latent threat, you do not have that here, so understanding what that is like is truly hard. So, I can tell you and you think »that is bad«. And I see in your eyes: you do not understand shit. And this has nothing to do with you personally, you get that, right? So why would you tell anyone about it, it makes no sense, it is not going to get you anywhere.[52]

As a result, veterans do not share their stories with civilians, which feeds the mystery around their former occupation and, therefore, fosters feelings of being ignored, misunderstood and judged by the wider society. This indicates a vicious circle: while experiencing ignorance, misunderstanding and stereotyping leads to an increased need to see and speak to each other, the resulting intragroup communication, i.e. the use of the grammar of reverse mirror imaging, may foster experiences of outsiders' ignorance, misunderstanding and stereotyping. While the grammar strengthens the feeling of belonging to the veteran community, it also decreases the feeling of being a civilian, which, in the longer term, may hinder full reintegration as a civilian into society and feed a yearning for the military.

---

[51]   Barth, »Introduction« (see note 8).
[52]   Interview with »Ferdinand« (pseudonym) on 22 Nov 2017.

## Concluding: Ignorance in Society and a Discourse of »Us« Versus »Them«

In this chapter, I described the dynamics in identification processes among Dutch UNIFIL, UNPROFOR and ISAF veterans. Current estimations state that 105,350 people with Dutch nationality fall under this definition.[53] Although law defines who formally counts as a veteran, identifying as such is highly subjective and diversified among the population. This becomes clear when looking at the numerous veterans' associations, but also when considering the statistics: not every veteran feels like a veteran, and even when they do, they might not show it. The objective of my research has been to gain more insight into the identification processes among veterans and their interrelation with perceptions in society.

Based on my analysis of relevant literature, I argued how the grammar of reverse mirror imaging – defined by Baumann, relying on Said's Orientalism – is part of military culture. Furthermore, this grammar continues to be of relevance when soldiers leave the service, although the accents within the differences described shift, due to the time that has been spent in society since leaving the armed forces. In the interviews I conducted, veterans voiced the opinion that the general population of the Netherlands is not aware of the work veterans have done and the armed forces are still doing today. Veterans felt misunderstood and judged for their former occupation in general or in their mission specifically. They reacted to this by using the grammar of reverse mirror imaging. In this grammar, they contrasted characteristics of veterans with those of civilians. While they portrayed themselves in a »better« light than civilians, the grammar still expressed something that has been broken within veterans due to their experiences, while it remained pure among civilians. Therefore, the grammar also acknowledged some of the »dirt« that comes with the occupation of the soldier. However, veterans emphasise the positive characteristics and skills of former soldiers in the grammar and, by this, defend themselves against the moral stigma – attributed by society – of their former occupation. Not every veteran perceived the differences articulated in the grammar, just as they were not perceived at all times and in every context – this depended on whether the identification as a veteran was relevant. The grammar was of particular relevance when veterans felt stigmatised or judged by others. Similarly, as time has passed since the deployment, the grammar became less relevant. This indicates that the use of the grammar relates to the veteran's distance or closeness to the military.

The grammar of reverse mirror imaging, therefore, is a reaction to not feeling recognised enough or appreciated as a (former) soldier. Using this grammar as a reaction to ignorance, misunderstandings and judgements in wider society is understandable, and may even be an automatic reaction of veterans when being addressed to their military past in an – for them – inappropriate way. However, simultaneously, by dismissing civilians as childlike, lazy and self-centred people, different from veterans, more distance is created between veterans and civilians, which, in turn, increases veterans' perceptions of misunderstanding and not feeling appreciated. After all, how

---

[53]  »Kamerstuk 32 414« (see note 11).

can others genuinely comprehend someone when they are fundamentally different in both characteristics and world view? And if one does not understand what another has been through, how genuine do appreciating gestures feel when coming from this person? I argue that the grammar of reverse mirror imaging creates both group cohesion among veterans, while it distances them further from civilians. The numerous veterans' organisations are providing a »safe space« for veterans to share their actual experiences, while also underlining how hard it is to find such a space in »regular« society. It works as a self-fulfilling prophecy, but, at the same time, is a reliable defence mechanism against public stereotypes veterans see themselves confronted with, resulting from their former »infamous« occupation. And, vice versa, this perception from outside, strengthens the urge for the in-group to make sense of their veteran status according to more positive connotations. After all, the more external identification differs from internal identification, the more it needs to be rehabilitated in one's identity narrative.[54]

While raising veterans' visibility in society has historically been a motive to formulate a formal veterans policy and for veterans to unite in organisations and associations, this policy-making and organising also has a side effect of creating more distance between veterans and other civilians. These initiatives all radiate the veteran's exceptionality compared to other civilians, and, therefore, provide a formal ground for further developing a grammar of reverse mirror imaging. Formal speeches of the Ministry of Defence, for instance, include phrases that refer to veterans as »the ones who carried on where others quit«. This phrase echoed (sometimes literally) in the words used by veterans to define differences between »us« and »them«. In this way, policy-making around veterans may, in the longer term, hinder their reintegration as a full-fledged member of society, instead of helping them to do so. Hence, while recognition and appreciation of veterans as a formal policy objective may be meant to make veterans feel worthy and appreciated, these aspects underline the boundary between veterans and the rest of society. This boundary fosters sentiments of civilians being unable to understand or genuinely appreciate the veteran among veterans. Meanwhile, it is exactly this boundary that indicates an essential difference between veterans and civilians, which gives meaning to being a veteran and is necessary in articulating what it means to identify as a veteran.[55] Consequently, perceptions of similarities and differences between veterans and civilians are »both the catalysts as well as the consequences of the social structuration that is veteran policy« and veterans' organisations.[56]

---

[54]  Carbaugh, Donal A. *Situating Selves. The Communication of Social Identities in American Scenes.* (New York, NY: State University of New York Press, 1996); Jenkins, *Social Identity* (see note 9).

[55]  De Reuver, »Veteran under Construction« (see note 5).

[56]  De Reuver, »Veteran under Construction« (see note 5), chapter 1.2.

# Autorinnen und Autoren

Dr. Ángel *Alcalde*, The University of Melbourne, Faculty of Arts

Dr. Sebastian *Elsbach*, Friedrich-Schiller-Universität Jena, Forschungsstelle Weimarer Republik

Dr. Johannes-Paul *Kögler*, Offizierschule des Heeres, Dresden

PD Dr. Nina *Leonhard*, Zentrum für Militärgeschichte und Sozialwissenschaften der Bundeswehr, Potsdam

Dr. Ugo *Pavan Dalla Torre*, Abano Terme, Italien

Yvon *de Reuver*, PhD, Utrecht, Niederlande

Dr. Christian *Saehrendt*, Historiker und Kunsthistoriker, freischaffender Autor, Hünibach, Schweiz

Birgit *Schneider*, PhD, Phd, Independant Scholar, Pullmann, WA, USA

Christian *Senne* M.A., Marineunteroffiziereschule Plön

Dr. Lucky Igohosa *Ugbudian*, Nigeria

Dr. Matthias *Uhl*, Max-Weber-Netzwerk Osteuropa, Helsinki

Dr. Christian *Weber*, Liberale Soldaten und Veteranen e.V., Berlin

Dr. Dennis *Werberg*, Zentrum für Militärgeschichte und Sozialwissenschaften der Bundeswehr, Potsdam